U0573017

主　编　厉　声

副主编　李　方（常务）　李国强

编委会成员（按姓氏笔画排列）
于　永　　于逢春　　马品彦　　方　铁　　王利文　　厉　声　　冯建勇
毕奥男　　许建英　　孙宏年　　孙振玉　　李　方　　李国强　　张永攀
周建新　　孟　楠　　段光达　　倪邦贵　　高　月　　崔振东　　翟国强

中国社会科学院中国边疆研究所 **厉声** 主编

当代中国边疆·民族地区典型百村调查：**黑龙江卷（第三辑）**

分卷主编：**段光达 吕文利**

中国社会科学院中国边疆研究所 厉 声 主编

当代中国边疆·民族地区典型百村调查·黑龙江卷(第三辑)

站在祖国的最东端
——黑龙江省抚远县通江乡小河子村调查报告

沈民 张帅◎著

社会科学文献出版社
SOCIAL SCIENCES ACADEMIC PRESS (CHINA)

"当代中国边疆·民族地区典型百村调查"

总　序

　　深入实际、开展国情调研，是中国社会科学院肩负的重要科研任务，也是中国社会科学院履行好党中央、国务院赋予的"思想库""智囊团"职能的重要方式。中国边疆省区占国土面积的60%以上，边疆区情及当地的民族社会调研（边疆调研）是中国国情调研的重要组成部分。正如一位边疆工作者所说：不了解少数民族，就不了解中华民族；不了解边疆，就不了解中国。1983年中国社会科学院中国边疆史地研究中心建立后，特别是1990年以来，一直将边疆调研作为学科研究的重点之一。

　　2004年，中国边疆史地研究中心承担国家哲学与社会科学基金特别项目"新疆历史与现状综合研究"（简称"新疆项目"）。2006年，中国社会科学院中国边疆史地研究中心牵头，立项开展"当代中国边疆·民族地区典型百村调查"（简称"百村调查"），作为此特别项目的子课题。"百村调查"以新疆为重点，在新疆、西藏、内蒙古、宁夏、广西5个民族自治区和云南、吉林、黑龙江3省基层地区同时开展，共调查100个边疆基层村落。调查工作在"新疆项目"领导小组和专家委员会指导下，由"百村调查"专家委员会暨编委会组织实施。在中国边疆史地研究中心主持拟定的调查大纲框架下,挖掘每个省区的优势,体现各自的特色。

本项目的实施得到了边疆地区各级地方党政部门的支持。首先,调查工作注意与地方党政部门的相关工作衔接、听取意见,在实施调查之前,主动向各级党政部门汇报情况,听取指示和意见。其次,调查组主动让各级党政部门了解调研的全过程,在调研过程中出现问题时及时向相关党政部门请示。再次,调研阶段成果和最终成果的副本同时提供给地方党政部门参考。

"百村调查"的调研主题是:改革开放30年来中国边疆基层村落的民族社会和经济发展的历史与现状。具体内容包括:乡村概况、基层组织、经济发展、社会生活、民族、宗教、文教卫生、民俗风情等。项目调研的时间是:2007~2008年(资料下限至2007年底或适当延长)。

"百村调查"的调研对象为:100个具有典型意义与特色的中国边疆基层村落。课题以基层乡、村两级为调查基点,大致每个省区选择2个地州,每个地州选择1~2个县,每个县选择2个乡,每个乡选择2个村。新疆共调查22个村,其他地区均为13个村(辽宁、吉林、黑龙江以东北边疆为单元,共调查13个村)。调查点的选择要求有3点。

(1)本地区社会稳定与经济发展中具有典型意义的基层乡和村。

(2)存在边疆现实政治、社会或经济发展的热点、难点问题。

（3）与 20 世纪 50 年代全国边疆民族调查能有一定的衔接。

"百村调查"采取学术调查与现实政治相结合的方法，以社会人类学入村入户调研方法为主，同时关注现实政治、社会与经济发展中的热点、难点问题。一般共性调查与专题专访调查相结合，在一般综合性调查的基础上，选择好专访或专题调研的"切入点"，总结经验与完善不足相结合，在总结各项工作经验的同时，善于发现问题和提出解决问题的对策与建议。调研注重入户访谈和小范围座谈的专访调查。在一般性问卷和统计资料收集的基础上，注重对基层干部、群众典型、教师、宗教人士等特定人员的专题访谈，倾听和收集他们对基层社会稳定与经济发展的看法、意见和建议，形成能说明问题的专访或专题调研报告。

"百村调查"的成果形式分为调查综合报告与专题报告两大类。

（1）调查综合报告：依据大纲规定，撰写有关乡村经济社会等发展状况的综合报告，课题结项后分期公开出版。专题报告及调查资料可以公开发表的，在篇幅允许的情况下，作为附录附在综合报告末尾。

（2）专题报告：内容较敏感、不适宜公开出版的专题报告，集成《专题报告集》，内部刊印。

"百村调查"主编　厉声　谨识
2009 年 8 月 25 日

目 录
CONTENTS

图表目录

表目录

序 言
FOREWORD

一

  黑龙江省是我国位置最北、最东，纬度最高的省份，最北端为北纬 53°33′，最东端为东经 135°5′，南北相距 1120 公里，东西长 930 公里。黑龙江省北部、东部隔黑龙江、乌苏里江与俄罗斯相邻，水陆边界约 3575 公里，西部与内蒙古自治区毗邻，南部与吉林省接壤，总面积为 45.46 万平方公里，占全国总面积的 4.8%，居第 6 位。

  黑龙江省属温带大陆性季风气候，四季分明，全省年平均气温在 -5℃ ~5℃，降水充沛，大部分地区属半湿润区，平原多为草原湿地，山区多为针叶林和针阔混交林。山地和台地占全省面积的 72%，平原占 28%，耕地面积为 11.78 万平方公里，约占全国耕地面积的 9%，居全国第 1 位。松嫩平原和三江平原是两大著名商品粮产区，号称"北大仓"。全省拥有丰富的自然资源，动植物种类繁多，已查明的 131 种矿产资源中，已探明储量的有 74 种，居全国首位的有石油、石墨、钾长石等 8 种。黑龙江省下辖 12 个地级市和 1 个地区，黑龙江还是多民族聚居的省份，有赫哲、鄂伦春、达斡尔等 11 个世居少数民族。

  黑龙江地区历史悠久，1996 年哈尔滨市阿城区交界镇石

灰场洞穴遗址发现距今 17.5 万年的人类活动遗迹。其后的旧石器时代遗址和新石器时代遗址在黑龙江有着广泛的分布，较为典型的有哈尔滨阎家岗遗址、齐齐哈尔昂昂溪遗址、饶河小南山遗址和密山新开流遗址等。肇源县白金宝遗址（距今约 3200 年）则是黑龙江地区进入金属时代的标志，在此前后，黑龙江地区形成了东胡、濊貊和肃慎三大古族系。其中，东胡族系的后裔鲜卑、契丹、蒙古和肃慎族系的后裔靺鞨、女真、满族先后建立了中国历史上的北魏（386～543 年）、辽（916～1125 年）、金（1115～1234 年）、元（1271～1368 年）、清（1644～1911 年）等封建王朝和地方政权渤海国（698～926 年）。被称为"海东盛国"的渤海，其疆域西起松花江与嫩江交会处以西，东至日本海，北达黑龙江下游，南到朝鲜半岛，下辖 5 京、15 府、62 州、107 县。女真人建立的金朝于 1127 年灭亡北宋，将徽、钦二帝掠至五国头城（现黑龙江省依安县境内），留下了"坐井观天"的佳话。1153 年，金朝把首都上京会宁府迁至燕京（现北京市宣武区），改称"中都"，是为中国封建王朝正式在北京建都的启始。这些少数民族建立的封建王朝和地方政权或占领中国的半壁江山，或君临全国，对中国古代社会的民族融合、经济发展和文化交流起到了重要的促进和推动作用，为统一的多民族国家的形成做出了重要的贡献。

近代以来，黑龙江地区又是中华民族抗击外侮的前线。1685 年，反击沙俄侵略的"雅克萨之战"大获全胜；义和团运动中，黑龙江再次响起"抗俄、拒俄"的枪炮声；"九一八"事变后，马占山将军领导的"江桥抗战"打响了抗日的第一枪；中国共产党领导的东北抗日联军在白山黑水与野蛮的日本侵略者进行了极为艰苦惨烈的浴血抗战，杨

靖宇、赵尚志、赵一曼和"八女投江"等宁死不屈的英雄
壮举至今仍被人们深切地缅怀和传诵。

1946年，黑龙江成为全国解放最早的省份。在中国共
产党的领导下，黑龙江人民配合解放军在林海雪原迅速剿
灭了沉疴顽匪，建立了"巩固的东北根据地"，并最早掀起
了彻底消除封建经济基础的"暴风骤雨"——土地改革，
为支援解放战争提供了大量的人力和物力，为新民主主义
革命的胜利做出了重要的贡献。新中国成立后，黑龙江省
成为全国著名的重工业基地之一，有着国内最大的油田、
最大的林区和由十万专业官兵和百万知识青年辛勤建设起
来的最大的商品粮生产基地。

改革开放以后，黑龙江省社会经济发展和人民的生活
水平有了很大提高，尤其是农民的生活发生了巨大变化。
但我国的地区发展很不平衡，与内地相比，边疆民族地区
在社会经济发展等很多方面还有差距。黑龙江省是我国的
农业大省、资源大省、边境大省，通过对黑龙江省选点村
落的调查和研究，可提供非常具有参考价值的资料和数据，
且可达到以下几个方面的目的：一是全面地了解黑龙江省
边疆地区农村经济社会发展的现状；二是对现阶段黑龙江
省边疆地区历史沿革和经济社会发展现状做一次客观的描
述和记录；三是通过对现状的调查，找出当前黑龙江省边
疆地区存在的普遍的、突出的问题；四是针对存在的问题，
提出加快黑龙江省边疆地区建设发展的办法和建议；五是
以小见大，力争通过本项目调查，对全国边疆地区经济社
会发展进行思考并提出可行性建议。

二

根据总体课题的设计，本次调查在沿黑龙江这条世界

上最长界江的右岸少数民族聚居的边境地区选择了7个较为典型的村落，从黑龙江源头的洛古河村，到黑瞎子岛毗邻的小河子村，空间跨度3000多公里。调查内容涉及所调查村的历史沿革、基层组织、经济建设、社会发展、村民社会生活、教育、医疗等情况，尽可能全面地反映所调查村的全貌和存在的问题。

本次调研主要以社会学调查方法为主，同时结合人类学和历史学的分析、归纳和演绎等方法的运用，在对调查得来的第一手资料，以及相关资料、数据的收集和整理的基础上，进行全面深入的分析和研究，最终形成本课题的研究成果。

本课题在调研中注重与地方政府有关部门和乡镇、村级干部的联系，广泛听取不同层面的意见；注重深入百姓家中，倾听来自基层群众的心声；注重各调研小组的互相学习和交流，取长补短。同时，本课题还对沿黑龙江边界地区现存的历史遗存和非物质文化遗产状况及分布进行了系统的考察记录。调研获得的资料主要包括新发现的各种原始资料，如各级各类政府文件、统计资料、访谈记录、民间书信、讲演稿、民间艺术品、大量的图片资料、影音资料等，为该地区今后的深入研究提供了较为充分、详实，且十分难得的第一手资料。经过为期两年多的努力，全体课题组成员较为圆满地完成了项目所预设的目标。

必须提出，本课题在调研与写作过程中，始终得到了中国社会科学院中国边疆史地研究中心主任、国家社科基金特别项目"当代中国边疆·民族地区典型百村调查"主持人厉声研究员和中国边疆史地研究中心主任助理于逢春研究员的大力支持与帮助。在我们调研期间，厉声和于逢

春两位先生不仅对大纲的设计、村落的选择、初稿的审读等多方面都给予精心的指教，并多次亲临黑龙江指导工作。于先生由于主持其他项目，特委托曾跟随于先生亲临黑龙江的边疆史地研究中心副研究员吕文利博士专门负责本调查项目的联络、审稿与修改等事宜，确保了调研工作得以顺利完成，在此我们表示诚挚的感谢！

本课题得以顺利完成，应该感谢相关地市、县及其所属乡镇各级党组织和政府在我们调研考察过程中给予的大力支持和帮助。感谢本丛书的副主编、中国社会科学院中国边疆史地研究中心李方研究员，正是她基于对国家边疆文化建设事业的忠诚与执着，对我们调研成果提出的宝贵修改建议使本书得以出版问世。感谢参与调研考察工作的黑龙江大学历史文化旅游学院的老师和研究生。在承担繁重的教学科研和学习任务的同时，他们克服了重重困难，牺牲了宝贵的休息时间，利用寒暑假多次往返于学校与黑龙江边。他们在考察调研中表现出来的对祖国边疆文化事业的热爱和高尚的职业操守，可亲可敬，可歌可泣。

段光达　吕文利

2012 年 4 月 1 日

调查工作报告

一　调研对象的选择

　　黑龙江省抚远县通江乡小河子村（以下简称小河子村），位于黑龙江省的东端，紧邻黑瞎子岛，距离抚远县县城4公里，是一个以渔业为中心的边境村落。选择该村作为此次调查的目标村有如下几个理由。

　　（1）小河子村是一个边境村落，是距离黑瞎子岛最近的中国村庄。作为中俄领土争端中最大的争议地区，黑瞎子岛备受瞩目。小河子村作为民国时期出现的居民点，见证了黑瞎子岛争端的整个历史。抚远县莽吉塔港便位于小河子村的北面不远处，所以今天小河子村又成为黑瞎子岛整体开发中的一环。通过对小河子村的考察，可以折射出中俄关系的阴晴冷暖。

　　（2）小河子村背靠黑龙江，依托丰富的渔业资源，小河子村成为黑龙江省为数不多的几个以渔业为主的村庄之一。对小河子村渔业生产情况的考察，可以透视黑龙江流域渔业资源的发展与现状。如今黑龙江的渔业资源日益枯竭，转型成为小河子村的首要问题。在改革的道路上，小河子村也逐步探索出以渔业养殖为中心，特色种植业、以"渔家乐"为中心的旅游业等多种经济形式共同发展的新道路。小河子村的转型也是整个黑龙江省渔业发展的缩影，这为黑龙江乃至全国制定新型的渔业政策和产业转型提供了宝贵的借鉴。

（3）小河子村是农村政企合一遗留问题的一个典型案例。在行政区划上，小河子村隶属于通江乡管辖，但是村内大多数事务则是由抚远县国营渔场管理。村民也被人为地分为了两个部分：一是渔场职工，享受工资、退休金、养老保险制度等相关的福利待遇；二是农民，完全按照国家对农村的相关政策享受福利待遇。由此导致在一个村子中出现了城镇人口和农村人口两个人群。通过对小河子村的描述，无疑是对农村地区政企合一问题一次全面的展示。

（4）小河子村是一个逐渐消亡的村庄。小河子村政企合一的特点，导致村庄材料的保存极为薄弱，加之洪水以及村委会不断搬迁等其他因素，材料的丢失更为严重。在某种层面上说，小河子村是一个没有历史的村庄。

当2008年黑瞎子岛部分回归之后，如何利用和开发黑瞎子岛成为国家政策制定中的重要议题。在开发过程中，小河子村所属地域被规划为"抚远县莽吉塔港及工业园区"。小河子村的农田大部分已经被征用。随着工业园区的建设，小河子村面临着土地进一步被征用的命运。虽然现在县委县政府还没有提出完整的近期规划，但是关于小河子村命运的各种谣言已经传遍了村里每一个角落。流传最广的，也是最有可能性的就是小河子村要整体搬迁，和其他村庄合并。如果这是真实的话，那么小河子村即将成为历史。

二 调研过程及调查内容

首次调查的时间为 2010 年 8 月下旬，田野作业时间为 10 天，主要内容为对抚远县的相关领导、相关部门进行访谈，从宏观方面了解小河子村的历史、经济条件、社会发展等情况；在通江乡收集关于小河子村的相关资料，包括政策、户口、家庭经济情况统计等；在小河子村对村主任、村支书进行访谈，了解基层干部眼中的生产、生活状态，国家各项政策的落实情况等；对个别村民进行访谈，了解村民对各项政策的反映和现实需求等。以第一次田野调查为基础，2012 年 3 月下旬，笔者开始了第二次田野调查，田野作业时间为 10 天。此次调查为入户调查，笔者走访了该村 20 户村民，进行抽样调查。调查内容涉及村民的经济生活（家庭收入、家庭消费、家庭经济构成及其变化等）、社会生活（人口、社会分层、风俗习惯等）、婚姻与家庭（婚姻圈、亲属关系等）、文化教育、卫生医疗状况等。

三 调研方法

（1）文献分析。主要查阅了《抚远县志》《佳木斯年鉴》《佳木斯日报》等材料。

（2）田野调查。通过直接观察、访谈、住居体验等参与方式获取第一手资料。

（3）入户问卷调查。有针对性地设计调查问卷，在村民中按比率进行抽样，随机进行入户问卷调查。

（4）个案访谈。

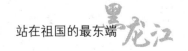

四 问题与建议

作为一个边陲小村庄，小河子村以它的渔业特色和丰富的自然资源，成为不依靠农业的特殊村庄。随着渔业资源的枯竭，小河子村又重新转向农业，开始大力发展特色种植业，并发展以"渔家乐"为特色的旅游业以及其他因地制宜的副业。今天的小河子村村民虽然没有过上富裕的小康生活，但是也能衣食无忧。然而面对村民的勤劳朴实，面对保持完好的生态环境，我们也无法不对小河子村不富足的生活感到痛心。小河子村能够保持完好的生态环境，主要的原因是地处偏远。这已经成为制约村民致富的最大障碍。虽然随着黑瞎子岛的开发，小河子村已经成为新闻报道的明星，但这无法改变村民的生活现状。

在调研过程中，现在的小河子村存在着几方面的大问题。一是村民贫富差距大，仍有许多村民住在泥草房中。尤其是在渔业资源枯竭以后，并不是所有的村民都能找到致富之路。二是虽然渔业资源枯竭，但是村民仍多以打鱼为生。休渔期的法规在村民中得到了很好的落实，不过休渔期结束之后的捕捞，几乎使休渔期的成果荡然无存。虽然渔业养殖业已经成为共识，但是缺乏技术和资金支持，村民囿于原有的生产模式，养殖业在小河子村的发展仍然较为滞后。三是黑瞎子岛的开发与利用已经开始 5 年多，但是仅一水之隔的村民并未从开发中得到实惠，反而工程的建设影响到村民的正常生产生活。尤其是"抚远县莽吉塔港"的建设，村民很少能够被用工，这导致开发建设如火如荼地展开的同时，村民却一如既往地生活。四是关于黑瞎子岛的远景规划已经出台 5 年多，村民已经明了自己将来的命运，但是近景规划迟迟不能出台，村民最关心的搬迁和补偿问题没有任何官方的回应，导致谣言四起。村民缺乏最基本的知情权。而这种情况是中国城市化道路中普遍遇到的问题。

针对这些问题，有如下两点对策与建议。首先，渔业养殖业这种具有高技术含量的、需要大量资金的项目，仅凭村民的力量是无法完成的。这需要政府出面，联合村民组建较大规模的养殖基地，一方面改善渔业资源枯竭的现状，另一方面使村民从中得到实惠。尤其是黑瞎子岛内河汊纵横，完全可以发展网箱养殖，短期内即可见效。其次，大型的建设不应停留在政府层面，也应该让当地村民参与其中，真正达到构建和谐社会的目标。尤其是应该保障村民的知情权，尽早让村民明了自己的命运，好对未来的生活有所安排。

第一章　概况和村史

第一节　概况

一　所在县概况

（一）所在县概况

抚远县位于黑龙江省的东部，坐落于黑龙江、乌苏里江交汇的三角地带。地理坐标为东经 133°40′08″ ~ 135°5′20″，北纬 47°25′30″ ~ 48°27′40″，呈狭长状。总面积为 6262.48 平方公里，下辖四镇五乡，即抚远镇、浓桥镇、寒葱沟镇、抓吉镇、别拉洪乡、海青乡、通江乡、浓江乡、鸭南乡，一共有 69 个行政村，人口为 20 万人。还有一个县办国营农场和一个国营渔场。此外，辖区内还存在着前哨、前锋、二道河三个省属国营农场，三个省属国营农场皆隶属于黑龙江农垦总局建三江管理局管辖，在行政隶属关系上不归抚远县管辖。作为我国最东部的县级行政单位，抚远县是全国迎接第一缕朝阳的地方，有"华夏东极""东方第一县"的美誉。在行政区划上，抚远县隶属佳木斯市管辖，2011 年，经黑龙江省委、省政府批准，抚远归省政府直接管理，行使地市级经济社会管理权限。

作为一个边界城市，抚远县东、北两面与俄罗斯隔黑龙江、乌苏里江相望，西和黑龙江省同江市接壤，南与黑龙江省饶河县相邻。全县边境线长 268 公里。县政府所在地抚远镇距俄罗斯远东第一大城市——哈巴罗夫斯克市，直线距离为 60 公里，航道距离为 65 公里，乘坐现在运行于两个城市之间的高速水翼船，仅需 30 多分钟即可抵达。抚远县又是黑龙江省江海联运始发港，距离出海口 960 公里，是黑龙江乃至全国距北太平洋最近的港口。从抚远经哈巴罗夫斯克、阿穆尔斯克、共青城、尼古拉耶夫斯克出海，到达日本仅需 6 天时间，与从大连出海相比，时间可节省 1/3，费用可节省 2/3。正是由于抚远县得天独厚的地理优势，1992 年 5 月，抚远县被国务院正式批准为对外开放的国家一类客货口岸。

1. 历史概况

由于抚远县境内河流、湖泊纵横，拥有得天独厚的渔业资源，自古就有少数民族在这里繁衍生息，如先秦时期的肃慎、魏晋时期的挹娄、南北朝时期的勿吉、隋唐时期的黑水靺鞨、金元明时期的女真、清朝时期的赫哲。中原王朝为了加强对东北边疆的管理，开元十年（722），唐朝在勃利（今俄罗斯哈巴罗夫斯克）设置勃利州，管理包括抚远县在内的黑龙江下游地区。开元十四年（726），又增设黑水州都督府。此后历代王朝皆对这一地区进行了有效的控制，如辽的五国部节度使、金的胡里改路、元的辽阳行省、明的奴尔干都司。明朝时，为了加强对黑龙江下游的控制和管理，还在抚远县设置了驿站，即莽吉塔城药乞站。莽吉塔城位于抚远县城东北 10 公里、通江乡小河子村西北突出江面的小山头上。药乞站，即今抚远县黑瞎子岛上的木克得赫屯。

到了清代，抚远县归属吉林将军管辖，并在黑龙江与

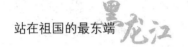

乌苏里江交汇处设置了"乌苏里昂阿卡伦"。随着俄国对东北领土的不断蚕食，宣统元年（1909），清政府正式批准在黑乌两江汇流处西岸伊力嘎地方设立绥远州，直属吉林行省东北路道管辖。民国 2 年（1913），改绥远州为绥远县。民国 18 年（1929），绥远县更名为抚远县。

2. 自然条件概况

抚远县位于三江平原的东缘，境内植被茂密，绿色覆盖面积在 70% 以上，大致可以分为四种地形地貌：一是冲积低平原，为主要的地形地貌；二是低山丘陵区；三是中部低漫岗区；四是包括黑瞎子岛在内的黑龙江和乌苏里江沿岸的洪泛地。

境内有三江国家级自然保护区，总面积为 198089 公顷，主要保护类型是内陆湿地和水域生态系统。2000 年经国务院批准晋升为国家级自然保护区，2002 年被列入《国际重要湿地名录》，同年被批准加入国际鹤类保护网络。抚远县水系发达，河流纵横交错，大小支流 58 条。较大的河流除黑龙江、乌苏里江外，还有浓江河（全长 199 公里，流域面积为 2643 平方公里）、抚远水道（是联结黑龙江和乌苏里江的河流，全长 35 公里）等。湖泊、泡沼有 700 多个。渔业资源尤为丰富，是我国名特优鱼类主产区。

3. 交通条件

尽管抚远县拥有"华夏东极"的美誉，但这一美誉也意味着抚远县地处偏远，远离中心。以距离而言，抚远县县城距最近的地级城市佳木斯市 443 公里、距离黑龙江省省会哈尔滨市 780 公里。

在相当长的时间里，抚远县的交通极为不发达，完全依靠公路与外界联系。改革开放前，由于路况不佳，行车速度缓慢等因素的制约，抚远县到达佳木斯市也需要 2 天 1 宿，在富锦市停留。伴随着黑瞎子岛的收回和开发，抚远县的基础设施得到了飞跃发展。2009 年 8 月，从前进镇至抚远县的前抚铁路全线开工建设，2011 年 1 月，全长 169.4 公里的前抚铁路全线铺通。2012 年 12 月，前抚铁路正式开通运营。航空运输方面，1938 年，日伪当局在抚远县城东郊修建了一座简易飞机场，每月航次四五次不等。1941 年 10 月，伪满洲国航空株式会社抚远分社成立，佳木斯至抚远（途经富锦、同江）的小型客机正式通航，每周 2 班。1945 年光复后，简易飞机场被弃置。为了与黑瞎子岛的收回和开发相配合，抚远县的机场建设也被提上议事日程。2010 年 11 月，抚远东极机场通过国家立项审批。水路运输方面，原有抚远港一处。2008 年《抚远港总体规划》获批，抚远镇港区、莽吉塔港区、乌苏镇港区、黑瞎子岛港区四个港口相继开工。其中莽吉塔港区于 2009 年 6 月开工建设，2012 年 9 月正式投入运营。

4. 经济概况

抚远县虽然拥有丰富的自然资源，但是对外交通不便制约了发展，加之中俄关系长时间处于敌对状态，这导致抚远县成为中俄对峙的前线，从国家到省，都没有发展抚远县经济的意图。其地缘优势反而成为制约抚远县发展的重要原因之一，所以自新中国成立以来，抚远县的经济一直处于缓慢发展中。在黑龙江省的经济发展格局中，抚远县被列入"十弱县"之一，而且在经济综合实力排名中倒数第一，是黑龙江省 14 个国家级贫困县之一。这种情况随着黑瞎子岛的收回和开发逐渐得到转变，在国家和省政策的支持下，抚远县近几年来的发展势头迅猛。

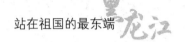

1978 年，抚远县人口为 2.3 万人，地区生产总值为 1110 万元，人均地区生产总值为 320 元，农村居民人均纯收入为 74 元。2004 年，人口为 11.2 万人，地区生产总值为 79478 万元，人均地区生产总值为 9005 元，农村居民人均纯收入为 915 元。虽然较 1978 年有了长足的发展，但是与同时期的黑龙江省其他县域经济相比，依然落后。但是到了 2010 年则出现了井喷式发展。当年人口为 12.6 万人，地区生产总值为 33.7 亿元，城镇居民人均可支配收入为 14080 元，农民纯收入为 9628 元，同比增长 31.4%。

（二）县域气候条件

抚远县位于三江平原的腹地，由于靠近鄂霍次克海，属于中温带湿润大陆性季风气候。四季分明，夏季短而炎热，冬季长而严寒，春季多风，夏季多雨。年降水集中，夏季降雨量约占全年的 52.3%。雨量充沛，年平均降雨量为 626 毫米左右，年最大降雨量达 965.1 毫米，最大积雪深度达 56 厘米。

1. 气温

1985 年以前，抚远县平均气温为 2.2℃。近十年，由于全球气候变暖的影响，平均气温为 3.1℃。1 月最冷，平均气温为 −20.6℃，极端最低气温为 −37.4℃。7 月最热，平均气温为 22.0℃，极端最高气温为 36.6℃。全年有 5 个月平均温度在零度以下，有 7 个月平均温度在零度以上。

2. 日照

抚远县年平均日照时数为 2304 小时，最多年（1973 年）为 2491 小时，最少年（1976 年）为 2078 小时，夏季初日最早在 3 点 10 分，落日最晚在 20 点 5 分。

3. 风

抚远县处于西风带，各季盛行西风。风向的季节性变化明显。冬季位于蒙古高压东部边缘，盛行西风或西北风。夏季由于大陆低压和太平洋高压对峙，多偏南风及东南风。受鄂霍次克海高压影响，有时有偏东气流。春秋两季风向多变，多偏西南风、西风。另受黑龙江河谷走向影响，冬季也有偏西南风。年平均风速为 3.6 米/秒。全年 6 级风以上的日数有 40~50 天，一般多发生在春秋两季，最大风力可达 10 级。

二　所在乡情况

通江乡因黑龙江通江水道而得名，地处抚远县的东部，地理坐标为北纬 48°21′，东经 134°24′。辖区总面积（不含黑瞎子岛）达 347 平方公里，东西长 30 公里，南北宽 11.5 公里。北隔黑龙江与俄罗斯相望，南与抓吉镇、浓江乡接壤，西与抚远镇毗邻，东以黑瞎子岛与哈巴罗夫斯克为邻。边境线长达 29 公里。乡政府驻东红村，距县城 11 公里，东南距乌苏镇 2 公里。

通江乡最早称为小河子乡，后改为小河子公社。1965 年小河子公社改为通江公社，下辖小河子、东风、团结、通江 4 个村。1984 年，通江公社改为通江乡，下辖东风、东海、东华、东安、东升、东辉、团结、胜利、小河子等 9 个村。现在全乡共 11 个自然村（其中 4 个不在行政管辖范围内，由抚远渔场管理），分为 3 个行政村，分别为东红村、东安村、东发村。2010 年，通江乡总户数为 780 户，总人口为 2579 人。刨除 4 个不在行政管辖范围内的村庄，共计 423 户，总人口有 1325 人。其中农业人口有 1185 人，

非农业人口有 140 人。

通江乡是农业乡，由于地处偏僻，第三产业也不发达。根据 2010 年的统计，通江乡共有耕地面积 15.86 万亩，其中大豆为 14.5 万亩，产量为 3957 万斤；玉米为 0.8 万亩，产量为 533 万斤；其他为 0.56 万亩，产量为 224 万斤。除耕地外，草原面积为 7500 亩，自然水域面积为 9500 亩，此外还有退耕还林 2221 亩。为了增产增收，乡政府还积极引导农民进行大面积的旱田改水田。仅 2010 年，就完成了旱改水面积 1.2 万亩。至 2012 年，全乡共种植水稻 4.2 万亩。2012 年，全乡还种植了大豆 4.1 万亩，玉米 0.8 万亩，蔬菜 100 亩。除农业外，通江乡还积极发展畜牧业。2010 年，全乡共有大牲畜 1565 头（其中牛 1495 头、马 70 匹）、山绵羊 1250 只、生猪 1340 头、家禽 15000 只。其中 100 只以上山羊养殖大户有 3 户，50 头以上黄牛养殖大户有 2 户。当年实现畜牧业产值达 270 万元。此外，通江乡还利用自然资源，大力发展水产养殖。2010 年，水产养殖产值达 150 万元。

在个人收入方面，通江乡的农民人均纯收入在近几年来有明显的增长。2005 年人均纯收入为 1500 元，2010 年则增至 6700 元。贫困人口也由 2005 年的 302 户 948 人减少到 2010 年的 53 户 160 人。5 年的时间共解决了 249 户 788 人的温饱和脱贫问题。

在经济发展方面，

在社会生活方面，乡政府所在地有中心校 1 处（见图 1-1）、卫生院 1 处、邮政所 1 处、电信所 1 处、银行 1 处、个体商服部门 8 处。农户自来水入户率达 100%；基本实现广播电视信号村村覆盖，有线电视入户率达 100%；电话入户率达 90%。

图 1 - 1　通江中心校

三　集市、商业布点

1. 小河子村食杂店

村里只有一个食杂店。村民日常需要的生活用品主要从村里的食杂店购买。食杂店虽小但五脏俱全，从鞋垫、针线到衣服、帽子，从豆油、烟、酒到熟食、佐料，应有尽有（见图 1 - 2），价格和抚远县城的商店没有任何区别，所以村民多会选择在这里购买商品。食杂店还可以根据村民需求提前订购，方便了村民生活。不过一部分商品存在仿冒现象，如即食型熟食，县城中"辣媳妇"牌即食鸡爪和猪皮冻卖 4.5 元一袋，仿冒产品虽在品质上相去甚远，却也同样以 4.5 元一袋的价格出售。

食杂店进货途径比较顺畅，每当食杂店需要进货的时候，店主都会电话联系上一级批发商，批发商会免费为食杂店送货。食杂店中的烟酒、食品等商品销售较快。由于小河子村儿童很少，所以店内儿童食品较少，销售的食品多为老少皆宜的零食、饮料。而食杂店滞销的物品，多为盆、毛巾等日常用具。

图1-2　食杂店内景

2. 集市

除了村内的食杂店外，村民还会选择到县城买东西。不过由于村里居住的主要是老人，所以村民去县城买东西的次数并不多，有何需要都是让人代为采购。除了县城外，村民有时候会去农桥镇里的东方红集市赶集。东方红集市的集日是每周的周六、周日。不过由于距离较远，村民很少去赶集。

第二节　村史

一　村庄四至与交通

小河子村位于抚远县城东约5公里处。北邻黑龙江与俄罗斯隔江相望，村庄距黑龙江的直线距离仅百余米，东靠抚远水道与黑瞎子岛隔水相望，南与通江乡所在地东红村毗邻，西与石头窝子屯相邻。小河子村是距离黑瞎子岛最近的村庄，直线距离仅有300多米。站在江边，可以看到下游不远处静立于江心的黑瞎子岛的西端。

随着县乡交通状况的好转，小河子村的交通也有了明显改观。改革开放前，这里交通不便，仅有一条公路——抚通公路（抚远镇—通江乡）通往外界。抚通公路全程为10.4公里。20世纪70年代中期前，这条公路是土路，每逢雨季，泥泞不堪，交通十分不便。改革开放后，道路情况明显改观。1978年3月，修建的虹牛忾桥，桥长14米，道宽7米，为单孔石砌拱桥，桥面土质为砂土，载重量为15吨，极大地方便了来往车辆的通行。20世纪90年代，抚通公路由砂石路面变为水泥路面，驾车从抚远县县城到小河子村仅需15分钟左右。但路面狭窄，仅有4米宽，这导致两头对开的车辆，必须要有一辆在途中停车，以免剐蹭情况的出现。1981年修建东风村至小河子村土路，起于通江乡东风村，达至小河子村，长6000米，路面宽6.5米，路基高0.7米。2009年完成路面硬化。

小河子村没有通往县城的公交车，但是由于距离较近且道路状况良好，前往县城并不是什么难事。有车的村民会驱车前往，或开俗称"四轮子"的农用拖拉机（见图1-3），不过相对于汽车来说，农用拖拉机的速度要慢许多。小河子村多数家庭都有摩托车，在天气不太寒冷的时候，乘坐摩托车出行也是不错的选择。用电话约县里的出租车来接也很方便，经常来往于县城和村子之间的村民都会记着几个司机师傅的联系方式，抚远县城的出租车都没有打

图 1 - 3　农家的拖拉机

表器，县城内打车不管多远都是 5 元钱。而从县城到村里的
价钱则是约定俗成的，到小河子村为 30 元一次，这个价钱
虽有些高，但是村民表示也都能接受，并习以为常。

　　从 2009 年开始，莽吉塔深水港开工建设，大量的重型
工程车来回出入都走抚通公路，这些运输建设物资的工程
车严重超过了村庄公路载重量，很快公路就相继发生了塌
陷的情况。冬季土壤冻结、地表夯实尚能通行，到夏季多
雨季节，由于水泥表面已所剩无几，露出黏土路基，雨水
冲刷之后道路坑坑洼洼，小车经常抛锚，几乎不能开行，
村民出入十分不便。连出租车也因道路难行而趁机涨价，
改为 60 元一次。出行难，成为村民眼下最为烦恼的事情。
不过村民大都表示理解，其中一位村民说："这也是没办法
的事，国家要建大港，也是为了我们好。路是国家给修的，
国家现在为了我们以后更好的生活又把路弄得不好了，我

们也理解。等大港修完就好了，虽然现在不方便，但会好
起来的。"

二　沿革

小河子村始建于 1929 年，由沿江散户组合而成，归抚
远县第一区管辖。小河子村的真正发展则是始于日伪时期。
1932 年伪满洲国成立后，为了镇压东北各地抗日武装力量，
封锁、隔绝、扼杀抗日根据地，也是为了切断抗日武装力
量和人民群众的联系，日伪当局在东北地区推行"集团部
落"的政策，即实施集家并村，修建集团部落。小河子村
就是日伪当局在抚远县重点建造的一处"集团部落"。不过
由于小河子村地处偏远，人口并不是很多。荣太山老人至
今还记得：日本人把这里的村民圈到一起，四周修起了围
墙、岗楼、炮台，架着机枪看着小河子村的村民，让村民
在他们控制的范围里为他们种地。"日本人很厉害，打人骂
人。日本人让自己人打鱼，不让村民打。那时候小河子村
打鱼人少，都种地。"

由于小河子村重要的战略位置，在苏联对日宣战中，
小河子村成为苏军进攻的突破口。1945 年 8 月 9 日，苏联
出兵进攻盘踞在中国东北的日军。其中苏军第二方面军的
主攻方向为黑龙江下游，突向佳木斯地区。当日凌晨，苏
联步兵第 361 师、388 师和 1 个坦克旅在阿穆尔河舰队的支
援下，进攻抚远县的小河子村以及抓吉村、海青村。5 时攻
破抚远县城。

1945 年 11 月，中国共产党领导的合江省政府成立，抚
远县归富锦地区专员公署管辖。1947 年 7 月，抚远县民主
政府成立。新中国成立后，由于这里渔业资源丰富，小河

子村发展极为迅速。到了 1949 年，小河子村已经发展成为两个自然村，即小河子、宋家店。1956 年并村划乡后，抚远县划分为 1 镇 5 乡 15 个自然村，小河子村升级为小河子乡。1959 年，小河子乡改为小河子公社。1966 年，小河子公社改为通江公社，小河子村正式成为隶属于通江公社下的一个行政村。

尽管在行政区划上，小河子村隶属于通江乡管理，但是在其他方面，小河子村则是由抚远县渔场管理。抚远县渔场的前身合江省抚远裕东渔业公司，始建于 1947 年春，主要业务是负责组织渔业生产、收购、销售水产品，供应渔民的生产、生活物资。1954 年 8 月，公司最终更名为黑龙江省抚远水产公司。

小河子村开展渔业生产始于 1959 年。1959 年，从 1939 年就参加革命的孙庆文出任抚远县副县长。在考察小河子村时，孙庆文见到这里渔业资源丰富，于是向上级申请建立渔场。同年 12 月，省委、省政府决定将海青、抓吉、小河子 3 个人民公社以及抚远镇、同江镇两个管理区和水产局所属全部网队、梁子队组成省水产基地，称"黑龙江省抚远县国营渔场"。国营渔场为全民所有制组织形式。行政上采取总场、分场、队三级管理，财务上实行总场、分场两级核算。小河子村作为新并入的集体队，村民作为渔工，实行半工资半分红过渡性薪金制。1961 年 3 月，抚远县国营渔场解体，成立省属国营抚远渔场。同年 7 月，建立起包括小河子在内的 7 个直属生产队，实行二级管理，一级核算。村民作为渔场职工，采取"粮食供给 + 基本工资（月人均 10 元左右） + 年终分红"三结合的分配方式。1963 年 8 月，原集体队 424 名渔民全部过渡成水产企业的正式工人，分配形式采取半工资半分红的两结合方式。荣太山老人至今还记得当时的情况。工资评定是采取民主评议的形式。"开大会公开评级，即使是 60 岁以上的，只要身体好，能打鱼的话，就能评上级。"而评定标准一共有五级。"四级是最年轻能干的。当年整个小河子就两个人。"不同的级别，工资也是不一样的。"当时的工资定为四级，一级工工资为 42 元，二级工 39 元，三级工 37 元，四级工 28 元，另外还有级外级，也就更低了。在这些变动中，当地 18 岁以上有劳动能力的男人，后来慢慢地都学会了打鱼。"

为了扩大生产，从 1962 年开始出任渔场场长的孙庆文采取了一系列发展渔业生产的方针和措施，诸如"退耕还渔"，使全渔场 80% 以上的劳动力都投入生产第一线；开展"大闹西河"的捕鱼会战，渔场场长孙庆文亲自带队在数九寒天开进浓江河以西的荒原找寻鱼源以增加生产；在渔业生产中实行"定人员、定作业场所、定工具设备，包产量、包产值、包工、包费用、包上缴利润"，"以船定产，见产提成，超产有奖"等一系列措施。这一时期，全县的渔业企业发展到历史最好水平。1961 年渔场捕鱼 2150 吨，第一次给国家上缴利润 80 万元。

"文化大革命"中，造反派批判了所谓"鱼打头钱挂帅的修正主义路线"，确立起"以粮为纲"的发展路线，一大批渔业企业干部和工人被扣上日特、苏特、走资本主义道路当权派的帽子遣往他乡或调离渔业队伍。1967 年，孙庆文也被打成"走资本主义道路的当权派"，受到批判和斗争。正是在错误的路线指导下，渔业劳动力由 1961 年的 800 多人，减少到 1970 年的 300 多人；捕捞船只由 400 多只减少到 103 只；渔用机船由原来的 10 艘减少到 3 艘；淡水鱼产量由 1963 年的 2535 吨，减少到 1968 年的 231 吨、1969 年的 460 吨、1970 年的 366 吨。1972 年以后，渔业企业在所谓实行党的一元化领导方针指引下，又再次实行了政企合一的管理体制，即水产科、水产公司、渔场合三而一。渔业生产得到了恢复和发展。据渔场现任场长介绍："渔场最辉煌的时候是在改革之前，那时整个抚远县财政产值绝大部分都是渔场贡献出来的，渔场能占财政支柱的60%。那时口岸没开，各大产业支柱没有，渔财政能占60%~70%，全靠渔业支撑着抚远县财政运转。"

20 世纪 80 年代以后，伴随着渔业资源的枯竭，小河子生产队也难以为继，1986 年以后，渔场不再招工，村民逐渐区别为两个部分：一是渔场职工，属于企业职工；二是农村人口。

当黑瞎子岛大规模开发开始时，小河子村北面被规划为"抚远县莽吉塔港及工业园区"。整个工业园区占地 300 万平方米，建设投资 5.3 亿元，总体功能是港口、仓储物流、进出口产品加工区、铁路客货运输区等。而小河子村正位于工业园区的规划用地内。随着抚远县莽吉塔港一期工程的建设，小河子村仅有的农业用地大部分已被征用。而小河子村整体搬迁也已被提到议事日程，小河子村成为一个即将消失的村庄。如今关于搬迁的谣言已经在村民中四处传播，但是至今县委、县政府仍然未能下达正式文件，这使小河子村日益呈现破败的景象，小河子村村民的不满情绪也日益蔓延。

三 黑瞎子岛概况

黑瞎子岛是民间称呼，因为岛上时有黑熊出没。中方正式称呼为抚远三角洲，俄方称呼为大乌苏里岛。黑瞎子岛被黑龙江、乌苏里江和抚远水道所环绕。总面积约为335平方公里。地理坐标是北纬48°17′~48°27′，东经134°24′~135°05′。南北长约60公里，东西宽约40公里。根据《中华人民共和国和俄罗斯联邦关于中俄国界东段的补充协定》，中方171平方公里，俄方164平方公里。

由于岛内水系纵横，黑瞎子岛实际上被分割成银龙岛（俄方称呼为塔拉巴罗夫岛）、黑瞎子岛和明月岛三个岛系，共由大小93个岛屿和沙洲组成。

黑瞎子岛地势平坦开阔，西高东低，平均海拔为38米。岛内多为沼泽地等湿地，植被覆盖良好，树木、灌木、草地生长茂密（见图1-4），树木以柳树、榆树、杨树、柞树等为主。岛内栖息着黑鹳等珍稀鸟类、黑熊等野生动物。岛内江汊纵横，水产丰茂，主要鱼类有鲤鱼、鲫鱼、鲢鱼、白鱼等几十种，是鲑鱼洄游的必经之地。

图1-4　黑瞎子岛上保存完好的生态环境

黑瞎子岛由于自然条件优越，自古便有人类活动，岛上遗留有丰富的古代文化遗存。"早在20世纪70年代，前苏联学者在黑瞎子岛东北部地区发掘了科尔萨科沃女真墓地，共发掘墓葬300余座，是目前揭露比较完整的一处有关女真文化的遗存，对于了解该地区古代历史面貌有重要学术意义。"2012年5月，为了配合国家对黑瞎子岛的开发，黑龙江省文物考古研究所派出两支工作队，对黑瞎子岛我方所属区域进行了一次较为系统的文物普查。此次调查，"发现并勘探渤海时期遗址1处、清理灰坑1座。同时调查发现有俄罗斯旧军营、军事工事（碉堡、战壕）、房址、坦克掩体阵地以及战备道路等近现代遗迹"。①

四　黑瞎子岛的历史

黑瞎子岛在历史上隶属于中国，在元、明两代，中国在哈巴罗夫斯克附近设置了名为"药乞站"的驿站和名为"喜申卫"的卫所。明朝为了加强对黑龙江下游地区的控制，密切与各少数民族部落的联系，专门设立了"海西东水路城站"的驿路。其中第十站为莽吉塔城药乞站。清朝时，黑瞎子岛隶属于吉林将军管理。

1860年《中俄北京条约》签订后，黑瞎子岛成了中俄两国的边境地区。1861年，中俄双方根据《中俄勘分东界约记》的有关规定，派代表查勘中俄东界。在乌苏里江口设立了"耶"字碑，明确规定了黑瞎子岛属于中国的领土。1886年，俄方"饰词欺异，误通为同，指通江即为混同

---

① 黑龙江省文物考古研究所：《2012年聚焦黑龙江考古新成果》，《黑龙江日报》2013年1月14日。

江"，将"耶"字碑立于小通江子东口，至此黑瞎子岛便因此而成了"俄国的领土"，开启了黑瞎子岛归属问题的争端。

1894年，俄人在黑瞎子岛的东北建立了两所船坞。1901年，绥远州居民冯德禄、葛元山、德夫克（赫哲族）等15户居民在黑瞎子岛上瓦盆窑、达子营、黑瞎子通等地方居住，从事农牧、渔业生产，并种植罂粟。随着岛上居民的增多，绥远州曾委派官吏到岛上征收柴草税款。1904年，俄人趁民国初建，"于通江子上口设税务分关"。从清朝开始直至民国时期，中方一直就黑瞎子岛的归属问题提交抗议，坚持认为黑瞎子岛属于中国领土，俄国则辩称抚远水道是两国的界河。1928年，绥远县知事曾派人到岛上进行调查，岛上住有中国民户30家，苏户17家，均系捕鱼割草为生。

1929年，"中东路事件"爆发。8月，在错误评估国内外形势和敌我力量的情况下，张学良令部队强行收回中东铁路的所有权益。张学良的举动触犯了刚执掌苏联实权而态度强硬的斯大林。苏军随即进行了疯狂的报复。苏军从三个方向侵犯中国边境，一支攻击绥东、兆兴镇，即抚远县与黑瞎子岛的周边地区；一支攻击满洲里、扎兰诺尔；一支攻击绥芬。9月6日下午，苏军向乌苏镇发动全面进攻，中国东北军第九旅42团2营7连、8连两个连的官兵在营副官国占奎的指挥下奋起反抗，战斗到傍晚，终因寡不敌众，乌苏镇失守，中国守军百余人全部阵亡。12月，中苏双方在伯力开始举行和谈。会谈期间，苏军虽撤出了同江、抚远的大部分地区，但黑瞎子岛上的苏军一直没有撤走，从此黑瞎子岛被苏联完全侵占。随着"九一八"事变的爆发，黑瞎子岛问题被搁置一边，成了中苏关系史上的悬案。

2004 年 11 月，中国和俄罗斯签订了《中华人民共和国和俄罗斯联邦关于中俄国界东段的补充协定》，将银龙岛的全部及黑瞎子岛的一半约 171 平方公里的土地划归中方，并于 2008 年 10 月正式交接。黑瞎子岛竖立着有"中国"字样的界碑（见图 1-5）。黑瞎子岛回归后，黑龙江省委、省政府从国家战略出发，制定了《黑瞎子岛保护与开放开发总体规划》，积极推进黑瞎子岛的保护与开放开发工作。

图 1-5　黑瞎子岛上的界碑

第二章 基层组织

第一节 小河子村基本情况

小河子村（见图2-1）在行政区划上隶属于抚远县通江乡，但实质上是抚远县国营渔场渔业生产大队下的一个捕捞生产队。所以小河子村在行政组织上采取一套班子两块牌子的办法，一是小河子生产队，一是小河子村村委会。在具体事务的隶属关系上，除了人大代表的选举归通江乡管理外，其他方面的事务都由抚远渔场负责。这种情况导致小河子村的组织与其他村庄不同。村长的选举完全由抚远渔场决定，并不存在由村民决定换届选举的情况。

小河子生产队的管理体制，始于1963年。1963年抚远县国营渔场建立后，渔船在小河子生产队设有队长、副队长和书记等管理人员，还配备有会计、出纳、记工员负责具体事务，另外还有妇女队长。负责人中，队长和副队长每1~2年轮换，通常由社员推举或选举产生，其他负责人以推举为主。但是在实际情况中，队长、副队长通常都是由抚远渔场从当地村民中选取受教育程度较高、在村民中有一定威信的人来担任。为了维持生产的稳定性，队长、副队长的任期也较长。队长、副队长、会计、记工员和出

25

纳除了负责经济生产、社会事务管理外，也享受一定的待遇，每年有适当的工分补贴。渔船职工由渔业生产队统一调度参加捕捞劳动。2000 年之后随着渔业企业职工精简，小河子村取消会计、出纳和妇女主任职位设置，相关工作统一归渔场管理。

图 2-1 小河子村

小河子村共有 82 户 213 人，其中男性 100 人，女性 113 人。村庄的常住人口为 143 人，其中农村人口为 41 人，职工为 102 人，包括 51 名在岗职工和 51 名退休职工。

小河子村是典型的移民村。村民由不同时期的移民构成，主要为山东人、河北人、辽宁人、吉林人。如严文富夫妇，是 1995 年从吉林省榆树县搬过来的，是村里来得最晚的一户人家。由于村民来源广泛，所以村中姓氏也较多，共有孙、李、冯、万、刑、林、华、王、耿、周、薛、崔、任、杜、刘、张、沈、姜、柴、赵、蔡、荣、毛、汝、牟、韩、吕、付、学、附、杨、秦、施、尤、徐、严、郭 37 个姓氏，其中王姓为大姓。

第二节 小河子村组织

一 小河子生产队（村委会）

（一）生产队职能

生产队代行村委会职责。宣传宪法、法律、法规和国家的政策，经常性地做好法制宣传教育，提高广大村民的法律意识和政策观念；开展社会主义精神文明建设活动，教育和推动村民履行法律规定的义务，维护村民的合法权益，发展文化教育事业；教育和引导村民加强团结，互相尊重、互相帮助、相互信任、相互学习、取长补短、共同发展；协助维护社会治安，组织群众做好以防盗、防火、防灾害事故为中心的安全防范工作，搞好治安联防，调解民间纠纷，维护公共秩序，保障集体经济组织和村民的合法权益；配合镇上搞好人口与计划生育工作，严格控制人口增长；办理本村的公共事务和公益事业，整顿村容村貌，做好优抚对象的优待、"五保户"和困难户的救助，建设文化设施，开展各种文娱体育活动；带领村民搞好公共卫生，完成植树造林任务，合理利用自然资源，保护和改善生态环境；向上级人民政府反映群众的意见、要求和提出建议；支持村民发展各种形式的合作经济，依法管理宗教场所和宗教事务，加强档案资料管理，规划好本村土地，厘清本村发展思路，千方百计增加农民收入，加快本村经济发展。

（二）生产队队长

1. 职责

（1）热爱祖国，热爱人民，热爱集体，关心群众、爱护群众，坚持民主施政，走群众路线，遇事同群众商量，尊重村民的民主权利。

（2）以身作则，带头执行村务公开和民主管理的各项制度。

（3）坚持集体领导与分工负责相结合，认真做好分管工作，不徇私舞弊，自觉接受群众监督。

（4）拥护党的纲领，执行党的决议，坚持党的路线、方针、政策，树立牢固的共产主义理想和全心全意为人民服务的宗旨。

（5）办事公道，勤政廉洁，克己奉公，带头遵纪守法，严格执行组织纪律，增强团结，严禁搞宗族派系活动，严禁压制群众和对群众打击报复。

（6）转变观念，加快发展，尽快带领群众发家致富奔小康。

在实际工作中，生产队长的职责主要是三个方面：一是协助渔场征收一年两季的滩地费，二是维护生产秩序，三是按照渔场的工作计划完成一些相应的工作任务。

2. 小河子村历届队长（1985 年改制之后）

韩文来，王艳明，王艳波（现任）。

（三）生产队职工委员会

1. 工会制度

（1）执行场工会（代表）大会的决议和上级工会决定，

主持工会的日常工作。

（2）代表和组织全场职工依照法律规定，通过职代会或其他形式，参加渔场民主管理和民主监督。工会委员会是职代会的工作机构，负责职代会的日常工作，检查、督促职代会决议的执行。

（3）参与协调劳动关系和调节劳动争议，与场领导班子建立协商制度，协商解决涉及场职工切身利益的问题。帮助和指导全场职工与企业签订劳动合同，代表场职工与渔场签订集体合同或其他协议，并监督执行。

（4）组织渔场职工开展劳动竞赛、合理化建议、技术革新和技术协作活动，总结推广先进经验，协助做好全场先进集体和先进个人的评选、表彰、培养和管理工作。

（5）对职工进行思想政治教育，鼓励支持职工学习文化科学技术和管理知识，开展健康的文化体育活动。办好工会文化、教育、体育事业。

（6）监督有关法律、法规的贯彻执行。协助和督促企业做好劳动保险、劳动保护工作，办好职工集体福利事业，改善职工生活。

（7）积极了解和关心职工的思想、工作和生活，帮助职工解决实际困难，推动各项政策和法律的贯彻落实。

（8）维护女职工的特殊利益，同歧视、虐待、摧残、迫害女职工的现象作斗争。

（9）搞好工会组织建设，健全民主制度和民主生活。建立和发展工会积极分子队伍。做好新会员的接收、教育工作。

（10）收好、管好、用好工会经费，管理好工会财产和工会的企业、事业，接受上级工会和场工会经审委员会的

审查监督。

（11）完成渔场布置的各项工作任务。

2. 工会会议制度

（1）工会委员会会议：一般半年召开一次，2/3以上委员参加，会议主要针对涉及企业发展、自身建设、维权等方面的重大问题，经民主讨论作出决定。

（2）会员大会或会员代表大会：一般每年召开一次（特殊情况除外），需作出重大决议时，要半数以上会员或会员代表到会才能召开，如要对某项决议进行表决，赞成数应超过应到人数半数以上才能通过，会议主要对工会工作报告、经费收支情况及换届选举进行表决。

（3）职工代表大会：一般每季度召开一次（特殊情况例外），工会委员会是职代会的工作机构，负责职代会的日常工作，检查、督促职代会决议的执行，职代会主要针对涉及渔场的民主管理、经营决策、关系职工切身利益的问题进行表决。

3. 工会学习制度

（1）学习时间：工会委员学习每季度安排一次。

（2）学习方式：除特殊情况占用生产、工作时间外，一般情况下，主要利用节假日和业余时间进行。

（3）学习内容主要包括：有关爱国主义、集体主义、社会主义教育方面的内容，社会公德、职业道德、家庭美德教育方面的内容；国家有关方针、政策方面的内容；有关科学、文化、技术方面的内容；有关工会自身业务方面的内容；促进职工身心健康的文艺、体育活动等方面的内容。在学习中要发挥职工的主观能动性，向企业提出合理化建议，为企业生产经营做出贡献。

（4）学习时必须严格遵守时间，每次学习要有计划、有要求、有记录。

二　党团妇女组织

（一）小河子村党组织概况

小河子村现有党员9人，其中5人为渔场退休职工，在职党员4人，村党支部书记是周军。

（二）党组织分工与职责

1. 村党支部书记的主要职责

（1）村党支部书记必须每月至少召开一次支部委员会，主要内容是学习党的路线、方针、政策，讨论研究决定重大事情，总结部署工作。

（2）研究党员发展、转正和自身建设问题。

（3）每季度至少召开一次党员大会，主要内容是：学习上级党组织有关文件，传达会议精神；通报支部工作情况，听取党员意见和建议；讨论党员发展、转正问题。

（4）每季度至少召开一次党小组会，主要内容是：学习上级组织有关文件；汇报党员个人思想和工作情况，开展批评与自我批评；酝酿党员发展、转正情况。

（5）每双月必须进行一次党课教育，参加人员为全体党员和入党积极分子，授课重点是：党的路线、方针、政策；党章、党纪党规及党的有关知识；邓小平理论、市场经济知识和法律法规；怎样做一个合格党员等课程。

2. 小河子村历届村党支部书记（1985 年改制之后）

李文岭，韩文来，周军。

三 民兵组织

(一) 小河子村民兵概况

抚远渔场民兵营共有 111 人,其中应急分队有 40 人。下属小河子村基干民兵总数为 9 人,其中退伍军人人数为 1 人,团员为 1 人。18 ~ 25 岁民兵有 5 人,26 ~ 28 岁民兵有 5 人,28 岁以上民兵有 10 人。文化程度方面,具有初中文化的民兵有 9 人。

(二) 民兵任务

(1) 积极参加社会主义现代化建设,带头完成生产和各项任务。

(2) 担负战备勤务,保卫边疆,维护社会治安。

(3) 随时准备参军参战,抵抗侵略,保卫祖国。

(三) 民兵工作

(1) 建立和巩固民兵组织,提高民兵军政素质、配备和管理民兵武器装备,储备战时所需后备兵员。

(2) 发动民兵参加社会主义现代化建设,组织民兵担负战备执勤,维护社会治安任务。

(3) 组织民兵参军参战,支持前线抵抗侵略,保卫祖国。

(四) 民兵誓词

我是中华人民共和国公民,依照法律服兵役是我应尽的义务,为了负起民兵的神圣职责,我宣誓:

热爱中国共产党,热爱社会主义国家,热爱中国人民解放军，全心全意为人民服务；

热爱党的路线、方针、政策，遵守国家法律法令，执行军队条令、条例和制度，服从命令、听从指挥；

努力学习军事、政治和文化，苦练杀敌本领，热爱武器装备，保守军事机密，发扬优良传统，参加社会主义物质文明和精神文明建设；

英勇战斗，不怕牺牲，保卫祖国，保卫社会主义建设。

以上誓词，我坚决履行，绝不违背。

（五）具体情况

与其他地区的民兵组织形同虚设不同，包括小河子村在内的抚远县，民兵组织不仅有完善的行政体系，而且至今仍然发挥着重要的作用。

第一，在禁渔期，由于执法人员无法满足需要，民兵组织也担负起维护界江生产秩序的任务。

第二，由于边界线漫长，中俄边防军在对边界的巡查上存在着观察盲点，民兵组织选择有利地形设置观察哨，加强观察，配合有关部门打击边境走私。

第三，在日常生活中，民兵组织开展军警民联防活动，应急分队人员上街执勤巡逻，追捕堵截犯罪分子。小河子村的民兵建立起联防小组，开展护秋保收、护村护院活动，对犯罪分子起到了一定的震慑作用。

第四，在经济发展中，民兵自觉地发挥经济发展带头人作用。在科技兴农、发展第三产业方面，起到了先锋模范作用。

第三节 规章制度

一 村委会规章制度

1. 工作制度

（1）坚持以人为本，实施依法行政，热情为民服务，建设服务型村委会。

（2）认真履行岗位职责，积极主动，创造性地完成各项工作任务。

（3）坚持"领导在一线指挥，干部在一线工作，问题在一线解决，业绩在一线体现"的一线工作方法，解决具体问题。

（4）坚持落实目标责任制，结合岗位职责村民情况，合理安排，突出重点，按期完成目标任务。

（5）自觉服从领导，做到政令畅通，顾全大局，通力协作，增强队伍战斗力。

（6）按照组织的安排部署，在工作落实过程中要及时向领导汇报情况，便于领导掌握工作开展情况，确保安排部署达到预期的效果。

（7）要服从村支部和乡政府的领导，使业务和乡中心工作得以顺利开展，实现双赢，不得强调主次，顾此失彼，努力争创先进单位。

2. 学习制度

干部职工要认真地学习马列主义、毛泽东思想、邓小平理论和"三个代表"重要思想，深入贯彻落实科学发展观，学习党的路线、方针、政策；学习国家法律法规；学习工作业务知识，不断提高业务水平和工作能力，努力建设学习型政党、学习型社会。

干部必须按时参加乡党委中心学习组每月一次的集体学习，做好学习笔记，写好心得体会。

每周五上午 2 小时集中学习，建立村学习园地，坚持每季度更换一期。

干部个人自学每天不得少于 2 小时，要求有自学笔记，每年不少于 5000 字，每季度完成一篇内容深刻的学习心得体会，结合自己工作实际每年完成两篇调研报告。

村委会每季度对干部学习情况进行一次全面检查，检查村学习园地建设情况和个人学习笔记、调研报告。对于不认真、走过场的个人提出批评、限期整改；对学习不全面，应付过程的个人不能评为先进个人。

每次检查要分别评出学习情况开展较好和较差的个人，并予以通报。

3. 会议制度

村委会决定召开的会议，由村委会统一通知，会议通知必须在会前发到与会人员手中，确保与会人员能够按时参加会议。

会议组织人员在会前 10 分钟内做好一切准备工作，将有关文件材料分发到相关人员手中，与会人员必须在会前 5 分钟进入会场，会议考勤人员在会前 5 分钟清点人数，对迟到者点名批评。

需办理其他事务不能参加会议的人员必须在会前 10 分钟征得主持会议领导同意。

与会人员进入会场之后立即关闭手机，认真听取领导讲话并做好记录，除安排讨论或发言外不得随意走动、擅

自离开会场、高声喧哗影响会议秩序。

参加会议人员必须携带笔记本，否则不得进入会场。

除指定座位外，参加会议人员必须由前向后依次就座。

4. 防汛、安全生产制度

建立健全安全委员会组织机构，落实责任，发挥职能作用。

指定防汛、安全生产方案。

建立健全防汛、安全生产检查和报告制度。

对重点险工险段及安全隐患落实防范工作责任，并层层签订责任合同书。

值班人员及时传递雨情、水情、火情、灾情、险情及不安全事故，对传递不及时造成工作重大失误的追究责任，视其情节轻重给予严肃处理。

严禁农用车辆载人，并与车主签订责任合同书，否则严肃处理。

严防制作烟花爆竹及出售兽药、老鼠药等，否则彻底清除并严肃处理。

严格防火，特别是林区防火工作，落实责任，建立制度，否则视情节轻重追究责任。

认真做好使用煤气罐户主的排查登记工作，对煤气罐要进行全面检查，以防泄漏煤气现象发生。

加大对个体工商户的安全管理，预防不安全事故发生。

5. 村务公开制度

采取定期与不定期方式向村民公开村务工作情况，自觉接受村民监督。

以财务公开为重点，坚持定期向村民公开村收支情况、二胎生育指标审批情况、村委会建房情况、上级投放各项资金使用情况、上级政策落实及资金投放情况和救助补贴等情况。

实行政务公开，民主评议。对村民提出的合理化建议予以采纳，对于存在的问题及时予以更正。

6. 民主评议党员制度

支部要召开好民主评议党员大会，坚持每半年评议一次，每年七一前后对每个党员从学习作风、思想作风、纪律作风、生活作风、完成工作任务等各方面进行全面评议，评出"优秀党员"。

每个党员都必须参加民主评议党员大会，评议党员参加政治、业务学习、经济发展、组织生活、交纳党费和联系服务群众办实事等情况。

每个党员要坚持批评与自我批评的原则，正确对待自己和同志们的缺点与错误，诚恳接受意见和建议，并积极改正。

树典型，抓标兵，表彰先进，鞭策后进，处置不合格党员，纯洁党员队伍。

每个党员积极投身物质文明、精神文明建设，起到良好的带头作用。

7. 基层组织建设工作制度

坚持每季度研究一次农村基层组织建设工作，做到年初有计划、年终有总结。

坚持创建"五个好"党委和"五个好"支部，深化"四级承诺一评议"，推行党支部和党员承诺联系服务群众办实事制度，做到有计划、有安排、有措施、有组织、有实效。

坚持"高素质、少定员、高效率、少负担"的原则，建设好精干、高效、团结、务实的村班子，加强村级后备干部培养，形成梯级结构，确保后继有人。

坚持每年每个党支部发展一至二名入党积极分子，加入党组织。

坚持党员的培训制度，开展多形式、多渠道、多层次的党员培训，全面提升党员素质和理论水平。

8. 村委会管理制度

作息纪律。村干部必须严格遵守作息时间，不允许在办公和休息时间酗酒、赌牌，不准高声喧哗影响他人休息。

村委会卫生。办公室楼道必须每天打扫一次，院落卫生由村委会组织全体成员打扫，平时卫生由办公室负责。讲究集体环境卫生，保持村委会卫生整洁。

单位安全。值班人员要切实负起单位安全责任，有摩托车的同志必须与村委会办公室签订安全管理责任合同书，干部要服从安全管理，出差、走村或回家来去途中要注意安全，严禁不安全事故发生。

财务安全。党政办公室加强财务管理，干部调离时必须交清所有财产和经济手续，并由办公室出具证明，领导批准后，财政所方可以办理工资关系。

9. 考勤制度

确定专人负责考勤工作，负责考勤的同志要实事求是，不弄虚作假。

干部请假应视工作情况而定，为履职着想，每月不得超过 10 天（含双休日），全年总假不得超过 60 天。

严格履行请假销假制度，1～2 天由村领导审批，3 天以上由乡领导审批，请销假实行一月一通报。

忙假或其他法定假日按党委、政府会议确定执行，实行轮流值班。值班期间，值班人员要实行签字确认。

负责考勤的人员必须在月底将考勤情况通报乡党政办。

由乡纪委牵头，采取不打招呼夜间查岗，对不假而走的违纪行为，进行警示训诫。

旷工在 3 天以下的由领导找其谈话，本人写出书面检讨；3 天以上 10 天以下由乡纪委给予警示教育，本人在全乡职工会上检讨，年度考核为不称职干部；10 天以上由纪委查处，分别按党、政纪予以处理，并扣除当月工资。

10. 财务管理制度

严格遵守财经纪律，遵守乡政府有关财务管理的规定，严禁坐支挪用。

严格实行一支笔审核制度，开支项目实行会签制。

所有经费收支每月通报。

每笔资金拨付实行层层审核制度，资金使用由乡党委会研究决定，写清单位申请事由、申请人、领导意见和书记意见。

干部经手开支项目定期予以核报，原则上每月核报一次。

二　党建制度

1. 党支部的主要职责

贯彻执行党的路线方针政策和上级党组织及本乡党员代表大会（党员大会）的决议。

讨论小河子村经济建设和社会发展中的重大问题，需由村委会或集体经济组织决定的问题，由村委会或集体经济组织依照法律和有关规定做出决定。

领导本村的社会民主建设和精神文明建设，做好社会

治安综合治理及计划生育工作。

2. 党员干部双重组织生活制度

每个党员领导干部都要按照党章的有关规定，自觉过好双重组织生活。除参加同级党组织的民主生活会外，还要按时参加所在支部和党小组组织的一切活动。

在双重组织生活中，每个党员都要以普通党员身份出现，不得以领导者自居或以任何借口搞特殊化。

所有党员干部都要模范遵守党的组织纪律，按时参加双重组织生活，如有特殊情况，应提前向所在支部或党小组请假。

3. 党员教育管理工作制度

积极组织党员开展"双学"活动，学习邓小平理论和《党章》，还要学习科学文化和业务知识，上好党课，不断提高党员素质，增强党的战斗力。

对党员实行目标管理，经常开展各种教育活动，乡党委建立党员卡片簿。

党员无正当理由连续六个月不参加党的组织生活会或不交纳党费，或不做党所分配的工作，按党章规定进行处理。

按时交纳党费，认真过好党的组织生活。

乡党委每半年对党员集中轮调一次，每年培训两次基层党务干部，以业务学习为主，时间一至二天。

4. 发展党员工作制度

不断壮大积极分子队伍，对入党积极分子及时培养、教育、考察、写实。支部每年要对入党积极分子队伍进行一次调整，并对发展对象进行短期集中培训和考试，入党积极分子数量要达到党员总数的50%。

认真贯彻发展党员工作方针，突出发展重点，严格履行入党程序，材料齐全，手续完备。

加大领导力度，明确工作责任。支部每半年研究一次发展党员工作。

加强对预备党员的管理教育，及时进行培养、教育、考察、写实，予以按时转正。

5. 党建工作检查制度

乡党委每季度考核一次所在支部的党建工作，及时发现问题，总结经验，堵塞漏洞，改进工作。

检查考核的重点是党组织是否配齐配强干部队伍，结合经济工作抓好党的建设的效果是否明显，支部和党的作用是否得到了较好发挥。

检查主要采取"听、看、谈"等形式。

检查后乡党委会及时下发通报，表扬先进，督促后进，并将检查情况作为考核党务干部的重要内容和评先选优的依据。

6. 民主生活会制度

乡党委民主生活会每半年召开一次，依据工作需要，也可以随时召开，上半年的民主生活会在7月底前召开，下半年的民主生活会应在次年的1月底之前召开。支部委员民主生活会一般一个季度召开一次，没有特殊情况不得拖延召开。

要确定民主生活会的中心议题，生活会的召开时间和议题要提前上报上级党委审批，并要提前通知应到人员。

会前广泛征求党内外群众意见和建议，并归纳整理，在会上通报。

民主生活会由领导班子的主要负责人召开和主持，主

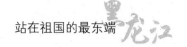

持人要带头开展批评和自我批评，引导领导班子成员畅所欲言。

上级党委要派人参加组织的民主生活会，听取意见，面对面指导，并负责向上级党委汇报，要对民主生活会的情况进行通报。

对民主生活会上反映和检查的问题，应由党组织解决、出具整改措施，必须责任到人限期完成，并在下次民主生活会上通报落实情况。

生活会后15天内，要向乡党委报告会议情况和做好会议记录。报告的主要内容是开展批评与自我批评的情况、检查出来的主要问题及原因，以及整改措施。

7. 党支部成员联系点制度

党支部成员都要建立自己的工作联系点，具体联系两名至三名党员和群众。

党员每年要有2/3的时间深入联系点，在抓好各项工作的同时，每季度至少协助支部研究一次党建工作。

要有针对性地搞好调查研究，注意总结经验，指导好工作。

8. "创先争优"活动制度

"创先争优"活动要纳入党委工作日程，做到年底有规划，平时有检查，年终有总结。

制定"创先争优"条件，下发到党员手中，使党员明确"创先争优"活动的意义和具体内容，并积极参加这一活动。

紧密联系自身实际，坚持经常开展活动，使"创先争优"活动搞得有声有色，不走过场。

不断总结"创先争优"活动的经验，每年七一进行总评，推举先进个人和集体参加乡党委的表彰活动。

9. 党员联系户制度

党员联系户活动是密切党群关系的一种主要方式，凡是有联系能力的党员都要参加这一活动，每人至少联系一个农户或职工。

党员要向被联系户宣传党的路线方针政策，引导他们科技致富，帮助他们解决生产、生活中的实际问题。

联系户工作列入党员目标管理，党员每月向党小组汇报一次，党小组每季度向党支部汇报一次。

党支部建立党员联系户登记簿，并将达标情况作为考评党员的内容之一。

10. 领导班子廉政建设制度

坚持从严治党的方针，认真端正党风，严格遵守党纪，以《党章》为标尺。以《准则》为镜子，努力消除党内的腐败现象。

严禁用公款吃喝或请客送礼，切实把握招待标准，不许一客多陪，不得巧立名目，用公款游山玩水。

严格执行财经审批制度，做到日清月结，定期公布，建立健全财务管理制度。

党员干部不得以权谋私，对群众关心的热点问题，都要坚持公开化，增加透明度，自觉接受群众监督。

三　社会调解

1. 内部自行调解

小河子村人口较少，相互之间基本上都是沾亲带故，村民之间很少发生争吵。即使出现矛盾，村民也认为大家都是乡里乡亲的，尽可能"大事化小、小事化了"。当矛盾

尖锐化时，矛盾双方基本上都会在"中间人"的调解下，尽量化解矛盾。

2. 司法部门调解

小河子村设有人民调解委员会，人民调解委员会是在基层人民政府和基层人民法院指导下调解民间纠纷的群众性组织。依照国家法律、政策和社会道德习惯，在搞清纠纷事实的基础上分清是非曲直，排解民间纠纷。在依法、自愿、不限制诉讼的原则下，人民调解委员会应积极、主动（但不得强制）地对本村发生的民间纠纷进行调解，把各类矛盾消灭在萌芽状态。协助维护本村的社会治安，对影响社会稳定的不安定因素和人民群众的意见、建议和要求，及时向镇党委、政府反映并提出建议。通过调解工作，宣传法律、法规和政策，教育公民遵纪守法，遵守社会道德，把社会稳定、经济发展作为压倒一切的思想。小河子村的人民调解员由村"两委"班子成员担任。

人民调解委员会及调解员职责是：依据法律、法规、规章和政策进行调解，没有上述规定的，依据社会公德进行调解；尊重当事人的诉讼权利，在双方当事人自愿平等基础上进行调解，不得因未经调解或调解不成而阻止当事人向人民法院起诉；处理民间纠纷不得徇私舞弊；处理民间纠纷不得对当事人压制打击报复；处理民间纠纷不得对当事人进行侮辱、处罚；处理民间纠纷不得泄露当事人隐私；处理民间纠纷不得接受当事人吃、请、礼。

人民调解委员会处理民间纠纷的规则是：人民调解委员会根据当事人申请，及时调解各类民间纠纷，当事人没有申请的，也可以主动调解，尤其对易于激化或直接影响生产、经营的民间纠纷，应当优先及时调解；人民调解委

员会调解民间纠纷可以由委员一个人或者多人进行；人民
调解委员会调解民间纠纷，应当在查明事实、分清责任的
基础上，充分说明，耐心疏导，消除隔阂，引导帮助当事
人达成调解协议；人民调解委员会调解民间纠纷必须登记，
根据需要或者当事人请求，在调解达成协议后，制作调解
协议书。

3. 边防派出所

小河子村设有通江派出所小河子村警务室（见图 2 - 2），
由通江派出所的张东明民警负责，定期走访。警务室主要
负责：重点单位、要害部位、公共场所、特种行业的治安
管理，以及巡逻防范工作的开展。村民对张东明民警的服
务非常满意。他们说张东明民警会定期到村民家里了解情
况，经常与村民沟通，还会给村民留下名片。网上还设有
抚远县通江派出所网上警务室。

图 2 - 2　小河子村警务室

第三章　渔业的经济发展

第一节　渔业条件

一　渔业资源

黑龙江是中国第三大河流，也是世界上第六大河；是一条重要的国际界河，穿越了中国、俄罗斯、蒙古三个国家。北源为石勒喀河，其上游为源于蒙古人民共和国东北部的肯特山东麓的鄂嫩河，全长 1660 公里；南源为额尔古纳河，其上源为源于中国大兴安岭西侧的海拉尔河（长 626 公里），全长 1542 公里。两河于黑龙江省的漠河县西的洛古河村（对岸为苏联的波克洛夫卡）附近汇合后，始称黑龙江，由此折向东南，沿途接纳精奇里江（结雅河）、牛满江（布列亚河）和松花江等支流，又折向东北，在伯力（今俄罗斯哈巴罗夫斯克）与乌苏里江汇合，东流至俄罗斯境内，在俄罗斯的庙街（尼古拉耶夫斯克）附近注入鄂霍次克海的鞑靼海峡，与库页岛隔海相望。全长 4363 公里（以海拉尔河为源），干流全长 2821 公里。

黑龙江鱼类资源丰富。"黑龙江水系为 92 种及 4 亚种，隶属 70 属 20 科。其中鲤科鱼类为 37 属 56 种（包括亚种），占58.35%；鲢科为4属5种，占5.22%；鮈科和鰕虎科各3种，占3.12%；七鳃鳗科、鲟科、鲶科、鲈科、塘鳢科和杜父鱼科等各有2种，各占2.08%；茴鱼科、胡瓜鱼科、狗鱼科、鳉鱼科、鮨科、攀鲈科、鳕科和刺鱼科各有1种，各占1.04%。"[1] 黑龙江不仅鱼类品种丰富，而且类型丰富，"既有北寒带、亚寒带的鱼类，又有北温带乃至热带的鱼类，其鱼类区系组成极为复杂"。[2] 其中约25种或30种具有极高的商业价值。

小河子村所在地抚远县正位于黑龙江中游和下游的分界点，是我国名特优鱼类主产区，有"淡水鱼都"的美誉。盛产鲟鱼、鳇鱼、大马哈鱼，抚远县又有着"中国鲟鳇鱼之乡""中国大马哈鱼之乡"的称呼。境内共有鱼类21科72种，经济鱼类11科34种。按照当地人的称呼为"三花五罗十八子"。

（一）珍贵鱼种

（1）达氏鳇，俗称鳇鱼，是淡水鱼类中体形最大的一种，被誉为"淡水鱼之王"。达氏鳇起源于距今1亿3000万年的白垩纪，曾与恐龙一起在地球上生活，是全世界唯有黑龙江流域才有的珍贵鱼类。

达氏鳇身躯庞大，裸露无鳞。一般体长约2米，最大的可长达5米。一般体重在50～100公斤，大者可达1000公斤。突出的特点是吻突出呈三角状，口位于头的下部，似半月形。口前方有触须两对，左右鳃膜互相联结。这是与

---

① 中国水产科学研究院黑龙江水产研究所、黑龙江省水产总公司编《黑龙江省渔业资源》，黑龙江朝鲜民族出版社，1985，第78页。
② 《黑龙江省志·水产志》，黑龙江人民出版社，1996，第55页。

鲟鱼的不同点，是鳇鱼、鲟鱼分类的依据之一。达氏鳇常年栖居于淡水，不作长距离洄游，冬季在大江深处越冬。喜生活在大江的夹心子、江岔等水流缓慢或是急流旋涡处的砾粒质和砾质水底。不喜群集，常分散活动。风大和涨水时游动异常活跃，常见有翻滚跃动的现象。达氏鳇性情凶猛，为大型的肉食性淡水鱼类。寿命长是达氏鳇的另一个特点，其寿命在50年以上，据说，可以活百年以上。

达氏鳇全身是宝，肉厚刺少，味美而鲜。唇制鱼唇、骨制鱼骨、鳔制鱼肚、鳍制鱼翅、鱼子制酱，皆为水产珍品。达氏鳇鱼子所制作的鱼子酱，营养丰富，价格昂贵，被国际上称为"黑色软黄金"。

（2）施氏鲟，地方称呼七粒浮子（吻的腹面、须的前方有7个疣状突起物，故名），鲟鱼的一种。外形上与达氏鳇极为相似。不同之处在于施氏鲟体型上不及达氏鳇，口小，鳃膜不相连。在生活习性上，基本上与达氏鳇相同。

与达氏鳇相比，施氏鲟更具商业价值，有个体大、寿命长、幼鱼成活率高、生长速度快等特点，集观赏、美食用于一体。我国自20世纪60年代始，开展了人工繁殖的试验，并获得成功。人工养殖的施氏鲟具有性成熟早的特点。天然施氏鲟的性成熟年龄为11～13龄，人工养殖的施氏鲟一般为6～7龄。

施氏鲟经济价值最高的是其卵加工成的鲟鱼子酱，我国出口价格每公斤在200～300美元。其肉、鱼卵含蛋白质极高，是高级营养补品。另外，鲟鱼吻及鱼胃、鱼肠、鱼筋均是上等佳肴。其皮可制胶，也是高皮革原料，所以鲟鱼全身都是宝。

专家预测，在不久的将来，施氏鲟养殖业将成为我国水产养殖业的支柱产业，这对于小河子村的村民来说无疑是一个振奋人心的好消息。

（二）大马哈鱼

大马哈鱼，俗称大麻哈鱼，学名鲑鱼，素以肉质鲜美、营养丰富著称于世，历来被人们视为名贵鱼类。大马哈鱼一般体长60厘米左右而侧扁，略似纺锤形；头后至背鳍基部前渐次隆起，背鳍起点是身体的最高点，从此向尾部渐低弯。

大马哈鱼是一种海河洄游性鱼类，小河子村渔民形象地将其形容为"海里生，江里死"。它栖息于北太平洋育肥、生长。当它达到性成熟时，进入江河，上溯到产卵场生殖。在我国江河中产卵的大马哈鱼，每年秋季（9～10月）来临时，成群结队渡过鄂霍次克海，绕过库页岛，溯黑龙江而上，日夜兼程，每昼夜前行30～35公里，直至找到合适的产卵场所。大马哈鱼在前进中为了越过瀑布或障碍物，以其尾部竭力击水，借高速游泳而向前上方斜跃出水面，空中高度可有2～2.5米。大马哈鱼在洄游时不摄食，依靠体内储存的营养物质维持生命，因而在生殖后不久，亲鱼便相继死亡。受精卵经2个月的孵化，破卵而出，仔鱼潜伏在石砾间黑暗处，依靠食用亲鱼的尸体长大。待翌年4月开江后，幼鱼已长至50毫米左右，便开始降河下海。

大马哈鱼是名贵的大型经济鱼类，可谓全身是宝。体大肥壮，肉味鲜美，可鲜食，也可胶制、熏制，加工罐头，都有特殊风味。鱼子更为名贵。它的鱼子直径约7毫米，色泽嫣红透明，宛如琥珀，营养价值极高，是做鱼子酱的上好原料。将其盐渍成"大马哈鱼子"，便是闻名于国际市场的"红鱼子",在国际市场上享有盛誉。大马哈鱼的肉、肝、精巢和头,均有药用价值。其肉有补虚劳、健脾胃、暖胃和中之功效,可以治疗水肿、消瘦、消化不良、膨闷胀饱、呕吐酸水、抽搐、肿疮等症。鱼肝可提制鱼肝油。精巢可提制鱼精蛋白和配制成多种鱼精蛋白制剂,对某些出血症(如上消化道急性出血、肺咯血等)有明显的止血作用。

(三)"三花五罗"

"三花"即指鳌花、鳊花、鲫花。

鳌花,学名鳜鱼。黑龙江鳜鱼因水质清澈,无污染,且冬季漫长,生长较为缓慢,肉质细白鲜嫩,味美适口,是招待客人的主要鱼种。

鳊花,学名长春鳊。形状有点像武昌鱼,最大的也就一斤多,长不大。

鲫花,又称麻鲤、花鲫勾子,属食肉性鱼类,可通过鳃将水挤压吹开水底泥沙,搜寻泥沙中的底栖动物为食,因而有"张口吹沙"的美名。不过这种鱼是出水就死,和鳌花、鳊花不一样,必须得吃个新鲜。

"五罗"即指哲罗、法罗、雅罗、胡罗、铜罗。

哲罗,又写作"折罗",是五罗中的头罗,亦称折罗鲑,是冷水鲑鱼中的大型肉食鱼。

法罗,学名三角鲂鱼,形似鳊鱼,脂肪多、肉鲜美,但捕获量极少。

雅罗、胡罗和铜罗,在体型上都是小不点鱼,是当地村民食用的主要鱼类之一。

雅罗,是杂食性鱼类。特点是繁殖快,喜群游,容易

捕捞。但缺点是易腐烂，不宜远销，故价格便宜。相比之
下，胡罗和铜罗没有群游的特点，形不成捕捞量，多为渔
民自食，味亦鲜美。

（四）"十八子"

"十八子"是指岛子、七里浮子、牛尾巴子、鲤拐子、
草根棒子、鲫瓜子、鲢子、嘎牙子、鲶鱼球子、狗鱼棒子、
柳根子、川丁子、青根棒子、黄姑子、红眼瞪子、麦穗子、
葫芦片子、沙姑鲈子18种鱼类。虽然用"十八子"称呼，
但是远远不止这18种鱼，还有一些小鱼没有归到这里，像
山鲤子、红尾巴梢儿等，所以说"十八子"只是一个概数，
用以形容鱼类之多而已。

岛子，又叫白鱼，学名翘嘴红鲌。黑龙江省兴凯湖中
的大白鱼是最有名的。

七里浮子，也写作七粒浮子，即施氏鲟。

牛尾巴子，学名乌苏里鮠。外形像嘎牙子，但比嘎牙
子大许多。

鲤拐子，即小鲤鱼，是小河子村村民最常食用的鱼类。

草根棒子，即草鱼，学名鲩鱼。

鲫瓜子，即鲫鱼，学名银鲫。

鲢子，大名鲢鱼，学名白鲢。鲢子多刺，因而多用来
煨汤，有的人干脆只喝汤，不吃鱼。

嘎牙子，学名黄颡鱼。肉嫩，烹调时极易碎，所以做
法只有一种，即酱焖。

鲶鱼球子，学名鲶鱼。东北地区有"鲶鱼炖茄子，撑
死老爷子"的说法。

狗鱼棒子，学名黑斑狗鱼。它是淡水鱼中生性最粗暴

的肉食鱼，除了袭击别的鱼外，还会袭击蛙、鼠或野鸭等。

柳根子，学名拉氏鳗。酱炖柳根子，再配以小米饭是最有营养的。

川丁子，又写作"船丁子"，学名蛇鮈。大小、模样和柳根子相像，吃法也相像。船丁子产量大，不仅在大江大河里有，村庄周围的小溪小沟里也有，捕捞容易。当地经常拿它做鱼酱。

青根棒子，即青鱼。

黄姑子，学名银鮈。

红眼瞪子，学名赤眼鳟。

麦穗子，学名麦穗鱼。适合做鱼酱。

葫芦片子，学名黑龙江鳑鲏。挂糊后干炸最香。

沙姑鲈子，学名为葛氏鲈塘鳢。

二 打鱼方式的变化

(一) 渔船

抚远地区最古老的捕鱼船是用粗杨木凿成的长4米、中间空、两头翘起的独木舟，民间称"杨木雕"（赫哲语"敖拉沁"）。这种船只能乘坐一名叉鱼人。其后出现了用桦树皮制作的小船，俗称"快马子"（赫哲语"乌没日沉"）。这种船轻便，可由一人扛来扛去。18世纪末，出现了以松木做骨架，桦树皮做船底、船帮，能容纳10多人的较大型的桦树皮船（赫哲语"去拉"）。这种船体积轻，行速快。清朝末年，由于鱼产品大量商品化，促使船只种类不断发展，渔民普遍使用"三叶板"船（赫哲语"滕木特克"）。这种船原来只用3块木板构造而成，后来为适应拉网捕鱼的需要，逐渐造大，船体用 7 块木板（底 3 块，两帮各 2 块）构成，大梁中间有桅杆眼，可竖杆、拉帆、扯篷，是下鳇鱼钩、打网、运输的得力工具。70 年代前，这种船一直在使用。

1921 年，松花江上游渔民使用的划斜船传入抚远县。船形似鞋，油漆外壳，耐腐，前棹单桨，后棹双桨，船身长 7 米半。船面中间可覆盖"跨子"（舱盖），以遮雨挡风，并可避免江水灌入。也可以用白布做"二篷"，代替"跨子"，雨天撑起来，舱中可容 2 人住宿。这种船具备大三叶板船的功能，但因造价较高，初时渔民很少使用。全国解放后，划斜船的数量增加很快，成为渔业生产的主要船只。1931 年前后，从内地传入丝挂子船，这种船体轻、行驶快、造价低，一般由 2 人操作，最适于打丝挂网用。60 年代初，这种船在县内广泛使用。大网船是由渔业经营者于 1939 年前后传入，这种船长约 16 米，宽约 2.5 米，载重量在万斤左右，有较强的抗风浪能力，行驶较慢，每只船上一般配备渔工十五六人，装备大拉网。1940 年后，抚远本地渔民首次建造小网船一只。小网船形似划斜，但无跨子。船长约 10 米，船壳用厚木板制造，船尾有舵，一般由 4 人划桨，1 人掌舵。这种船专用于打小拉网。

新中国成立后，捕捞船只开始逐渐机械化。1960 年，渔场从苏联进口 20 多台六马力汽油机，用以改造捕捞渔船。新制木船类似轮船上配备的小舢板，由于马力小，船体笨重，行驶速度虽然比人力划船快一些，但牵引力小，渔工缺乏使用机器知识，修理零件难以买到，所以很快就全部被淘汰了。1970 年后，各渔业队普遍配备了用钢板焊制的专用小机船，安装大连产 24 马力柴油机，专为牵引小渔船用，这既方便了生产，又方便了交通，减轻了渔民的劳动强度，促进了渔业生产的发展。

20世纪80年代初，开始用铁板焊制机动丝挂子船（见图3-1）。这种船抗风抗浪，体轻速度快，具有经久耐用的特点。目前制作的船长约7.5米，船底1米，船体中部最宽处为1.5米，在船的尾部安装浙江和福建产八马力柴油卡机，行走时向前推进，开网时可以向后倒退，遇网和草等障碍物时，能把推进器翘起，提出水面，灵活方便，受渔民欢迎。1984年冬，渔场实行经济体制改革，把生产责任制落实到船，调动了渔民的生产积极性。1985年春，渔民自己投资，建造铁制丝挂子船80多只，安装机器50多台。机动船的使用，使单船捕鱼量大幅度增加，当年渔民就收回了所投资金。1985年末，全县有铁制渔船200多只，安装机器200多台，基本实现渔船机械化。

图3-1 丝挂子船

现在渔民打鱼的渔船都是自家买，维修、耗油都由自家负责。大多是靠发动机带动的船只，以前规定一条船上最多有两个人，现在每条船上可以有三个人。

（二）网具

16 世纪末 17 世纪初，抚远地区赫哲族人开始使用网具捕鱼。织网材料取自野生植物，常用黄芩（赫哲语"乌吉牙尔辛"）、蝥麻草（赫哲语"飞克特"）的皮梳成纤维，置水中沤泡，然后纺成线织网。17 世纪 80 年代，抚远地区已盛行使用拉网，这种拉网是用柳条皮纤维纺成绳做缘，椴树皮纤维纺成绳做上下网纲，用绒麻织造网衣，用细黄泥制型烧成网脚（坠），用黄柏树皮制作网漂子。18 世纪末 19 世纪初，抚远地区赫哲族人普遍使用"待河网"，这种网是用线麻或用亚麻织造长长的麻袋型网筒，网筒后有长筒袖为取鱼口。网下于靠江岸流急水深处，渔人坐在船上，手持两根脉线，待鱼触脉线入网后，立即撒去支撑网口的主杆，使网口合拢，将堵在网里的鱼从网筒后口取出。清末，这种网已不多见。

民国以后，抚远地区的捕捞工具主要有小拉网、大拉网、旋网、梁子和快钩。小拉网用棉线织造网衣，用粗麻绳织造网缘，这种网易腐烂，因此织好后须先用臭猪血浸泡，然后用蒸笼蒸透，晾干后才可下水使用。1931 年后，网坠由泥制改为铅制，网浮子改用松木块，小拉网规模较小，易于操作，可在大江、江叉、小河、湖泡等大范围里使用，特别是冬季可作冰下捕捞，所以其作为优良渔具一直延续使用到现在。不同的是 70 年代以后，网衣改用聚乙烯网线织造，更加轻便耐用。

大拉网的织造材料与小拉网基本相同，通常用于捕捞大马哈鱼。网苗高，网片大，适于在江河较开阔的滩地上进行作业，渔获量较高。1951年冬，渔民在抚远西山头浓江河口处冰下打大拉网，一网捕鱼20多万斤，从冰眼往外捞鱼达4天4宿。这种网使用人力较多，每趟网约需操作人员32人。大拉网作为渔业生产力新发展的标志持续了较长一段时间。1955年后，随着小型渔具的兴起和发展，特别是以尼龙线、胶丝线为织造原料的3层溜网（见图3-2）出现后，大拉网逐渐被淘汰。

图3-2 3层溜网

新中国成立后，为了提高捕捞能力，又出现了一些新的网具。最主要的是丝挂子、溜网（有单层、3层之别）、张网3种。丝挂子网是1949年初由内地传入的。网衣织造材料原为细丝线，具有抗腐烂、拉力强、柔韧等特点，具备缠、粘、裹、刺的拿鱼效果。这种网小巧灵活，可根据各种鱼类的活动规律随时转移渔场，每人日捕鱼量最多可达 300 公斤。1961 年后，织网丝线被尼龙线取代。1963 年后改用透明细胶丝线，使成本大幅度降低，捕鱼效能进一步提高。

3 层淌网的研制和使用开始于 1954 年。为了更好地捕捞大马哈鱼，1954~1957 年，黑龙江省水产研究所研制出捕捞大马哈鱼的 3 层淌网，在抚远县试用时，效果不甚理想。1958 年，渔民们对该网进行改进，使用柞蚕丝织造 3 层淌网网衣，用棉线织造外衣（俗称大皮），以黄柏树皮做浮子、铅制沉子，并依据以往捕鱼实践中的经验，按滩地特点和水流特点调整浮子和沉子的用量，终于使代表新生产力水平的 3 层淌网正式问世，并获得成功，渔获量大幅度增加。1960 年，淌网的织造材料改用日本进口尼龙丝，70 年代，又改用胶丝线织网。由于胶丝线透明度高，鱼在水中无法躲网，渔获量大幅度提高。渔业生产实行承包责任制后，许多有经验的渔民对 3 层淌网的织造和装配不断进行改进，进一步提高了 3 层淌网的捕捞效能。

张网（见图 3-3），据有人考证，是赫哲族使用的"待河网"的改进和发展。由于这种网产鱼量较高，至今仍被本地渔民使用。张网捕鱼主要是借助水之冲力将网筒张开，并将鱼冲进网内，所以其设置地点必须选择有适当深度的水流湍急处，每年开江后的 4~6 月，封江前的 9~10 月是张网捕鱼的黄金时节（这两段时间里水温低，鱼身发板，易冲入网中）。

现在打鱼的网具、网口大小都有严格规定。现在每只

图 3 - 3　张网

船的渔网都有 20 片，大约 600 米长。网口一般为 4 寸，4
寸以下不允许使用以防止小鱼苗也被捕捞。另外渔民对织
渔网所用的线也有自己的喜好。荣大爷说："织网用的胶
丝线，分北京线和大连线两种。北京线亮，在水里鱼看不
见；大连线发白，鱼不爱进网。"多年的打鱼经历使荣大
爷积累了丰富的渔业知识，成了村里的一名捕鱼专家。

三　小河子生产队渔业发展现状

（一）1985 年承包制前的渔业情况

1959 年，小河子村开始进行渔业捕捞之后，渔民打鱼
的船只、渔具等都是由渔场提供的。"一船俩人，四片渔
网。"虽然在技术、设备上都有很多的问题，但是当时环境
没有被破坏，渔业产量是相当可观的。

荣太山老人回忆道："六七十年代，每一网都能打到

三四百斤鱼，而且全是大鱼，当时的胖头鱼 10 斤是小的，一般都要 20 斤以上。每条船每年都能打到几条超过 500 斤的大鱼，要知道当时的渔网和现在是不一样的，当时的渔网是沿用赫哲人的传统渔网，只有 4 片，网眼足 2 寸，小于 6 斤的鱼都能从网眼里钻出去，所以打到的都是大鱼。"

这一时期，渔民主要依靠工资收入。所打的鱼要全部上交，不准自己私自拿回家。如果渔民家想吃鱼，必须向渔场购买才可以。村里的老人回忆道："那时候也有偷摸拿回来的。被查出来了就得老实交代，还得罚款。"

（二）1985 年承包后的渔业情况

1985 年，抚远渔场实行了承包责任制，全面实行"个人承包、定额上缴、自理费用、自负盈亏"的经营管理体制，即渔民与渔场的关系不再是雇佣关系，而转变成渔民向渔场交承包费，打鱼所获归自己所有。最开始时，承包费比较少，"一春天也就 700 多块钱"。承包制调动了渔民的积极性，渔民纷纷出资购买渔船、渔网等设备，下江打鱼的人逐渐多了起来。由于当时没有环保意识，根本没有渔业再生资源的保护措施。在相关规定上也存在着诸多的不足，如没有禁渔期，对渔网的大小也没有限制，"外来渔民只要缴纳承包费和滩地费，就可以在这里捕鱼，于是外来捕鱼的人越来越多，单小河子村这里多的时候，就有外来船只七十多条"。

20 世纪 80 年代以后，渔业资源出现了匮乏的现象。村民指出："80 年代后期，鱼就明显减少，90 年代后更是一年不如一年。"

（三）现在的渔业情况

经过不断的摸索，从 20 世纪 80 年代开始，国家就开始加强渔业资源的保护。尤其是 2000 年以来，各项保护措施日益严格。

首先，规定禁渔期。1979 年 2 月颁布的《中华人民共和国水产资源繁殖保护条例》中就有禁渔期的规定。现在黑龙江的禁渔期被严格地执行。其次，控制捕捞船只。2012 年，抚远县在黑龙江、乌苏里江上的捕捞船只已由过去的 1000 多艘减少到 500 艘。小河子村这片水域，可以允许 66 艘船在此捕捞，小河子村有 45 艘船的名额，其余的名额留给外地办理了捕捞证的渔民。最后，严格捕捞证的办理手续。此外，在各个细节，也进行了详细的规定，如渔政对于打鱼的渔网规定不可以低于 4 寸。《边境管理条例》规定了打鱼时间，晚上 9 点到凌晨 2 点之间，不允许下江捕捞。

然而这些措施并没能阻止渔业资源的匮乏，小河子村的渔民近几年的渔业收入一直不是很理想。在今天，打鱼需要承担的风险日益增大。用村民的话说："打鱼也是一种风险投资，很多时候也是靠运气的，有的人赚，而有的人就赔。加上近几年渔业资源的减少，赔的人越来越多了。"王艳明队长粗略地估算了一下，"每年盈利的有 1/3，亏损的有 1/3，还有 1/3 是持平的"。

之所以出现这种情况，原因有两点。一是渔业资源匮乏。村民说道："近几年人们纷纷开始捕鱼，导致渔业资源严重缺乏。加之我国江面上机器轰鸣，而对面的俄罗斯则十分安静，很多鱼就游到了俄罗斯的江域里，导致我们这面的渔业资源越来越少。"二是打鱼成本不断上涨。除了办理捕捞证等相关的费用外，渔船、渔具的养护费用也日益高昂。以渔网为例，现在打鱼所用的渔网至少要 8000 元。人工费也不断上涨，在捕鱼期雇用雇工的话，每天要 80～100 元不等。

但是这种情况并没有阻止小河子村渔民的打鱼热情，因为打鱼的获利是有目共睹的。当地的鱼是江鱼，没有被污染，所以售价极高。简单地根据村民的话进行一下比较。20 世纪 80 年代的时候，鲤鱼的价格不到 1 元/斤，现在达到 40～50 元/斤。如果是开江鱼，更能卖到 120 元/斤。鳇鲟鱼的价格，20 世纪 80 年代的时候，不到 1 元/斤，即使打到超过 1000 斤的鳇鲟鱼，也只能卖到 1000 块钱左右。现在打到超过 800 斤的鳇鲟鱼就能卖到 10 多万元。巨大的利益诱惑，让渔民乐此不疲。

第二节　渔政管理

一　渔政管理的沿革

（一）管理机构沿革

1947 年，抚远裕东渔业公司建立后，渔政管理就开始逐步完善和规范。1951 年，根据当时松江省农业厅水产局的要求，在界江生产中实行发放渔业登记证的制度。登记证标明从业人员姓名、作业渔场、有效时间，并附有关于资源保护的要求和注意事项。1952 年，对渔民会和渔工会进行整顿，结合社会主义、爱国主义和国际主义教育，制定了抚远县渔民会章程。在渔业合作社开展的爱国主义丰产竞赛中，把模范遵守水产资源保护政策作为重要条件。由于加强对渔民的思想教育和制定严格的规章制度，渔政管理工作井然有序。

50年代末，县辖区内新建起军垦农场，由于县与农场在界江渔政管理工作中脱节，渔政工作开始出现混乱，特别是1959年抚远县址迁到同江镇后，渔政管理因为战线长，人员不足，缺乏工作船只而受到了很大影响。1963年，抚远渔场改为省营水产基地后，加上中苏两国的关系日趋紧张，渔政管理工作重新受到重视。1967年，县革命委员会生产指挥部设专职干事1人，负责全县渔政管理工作。1972年2月，抚远县革命委员会水产科设渔政股，配备2名专职渔政工作干部。

70年代中期，为了加强渔业资源的管理，规定每年6月5日至7月20日，浓江河、生德库河、南岗大河、别拉洪河、四合河及其支流为季节性禁渔区。1982年《黑龙江省水产资源繁殖保护条例》颁布后，抚远县渔政工作逐步纳入正轨。县政府在1982～1985年连续发布6份有关界江生产和渔政管理工作的文件。

改革开放后，广大农民、渔民对"放宽政策"理解片面，思想觉悟不高，加上领导工作中指导思想发生了一些偏差，导致渔政管理工作严重失误。抚远县出现私自打鱼成风，网目大小无限制；未经批准的人员随便下江捕鱼，打捞漂流木；在没有完成鱼品收购任务之前，私自出售鱼品，卖高价，把质次鱼品交给国家；不顾国家尊严越界捕鱼等问题。为了迅速扭转界江生产中的混乱局面，1983年，县政府下发文件，要求坚决制止违反规定的捕捞方法和禁用不合法的渔具，努力减少涉外事件，同时对集体渔业队和个体渔业户做了相应的具体要求。1984 年，县政府发布《关于保护渔业资源的通告》。1985 年 10 月，根据《黑龙江省水产资源繁殖保护条例》，县人大讨论通过了《关于认真执行黑龙江省水产资源繁殖保护条例有关渔具规定的决议》，对网目的尺寸作了严格规定。从此，抚远县对渔业管理日益严格，逐渐规范化。

目前，抚远县的渔业管理主要由抚远县水产局负责。水产局下设 3 个机构，即办公室，渔政、渔港监督股，渔业工作办公室。

（二）水产局的主要职能

（1）贯彻执行《中华人民共和国渔业法》及其他有关的法律、法规，研究呈报和参与制定全县水产业重大政策和中长期发展规划。

（2）负责全县水产行业的产业结构、产品结构的调整，指导全县渔业资源的开发利用和群众渔业生产。

（3）负责全县渔政管理，监督渔业资源的保护工作，维护渔业生产秩序和管理水域的渔业权益，参与处理涉外渔业纠纷，执行渔业许可制度。

（4）负责监督渔港内的安全港务管理工作，组织检查船舶水上交通安全状况并参与处理渔船重大水上交通安全事故；负责全县渔业船舶检验工作。

（5）监督全县渔业水域生态环境和水生野生动物的保护工作。

（6）指导全县水产行业的科学技术工作，组织协调渔业发展、技术引进、科技攻关、养殖品种改良，组织渔业科技培训和推广应用。

（7）渔业优良品种的繁育和孵化及人工放流工作。

（8）负责管理直属单位领导班子建设，指导水产系统精神文明建设，监督直属单位国有资产的保值、增值，对直属企业的经济状况进行评估和审计。

（9）完成县政府交办的其他工作。

二 办理捕捞证

小河子村渔民办理捕捞证的手续比较复杂。抚远县根据《中华人民共和国渔业法》《黑龙江省边境管理条例》《黑龙江省实施渔业捕捞许可证管理规定》等有关法律、规章，授权渔政机构、边防部队、公安边防派出所、外事部门对黑龙江渔业生产进行联合管理。这使小河子村渔民办理捕捞证的手续比较复杂。

第一个程序是公安边防部分政审捕捞人员下江资格。

按照规定，所有下江作业人员必须参加政审，凡符合规定的作业渔船、人员从事界江捕捞生产，每条船指定 1 名负责人，并与抚远县边防委签订遵规守纪责任状。

在政审过程中，并不是所有人都可以通过政审。按照规定对因越界捕捞引发涉外事件的人员和外来人员一律不予通过政审。自 2010 年起，凡因越界捕捞引发涉外事件的船只或渔民（以俄方抓捕为准），一律吊销渔业捕捞许可证。

第二个程序是县外事办办理下江作业许可。

外事办负有协同有关部门研究和处理有关外界事务以及边境、口岸涉外事宜的责任。村民在办理捕捞证之前，必须前往外事办，办理"界江作业许可证"。在办理过程中，工作人员会宣传《黑龙江省边境管理条例》《边境管理实施办法》等相关政策、法规，并耐心讲解非法捕捞的严重后果，提醒渔民要遵守法规，守法作业。

第三个程序是水产渔政办理下江作业证书。

水产局下设渔政、渔港监督股。是渔业管理中的行政执法部门，对渔业各方面的工作进行监督管理。主要职能是贯彻执行国家有关法律法规，参加制定全县地方性渔业法规和具体管理办法，执行渔业许可证制度，检查保护全县渔业资源，参与处理涉外渔业纠纷，监督检查全县渔业生态和水生野生动物保护工作，参与处理渔业水域污染事故，渔业渔港监督，负责全县渔业船舶和渔业船只，负责船员的登记、考核、发证，组织检查船舶水上交通安全，以及负责渔业船舶检验工作。

在办理捕捞证的过程中，渔民必须到渔政、渔港监督股办理"渔业捕捞许可证"。在办理许可证过程中，工作人员会宣传《渔业法》《中华人民共和国水生野生动物保护实施条例》等相关法律知识，提醒渔民要遵守法规，守法作业。

第四个程序是收取资源增殖费和滩地承包费。

根据 1988 年《渔业资源增殖保护费征收使用办法》、1991 年《黑龙江省渔业资源增殖保护费征收标准及管理使用实施办法》等法律、法规的相关规定，征收"渔业资源增殖保护费"。征收目的是专门用于增殖和保护渔业资源。

滩地承包费，即每只船每季（打鱼分春、秋两季）分别要交承包费。秋渔承包费为 3860 元，春渔承包费为 2000 元。

除了这两项费用，征收费用还包括办理船牌子（即编号，统一由渔业行政主管部门粉刷制式的荧光号牌）的钱

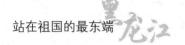

等，每只船一个季度要交 8600 元，一年征收两次。

经过这四道程序，渔民才能够拿到捕捞证（见图 3 - 4）。获得捕捞证的渔民还要遵守相关规定：第一，渔船船舷两侧、中央，要粉刷荧光号牌；第二，打鱼时期，必须按照审批的人数携带 3 证（身份证、界江作业许可证、渔业捕捞许可证）进行作业；第三，要签订《渔业安全生产责任状》；第四，在禁渔期，要做到"船进站、机分离、网入库、人回家"，不允许有任何捕鱼的行为。

图 3 - 4　1991 年颁发的捕捞证

三　珍稀鱼种保护

（一）《水产资源繁殖保护管理办法》

抚远县早在 1983 年 4 月 6 日就颁布了水产资源繁殖保护管理办法。

第一条　根据国务院和黑龙江省颁发的《水产资源繁殖保护条例》等有关文件规定，结合我县实际情况，制定抚远县《水产资源繁殖保护管理办法》。

第二条　本办法适用于本县行政辖区的一切江、河、湖、泡、放养场、塘坝和梁子等。

第三条　管理用好水产资源是全县人民应尽的职责和义务。全县人民必须认真贯彻执行国家制定的各项渔业法规（包括本办法），切实保护好本行政辖区的水产资源，维护好本行政辖区的渔业秩序。

第四条　江、河、湖、泡自然水域和国家投资修建的放养场、水库、塘坝、鱼池、渠道、梁子水域以及这些水域中的动物、植物均为国有。

第五条　经县政府确认的国营渔场、农场、集体队和个人使用的捕捞水域，只有使用权和管理权；其水域或水域中的动物、植物所有权均为国有。

第六条　经县人民政府确认的，在生产队土地范围内三百亩水面以下的小片泡沼（指一处泡沼的面积，不包括江岔、河沟、湖湾和跨界水面），集体投资修建的水库、塘坝、渠道和养鱼水域（不包括梁子）以及这些水域中的动物、植物属本队集体所有（凡是在一般情况的水位与江、河、湖、沟不连接的水域，就可定为泡沼）。对于生产队直接承包给社员个人经营的（必须是县人民政府确认的）泡沼，其水域及水域中的动物、植物仍属集体所有。

第七条　国家或集体不便经营零星分散的小坑塘，经抚远县人民政府确认，可划给个人使用，养殖的动物、植物属个人所有。但水域仍为国家或集体所有。

第八条 凡渔业单位从事渔业生产者，都应按照规定，经县水产科审核，由县人民政府颁发渔业许可证。

第九条 非渔业单位和个人捕鱼，不发渔业许可证。边境水域今后不准发展捕捞单位、船只、网具。

第十条 边防哨所自食性捕鱼，由县人民政府按照黑龙江省水产局黑渔字（82）第143号文件执行，不与渔民争利，不扩大范围。

第十一条 凡是无证从事渔业生产者，都属私捕滥捞，都是非法行为，必须予以取缔。

第十二条 凡是经过县人民政府批准确认的水域，水产资源使用权和所有权，都要办理相应的执照和手续，否则不予承认。对于集体和个人为了开发和修建养鱼泡沼，在未达到鱼池标准之前，由水产科给办理的"准予开发证明"，不能作为确认所有权的执照。

第十三条 凡经批准确认的水域和水产资源的所有权和使用权受法律保护，任何人不得随意侵占。不经县人民政府批准，不得随意变更。

第十四条 认真执行《省水产资源繁殖保护条例》关于禁渔期的规定，即：黑龙江、乌苏里江自6月11日至7月5日，大马哈鱼自10月6日至10月25日。禁渔期间，禁止一切捕捞作业。

第十五条 继续执行抚政发（82）119号文件中以下河流列为常年禁渔期的规定，即：从浓江河卡脖以上的浓江河全段，从别拉洪大队以上的别拉洪河全段，从浓江河西河以上的清水河全段，南岗队的后小河子全段。禁渔区严禁任何单位和个人进行捕捞。

第十六条　县水产科渔政股是代表县人民政府具体执行渔业法规的机构，要认真履行六项职责，宣传、贯彻党和政府的渔业法规（包括本办法），用法律、行政、经济的手段维护好渔业生产秩序，保护水产资源。

第十七条　凡从事渔业生产者，必须严格遵守党和政府的渔业法规，接受专兼职渔政检查员的检查。如有违犯者，要按照有关条款进行处罚。

第十八条　各部门对本单位的职工和社员负有宣传教育的责任。渔政部门对违反渔业政策，按规定提出的处理意见或罚款等要求，各有关单位要积极支持。对所罚款项要积极扣缴，不得借故推脱、搪塞，否则要追究领导者的责任。

第十九条　在边境水域内，要实行边防、外事、公安、水产"四合一"的联合管理检查制度；在内地公社要实行公社、公安、水产"三合一"的联合检查制度。互相配合，密切协作，管理好渔业秩序。

第二十条　一切从事渔业生产者，经县人民政府确认批准的使用水域（捕捞水域和养殖水域）不仅有使用权，而且负有管理责任。对于一切非法进入本辖区进行私捕滥捞或破坏渔业资源的行为，有权制止，没收渔获物、渔具、渔船及附属设备。如果因对于进入本辖域的非法捕鱼行为听之任之，不负责任而造成本滩地渔业秩序混乱者，由渔政部门进行批评教育，经教育不改者，取消渔业经营权。

第二十一条　对于一切利用合法捕鱼身份，搞私捕滥捞、出让滩地、出借船只和网具、偷替别人或允许无渔业证者在自己或他人的滩地下网，要分情况进行如下处罚：对没办理渔业许可证而从事捕捞生产者，没收渔获物、渔具、渔船，罚款 50 元至 200 元；对已办理渔业许可证者，除按上述条款处罚外，收缴渔业许可证，取消渔业经营权；对捕杀幼鱼者，加倍处罚。

第二十二条 对于非捕鱼船只，由于船只所有者管理不严，直接或间接为私捕滥捞和破坏渔业资源的行为提供了方便条件的，同样视为非法渔具，进行罚款和销缴，同时追究船只所有者的责任。

第二十三条 凡是依法收缴的罚没款和罚没物资、变价款，都应作为罚没收入，如数上缴国库，任何单位和个人都不得自行提成。各公社、派出所收缴的罚没款（包括变价款）由县水产科负责收缴。对于生产队集体和生产者个人，在经县人民政府确认划归集体或个人所有的滩地、生产水域，进行正当的管理而收缴的渔具、渔获物归生产队集体和生产者个人所有。

第二十四条 凡设在各条河流上的一切障碍（土梁子、密眼箔、须笼、鱼罩等），由所在地公社负责，责成直接设障碍者或本段水域的生产队限期彻底拆除，恢复原来河床，保证鱼道畅通。对于侵占国家、集体、个人的水域和设置障碍，破坏渔业资源者，要按情节轻重予以严肃处理。对直接责任者和指使者各处以 50 元至 300 元罚款，直至按照刑法第 129 条追究刑事责任。

第二十五条 对于在执行本条例中做出显著成绩的单位或个人，由县人民政府或水产部门给予奖励，奖励分为精神鼓励和物质奖励，物质奖励的幅度由水产部门掌握，奖励金额不得超过 150 元。

本办法如与上级文件规定有抵触时，按上级规定执行。

（二）抚远县的相关法案

抚远县享有"鲟鳇鱼之乡""大马哈鱼之乡"的美誉，1998年联合国华盛顿公约将鲟鳇鱼认定为濒危物种。为了保护珍稀物种，2009年4月抚远县以抚远县水产局为主题，制定了相关规定。

根据《中华人民共和国渔业法》《中华人民共和国水生野生动物保护实施条例》《中华人民共和国刑法》等法律、法规的要求，做好全县特种鱼品的管理工作，加大鲟鳇鱼品及鱼子的管理力度，特制定此方案。

具体措施：

一、鲟鳇亲鱼由抚远县鲟鳇鱼繁育养殖有限公司统一收购，其他任何单位和个人不得擅自收购、买卖。对情节严重构成犯罪的，要依据有关法律条文追究其法律责任。

二、水产部门在抚远门前、小河子、九龙滩江段设收购站，各滩地渔民必须到指定点交售鲟鳇鱼，船只到指定地点停靠。如果不在收购站交售的，一律视为非法交易，对鱼品实施强行收购或没收鲟鳇鱼品。对单位和个人私自收购、加工、繁育孵化鲟鳇鱼的，一经发现查实要全部没收，对私自藏匿繁育鲟鳇鱼的窝点要实施严厉打击。

三、渔民捕捞的鲟鳇鱼必须上交抚远县鲟鳇鱼繁育养殖有限公司。若不交或拒交的，可扣其船只，停止江上作业，取消终身捕捞资格。

四、任何单位和个人在抚远辖区内生产经营鱼苗、鱼卵的予以全部没收。

五、违反动物保护法律、法规，擅自出售、收购、运输、携带鲟鳇鱼及其产品的，管理部门没收实物和违法所得，并处相当于实物十倍以下的罚款。

六、采取举报重奖的方式，对举报属实的举报人予以重赏。（举报电话：13803673554、13845486110）

七、昼夜收购。对在渔民手中直接收购的鱼品，要做到不压质不压价，切实维护渔民的利益。价格：鲟鱼雌性每斤为 800 元，雄性每斤为 60 元；鳇鱼雌性每斤为 300 元，雄性每斤为 35 元。

（三）渔业资源保护

1. 具体措施

由于过分捕捞和生存环境恶化，黑龙江鲟鳇鱼已经面临灭绝的危险。黑龙江水产研究所 2001 年评估报告表明：野生鲟鳇鱼在抚远江段 100 多公里范围内测定为 870 尾。专家预测，如不采取有效措施加以保护，再有十几年，作为淡水鱼中的珍稀物种鲟鳇鱼将不复存在。为了保护珍稀渔业资源，国家以及抚远县制定和颁布了一系列法律法规，并通过建立保护区、强制休渔、降低鲟鳇鱼捕捞量、加大执法力度等措施保护珍稀鱼种。这些措施取得了一定的效果。如 2005 年，小河子滩地渔民杜新富捕捞上来 1 条 1.5 公斤的鲟鱼，他把鱼放回了江里。他说："这要在以前，这条鱼肯定自己吃了。现在，渔业资源越来越珍贵，这样小的鱼吃了白瞎了。"这充分反映出当地渔民已经有了较高的保护渔业资源的意识。

此外，我国还采取了一系列积极的保护政策，为鲟鳇鱼提供安全的生息场所。

为恢复大马哈鱼资源，1988 年抚远建成了黑龙江流域（乌苏里江）大马哈鱼苗种培育车间。1988～2005 年，该县累计提供增殖放流大马哈鱼苗 460 万尾，总价值达 440 万元。1999 年，为保护国家二类濒危水生动物施氏鲟、达氏鲟，抚远投资 320 万元，建起鲟鳇鱼苗种培育车间。如今，该车间经多年发展已成为国内重要施氏鲟、达氏鲟鱼受精卵和鱼苗供给地。每年可培育鲟鳇鱼受精卵 2400 万粒、鲟鳇鱼鱼苗 800 万尾，年销售鲟鳇鱼受精卵 1800 万粒，可实现产值 440 万元，产品远销北京、广东等 10 多个省市。1999～2005 年，该车间生产的 90 万尾鲟鳇鱼鱼苗放归黑龙江。

2. 2011 年实施情况

一是加大人工放流力度，充分涵养渔业资源，2011 年培育大马哈鱼苗 5～7 公斤 200 万尾。但是去年大雪将大马哈鱼苗车间屋顶压塌，导致鱼苗全部损失，放流中断。在 7 月 12 日黑龙江放流鲟鱼苗 5～7 公斤 15 万尾，并且逐年增大各种名特优鱼的放流工作。现在 300 万尾鲑鱼苗正在孵化中，以满足 2012 年放流的需要。

二是加快鱼类自然保护区的建设步伐，增加人力物力投资，提高管理能力，有效扼制破坏水生生物资源的行为。

三是根据渔业资源品种的生长规律和生活习性，设立禁渔区和禁渔期，对重要渔业资源品种的产卵场、索饵场、越冬场、洄游通道等主要栖息繁衍场和繁衍期、幼鱼生长期等关键生长阶段实行重点保护。继续完善黑乌两江及湖

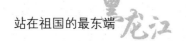

泊、通江河流水域的禁渔区和禁渔期制度，实施秩序性的封河育鱼，严禁各种形式的捕捞，有效保护补充群体的繁衍和栖息。

四　渔业安全及宣传工作

（一）《渔业安全生产责任状》

为切实做好我县渔业安全生产工作，确保渔民生命财产安全和渔业健康发展，全面贯彻实施《中华人民共和国安全生产法》和《国务院办公厅关于加强渔业安全生产工作的通知》及县政府关于加强安全生产的要求，结合我县实际情况，杜绝涉外事件的发生，水产局和渔民签订安全生产责任状如下：

一、渔业捕捞船必须申请船只检验，检验合格后取得渔业船舶检验证书，方可下江作业。

二、在生产过程中，要求"三证"齐全，在规定的作业区内进行合法生产，禁止违规和越界生产，凡出现一切涉外事件或伤亡事件由肇事船主自行负责，与边管部门无关。

三、在生产过程中，渔船严禁堵塞航道，影响航运，严禁在大风或大雾等恶劣的天气中生产，严禁超载、客货混载行为，严禁携带易燃、易爆等危险品。

四、所有的捕捞船必须配备救生衣和消防设备才能正常生产。

五、所有的捕捞船生产结束，必须停靠在指定的船管站，严禁乱停、乱放。

六、渔业生产者必须配合渔政管理部门安全生产事故隐患的检查，对检查出的事故、隐患要及时整改。

七、对在水上发生的较大事故，必须在第一时间及时上报，并积极参与事故调查，接受处理。

八、对违反以上规定的捕捞船只，一经发现要按照有关规定严肃处理，情节严重的，取缔其生产资格。

九、凡出现违反以上规定者，出现任何事故由肇事个人负责，与边管部分无关。

（二）渔业互保

为了保证渔民的人身财产安全，还向渔民宣传渔业互保。

1. 渔业互保

中国渔业互助保险协会黑龙江办事处是中国渔业互保协会的下属机构，根据国家有关法律法规和互保协会的政策在黑龙江范围内组织和指导开展渔业互保工作，接受农业部渔船检验局的管理和指导。其主要有以下几点工作。

（1）协助协会在黑龙江所辖范围内指导和组织开展渔业互保工作，开展对黑龙江所辖范围的互保业务的调研，向协会反映情况，并提出合理化建议和意见。

（2）负责开展渔业执法人员和从事渔业生产劳务人员的互保展业工作。

（3）协助本省职能部门做好渔业安全宣传及防灾减灾工作。

（4）协会赋予的其他职能和根据需要部署的任务。

2. 业务流程

一、申请投保

（1）会员资格——凡取得适航证书并经渔港监督机关登记的渔业船舶所有人、经营人或管理人。

（2）互保——会员本人和雇用的船员。互保人员的年龄为 16 周岁至 65 周岁。

二、相关文件

（1）渔业船舶登记证书

（2）内河船舶检验证书

（3）内河船舶船员证书

三、办理手续

第一步：确认入会资格后，填制渔民人身平安互保凭证。

第二步：收取互保费，开具互保收据。

第三步：将签章确认的互保凭证连同互保收据第四联交给会员。

《中国渔业互保协会内陆地区渔业互保展业政策规定》（渔保保发〔2010〕35 号）：渔民人身平安互保每人互保金额分别为 50 元保 2 万元，100 元保 5 万元，150 元保 7.5 万元，200 元保 10 万元，对应互保费率为 0.25% 和 0.2%。

四、险种介绍：团体意外伤害互助保险

（1）投保条件——谁可以保？

凡年龄在 18 ~ 64 周岁，身体健康，能正常工作和生活的渔业系统在职人员，可作为本互保的被保险人（配偶可作为连带被保险人）。

（2）保险期——保多久？

保险期为一年（可续保）。

（3）投保人群

五、保险责任——保什么？

投保人在工作和生活中遭受意外伤害导致的以下

三种情况都可以得到赔付：①意外身故；②意外残疾；③意外门诊或住院治疗。

六、除外责任——有哪些?

（1）疾病，自杀，吸毒。

（2）酒后驾车，无驾驶证与驾驶无行驶证的机动车（汽车和摩托车）。

（3）战争、核爆炸所引起的受伤、残疾、死亡以及产生的医疗费用。

（4）参加潜水、跳伞、攀岩、驾驶滑翔机或滑翔伞、探险、摔跤、武术比赛、赛马、赛车等风险活动。

七、出现场

电话：13845486110，18645430777，13555434000。

3. 具体案例

2011年5月，小河子村渔民孙国锋在打鱼过程中意外死亡，参加了渔业互保的孙国锋家属得到了一定的赔偿。

孙国锋，46岁，2011年5月的一天，晚上八点多，孙国锋与其他两人乘坐一艘渔船在江上打鱼。在返航途中，接近沿边时，江上突然刮起了大风，掀起了巨浪，渔船被卷到了浪窝里。当时，孙国锋在船尾，负责驾驭机器。大浪逼近，三人见形势不妙，纷纷跳船，另外两人穿着救生衣，跳下船，很快游到了岸边，而孙国锋由于跳船时被渔网缠住了脚，再加上他没有穿救生衣，而是拿着一个塑料油桶作为救生工具，没能逃出浪窝，最终溺亡。孙国锋生前办理了渔业互保，事发后，其家属第一时间联系到了中

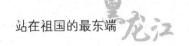

国渔业互助保险协会黑龙江办事处。其保险交纳金额为50元，根据相关规定，孙国锋的家属得到了2万元的赔偿。

（三）渔业作业船只水上安全管理情况

为规范渔船管理，保障渔业安全生产，我局以渔业生产安全第一、预防为主积极开展安全生产宣传教育工作，强化管理，根据以往血的教训，在渔船检验签证时严把安全关，做好船舶检验、登记，对每只船的情况做好登记、归档，对船舶检查不严格的，不配备救生衣的，一概不予年审签证。同时对渔民开展安全生产教育培训班，并以考试的形式使渔民群众的安全从观念与理念上都有了很大的改观和进步，同时对渔政执法人员进行了安全教育培训，与渔政执法人员签订了安全责任状，确保执法人员执法过程中的自身安全，在源头上消除安全隐患。

五　渔业的执法情况

（一）定期进行渔业知识宣传

1. 宣传方式

抚远县除与渔民签署《渔业安全生产责任状》外，每年还会对渔民进行法律知识培训，以及捕鱼技能培训，以确保渔民安全生产。每年抚远县都会组织水产局和县边防委各成员单位联合开展渔业法宣传活动，时间通常为每年的春渔期和秋渔期，主要的宣传手段包括以下几个方面。

（1）充分利用宣传媒体，加大宣传力度。春秋两季禁渔期期间，《中华人民共和国渔业法》《中华人民共和国水生、野生动物保护实施条例》《中华人民共和国野生动物保护法》《水污染防治法》《黑龙江省禁渔期通告》《抚远县人民政府封河育鱼通告》等法律法规，每天 3 次在县电视台黄金时间播放。2011 年，在抚远电视台播放的新闻中播讲《中华人民共和国渔业法》《抚远县封河育鱼通告》《中华人民共和国水生野生动物保护实施条例》《抚远县人民政府关于禁渔期通告》，共 140 次。

（2）利用宣传车在抚远县沿江各乡镇和沿江村屯播放以《渔业法》为主的法律法规，出动宣传人次 800 次，宣传车 180 次；出动 2 艘渔政船 140 次，深入 268 公里黑乌两江边境水域各生产滩地，循环播放《中华人民共和国渔业法》及有关法律法规，向广大渔民宣传正反典型案例。

（3）为提高渔政执法人员执法素质，举办两期执法人员培训班，邀请县政府法制办等领导进行授课，认真组织学习渔业法律法规，行政执法程序等，使渔政执法人员熟练掌握法律法规知识，参加学习人员 60 人次以上，同时召开渔民座谈会 16 次，并进行安全生产培训，进行考试，共培训渔民 1500 人次，签订《渔业安全生产责任状》1000 份，涉渔人员受教育面达 100%，使广大渔民知法、守法、懂法。

（4）在采取新的手段之外，对于传统手段也多加利用，如悬挂横幅、张贴标语、向过路行人发放宣传单、播放音像资料等。张贴标语 10 幅，发放宣传单 1800 份，其他信息 70 条。

2. 宣传词

渔民朋友们：

春回大地，冰雪消融，在《中华人民共和国渔业法》宣传月来临之际，为使渔民朋友们在渔业生产过程中能够知法、懂法、守法，现就有关渔业法律、法规敬告如下。

一、在渔业生产中渔民要依法取得捕捞许可证，才能下江生产作业；未依法取得捕捞许可证，利用各种船只、网具私自进行捕捞，违反捕捞许可证关于作业类型、场所、时限和渔具数量的规定进行捕捞的，依据《渔业法》第四十一条、四十二条、四十三条之规定予以处罚，构成犯罪的依法追究刑事责任。

二、禁止使用炸鱼、毒鱼、电鱼、快钩、网杖子、地笼子等非法渔具进行捕捞。在禁渔区（黑瞎子岛周边未经批准的水域）和禁渔期（黑、乌两江春季禁渔期是 6 月 10 日~7 月 15 日，秋季是 10 月 10 日~10 月 20 日），使用小于最小网眼尺寸的网具或渔获物中幼鱼超过规定比例（小于 5%）的，依据《渔业法》第三十八条之规定予以处罚，情节严重，构成犯罪的依法追究刑事责任。

三、继续进行封河育鱼，禁止在所有通江、通河的水域，利用任何渔具进行捕捞，特别是利用网杖子、密眼箔、地笼子等非法渔具进行捕捞，禁止销售禁用渔具。违者一经发现，将依照《中华人民共和国渔业法》第三十八条、《中华人民共和国刑法》第三百四十条，除销毁非法渔具、没收非法所得，还将按其情节、数量，对相关人进行罚款和追究刑事责任。

四、未依法取得特许证件，私自收购、运输、出售加工国际二类保护鲟鳇鱼的，将依照《中华人民共和国水生野生动物保护法》第三十一条、《中华人民共和国刑法》第三百四十一条、《中华人民共和国水生野生动物保护实施条例》第二十六条之规定予以严惩。

渔民朋友们,为了我县渔业经济的繁荣、发展,造福子孙后代,我们一定要遵纪守法。

(二) 渔业执法队伍建设和法制建设情况

加强对执法人员的培训与教育,转变思想作风,强化服务意识,不断提高渔业行政管理执法水平,规范依法行政程序,严格执法、文明执法,把政治思想学习作为保障和监督行政机关有效实施行政管理的标准,具有重要意义。

在制定和完善各项规章制度的同时,组织全体渔政人员参加了县里组织的行政执法证的统一考试和行政执法能力的培训班学习。通过学习培训,提高了政治思想素质,掌握了业务知识和基本技能,使我们今后在执法过程中能够做到依法行政、文明执法,成为一支为渔业生产和广大渔民群众生命财产安全保驾护航的执法队伍。

(三) 具体执法

2005 年,全县共清理窜滩船只 220 多船次,没收私捕乱捞船只 11 只,吊销捕捞许可证 11 本,销毁小舢板 35 只、违法渔具 570 多件、密眼网 5.7 万延长米,拆除非法捕捞窝点 19 处。

2011 年,抚远县对渔政的重视程度更是超过以往。3 月 24 日,抚远县就召开了春渔期边境管理工作会议,县长王

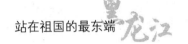

居堂，边防委副主任、县委常委、政法委书记杜丽萍，县边防委副主任、县委常委、副县长李源波及边防委各成员单位领导都出席了会议。在整个执法过程中，杜丽萍和李源波多次登船与渔政人员一同到第一线管理执法。水产局局长李国峰、书记姜延增、主管副局长尹焕海甚至吃住在船上。

正是由于抚远县对渔政工作严抓共管，认真贯彻执行《中俄两江议定书》，搞好界江的渔政管理工作，充分宣传《中俄两江议定书》，广大涉渔人员受教育面达 100%，为保护好界江资源打下良好基础。县水产局下达捕捞船只计划为 495 只，实际核发 495 只，圆满完成了县核定渔业捕捞许可证的发放、检验和资源费的收缴任务。全年乌黑两江巡回检查车船次 320 余次，没收渔具（张网、拉网、淌网及其他网具）共 34400 件，销毁违禁渔具 28770 件，没收渔船 96 只，吊销许可证 12 件，成功抓获飞龙艇 2 艘。与俄方联合检查快钩 430 余杆，捣毁 40 处网杖子、密眼网 3200 多延长米，受教育人次 2880 人，罚款 286000 元，没收的渔具、渔船、渔获物变价款为 42800 元。这一举措有效地打击了不法捕鱼分子，保护了渔业资源和渔民的合法利益，圆满地完成了渔政管理工作，规范了渔业生产秩序。

第三节　渔业发展的未来走向

一　渔业发展中存在的问题

（一）渔业资源枯竭

尽管国家制定了一系列保护渔业资源的政策法规和相

关政策，但是渔业资源日益枯竭是一个不争的事实。虽然有了休渔期，但是休渔期之后却是过度的捕捞。渔民明知渔业资源的不可再生性，但是现实的经济因素促成了过度捕捞。第一，一方面是捕捞证办理越来越困难，另一方面是办理捕捞证费用越来越高昂。为了保障不出现赔本的情况，渔民只能利用有限的时间无序地进行捕捞。第二，江鱼的昂贵促使渔民过度捕捞。每到打鱼的季节，每天都有很多小贩来收购鲜鱼，这使渔民无法保持冷静的态度。

（二）越境捕捞

由于中方一侧的黑龙江渔业资源日益枯竭，渔民为了赚取更大的利益，经常有意无意地越境捕捞，从而引起不必要的纠纷。

据村里人介绍，以前一直有很多胆子大的人，越界进行捕捞。开始时，俄方的解决方式比较温和，用水枪向渔民的船上浇水，目的是把渔民们吓跑。近些年，俄方对越界捕捞的渔民越来越严厉，很多时候会造成人员伤亡，有的越界捕捞的渔民甚至被抓到俄方，被判刑。同时，也有个别俄方欺负中国渔民的事件。村民说："在毛主席的年代，只要不过岸，就行，就可以打；现在是只要别越界，就行。在咱们这面的航道，俄罗斯的船跑到咱们这面来，来这面抛网，巡逻艇马力大，向他们岸上拽，等全拽到岸上，他们就卖钱，他们那也有渔村，卖完钱，就自己分了。""前几年发生过一件事，我们听见很大的机器动静，感觉是个挺大的巡逻艇，慢慢靠岸了，大家都以为是咱们国家的什么船来了，就都没有在意。但等人一进到屋里，是俄罗斯人，他们看重的是手机、人民币、网具，都拿走

了，咱们的渔民手里也没有什么武器，也没敢和他们对抗。后来报案了。"

二 今后发展方向

（一）以旅游带动生态保护

黑龙江渔业资源的匮乏，直接与经济利益驱动有着密切的关系。现阶段主要是以法律、法规的方式保护渔业资源，而这并不能从根本上改变过度捕捞的情况。在多年的法律、法规的教育下，尤其是小河子村村民目睹了渔业资源逐渐走向匮乏的历史，村民们已经深刻地体会到了保护黑龙江渔业资源的重要性。但是在生存压力之下，村民们也没有办法改变原有的打鱼的生活方式。

要从根本上解决问题，必须要重点解决村民的生活、生计问题。发展旅游业不失为一个出路。随着黑瞎子岛的开发，抚远县的经济日益走高。在这一背景下，小河子村完全可以利用自身的地缘优势，发展旅游业。在原有的鱼馆的基础上，发展"渔家乐"项目。利用境内的资源，开发"莽吉塔"古城、"白四爷庙"等旅游景点，打造小河子村自有的旅游品牌。

（二）以养殖业代替捕捞业

抚远县一直以来就着力发展鲟鳇鱼的养殖业。现在的大力加湖已经成为国内知名的鲟鳇鱼养殖基地。小河子村应该依托这一优势，发展自身的养殖业。主要从江水网箱养鱼和二次牧鱼两方面入手，实现过水增殖，提高经济效益。

不过无论是旅游业还是养殖业，都需要大量的资金注入。这并不是小河子村或者通江乡可以完成的，必须要借助抚远县乃至国家的力量才可以做到。

三　渔业养殖

由于近几年渔业资源日渐稀缺，为了保护渔业资源，同时解决农民的生活收入问题，渔场开始鼓励农户进行家庭养鱼。渔场定期对渔民开展养殖技术培训。

（一）渔业养殖的发展历程

1956 年，省水产局从肇源渔场调 8 名养鱼技术工人到抚远发展养鱼事业。经过踏查和测量，养鱼池设在长虫山北。1959 年，由王静波、戴荣芳组织施工，当年竣工并由大江捕捞亲鱼（种鱼），经人工催情授精，孵化出黑龙江油鲤鱼苗进行放养，抚远县的养鱼业从此开始起步。1959 年秋修建牤牛怵养鱼池，由徐贵臣指导施工。全年国营和乡、社共修养鱼池 50 公顷，利用水面 42.1 公顷，放养鱼苗 661 万尾，亲鱼 1050 尾。长虫山养鱼池没有越冬池，当年放当年捕。但因水源不足，以后没有继续使用，牤牛怵养鱼池则因冬季施工，基础不牢，开春后被山水冲垮，再没有修复。1959 年秋，在抚远镇西山头的 3 间草房里，由王静波、戴荣芳、焦云通等人进行大马哈鱼人工孵化试验成功，受到省水产科研部门的重视，后因冬季水温掌握不好，鱼苗全部死亡。

1960 年进一步强调发展养殖事业，并要求从插小条箱养（稳水小河沟）、拦河养（学习苏南的经验）、人工造池养三个方面进行养殖。渔场还组织人力，对四合屯附近的三角泡

进行测量，并于翌年 5 月动工修建三角泡养鱼池。1962 年，由于乌苏里江武开江，在蒿通堵成水坝，江水猛涨，三角泡被淹没，冰排把人工修建的池坝推毁，养鱼池报废。

1970 年 6 月，县农副产品科成立县鱼种场，地点设在抚远镇东窑地附近。1973 年建成越冬池，水面为 15 亩，当年为佳木斯四丰山水库和富锦等地供应鱼苗 23 万尾，并用江边自然泡沼修建养鱼池近 100 亩，因没有清底，秋后鱼捕不出来，只好放水拣鱼。越冬池放养的六七十尾甲鱼，第二年春天因患粗脖子病全部死亡。鲤鱼人工孵化成功，青鱼、草鱼、白鲢人工孵化失败，甲鱼人工孵化也因缺少技术人才而失败。由于领导人员的频繁调动，鱼种场后来改为养鸡场、养貂场，逐渐走向消亡。1979 年 10 月，县革委拟在生德库西大泡修建养鱼池，养鱼水面可达 220 亩，计划投资 3.1 万元。后因该处地势低洼，易受洪水侵害，而没有动工修建。

1983 年，大力加湖养鱼工程开工，工程进行了两年，花费 94 万元，终因设计不周，缺少工程技术人员，资金困难，加上遭遇 1984 年大水，被迫停工。

(二)《完善水域滩涂养殖制度试行方案》

近几年来，国家为了扶植渔业养殖，颁布了《完善水域滩涂养殖制度试行方案》。

完善水域滩涂养殖制度试行方案

为认真贯彻《渔业法》，进一步完善我国水产养殖业管理制度，科学利用水域滩涂从事水产养殖生产，切实维护养殖生产者的合法权益，保护渔业水域生态环境，保障水产品质量安全，促进水产养殖业持续健康发展，特制定本试行方案。

一、法律依据与原则

《中华人民共和国渔业法》《中华人民共和国农业法》《中华人民共和国土地管理法》《中华人民共和国水污染防治法》《中华人民共和国海洋环境保护法》《中华人民共和国海域使用管理法》等法律法规及《国务院批转农业部关于进一步加快渔业发展意见的通知》（国发〔1997〕3号）、《国务院办公厅关于进一步做好治理开发农村"四荒"资源工作的通知》（国办发〔1999〕102号）、《关于做好农户承包地使用权流转工作的通知》（中发〔2001〕18号）等政策和文件。

实施养殖证制度要充分体现"合理规划、尊重历史、照顾现实、保持稳定、促进发展"的基本原则，逐步建立起以养殖证制度为基础的水产养殖业管理制度。

二、实现目标

通过完善水域滩涂养殖证制度，力求实现以下基本目标：

（一）进一步稳定水域、滩涂养殖使用权和承包经营权，保持农村基本制度的稳定；

（二）保护养殖生产者的合法权益，减轻渔（农）民负担，增加渔（农）民收入；

（三）依法管理和促进科学规划养殖水域滩涂资源，保护渔业水域生态环境，保障水域滩涂资源的可持续利用；

（四）引导并促进渔业结构的战略性调整，合理安

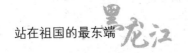
排产业布局；

（五）提升水产养殖产品质量，保障水产品食用安全，提高产业竞争力。

三、建立水域滩涂养殖规划制度

建立水域滩涂养殖规划制度是水产养殖管理的前提和基础。水产养殖业的发展要与规划相一致。县级以上人民政府渔业行政主管部门要认真履行法律赋予的职责，认真组织水域滩涂养殖规划编制工作，并在报经政府批准后监督规划的实施。要按照国家渔业发展方针，结合本地发展实际，长远规划，分步实施。编制和实施规划时要对养殖容量和环境容量提出要求。水域滩涂养殖规划要符合水域滩涂利用总体规划、海洋功能区划的要求并与其相衔接。

四、完善养殖证制度

（一）养殖证的功能和作用

1. 养殖证是生产者使用水域滩涂从事养殖生产活动的合法凭证。持证人从事养殖生产的合法权益受法律保护，可以按规定享受国家有关水产养殖业发展的投资、技术服务、病害防治、培训教育等优惠扶持政策。

2. 养殖证是判断水域滩涂的养殖使用功能的基础依据。当水域滩涂因国家建设及其他项目征用或受到污染造成损失时，养殖者可凭养殖证申请补偿或索取赔偿。渔业污染事故调查机构应以养殖证为受理案件的基础，养殖证登记内容是调查处理事故的重要依据。

3. 水产养殖生产者要持养殖证方可申请苗种生产审批、水生野生动物驯养繁殖证、水产品原产地证书、无公害农产品基地资格等，并享受国家税收等方面的优惠政策。

4. 持证人应遵守有关法律规定。在使用水域滩涂从事养殖生产时应按规划合理布局，科学投饵、用药，不得造成水域环境污染，并严格按照养殖证所规定的养殖区域、类型、方式等内容进行生产活动。

（二）发证范围

1. 国家对水产养殖水域、滩涂实行养殖证制度。利用水域滩涂从事养殖生产活动的单位和个人，必须依法取得养殖证。

（1）全民所有的水域滩涂依照《渔业法》和《土地管理法》的规定，确定水域滩涂养殖使用权；

（2）集体所有或者全民所有由农业集体经济组织使用的水域滩涂，依照《渔业法》《土地管理法》和有关土地承包经营的规定，确定水域滩涂养殖承包经营权；

（3）已领取土地承包权证书的农用土地改为养殖生产的，养殖证不改变原土地的权属性质及土地基本用途。

2. 对已养水域滩涂，符合养殖规划并持有养殖证的，可简化审核程序予以换证。尚未领取养殖证应尽快审核补发。

不符合养殖规划但已持有养殖证的，限期予以调整。无证使用水域滩涂从事养殖生产的，县级以上地方人民政府渔业主管部门应当进行登记，限期拆除养殖设施。

3. 新规划用于养殖开发的水域滩涂，应本着公

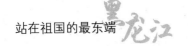

平、公正、公开的原则，优先考虑因当地渔业产业结构调整需转产从事养殖业或者因养殖规划调整需另行安排养殖场所的当地渔业生产者以及当地传统养殖生产者。

（三）发证办法

县级以上地方人民政府是养殖证主管机关。各级渔业行政主管部门具体负责管辖范围内水域滩涂养殖证申请的审核工作。

1. 发证程序

（1）申请。单位和个人使用水域滩涂从事养殖生产活动的，应向县级以上地方人民政府渔业行政主管部门提出申请，填写申请表。单位还应提交与养殖规模相适应的资信证明材料、养殖技术条件说明等。

（2）审核。县级以上地方人民政府渔业行政主管部门应认真审查申请材料，并会同有关单位人员进行现场勘验，确认标界，核实有关情况。渔业行政主管部门应自收到申请之日起30日内完成审核。

（3）批准。经审核，对符合规定的，渔业行政主管部门应报请有审批权的人民政府批准，颁发养殖证；对不符合规定的，渔业行政主管部门应在上述规定期限内书面告知申请人，并说明理由。

（4）集体所有或全民所有由农业集体经济组织使用的水域滩涂，承包人按规定签订承包合同后，到所辖地县级以上人民政府进行注册登记，领取养殖证。

（5）登记造册、公告。渔业行政主管部门对已颁发的养殖证应登记造册，颁证水域滩涂要作图标志，及时向社会公告。

2. 养殖证及内容

（1）养殖证应当载明持证单位或个人基本情况；养殖水域滩涂地理概位及平面界至图；养殖面积及范围（方位坐标）；养殖类型、方式；养殖证有效期限；养殖证编号等内容。养殖证由农业部统一印制。

（2）依据养殖区域的生态环境、养殖方式、投资风险、收益等综合因素，养殖证有效期的最高年限分别为：浅海、滩涂15年，深海30年，池塘30年，湖泊、水库、河沟10年，临时养殖区2年。

集体水域滩涂或全民所有集体经济组织使用的水域滩涂养殖证有效期应与承包合同期限一致。

（3）养殖证登记事项如有变动，需提前一个月到原发证机关办理变更手续。养殖证期满后需要继续使用该水域滩涂从事生产活动的，持证人应当在有效期满前60日向原发证机关申请办理延期手续。

3. 对兼有调蓄、行洪、航运、养殖等多功能的水库、江河、湖泊等水域滩涂，可在保证其他功能正常行使的情况下，发放临时养殖证。在水域规划的主功能与养殖功能发生矛盾时，临地养殖证有效期自然终止。如遇重大建设项目等公益性事业需要，发证机关可中止该水域滩涂的养殖使用，有关单位应按国家有关规定进行补偿。

4. 对同一养殖水域滩涂因不同的养殖方式造成的使用功能交叉，如底播与筏式养殖，原则上不得确定给两个（含）以上的使用者。

5. 不得在航道、锚地、港口及产卵场、重要苗种场、传统捕捞作业渔场、水产种质资源保护区等重要渔业水域核发养殖证。慎重对待敏感区、争议区的发证工作，在未经毗邻水域滩涂地方人民政府协商同意或管辖权限不明确的，一律不予发证。

（四）各地在实施养殖证制度时，要根据国家对农业和农村工作的总体要求，从保护渔民根本利益和维护农村稳定的大局出发，对不同经营主体和不同规划区进行研究，积极探索全民所有水域滩涂有偿使用的实现形式。

五、实施步骤

（一）动员部署。完善水域滩养殖证制度涉及面广，政策性强，工作量大，并与广大养殖者的切身利益有直接关系。各级人民政府及渔业行政主管部门必须全面动员和部署，通过广播、电视、报刊等新闻媒体和印发宣传资料等各种渠道、方式进行宣传，形成良好的工作氛围。

（二）调查登记。县级渔业行政主管部门要组织专门人员，深入生产第一线对辖区内水域滩涂使用、养殖生产等基本情况进行全面调查登记，并做图标志，建立档案资料。

（三）编制规划。县级以上各级渔业行政主管部门要在调查登记的基础上，根据农业区划和渔业区划，编制和完善本辖区内水域滩养殖规划，报同级人民政府批准公告。

（四）发放证书。在调查登记和规划的同时，全面开展水域滩涂养殖证的核发、换发、补发工作。在发放养殖证时，要做到公正、公平、公开，发证前张榜公示，接受群众监督。

（五）执法检查。各级渔业执法机构要加大水产养殖管理的执法力度，根据调查登记和养殖证核发的进展情况，有针对性地组织安排养殖管理执法大检查，切实维护养殖者的合法权益，推动养殖证制度的完善。

六、工作要求

（一）统一思想，加强领导。各级渔业行政主管部门要以江泽民同志"三个代表"重要思想为指导，统一思想，站在维护渔民的利益，促进渔业发展，保持渔区稳定的战略高度，从渔民的利益出发，全面推进完善养殖证制度。要切实加强领导，根据本地的实际情况，因地制宜地制定工作方案，并采取措施保障试行方案的顺利实施。请各地将工作方案于 2002 年 3 月底报我部。

我部将成立由主管副部长为组长，渔业局、发展计划司、财务司、产业政策与法规司、农村经济体制与经营管理司主要负责人参加的完善养殖证制度领导小组。各级渔业行政主管部门也要根据具体情况，成立相应的领导机构和工作机构。

（二）抓好示范，以点带面。2002 年我部将重点抓好 20 个联系点，各省要在每个地市抓好不少于 1 个联系点，进行完善养殖证制度的示范，总结经验，做到以点带面。力争在 9 月底前，已养水域滩涂发证率达到 80% 以上，12 月底前基本完成这项工作。

（三）督促检查，狠抓落实。为及时了解和掌握各地在完善养殖证制度方面的工作进展情况，我部将建立工作进度统计制度，要求各省定期填写统计登记报表（见附件 3、4）。同时派出督查小组，对各地的工作

站在祖国的最东端

情况进行督查。各省、自治区、直辖市渔业行政主管部门也要抽调骨干力量，加大督查力度，发现问题，及时解决。

（四）统筹兼顾，全面管理。各地要采取有效措施，完善以养殖证制度为基础的养殖业管理制度。今后，养殖业的发展政策要与养殖证制度的实施结合起来，以养殖证制度统筹各项工作。凡是涉及养殖业发展的政府支持项目或投资计划（如渔民转产转业、原良种工程、病害防治中心、水生野生动物救护中心、重大科技推广、科技示范场、出口基地县建设等）的报批，一律要审查养殖证制度的实施情况。

（三）抚远县 2009 年关于办理水产养殖许可证的有关规定

根据《中华人民共和国渔业法》第二章养殖业之编章规定和抚政办函〔2009〕12 号文件要求，特规定如下：

凡办理水产养殖许可证的人员须持抚远县当地有效证件到渔政部门申请办理。渔政部门工作人员必须亲自到各养殖户所申请的泡沼池塘并进行准确测量。确定养殖位置必须按《中华人民共和国渔业法》有关规定和《抚远县人民政府封河育鱼通告》执行，凡与黑龙江乌苏里江有水道连通的和有争议的水域一律不审批。渔政部门工作人员必须认真负责、热情为广大用户服务，尽最大努力一次性办理齐全证照。

遇事必须向局领导及时汇报，待审核同意后再行

94

办理。渔政部门工作人员杜绝出现勒卡索要等违规违法现象，若出现，一切事情由渔政工作人员自行负责。

监督电话：13836619877。

（四）养殖场

通过不懈的努力，抚远县已经建成我国第一个高寒地区的亲鱼原种场——国家级鲟鱼原种场和我国目前最大的东北特种鱼繁育基地——鲟鳇鱼繁育基地。

抚远县鲟鳇鱼繁育养殖基地始建于 1998 年，先后被列为省科委黑龙江农业重大科研课题、黑龙江省农业开发多种经营项目基地。几年来，在国家、省、市的有关部门扶持下，建成全国最大的人工繁育养殖基地，现有繁殖车间 1200 平方米，养殖车间 1200 平方米，亲鱼养殖车间 800 平方米，相关设备配套齐全，抚远县委、县政府先后投资 500 多万元，扩建总面积 2000 平方米的鲟鳇鱼繁育养殖基地工程，新购进一台最先进的水净化设备，并对原有厂房、设备和基础设施进行了维修改造。

2002 年，抚远县在名优特苗种低温早产方面取得重大突破，鲟鳇鱼可实现四季繁殖。鲟鳇鱼的二次繁育，使抚远形成年人工孵化鱼苗 5000 万尾，产值 4000 万元的规模，年创利润达 500 万元，鲟鳇鱼卵、鱼苗已远销到北京、广东、福建、江苏等省市，全国 80% 的鲟鳇鱼受精卵和幼鱼产自抚远。2003 年，抚远县水产专家在黄海中放养鲟鱼苗获得成功，让淡水鱼在海水中"过水增值"，这在全国还是首例。目前，农业部在抚远建立全国最大的东北特种鱼原种基地。

几年来，抚远县向黑乌两江放流鲟鳇鱼苗 45 万尾，使珍贵的渔业资源得以永续利用。渔业经济"以养为主、捕养结合"，走渔品精深加工之路。正阳水产联营公司等渔产品加工企业，把名优特鱼加工成带有附加值的产品，实现从原料到精品销售的跨越，相继研制开发出"三江牌"鲟鳇、大马哈、白鲑鱼子酱小包装，鲟鳇鱼肉、鱼松、鱼筋等高附加值产品，在省市科技产品展示会上屡获金奖。1998年以来，企业共出口鱼子酱 6430 千克，鲟鳇鱼、鲑鱼等系列产品 61.4 吨，实现利润 68 万元，上缴税金 576 万元，产品远销美国、日本、中国香港等十几个国家和地区。在县委、县政府的积极扶持下，全县个体鱼品加工厂迅速发展到 7 家，鱼产品遍及全国各地。

2003 年，抚远县又与台商合资，进口加工设备，利用对俄口岸优势，兴办年加工能力 350 吨的"三江"鱼品加工厂，实现过腹增值，鱼品精深加工不断做大、做强。力争到 2007 年，抚远人均每年实现 90 公斤水产品，渔业产值达到 1 亿元，年创利税 1000 万元。抚远县鲟鳇鱼标准化繁育养殖示范区，现有孵化车间 1200 平方米，鱼苗培育车间 2400 平方米，水产品深加工车间 1200 平方米，鱼类文化馆 800 平方米、电脑监控室 100 平方米、微机管理室 100 平方米，示范区管理办公室 300 平方米，鲟鳇鱼亲鱼储备池 800 平方米。大力加湖大水面养殖基地 28500 亩，养殖鲟鳇鱼苗及成鱼。开发大力加湖网箱养殖，设置网箱区 8 个，每个区 100 个网箱，共计 800 个网箱，占地 17000 平方米，年培育苗种 40 万尾，年产商品鱼 80 吨。示范区有员工 96 人，专业技术人员 16 人，其中高级职称 2 人，中级职称 8 人。年可生产鲟鳇鱼受精卵 4000 万粒，繁育鲟鳇鱼苗 800 万尾。

鲟鳇鱼受精卵和鱼苗远销北京、广东、福建、江苏、河北等省市。自繁育养殖标准化示范区建设以来，示范区建成了800个养鱼网箱，已被一部分渔民承包，已形成了"公司（企业）+标准+基地+养殖户"的渔经济发展模式，带动水产养殖户共同致富，创造了可观的经济效益。2005年人均收入1.5万元，同比增加40%。

目前，抚远县在大力加湖建设了全国最大的特种鱼原种场和集科研、繁育、放流、销售为一体的特种鱼繁育基地（其中，包括鲟鳇鱼繁育基地，见图5-5），年孵化能力达到5000万尾，人工繁育品种由2个发展到8个，产值为4000多万元，增加财政收入500多万元。通过逐年增加名优特鱼繁育能力和放流量，已累计放养各类鱼苗1.3亿尾，有效地促进了鱼类种群的恢复。

图3-5 鲟鳇鱼繁育基地内景

抚远县还实现了高寒地区鳇鱼的池塘养殖和全人工繁殖，年繁殖鳇鱼苗种 20 万尾，活体取卵手术成功率为 100%，实现了根据生产需求反季节人工繁殖，年繁殖鲟鳇鱼苗 200 万尾以上，形成了鲟鳇鱼规模化养殖技术规范；解决了小体鲟人工繁殖、大规格鱼种培育及运输技术，建立了新的鲟鱼生产模式；大水面投放小体鲟鱼种 356 万尾，填补了我国鲟鱼放牧式养殖的空白。同时首次实现哲罗鱼全人工繁殖，制定了苗种驯化养殖操作规程，并在哲罗鱼原栖息地进行了资源修复放流，累计放流 30 万尾；完成了黑龙江茴鱼的人工繁殖技术研究，受精率和孵化率均超过 60%，获仔鱼 10 万尾；选育出两个虹鳟优势组合，生长速度提高 15% 以上；开发出两个以大豆蛋白为主要蛋白源的新型虹鳟稚鱼实用饲料配方；制定了哲罗鱼苗种集约化培育技术规范、细鳞鱼苗种规模化繁育技术规范及大马哈鱼规模化繁育和增殖放流操作规范；形成了虹鳟鱼放牧式养殖技术和高白鲑大水面增殖模式，填补了黑龙江省在湖泊、水库等水域增殖冷水性鱼类的空白。

在水产养殖过程中，采用"人才 + 企业 + 农户"的模式，吸收一些农渔民和致富能手加入养殖行列，充分发挥人才效应，加快农渔民致富步伐。为鼓励农渔民从事水产养殖，县里制定了优惠政策：凡纳入水产养殖开发的水域，或用于水产养殖的土地，使用权或承包权可延长 30 年或 50 年，允许在承包期限内，对使用权依法转让、出租或抵押，进行合理流转……这些政策的出台，极大地调动了群众养鱼的积极性，有力促进了资源的合理利用，全县 10 万亩宜鱼水面迅速得到了开发利用，如今养鱼规模在 200 亩以上大户发展到 200 多个。目前，养殖户人均收入达 2 万元，是全县农民人均收入的 4 倍。在发展壮大基地规模的同时抚远县政府不忘为农渔民服务，还开展了帮技术、帮咨询、帮示范的"三帮"活动，带动养殖户提高养殖技术水平，为农渔民提供科技信息、购销信息，达到了规模壮大、效益增强、渔民致富的目的。

第四章　农业及副业的经济发展

第一节　农业

小河子村并不是一个天然的渔业村，而是依靠行政命令改制的渔业村，所以在早期，小河子村还是经营农业的。随着渔业资源的日渐匮乏，今天的小河子村，很多渔民也开始经营农业。

一　农业发展情况沿革

1. 1959 年改制前的小河子村农业

小河子村出现在民国时期。为了生计，关内和辽宁、吉林的贫困农民来到这里定居，从事农业种植。由于技术所限，当时主要是种植小麦和大豆，进行耕作粗放。由于土地无主，有能力的农户大量开垦土地，在解放前也出现了地主和富农阶层。抚远解放后，土地改革也被提上议事日程。1948 年春节以后，抚远县土地改革运动正式开始，历时 4 个多月便宣告结束。其中小河子村被斗、被分的有姚力岗、李仁君等十几户，其中恶霸姚力岗被群众打死，地主李仁君被枪毙。土地改革之后，小河子村统一丈量了土地，按人口平分。

2. 从农业生产互助组到人民公社

土地改革后，为了解决贫困农户农业生产资料缺乏、劳动力不足的困难，抚远县从 1949 年组织起季节性互助组 14 个。1951 年《中共中央关于农业生产互助合作的决议（草案）》下达后，农业生产互助组在全县境内全面推开。在农业生产互助组的基础上，1953 年春，中共抚远县委在勤得利乡试办了第一个农渔业生产合作社。1955 年，小河子村也创办了初级农渔业生产合作社，土地、牛马和大农具全部交给合作社统一使用，合作社的产品归参加合作社的社员共同所有，在扣除了生产中的开支和缴纳农业税，提取若干公积金、公益金后，大部分所得按社员所提供的劳动数量进行分配，小部分按社员入社的土地交公数量进行分配。1956 年成立了高级农渔业生产合作社，生产资料完全归集体所有，完全按劳分配。根据劳动量的大小、强度评计工分，各尽所能，按劳分配。根据荣太山老人的回忆："那时候大家集体劳动，但不挣工资，挣的是工分。挣的分多，分的多，家家都是三角债。社里欠住家户，生产队欠个人，个人欠国家。年年靠拨款维持生活，给拨粮食什么的。那时候可穷了，生产队过年才分二斤猪肉，全小河子一双农田鞋，抓阄，谁抓到算谁的。"可见在农渔业生产合作社时期，由于缺乏劳动积极性和政策不力，小河子村处于极度困难的状况。1959 年，小河子公社建立，小河子村为其下属的一个自然村队。按照人民公社"一大二公"的要求，公社对生产资料有无偿调用权。在生活上，曾推行过供给制；在生产上，多以"大兵团作战"方式进行。

1959 年，小河子村变为了渔场下属的生产队。但是此时村里仍有大量的土地。根据荣太山老人的回忆，当时小河子生产队里还有三百垧地。从事农业生产的是老人、妇女和体弱多病者。按照荣太山老人的说法就是，不能下河的就种地。具体说来，老人主要是指 60 岁以上的。妇女不参加渔业生产，是因为"她们即使体力好，但很多人到船上就晕船，所以这里的妇女都不上船"。体弱多病者，指的是"身体不好不能凭上级的，就不能算作工人了"。正是因为拥有土地，所以村里始终存在着从事农业生产的农民。

3. 家庭联产承包责任制

党的十一届三中全会以后，全国实行了各种形式的联产承包责任制，改变了过去平均主义的分配方式。而小河子村的家庭联产承包责任制则直至 1983 年才开始推行。将土地分配到农户，大中型农机具作价变卖。凡是农民承包土地，都签订承包合同，并按承包土地提取"两金""一费"，即公积金和公益金、管理费。第一轮土地承包年限为 15 年，至 1998 年结束；第二轮土地承包年限为 30 年。

然而这种情况并没有持续太长时间。在渔业资源丰富的时候，村民忙于捕鱼，没有闲暇时间种植土地，加之隶属于渔场的村民领取工资，没有后顾之忧，所以当时县委县政府将原有的土地划拨给周围的村庄。荣太山老人说道："原来的三百垧地在八九十年代的几次变动中，已经全部上缴到了抚远县农垦局。"

4. 开荒种地时期

随着渔业资源的枯竭以及国家加大对农业的扶持力度，村民开始回归农业，有的家庭开始在沿江土地上开荒种田。尤其是 20 世纪 90 年代时，黑龙江省政府推行了一系列不当的鼓励开荒措施，如 1994 年，黑龙江省土地管理局发布了《黑龙江省拍卖"五荒"资源使用权的暂行规定》，涉及小河子村的是所谓的"荒水、荒滩"。除了法规政策外，其他的一些政策也助长了这一趋势。如国家税收政策中有"农业税中开荒免征农业税五年的照顾政策"，根据村民的描述，"在 1997 年以前，这里可以随便开地，每年还给 3000 元的补助"。正是政策的错误导向进一步加剧了小河子村村民在沿江地区开荒种田的现象。

根据村民介绍，"原来沿江地带都是茂密的柳条"，但是现在看到的都是已经开垦出来的农田了。虽然土地增加提高了村民的收入，但是也导致了严重的生态问题。由于缺乏沿江植被的防护，"现在只要一涨水，水很容易溢上岸，村里也被淹过几次"。

毁林开荒，重采轻育，这导致包括小河子村在内的整个黑龙江省所属一侧沿岸生态环境的严重恶化，持续不断的水土流失已引起政府部门的关注。1998 年，黑龙江省就出台了《关于加强湿地保护的决定》，规定不再允许毁草、毁林、毁湿等一系列开荒行为。

1999 年开始，黑龙江省开展了大规模的界江护岸林工程。1999 年起，佳木斯市在黑龙江沿岸同江至抚远段营造了总长 156000 米、宽 100 米、总面积 22287 亩的界江护岸林。在当地干部群众的努力下，经过三年的时间，这一工程在 2001 年 5 月完成全部建设任务。虽然护岸林工程的出发点是好的，但是现阶段护岸林工程取得的效果微乎其微。短时期内新栽种的小树苗根本无力抗衡滔滔的江水。在栽种之初，有很多新栽的离江边较近的小树苗，还没成材就被江水卷走。抚远县林业局局长王新亮说，根据他们的经验，即使是长得最快的杨树，也至少要 5 年以后才能发挥生态作用。经过 10 年的时间，原先栽种的树苗基本上已经成材，起到了一定的生态作用。

护岸林工程虽然占用了小河子村村民的土地，但得到了村民的支持。村民的理由是：首先这些被占的地都十年九淹，不打多少粮食，种上树木以后可以保持水土、保护环境，又能保护离江更远的地不被水淹；其次政府也给补助，被占用的土地，每垧地给 2400 元的补助，连续发放 9 年。

二 农田基本情况

正是由于小河子村村民在土地被收走后，继续在沿江地区开荒种田，现在小河子村还保留有一定规模的农田（见图 4－1）。1985 年，小河子村共有户数 51 户，每户平均耕地数量为 210 亩。在护岸林工程开始实施后，小河子村的农田数目有所减少。到 2011 年，小河子村一共有 82 户人家，共有土地 2640 亩。而这些土地分属于 14 户村民所有，

图 4－1 村庄旁的农田

每户平均耕地数量为 188 亩。此外，每家的院子前后都开垦出了小片土地作为菜园，种植日常食用的蔬菜。

根据土地与江的关系，土地可以分为"好地"和"坝地"两种。根据村民的解释，"好地是指离江远的岗地。坝地离江近，坝里就是江"。实际上，"坝地"就是在黑龙江的泄洪区里面开垦的土地，地势低洼，黑龙江一涨水就会被淹。而"坝地"也不在农业保险的范畴之内，这使农民种植"坝地"存在着巨大的风险，如杨振贵家的"坝地"在 2009 年被大水淹没，"赔了一万元钱"；严文富家种植了五垧"坝地"，"三年就淹一场。不但不赚钱，到赔钱"。按照严大婶的说法，"这几年年年涨水，赔了不少钱，要怎么这么多年，连砖房都没盖上"。由此可见，种植"坝地"，并不能给小河子村的农民创造更多的财富。尽管年年赔钱，小河子村的农民仍然舍不得放弃"坝地"。按照严文富的说法，"我这五垧坝地承包给别人还包不出去，都怕涨水，我把地扔下出去打工，还舍不得，所以只能在这里靠"。严文富的说法，实际上就是小河子村村民种植"坝地"的心声。没有资金、没有技术，让这些年近半百的农民无法放弃土地的种植，只能靠天吃饭。

而国家的优惠政策，实际上也是小河子村农民不愿放弃"坝地"的原因之一。2004 年 3 月底，黑龙江、吉林两省成为先行免征农业税的试点区域。2006 年，财政部又出台了《关于对种粮农民柴油、化肥等农业生产资料增支实行综合直补的通知》。小河子村由于土地面积较少，所以农村税费改革和免征农业税等政策对小河子村的影响有限。但是在抚远县委县政府的全力推动下，各项补贴政策和额度在小河子村都得到了百分之百的落实。2011 年，粮食生产直补每亩为 59.87 元，农资综合补贴每亩为 42.59 元。肥料补贴的标准是磷酸二铵每袋补贴 3.5 元，尿素每袋补贴 10 元。这些优惠政策使种地成为一个有利可图的行业。在小河子村农民的眼中，只要不发水，种地是光赚钱不赔钱的行业。

不过今天小河子村土地主要面临的问题是土地被征用。2009 年，抚远县莽吉塔港开工建设。与 2006 年 6 月建的抚远码头相比，莽吉塔港为深水港。设计年吞吐量为 120 万吨，新建 5000 吨级泊位 1 个、3000 吨级泊位 2 个（件杂泊位 1 个，木材泊位 2 个）。与莽吉塔港相配套的是一个工业园区，计划占地 300 万平方米，总体功能是港口、仓储物流、进出口产品加工区、铁路客货运输区等等。紧邻港口的小河子村成为征地对象。在港口的建设中，大部分沿江土地已经被征用，约 500 亩土地。不过这一区间的农田地较少，基本上都是林地。随着后续的工业园区建设，还要继续征用土地，在规划中至少涉及小河子村 400 多亩农用地。在村支书的介绍中，小河子村现在最多剩下 1000 亩地，到那时候最多能剩下 400 多亩。

1. 土壤条件

小河子村的土壤主要是泛滥地草甸土和泥炭土。泛滥地草甸土的黑土层一般在 0 ~ 15 厘米，粒状结构，轻壤土，土质疏松，湿润、砂性、透水和通气性较好，排水较好，表层持水性较好，地温较高，土质潮热，发小苗，地下水位高，水分充足，不怕旱。土质较肥沃，速效养分含量较高，土耕性良好，不粘不板结，易耕期长。泥炭土的泥炭层深 0 ~ 100 厘米，土质松软、冷湿，有机质含量在抚远县土壤类型中最高，达 49.9%。尽管土质肥沃，但是由于土地多位于坝外，一旦江水上涨，很容易威胁到农作物的安全。

2. 主要自然灾害

自然灾害主要有洪灾、涝灾、低温冷害和旱灾，间有虫灾和风灾。其中洪灾、涝灾、低温冷害频繁出现，常会造成农业减产，甚至绝产，给人民群众的生命财产带来巨大损失。

（1）水灾

黑龙江的径流补给属于雨雪混合补给类型。而黑龙江年内降水量分布极不均衡。冬季只占全年降水量的15%～20%，夏季则占全年降水量的70%。一年中，6～9月这四个月是降水量最多的月份。由于当地降雨量集中，夏季和秋季这里很容易发生水灾，并且往往与内涝相伴出现。根据当地的水文资料记载，黑龙江抚远区段水位超过洪水警戒水位（86.60米），沿江地带就开始遭灾，以致形成大面积的洪水泛滥。如1984年的水灾，包括小河子村在内的78个村屯受灾，受灾农田面积达14万公顷，受灾人数达1.5万人，冲毁房屋2946间，导致经济损失达2219万元。

（2）涝灾

小河子村周围地势低洼，河道纵横，当降水量过大或者江水泛滥之时，往往会出现江水倒灌现象，导致大面积洪涝灾害的发生。涝灾多发生在春秋两季，其中以春涝为多，平均每两年1次，秋涝平均2～3年1次。

（3）低温冷害

低温冷害多发生在春季或夏季，夏季常伴随洪涝灾害出现，严重影响农作物的生长。在一般情况下如果夏季6～8月的气温比常年低0.7℃以上，则发生夏季低温冷害；如果 6~8 月只有 1 个月偏低，则为次低温年。低温冷害平均每 3 年 1 次。

(4) 旱灾

旱灾包括春旱、伏旱和秋旱。春旱大约每 10 年发生 1 次。伏旱主要发生在 7 月中旬到 8 月中旬，这段时间通常是降水的高峰期，伏旱发生的可能性较小，但其一旦发生，危害远比春旱更为严重。

三 特色瓜菜种植

在新形势下，抚远县正在加快农业结构调整步伐，按照一村一品的要求，强力推进蔬菜、绿色水稻、肉牛（羊）养殖三大基地建设。大力鼓励农民减少低产低效的农业土地种植，充分利用土地开展特色瓜菜种植。小河子村紧跟政策步伐，发展自己的特色瓜菜种植。

小河子村考虑到自己土地有限，大面积的农田种植不太现实，开始走特色瓜果种植的道路。而小河子村的土质也适合西瓜、香瓜等瓜果的种植。"咱们这儿的土质好，叫油沙土，特别适宜种植西瓜。"政策的倾斜，也是一项重要的因素。从 2004 年开始，中央开始酝酿免征除烟叶税外的农业特产税，自 2006 年 1 月 1 日起废止《农业税条例》，取消除烟叶以外的农业特产税、全部免征牧业税。这一政策的执行，很大程度上调动了小河子村村民种植特色瓜菜的积极性。以上诸多因素的合力，促使农民利用自己的农田种植蔬菜、瓜果，而没有农田的家庭，有的也在自家院子里开展特色瓜果种植。

一走进荣大爷家屋里，我们就看见他家炕头儿上放着一个塑料容器，里面整齐地插着一排排的小棍儿（见图 4-2）。

这引起了我们的好奇，便向荣大爷询问。大爷脸上充满笑意地说："这是我系的葡萄苗，还没长出来呢，现在还看不出来。"原来这是大爷自己培育的葡萄苗。在小河子村，像荣大爷这样的村民不占少数，村民冬天利用自家暖炕的温度培育出各种蔬菜水果的种苗，春天把它们种到自家的菜园子里，或者农田里。按照培育—种植—管理—收获—出售的流程种植蔬菜、瓜果。

图 4 - 2　塑料容器中的葡萄苗

近几年来，小河子村的特色瓜菜已经远近闻名。在抚远县的销售领域中，小河子村的瓜菜已经成为当地家喻户晓的品牌。因为小河子村的蔬菜、水果都是纯天然、无污染、施农家肥的纯绿色蔬菜和水果，健康环保。夏季，小河子村主要以种西瓜、香瓜为主。小河子村的西瓜又脆又甜，用村民的话说："我们的西瓜又甜又起沙儿。"小河子村的西瓜、香瓜在抚远县是十分有名的。只要打出招牌是小河子村的西瓜、香瓜，买瓜的人就会纷至沓来。到了西瓜上市的季节，人们早早起来去地里精挑细选地采摘西瓜。大概凌晨一两点钟就赶着小马车，或者开着小四轮儿车，来到县里的集市上，来得这么早是为了找个好位置，西瓜也能卖得好，卖到下午两点多，驾车回村。杨振贵家2010年"种了一垧西瓜，挣了一万元钱"。秋季，小河子村主要以种秋菜为主，品种较为常见，主要是白菜、土豆、萝卜等。小河子村村民家的菜园如图4-3所示。

图4-3　房前屋后的菜园

四　农业中存在的问题

（一）"靠天吃饭""无力回天"

小河子村的农田紧邻黑龙江，防涝抗旱的设施对于小河子村来说非常重要。由于小河子村地势低洼，沿岸的河堤都是土坝，且高度有限，缺乏高效的防涝设施，农民只能是"听天由命""无力回天"。而农田的构成更是加重了小河子村对天气的依赖。只要黑龙江水大，"坝地"就会被淹没，颗粒无收。即使是"好地"，其水平高度也极为有限，当黑龙江暴发洪水时，"好地"也会被淹没。

（二）机械化程度低

小河子村的土地有限，无法进行机械化垦植，加之地块零散，使大型农机具无用武之地，所以小河子村的农用机械数量极少。很多农户家中只有一辆农用四轮车，供春耕或秋收运送粮食使用，几乎没有其他大型机器。主要靠人力进行耕种、收割。

（三）产业结构不合理，经济发展中结构性矛盾仍然突出

小河子村的种植业品种单一，主要粮食作物是黄豆。一旦出现不可预料的农业灾情，没有补救的作物去降低损失。

第二节　各项事业

一　养殖业

小河子村主要以渔业为主，而打鱼的多为男子，妇女在家除了照顾孩子、洗衣做饭外，大多数都饲养一些家禽（见图4-4）。我们在荣太山大爷家走访时，他家来了一位来买鸡蛋的大娘。原来荣大妈养了十几只母鸡，现在正是

下蛋的季节，大妈每天去鸡圈里把鸡蛋捡回来，留起来，会有人主动上门来买。听买鸡蛋的大娘说："像这样在家全靠粗粮饲养的鸡下的蛋营养价值非常高。我买，就是给我城里的孙女捎去吃，她学习累，吃这个给她补补。"这样的鸡蛋在小河子村卖到1.5元钱一个。在小河子村，养鸡的农户有很多，因为养殖家鸡不需要很大的地方，不需要有很高的技术，也不需要花费太多的时间，既可以用来自己家食用，还可以出售。像荣大妈这样的农户很多，虽然养殖规模都不大，但也能为农户带来一笔额外的收益。

图4-4 家禽饲养

二 鱼馆经营

由于小河子村是渔业村，加之距离县城车程较短，所以每年开江以后，都会有很多游客专门到小河子村吃新鲜的江鱼。这也为小河子村带来了另一个商机。很多致富眼

光敏锐的村民就在江边支起了帐篷或者临时板房,开起了
鱼馆 (见图 4 – 5)。

图 4 – 5　江边的鱼馆

　　每年 5 月左右,开江的季节到来之时,江边就会出现帐
篷或者临时板房,灶台只是临时搭建的简易灶台,餐具也
是普通的农家餐具。鱼馆的厨师也是自家人,虽然烹调手
艺一般,但是原汁原味,用黑龙江水炖江鱼,体现了原生
性。加上江边风景优美,目力所及就可以看到对岸的黑瞎
子岛,所以大量游客蜂拥而至。

　　经营这些小鱼馆的大多是村里的年轻人。他们平时在
县城里打工,照顾孩子,到了开江季节,回到小河子村,
在江边搭建帐篷或者临时板房就可以营业了。不需要营业
执照,也不用纳税,所以利润也是可喜的。但村里人说,
经营鱼馆也不是每家都能赚到钱的。这也要看,懂不懂经
营,会不会待客,做的菜好不好吃。开江的鲤鱼价钱一斤

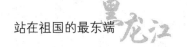

在 80 块钱左右，乌苏里江的江鱼卖得贵一点，因为乌苏里江相对于黑龙江污染少，鱼的味道更好。

李大爷家的大儿子和儿媳妇就是经营鱼馆的村民之一。大爷说："他们平时都在县城里打工，到了开江季节，俩人就回来了，在江边搭个帐篷，就开鱼馆。我也经常去帮忙。我们家老大会做生意，很多客人都是我们家的常客，来了就专门到我们家来吃。这一个多月，两口子也能挣不少。"像李大爷家这种情况的在村里不占少数，大家都是看中了这个商机，纷纷开起了鱼馆。但由于近几年开始了修建深水港和石油港的项目，江边的闲置滩涂也不多了，帐篷也被要求拆掉了，今年在江边开鱼馆可能会有些困难。但李大爷说："没事啊，江边开不了，我们就挪到家里来啊，是一样的，都是农家菜，都是新鲜的江鱼，一样会吃得津津有味。"

第三节　劳务输出

一　劳务输出政策

1. 抚远县劳务输出政策

2003 年，黑龙江省根据自己的实际情况，制定了完备的规章制度，出台了《黑龙江省贫困地区劳务输出扶贫计划实施方案》。抚远县根据自身情况，制定了相关的劳务输出政策。

抚远县将劳务输出作为下岗失业人员和城乡富余劳动力实现充分就业创业的重要手段，常抓不懈。通过实施拓宽输出渠道、扩大输出规模、打造输出品牌等战略，劳务

114

输出的层次和质量有了新突破。通过几年的摸索，抚远县逐渐形成四项措施促进农村劳动力转移。

一是充分利用对俄贸易优势，打造劳务输出品牌。抚远县以对俄口岸贸易优势和开发建设黑瞎子岛为契机，大力开展对俄劳务输出工作。抚远县就业局先后为准备去俄罗斯打工的农民工举办了两期"商贸俄语培训班"和一期"种植技术培训班"，有效地提高了农民工的知识水平和劳动技能，为赴俄罗斯就业奠定了基础。2012年，抚远县与俄方签订了蔬菜种植、建筑工程和木材加工等多项业务合同，输出农民工78人次。

二是加强对外交流，建立稳定的劳务合作关系。抚远县领导多次带队到全国各地考察劳务输出工作，广泛收集用工信息，介绍本地农民工的优点和特长，使外地人逐步认识抚远并相信抚远。截至目前，抚远县已经与哈尔滨、天津、威海等城市建立了稳定的劳务关系，确定了保安员、商品营销、社区服务等多个工作岗位。

三是与国有农场"联姻"，让农民工在"家门口"就业。抚远县比邻建三江农管局、八五九农场、二道河农场等大型国有农场，农民工充分利用多年来同农场建立的特殊关系和国有农场存在的土地面积大、劳动力少的特点，积极主动与农场沟通联系，获得了农场的理解和帮助。现在，一部分农民工被安置在县城附近的几个农场就业，实现了"不出远门就能挣钱"的愿望。

四是开展农民工岗前培训，提高其就业技能。根据目前劳务输出的岗位和技能的需要，抚远县就业局积极开展有针对性的职业技能培训，使农民工能够学以致用。同时，采取相应措施，做好对农民工的跟踪服务工作，帮助他们

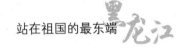

解决在工作中遇到的法律维权、生产技能、劳动保护和生活待遇等方面的问题，切实打消农民工的后顾之忧。2012年4月5日，县人力资源和社会保障局前往浓桥镇举办了农民工劳务输出技能培训班，来自全镇各村屯近百名农民参加了培训。培训班上，授课教师深入浅出地讲解了外出务工的相关政策以及工资报酬、劳动合同、工伤认定条件、面试成功的技巧等相关知识。

2. 通江乡劳务输出政策

2010年，通江乡全乡劳务输出2400人，劳务输出收入在380万元以上。为了更好地指导农民的劳务输出，通江乡从两方面入手。一是派专人负责外出务工人员的培训。以中学和乡党校为培训基地，培训乡18～45周岁人员，提高文化、技能水平，走培训技能鉴定、劳务输出一体化的道路。二是就地解决。在抚乌（抚远县县城——乌苏镇）公路升级改造工程中，通江乡乡政府组织本乡农民参加劳务服务队。据不完全统计，累计输出劳动力5800人次，农民增收150万元。

二　小河子总体情况

如今，越来越多的农民向往城市的生活，很多农民纷纷进城，成了城里的又一个新的群体。拥挤的进城浪潮给城市带来的既有机遇，又有挑战。而给农村带来的却是使原本热闹的农村成了"空巢"。小河子村就是其中一个例子。小河子村现共有居民82户，213人，但村里的常住人口却不到总人口的一半。村支书告诉我们："现在年轻人都进城了，城里多好啊，交通便利，买什么也方便。现在在村里住着的都是些七老八十的了，像我们四十多岁的，在村里都属于年轻人。三十多岁的只有两三个还在村里的。"可见小河子村劳动力外出现象十分普遍。这主要是由于小河子村的村民主要靠打鱼为生，而打鱼又具有季节性，每年只有春、秋两个季节，共两个多月的时间打鱼。加之土地资源稀缺，而且相对于城里，村里的交通、商业等都不发达，因此年轻人往往选择搬进城里。到了打鱼季节，回到村里打鱼；打鱼忙季过后，回到城里找点零活儿去干。

（一）劳务输出去向

1. 外地打工

经走访调查，小河子村 90% 的年轻人都进城生活，有的是去打工，有的只是陪读。其中也有一部分人出省打工。多数前往北方的大城市，沈阳、哈尔滨、长春等地，有些村民因为有亲属在南方居住，甚至去南方打工。我们来到村里的小卖店，遇见了一位大娘，她说："我儿子在乡里念到了初中，初中毕业就去山东学电焊技术去了，有个亲戚在那里，去投奔他去了。现在儿子和他的朋友去沈阳了，在那里找了电焊的活，听他说挺好的。我家姑娘在省体工队练举重的。她上小学的时候，铅球、铁饼扔得远，佳木斯的教练来选人就把她选去了，训练挺苦的，在佳木斯得过奖呢。"像这位大娘家里的情况在小河子村很普遍。年轻人要么去城里打工，要么去大城市读书，之后就不再回村里了。

2. 村内打工

在小河子村，农村劳动力的分配存在一种"内部消耗"的方式——家庭雇佣。

近几年来，"农忙打工族"在小河子村悄然兴起，他们主要是帮助家里劳动力少，自己忙不过来的农民从事春耕、秋收，打鱼等各项工作，劳务报酬按时或按工作量大小商定，每个人平均每天收入上百元，自己获得了不错的收入，又帮助缺少劳动力的农户解决了燃眉之急。到了每年的打鱼季节，由于捕鱼期短，工作时间也有限制，家家户户都是调动一切力量，抓紧一切时间打鱼，此时，家里劳动力远远不能满足这段时间的工作，于是，很多渔户就雇用本村劳动力。这样农村剩余劳动力得到了"内部消化"。

刘大叔是小河子"农忙打工族"的一员，他自家的土地不多，年纪也大了，不再适合下江打鱼了。每到春耕、秋收时节，把自家的地忙完了，他就会去帮忙不过来的人家种地、收粮食，每年通过打这样的零工获得收入也不少。

在小河子村，像刘大叔这样自家不太忙，利用自己空闲的时间挣点钱的人很多，甚至有些妇女也是"农忙打工族"的成员。妇女不用下江打鱼，闲暇时间更多。"坐家里看电视、打麻将，还不如出去干点活儿，也不累，就当锻炼身体了，还能挣钱，多好。"王大娘说，"俺们自己家的地少，还得供孩子上学，花销也挺大，有时间就干点儿活儿，挣点儿钱，挺好，再说都是给自己村儿里的人干，大家都认识，也愿意用。"

3. 县城打工

劳动力除了本村"内部消化"之外，就是个人外出务工。小河子村自发外出打工的村民大多数选择在抚远县内打工，抚远县的经济发展为村民的外出务工创造了条件。

（二）劳务输出类型

（1）按照时间的长度，外出打工人员可以分为几种类型：季节型劳务输出、常年型劳务输出。

季节型劳务输出，是指这类外出务工人员集中于某个季节外出打工。例如：小河子村每年春秋两季是打鱼忙季，他们就会在家里打鱼，有土地的种地，等到打鱼季节及春耕过后，这些人就会进城或去外省打工。小河子村50%以上的打工者属于此种类型，他们打工的地点比较集中，多在抚远县或者在佳木斯、哈尔滨等离家较近的大中型城市。

常年型劳务输出，是指这类农民一年到头在外打工。他们几乎不参加村内的农业或者渔业生产，即不再管家里田地的种植、经营，不再打鱼。农田多交给妇女、老人去耕种，或者出租给他人耕种。平时很少回家，一般会在过春节时回家过年。这类劳务输出主要是去距离抚远县很远的县城，或者出省打工。由于离家远，回家路费是一笔不小的开销，因此这些人往往选择一两年，甚至两三年回一次家。这样的人在小河子村劳务输出中只占很少的一部分。

（2）按照打工的类型，外出打工人员可以分为几种类型：体力型劳务输出、智力型劳务输出。

体力型劳务输出，是指外出打工的村民以提供体力劳动为主的劳务输出。小河子村村民文化程度比较低，大多是初中文化水平，外出打工只能从事体力劳动。这类农民一般没有什么专业技能，不懂技术，仅是依靠体力挣钱，所处的劳动环境差，劳动强度大，所从事的工作技术含量几乎为零，工资不高，真的是用汗水换来的钱。这样的农民在劳务输出中占很大的比重。

智力型劳务输出，是指有一定文化水平和特殊技能的村民外出务工。例如有人会瓦匠手艺，这样的人外出很容易找到工作，而且工资相对于体力型劳务输出的农民要高。抚远县还充分利用农村务工人员返乡和春节前后、农闲时节，组织村民参加基本技能培训、专业技能培训，提高农民的知识水平和技术水平。

（三）劳务输出人员组成

劳务输出人员中，90%是男子。由于小河子村村民的文化程度大多是初中毕业，大都没有娴熟的手艺，因此外出打工大多要从事体力劳动。同时因为农户家大多有土地，需要人照料，因此男子外出打工，妇女、老人留守在家，种地或者搞小规模家禽养殖。

小河子村外出务工者以青壮年为主，19～45岁的人最为集中。19～30岁的青年面临着成家立业的压力，外出打工的主要目的是挣钱盖房娶媳妇。另外也是因为认为自己年轻，想多出去见识世面，尝试去外面锻炼自己，去学习经验。31～45岁壮年外出打工则是迫于养家糊口的压力，迫于提高生活质量的压力，这部分人上有老下有小，日益稀缺的渔业资源，不再能使他们仅仅依靠打鱼过上好日子，数量有限的土地也不足以养活全家老小，因此他们选择外出打工。

入户调查结果显示：小河子村村民外出打工所从事的行业主要分布在制造、餐饮、建筑等劳动力密集型行业。受文化水平的制约，小河子村村民有专业技能的人很少，只有少数通过平时的积累掌握了一些技术，例如建筑方面的技术、养殖技术等，这部分人还不到外出务工人员总数的1/10。所以大部分人是从事对专业技术要求极低的工作，工资待遇也不是很高。

三 劳务输出对小河子的影响

(一) 劳务输出对经济发展的影响

首先,劳务输出拓宽了小河子村村民的增收渠道,增加了农民收入。由于近几年渔业资源日益减少,而且打鱼也是一个很不稳定的行业,有人赚,有人赔,加之小河子村土地资源稀少,人们不得不寻找其他发家致富的路子。外出打工给小河子村村民提供了很多致富的机遇,使农民能养家糊口,许多农民通过外出务工解决了自己和家庭的温饱问题。

其次,劳务输出改变了小河子村村民长期存在的狭隘的致富观念,人们不再认为只有老老实实种地,安安分分打鱼才能致富,"面朝黄土背朝天"的生产生活方式已经过时了。他们知道,除了种地、打鱼,还可以通过外出打工,凭自己的能力干活挣钱。劳务输出使小河子村的青壮年走出家门,在各个城市间的奔波与奋斗中,他们开阔了眼界、增长了见识,渐渐地形成了自己对于致富,对于农村生活的新的看法。在回到村子之后,他们用独特的眼光发掘着各种商机,利用在外面世界学到的知识改善着家里人的生活。虽然他们大多数只有初中文化水平,但通过几年的磨炼和学习,收获了许多课本上看不到的知识,丰富了自己的阅历,领略到了许多在学校、在农村里无法学到的东西,为将来回到家乡自主创业,建设家乡奠定了基础。

(二) 劳务输出对当地社会发展影响

首先,劳务输出对小河子村社会发展的一个重要的影响是扩大了联姻范围，改变了村民的择偶标准。之前，小河子村的年轻人都是和本村或者经过媒人介绍和邻村的年轻人联姻。随着大量年轻人外出打工，青年人选择配偶不再仅仅限于村子，不再仅仅靠媒人"牵红线"，和外地的姑娘自由恋爱最终回家结婚的例子越来越多。

其次，外出的青年人，由于忙于打拼，同时受大城市各种观念的影响，他们主动推迟结婚年龄，接受计划生育政策，实现优生优育，给后代一个良好的成长环境。

最后，小河子村村民通过异地打工，特别是在北京、上海、哈尔滨，以及沿海地区大城市生活，使他们开阔了眼界，交了朋友，增长了知识，逐渐改变着原有封闭的生活方式，提高了生活质量与生活品位，现在小河子村村民常以城里人的生活标准来生活，为了达到更高的标准而奋斗。不再是固守在土地上，靠在渔船边打鱼的生活方式，不再是"一人吃饱全家不饿""米饭最重要"的生活观念了，他们也在家中装上了电脑，穿上了名牌，吃上了快餐，网上购物，手机聊天，面对着美丽的黑龙江，享受着别具风格的"城市生活"。

四 劳务输出存在的问题

劳务输出给小河子村带来积极影响的同时，也给小河子村带来了不可忽视的问题。

首先，劳务输出给小河子村的农业经济带来了负面影响。大量青壮年外出打工，到了春耕和秋收季节，村子里只剩下老幼妇孺，他们对于土地耕种的经验不足，对于利用先进机械、新技术和新产品的积极性不高，对于农机具的使用不便，严重影响了生产的进度和耕种的质量，导致小河子村粮食产量降低，农业经营的水平明显下降。整个村庄的种植业受到很大影响，不利于新农村建设。

其次，大量男子劳动力外出打工，家里的重担就落在了妇女的身上。妇女身兼数职，负担过重。丈夫出门之后，妻子不仅要管家里老老少少的衣食住行，还要负责家里的农业生产与人情世故等生活和生产中的大事小情，这使村里的妇女负担过重。来自生产和家庭的双重压力往往令她们不堪重负。此外，男人外出务工的直接后果就是导致夫妻长期两地分居。他们各自生活在不同的社会环境中，有各自的生活圈，对对方的情况不是十分了解，同时各自受到不同文化、观念、环境的影响，长此以往，造成夫妻在很多问题上都形成了分歧，产生了很多矛盾，进而产生了许多婚姻问题，这直接影响了他们的婚姻质量，严重者导致离婚。农村的大多数妇女观念保守，为了孩子，为了避免受到舆论和道德的谴责，大多数留守妇女选择继续保持名存实亡的婚姻，但是真正的夫妻生活和美好的家庭生活都已经不存在了。她们的人生变得残缺不全，在破裂的感情和过重的劳动负担的双重压迫下，她们的健康情况日益下降。

最后，有些家庭不只是男子外出打工，有的是举家外出打工，家中只留下年迈的父母。这就是走在小河子村的路上，遇见的尽是六七十岁的老人的原因。子女外出务工的确带来了农村家庭经济条件的改善，但是使一部分在家留守的老年人的境地更加艰难。有的子女在外打工还惦记着家里的老人，经常给老人寄点零用钱；有的子女则只是回家的时候给老人几百块钱，没有经济来源的老人只能节省着用钱，其生活质量没办法得到保障。留守老人不仅没

有经济来源，而且基本生活也无人照料。他们年纪大了，身体不好，行动不便，一旦生病，连买药的人、照顾的人都没有。有的老人七八十岁了，不仅要自己做饭吃，还要下地干活。老人们都是经历过比这更苦的日子的，所以物质上的苦他们咬紧牙关就挺过去了，对于老人们来说最大的苦是人到暮年，本已经子孙成群，却都各自为了生活在外奔波，不能陪在老人身边，让老人安享天伦之乐，如今只有老伴相伴，有的还是只身一人，十分冷清。农村的生活很单调，没有什么娱乐活动，老人们只是坐在炕上看看电视，或者在院子里打扫院子，走出大门，望着马路，盼着儿女们回来。当地的老人希望外出务工的子女不只给父母寄回钱来，也常把自己的关爱和问候"寄"回来。

五　未来劳务输出模式

随着经济的发展和教育水平的提高，小河子村村民的素质也越来越高了。面对外出只能靠出卖廉价劳动力换取工资的现实，农民也开始意识到了知识和技术的重要性。他们有的自发学习，有的向当地有经验的人学习，有的花钱去大城市学习烹饪、驾驶、焊接等技术，学成归来，在抚远县城就能找个不错的工作；有的学成了，就留在了大城市，在那里找份合适的工作。

未来除了农民自发外出务工，政府也会加大对农民的引导和帮助。发挥地域优势，组织农民走出国门，开展对俄劳务输出，让农民出国赚大钱，使劳务输出和对俄发展种植业等依托地域优势发展行业成为农民致富的一条重要渠道。

另外给农民的提供更多的技术培训，使其从靠出力赚

124

钱转化成靠技术赚钱，既能提高农民的收入，也能改善农民的工作环境。

　　除了对本地劳动力的开发和利用外，还要加快人才引进和培养，建立人才支撑体系，搞好人力资源开发，牢固树立人力资源是重要资源的观念，加快人力资源开发，为经济社会发展提供原动力。着力加强培养、引进和使用人才三个环节，建立有利于吸引人才、留住人才和人尽其才的管理机制。一是抓好现有人才的知识更新，分期分批选送具备条件的人员到大专院校和科研院所学习深造。积极培养各方面人才，培养出一支懂技术、善经营、会管理的职业化企业家队伍。二是制定一系列优惠政策，创造人才为我所用的条件，像吸引资金一样吸引人才。三是加强各类专业人才信息的收集、储备，完善人才市场体系建设。四是创造更加有利于人才施展聪明才智的良好环境，加快干部人事制度改革，构建全新的用人机制，形成尊重知识、尊重人才的良好社会氛围。充分发挥人民群众的积极性、主动性和创造性，为充分就业和人人都能成才创造良好的服务环境和社会环境。

第五章 社会发展

第一节 人口

一 人口结构

（一）男女比例

2005 年，小河子村有人口 213 人，其中常住人口为 103 人。在常住人口中男性为 58 人，占总人口的 56%；女性为 45 人，占总人口的 44%。人口性别比为 128.9（以女性人口为 100），远远高于正常值（正常值是 103～107）。

小河子村男女比例失衡是历史原因造成的。在以前，农业是小河子村的主要生产方式。小河子村农业生产主要依靠的是人工劳作，生产需要强壮的劳动力，而妇女的体力不如男子，而且有些农活从传统上或安全上都不宜妇女参加。因此，村民普遍希望生男孩，以增加家庭劳动力，来承担繁重的农业劳动，为家庭增加财富和收入。当小河子村从农业村转向渔业村之时，同农业生产一样，打鱼同样需要体力劳作，并且打鱼还存在着风险，更不适合女性参与劳动。因此，生男孩对于村民来说可以获得更大的利益。

　　近几年由于计划生育政策的落实以及国家计生委"关爱女孩行动"的开展,小河子村"重男轻女""传宗接代"的旧生育观念逐渐转变,使小河子村少年儿童的性别比趋于正常。这种情况出现的原因也是多种多样的。首先是政策引导。"关爱女孩行动"是在认真落实《中华人民共和国人口与计划生育法》、国务院《计划生育技术服务管理条例》等法律法规要求的背景下而制定的。主要目的就是建立有利于女孩及其家庭的利益导向机制,依法维护女孩的合法权益,促进妇女发展和男女平等,扎扎实实营造一个适宜女孩生存发展的舆论氛围和社会环境。此外,严禁非医学需要的胎儿性别鉴定和选择性别引产的规定,严厉打击溺弃女婴的犯罪行为。这些必要的法规和具体政策无疑产生了良好的社会影响。其次是生产技术的革新。一方面是农业机械化程度的提高,另一方面是渔业利润的大幅缩减,尤其是在农忙时节或者打鱼时节,可以雇人帮忙,这就减少了家庭对男性劳动力的依赖。再次是养育子女的费用大增,包括教育支出、婚姻支出等费用,而婚姻支出在其中占有相当大的一部分。当我们采访村民时,村民经常说的一句话就是"养不起"。最后是女性地位的提高。由于劳务输出成为日益普遍的现象,大量男性劳动力离开村庄,这使女性承担了家庭与生产的重任,女性在家庭中的作用日益突显。加之留居老人通常都是由女儿或者儿媳照顾,这也改变了村民的思维方式,所以现在的许多家庭选择只要一胎,无论男女都一样对待。以荣大爷一家为例,荣大爷家有三个儿子,而孙子辈只有3人,1男2女,每家只有一个孩子。只有极个别家庭重男轻女思想比较严重,坚持要儿子以传宗接代。

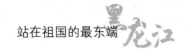
（二）年龄结构

现在小河子村的常住人口主要是以老年人口为主，呈现出严重的空巢现象。我们在采访中所遇到的村民，最年轻的也是 40 岁以上的，根本没有年轻人。这种局面形成的原因有三，第一，与我国老龄化的社会状况相符合；第二，与年轻人外出务工有着密切的关系；第三，由于当地经济不发达，许多村民选择搬到抚远县县城甚至是省外城市居住，老年人因不适应城市的社会环境而选择仍在村里居住。

不过，村中没有留守儿童。小河子村村民对儿童的教育非常重视。通江乡的中心校教学质量比较差，很多家庭为了让孩子有一个更好的环境，会选择全家搬到县城居住。此外，外出务工人员也会携带孩子一起外出打工，让孩子在打工地上学以至于村中几乎没有儿童。只有到了寒暑假，村中才会有孩子的身影。

二 人口素质

（一）身体素质

据观察，小河子村成年人口中男性平均身高在 1.70 米左右，女性平均身高在 1.60 米左右。由于饮食结构较为合理，加上自然环境没有受到污染，村里人身材总体来说比较壮实，身体状况基本良好。由于常年劳作，村民少有肥胖者。

（二）文化素质

在和村民的聊天中了解到，村里的老人大多数都是小学毕业，这主要受当时的教育观念及教育机构影响。1947 ~

1953 年，县内小学毕业生要继续升学，须到富锦县或佳木斯市就读，因此抚远县初中毕业生一直寥寥无几。1957 年 8 月抚远县初级中学建立，结束了学生到外地读中学的历史。现在，儿童的文化水平与从前相比有了大幅的提升，适龄儿童入学率达到 100%。家长对于孩子的教育十分重视，孩子都到县里上学。因此，儿童学习费用和日常生活费用都不低，儿童的教育开支占到了日常开支的一半。

三　村民寿命及老年人情况

小河子村村民寿命普遍高于全国人均寿命，男性的平均寿命大致为 75 岁，女性的寿命大致为 77 岁。我们所采访的人家，老人都在 70 岁左右，身体依然很健康。原因有很多，第一，当地的空气清新，没有污染；第二，村民生活压力较小。老年人没有什么生活负担，国家给他们发放退休金，他们的生活过得很滋润。当我们采访荣太盛老大爷的时候，问道："你的儿子们生活条件都不错，他们会给你生活费吗？"荣大爷表示不需要儿子给钱，他和老伴两个人的工资够花了。第三，村里老年人的生活比较有规律。老年人除了正常的一日三餐之外，每天早晨起来会到园子里种地、浇花，锻炼身体，白天邻居之间会互相串门，晚上看看电视、打打牌，每天的生活十分充实。第四，在饮食上，主要以绿色食品为主。饮食上，村里的老年人自己家都有园子，吃的都是自己种的绿色食品，对身体没有害处。平时的主食为米饭，也会吃面食。夏天的蔬菜主要有茄子、土豆、豆角、辣椒和西红柿等，冬天主要有白菜、土豆和胡萝卜等。秋季的时候村民还可以吃到新鲜的鱼，有鲢鱼、鲫鱼、鲤鱼等；像鲟鱼、鳇鱼等特色鱼种，由于太贵，村民一般不会吃。小河子村还盛产西瓜和香瓜，夏季会销往县里，村民也能品尝到自己亲手种的香甜的水果。第五，良好的饮食习惯。小河子村的老人有一个习惯，就是每天都会喝点茶。这样不仅能及时地补充身体所需的水分，促进身体的新陈代谢，而且茶有防止人体胆固醇升高、防治心肌梗死以及抑制恶性肿瘤的作用。饮茶能明显地抑制癌细胞的生长，还能延缓细胞衰老，使人延年益寿。

不过，村里的老人都患有不同程度的风湿病，在阴天下雨的日子以及冬天都比较难过，主要关节都会疼痛。其主要原因有两点：一是小河子村地处黑龙江沿岸，空气比较潮湿；二是村里的老人年轻时大多都从事打鱼事业，有时浑身都会湿透，时间长了就会患上风湿病。由于村子里没有医疗机构，所以老人只能去县里看病。因为老人出门不方便，所以很多老人一般不去县里看病，只是在家吃些药。

村里的老人闲时会聚在一起打牌、打麻将，晚上会看看电视，村里安的都是有线电视，有的中年人还会在家里上上网，老年人基本没有安装电脑的。由于子女们都在县里打工或工作，老人平时也会感觉到孤单，每天的生活周而复始，重复着同样的活动。但是大多数老人都心境开阔，认为只要没病没灾，日子就算过得不错。

第二节　社会分层

尽管小河子村的人口不多，但是根据各种标准，仍然可以划分出几种不同的社会分层。

一 政治分层

村干部是指村党支部和村民委员会成员，他们是农村管理者阶层，虽然村干部不属于国家公务员体系，而且相对于所付出的劳动来说，小河子村村干部的收入微乎其微；但是他们是小河子村的政治、经济、社会生活的组织者，负责处理本村的公共事务、调解民间纠纷、协助维护社会治安，在村子里具有相当高的权威。在小河子村，村干部一共有两个人，他们对村民生活有着非常重要的影响。但是近几年来，大量人口外迁，村干部也选择居住在抚远县，这使他们与村民之间的关系纽带逐渐削弱，对村庄的影响力也大为减弱。

二 经济分层

小河子村是一个以渔业为主、农业为辅的村子。长期以来，村民们的主要收入来自打鱼，而村里的土地由一小部分人进行耕种，有些人既是渔民也是农民。所以，小河子村与一般的农业村的经济分层有着明显的区别。

1. 经营型渔民

这类渔民主要是指经营鱼馆的渔民。经营鱼馆并不是每家都赚钱，与经营人的经营能力有关。有些人靠着经营鱼馆发了财，家里住上了新砖房，甚至在县城购买了楼房。

2. 渔民

渔民主要是由抚远渔场的在岗职工构成。在1985年抚远渔场实行承包制之前，黑龙江的渔业资源丰富，渔民挣工分、开工资，能够过上较为富足的生活。1985年承包制实行之后，许多渔民靠打鱼脱贫致富，当时的鱼资源非常丰富，打鱼比较容易。如今小河子村的渔民大多数都是半职业打鱼的。所谓半职业是指他们平时到外面去打工，只有到了打鱼的季节才回到村子里打鱼。

而渔民也可以分为两个阶层，一是船主。村里的某些渔民资产雄厚，家里拥有船只，有资金缴纳捕鱼费用和购买、修补渔具。二是雇佣型渔民。因为渔船需要3个人合作完成打鱼，而现在随着家庭人口的减少，有些船主家中劳动力缺乏，所以只能雇用本村或外地渔民协助打鱼。这些受雇的渔民按天计算给钱，每天的工资为80～100元不等。

3. 职业型农民

这种类型的农民是指户籍在小河子村，虽然也从事农业生产，但是有固定的职业，以其职业收入作为主要生活来源的农民，例如教师和乡村医生。在六七十年代的时候，小河子村有一些赤脚医生，村民们有病一般都找他们，有些村民打鱼时受伤，就是让这些赤脚医生治疗。小河子村过去有一所小学，据《抚远县志》记载：1954年，抚远县在小河子村建了一所民办小学。1962年，这所小学划归抚远渔场所属。当时有乡村教师驻村任教。后来，由于孩子们都到城里上学，这所小学倒闭了。这些教师和医生平时都有较稳定的收入，相比其他村民来说，生活条件要稍好点。

荣泰顺，1945年生人，高中文化，小河子村的退休教师。根据荣泰顺老人的回忆，"'文革'前，学校里的老师是从城里调来的；'文革'开始后，就都是城里来的知青当老师；"文化大革命"结束以后，知青都陆续返城了，村里没有教师，于是我就当了民办教师"。后来，荣泰顺老人通过考试得以转正，2005年退休，每月有2700元的工资。

4. 雇佣型农民

这类农民是指离土不离乡的农民,他们把外出务工取得的经济收入作为生活的主要来源,但是他们的户口并没有随之迁出,他们仍然是小河子村的一分子,享有小河子村村民所有的政治、经济权利。小河子村土地有限,加之近年来渔业资源日渐匮乏,所以外出务工的村民非常多,根据不完全统计,外出务工的村民大约占到了村民总数的65%,几乎每家每户都有一两个青壮年劳动力外出务工。外出务工人员,根据家庭情况而选择常年打工或季节性打工。有的人到了打鱼的季节回到村里打鱼,有的一直在外面打工,只有逢年过节才回家探望老人。

这个群体也可分成两类,一类是有知识、有技术的村民,他们在城市中能够靠着自己的专业技能找到一份比较好的工作,工资收入比较理想;另一类是文化水平较低的村民,他们外出务工很难找到像样的工作,只能出卖自己的劳动力,一般从事建筑业、餐饮业、服务业的比较多。以前外出务工人员挣的不太多,除去在城里生活的日常花销外,每年能带回家的现金并不多。但现在随着人工费的涨价,这部分人的收入水平较以前也有了一定的提升。

5. 农业型农民

这部分农民是指依靠农业作为主要生活来源的农民,在小河子村,拥有较多土地的村民有14户,每户平均拥有土地188亩。这相对于黑龙江省人均拥有耕地面积来说,是比较少的。所以小河子村真正从事农业生产的村民并不多。家庭中的青壮年劳动力选择了外出打工,在家种地的主要是老人和妇女。总体来说,小河子村的农业发展并不好,一方面人多土地少,另一方面总产量较低。种植的都是传

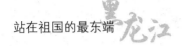

统的大豆、玉米等作物，经济效益不是特别高，基本上够生活所需，少有剩余。相比靠打鱼发家的村民，他们的生活就显得清贫一些。

三 身份分层

1. 在岗职工

现在小河子村有 51 名在岗职工。1985 年承包制实行之后，在岗职工的工资停发。尽管没有了工资收入，但这些人拥有办理捕捞证的特权，每年申请捕捞证，自负盈亏。

2. 退休职工

渔场职工工资停发，等到 60 岁（女性为 50 岁）退休之后，这些人进入社会保障体系，在此期间单位承担一部分社保费，个人也交一部分。现在小河子村的退休老人都享受到了这一待遇，每个月的工资为 1200 元。加上他们根据自身的身体条件干一些力所能及的劳动，如进行水产养殖、种植蔬菜瓜果等，也能做到衣食无忧。

3. 农民

现在小河子村有农民 41 人。他们不享受职工待遇，虽然拥有土地，但是土地数量较少，生活水平不及渔船职工。但近年来随着国家加大对农民的补贴力度，村里的农民也从中受惠，生活水平有所提高。

第三节 家庭与婚姻

一 家庭

家庭是建立在婚姻和血缘关系上的社会生活的基本单

位。一个地区居民的家庭类型、家庭关系、生活方式等是在这个地区的经济、文化等多种因素的影响下形成的，是这个地区社会发展状况的综合反映。

（一）家庭类型

核心家庭，即由一对夫妻及其未婚子女组成的家庭。根据我们的调查，核心家庭是小河子村最主要的家庭构成形式。由于年轻人都到了县里居住，我们无法得出准确的数据。主要原因：一是随着经济的发展，年轻人结婚时基本上都会盖新房子，或是在县城买楼，结婚后自然而然地与父母分居；二是为了家庭和睦的需要。村民指出，如果父母与儿子儿媳长时间居住在一起，婆媳之间难免产生各种各样的矛盾，而且家里人口太多在生活上也会产生诸多不便。

主干家庭，是指由核心家庭成员与其他亲属组成的家庭。这种家庭形式在村里很少，只有一两户家庭。如严姓家庭，由于家庭经济困难无力盖新房，所以儿子结婚后，仍然住在一起。老人住东屋，儿子住西屋。

联合家庭，是指由父母和几个已婚的子女组成的家庭。这曾经是汉族理想型的家庭模式。在小河子村，这样的家庭基本没有。因为小河子村村民认为兄弟几个独立生活更加方便、自由，居住在一起的人多了就免不了发生矛盾，所以联合家庭在形式上只有逢年过节时才会有家庭聚会。

单系家庭，是指单独一个人生活的家庭。小河子村这样的家庭数量比较多。小卖店的老板就是这种情况，她的老伴去年去世，自己没有工资，又不愿去城里跟孩子一起生活，就在村里开了个小卖店，赚些生活费。

（二）家庭关系

"家和万事兴"，家庭和睦与否是一个家庭是否幸福的关键所在。

1. 夫妻关系

受传统文化、生产与生活环境的影响，小河子村的夫妻之间关系比较融洽，男女平等，在生产和生活中遇到的问题，夫妻会一起商量，最后由男性决定，但男性也会听取妻子的意见。村子里的老年人多，老夫老妻很少吵架，生活气氛很融洽。

2. 父母与子女的关系

由于儿女结婚后，都选择与父母分居，所以关系相对较为和谐。尤其是外出务工的村民多为村里的青壮年，他们在大城市打工的过程中开阔了眼界，增长了见识。回到村里后，在对家务事的决定上他们倾向于说服父亲听从自己的想法，在说服无效的情况下，由于有经济上的优势，他们往往自行做主。有些比较开明的家长则已经认识到自己的能力、学识远不如孩子，主动让权给子女，让子女放手去做，自己只起参谋作用。

3. 公婆与儿媳的关系

因为小河子村的儿子结婚后都搬出去住，尤其现在都搬到了县里，一年少有与父母相触的时间，所以婆媳很少见面，基本没有什么矛盾。

（三）亲属称谓

1. 直系长辈

村民对祖父一般称"爷爷"，对祖母称"奶奶"。对祖父的兄长、弟弟也称"爷爷"，如"大爷爷""二爷爷"等。对祖父的父亲称"太爷"，对祖父的母亲称"太奶"。祖父的祖父称"祖太爷"，对祖父的祖母称"祖太奶"。

对父亲称"爸"，对母亲称"妈"。对父亲的哥哥称"大爷"，对父亲哥哥的妻子称"大娘"。对父亲的弟弟称"叔叔"，对父亲弟弟的妻子称"婶子"。对父亲的姐姐、妹妹称"姑妈"，对父亲姐妹的丈夫称"姑父"。儿媳对公公、婆婆当面称"爸"、"妈"，对外人则称"老公公"、"老婆婆"。

2. 旁系长辈

对母亲的父亲称"姥爷"，对母亲的母亲称"姥娘"。对母亲的祖父称"太姥爷"，对母亲的祖母称"太姥娘"。对母亲的哥哥、弟弟称"舅"，对母亲兄弟的妻子称"舅妈"。对母亲的姐姐、妹妹称"姨妈"，对母亲姐妹的丈夫称"姨父"。

对岳父当面称"爸"，对外人则称"老丈人儿"；对岳母当面称"妈"，对外人则称"老丈母娘"。

3. 同辈

夫妻间，年长者对外称老头子、老婆子，当面则以"哎"相代；青年夫妻一般直呼名字。

妻子对丈夫的哥哥，当面称"哥"，对外人则称"大伯子"。对丈夫哥哥的妻子称"嫂子"。对丈夫的弟弟，当面称"兄弟"或直呼其名，对外人则称"小叔子"。对丈夫弟弟的妻子，当面直呼其名，对外人则称"兄弟媳妇"。对丈夫的姐姐，当面称"姐姐"，对外人则称"大姑子"。对丈夫的妹妹，当面称"妹"或直呼其名，对外人则称"小姑子"。

丈夫对妻子的哥，当面称"哥"，对外人则称"大舅子"。对妻子的弟弟，当面称"弟"或直呼其名，对外人则称"小舅子"。对妻子的姐姐，当面称"姐姐"，对外人则称"大姨子"。对妻子的妹妹，当面称"妹"或直呼其名，对外人则称"小姨子"。

4. 晚辈

村民叫自己的孩子多称呼其小名，对外人则称"我家的某某"。称丈夫兄弟的孩子为"侄子"、"侄女"，称丈夫姐妹的孩子为"外甥"、"外甥姑娘"。称妻子兄弟的孩子也为"侄子"、"侄女"，称妻子姐妹的孩子也为"外甥"、"外甥姑娘"。

二 婚姻

1. 婚姻的缔结方式

小河子村村民的婚姻缔结方式，随着时间的推移而不断地发展。60 岁以上的老年人主要是以别人介绍为主，只有几个老年人是自由恋爱；40 ~ 60 岁的中年人当年一般都是通过别人介绍认识本村的；40 岁以下的年轻人找的基本都是外村的或者是外地的，而且基本都是自由恋爱。女性青年之所以不与本村男性谈恋爱，是由于她们都希望找一个各方面条件好的。另外，现在年轻人都去外面打工，接触的面更广了，很容易在打工过程中相识、相爱。

2. 择偶标准

择偶标准也随着时代的不同而不同。民国时期，讲求门当户对，贫富有别。在这一前提下，女家对男方的要求一般是勤劳、朴实、老实、厚道，男家对女方一般以是否会操持家务、是否勤劳贤惠而决定取舍。解放后，五六十年代，村民在择偶中唯成分论的色彩较浓。出身地主、富农的子女一般很难被贫雇农子女选为伴侣。70 年代，学历被纳入择偶条件。80 年代以后，容貌、家庭经济状况以及文凭等，逐渐成为找对象必须考虑的因素。

现在小河子村村民在择偶标准上主要有以下几点。就男性而言，首先是看重对方的家庭背景，选择经济条件还可以的。其次，对女方的要求也较高，要求女孩本分，女孩还要具备贤惠、勤劳、孝顺等其他美德。再次，对女方家长也有一定要求，避免因女方父母身体不好、家里负担大，而增添未来家庭的负担。女性择偶的标准也大致如此，但更为看重男方的经济条件。其次是男方的家庭，父母身体是否健康。最后是看男方的人品，脾气是否好，是否勤劳肯干，是否有什么不良嗜好。

3. 结婚

过去，农村结婚的花销并不是特别大，一般几千元就足够了。但是现在的花销要大得多。结婚时，女方都要求有房子，有的要求在县城买楼，有的要求在村里盖砖瓦房。其他，像买家具、置办婚宴都需要钱，所以，现在小河子村的结婚费用是一笔大开支。很多家庭都会因为儿女结婚而欠债。但是，小河子村的不同之处在于：女方家对彩礼钱没有要求，男方可给可不给。

第四节　社会礼仪

一　婚姻习俗

民国时期婚事操办顺序是：媒人牵线、相亲、订婚、

过财礼、择吉日成婚。财礼通常包括钱、烟土、金银首饰、衣服被褥、布料等。结婚时，这些东西再由女方带回夫家，但也有不带的。结婚前一天晚上，男方需先拜谒列祖列宗牌位以示长大成人。迎亲需择吉日，拜天地需择吉时良辰。男人在天地牌位前等新娘，新娘则由两名有儿有女的妇女送到。下轿后只拜天拜地，然后入洞房，上炕"坐福"，三天后方能下地拜见公婆。为了防止出现内急，影响"坐福"，女方在结婚前一天一般以鸡蛋果腹。闹洞房亦有三天不分大小之说，但大伯一般不去取乐。民国后期，兴起文明结婚。结婚时必须有主婚人、证婚人、介绍人和男女傧相到场。证婚人讲完话后，男女双方互赠戒指之类的礼物，然后送入洞房，婚礼告成。三天"坐福"亦不再讲究。民国和民国时期娶亲盛行摆筵设席大操大办。

解放后，婚礼仪式与民国时期基本相同。70年代开始出现旅行结婚这种简朴方式，很少大操大办，人们随礼也不多，通常三五元，或几个人凑份子给新郎新娘买点实用的东西。80年代后，不管何等人家（贫困或富裕），逢子女结婚必大操大办，少则几桌，多则几十桌。婚宴都在村子里办，选择口才好、有威望的人担当主持人，给新人主持婚礼。人们随礼也从开始的20元逐渐上升到30~50元不等。燃放鞭炮是各时期婚礼上必不可少的一项喜庆形式。现在，村里新人一般都到县里的饭店举办婚宴，一是方便，二是有档次。村民的随礼钱一般都是200元，关系好的或者亲属会多一些。礼单如图5-1所示。

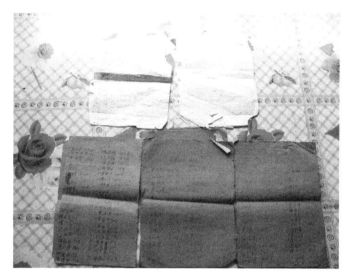

图 5 – 1　村民保存的礼单

二　丧葬习俗

民国时期，病人需在咽气前抬到地下的铺板上，头朝西，脚向东。装老衣一般为青棉袍，不结扣，以带系之。人死后须到土地庙"报庙"，之后，孝子返回不许进停尸房门，要在门口大哭三天，以示哀痛。三天后出殡，孝子执"哭丧棒"行于灵前，沿途撒"买路"纸钱。无亲无故的死者一般于当天送出。小孩死了一般不埋，用野草裹了弃之荒野，任野兽吃掉为好，通常男孩捆 3 道，女孩捆 2 道。

解放后，70 年代以前，丧事一般较为简朴。死者衣着同以前一样，亦须停尸 3 天，烧化纸钱。将死者送出后，一般不请客，但死者家属通常都要预备较好的饭菜招待帮忙的人，菜须单数。80 年代以来，办丧事时突出的改变是送礼和请客。随礼钱由 20 元逐渐升至 30～50 元。送葬后，主家都要宴请送礼者和帮忙的人，以示感谢。但饭前需洗手（由死者家准备盆和手巾），以示"洗手不干"和洗除晦气之意。

　　抚远县至今仍没有火葬场，当地仍以土葬为主。小河子村的土葬地点选择在进村公路旁边的小树林。这里距离村庄不到1公里，地势较高，交通便利。村里有人去世都埋葬在这里。下葬习俗没有太多变化，但是有一个较为独特的风俗，即缠红布条（见图5-2）。亲人给死者送葬时，会绑一条红布条。死者下葬后，红布条不能带回家，所以就将红布条拴在树上或是比较高的野草上。

图5-2　红布条

三 人生礼仪

1. 出生

过去由于交通不便，一般都是请接生婆来家里给孩子接生；这些年，随着村民医疗卫生意识的增强，都选择去县里的医院生孩子。

小孩出生后，主要的礼仪有报喜、起名、过满月和过百天。

2. 过寿

民国时期一般人家为老人祝寿不举行任何仪式，仅吃面条而已。有钱人家则常常设筵摆席，亲朋好友送钱、送烟土、送幛子表示祝贺。解放后，一般民众很少有为老人祝寿的习惯，即使祝寿也是自家人炒几个菜，喝几盅酒，吃顿饺子了事，外人送礼贺寿很少。现在老年人过六十大寿之时，家里人一般会摆酒席、宴请友邻来给老人祝寿。有的60岁之后，每逢十年就庆寿一次，大家也会随点份子钱，给老人拜寿。

3. 节日礼俗

民国时期，小河子村村民只过传统的春节、端午节、中秋节。民国时期，除上述3个节日外，群众还过正月十五元宵节，农历二月初二中国龙节等。解放后，村民们除民间传统节日外，还过国家规定的一些纪念节日。如：元旦、清明节、"三八"妇女节、"五一"劳动节、"五四"青年节、"六一"儿童节、"七一"建党节、"八一"建军节、"十一"国庆节等，这些节日越来越受到村民的重视。

第六章　村民生活

第一节　生活状况

村民的生活状况是村庄社会、经济状况的综合反映。解放以来，尤其是改革开放以来，小河子村的生活状况出现了明显的变化。村民的居住条件、生活设施、生活用品、饮食状况都有了显著的改善。

一　居住情况

尽管近年来小河子村的居住条件出现了明显的改变，许多居民已经住进了砖瓦房；但是至今仍有一些村民住在泥草房中。两相对比，村民之间的贫富差距非常大。

1. 泥草房

以前由于水泥和红砖等建筑材料昂贵，村民盖不起砖瓦房，只能就地取材，以泥草房（见图 6-1）作为自己安居之所。泥草房的主要材料是黄土、草和秫秸。在小河子村附近，遍地生长着大叶樟、小叶樟，这种草既粗壮又柔软，且具有抗腐烂的特点。村民便以这种草为主建房。首先是编墙，方法是把一缕缕 1 米半来长、10 厘米粗细的草把子浸到稀泥里，拧成一根根"辫子"。把"辫子"铺到地基上，两边各一人把一端，按墙的一定宽度，同时向上一折向前一辫，依次编一层，中间填一层土。整个房子的四面墙壁，就这样被编织起来了。不仅墙壁是草辫拉成的，连天棚、房盖也是用一把把草蘸上泥的泥绺子排成的。待拉合辫或泥绺子干了以后，抹上大泥，房盖苫上铡齐的草，屋里刷成雪白的墙壁，一座泥草房就建成了。根据我们的观察，有的泥草房没有木材做的椽子。房上的长条椽子是将几十根高粱秸剥去毛皮，再用麻绳捆起来，往长接，往粗捆，制成高粱秸"椽子"。

图6-1 村民居住的泥草房

泥草房有许多优点：一是就地取材，不花分文；二是建筑方便省事；三是比纯土房坚牢；四是保暖，在寒冷的北方，这是最重要的，因为土和草的传导性能比砖差，中间又有许多空隙，冬天屋内墙面不缓霜。但是泥草房的缺点也显而易见。一是由于建筑材料所限，泥草房通常都较为低矮，虽然能够满足一般人的身高需要，但是举架过低，长期住在这种房子里会有很强的压抑感。二是采光不好。三是屋内阴暗潮湿。四是房屋使用年限短，一般为 30 年左右，最长也仅能维持 50 年左右。这是因为椽子没有使用木材，时间一长，高粱秸"椽子"容易老化，导致房顶塌陷。在走访过程中，我们就在小河子村发现了几处房顶塌陷而废弃的泥草房。五是不易维修。泥草房的建筑材料老化之后，即使能够维修，房子也不牢固。六是发生水灾时极易倒塌。

由于泥草房存在诸多问题，村民只要家里有钱都会重新盖砖瓦房居住。近些年来，随着农村经济的发展和政府改造泥草房政策的支持，现在大部分村民已经住上了节能环保的砖瓦房。大多数人家的砖瓦房都是门窗朝南，目的是采光方便。这种朝向，室内阳光充足，温度较高。每户均有前后院，用木板或篱笆墙圈成院子。

2. 泥草房改造工程

从 2008 年开始，为了改善农村生活条件，抚远县实施了"推进农村泥草房改造"的工程。首先，高度重视，把泥草房改造工作摆上日程。坚持把泥草房改造工作作为全县重点民生工作来抓，制定切实可行的工作方案，明确工作目标、实施步骤和具体责任人。其次，创新机制，加大泥草房改造资金筹措力度。积极创新泥草房改造资金运作机制，采取上级投入、县级支持、群众自筹和社会参与的方式，并结合新农村建设工作，对扶贫资金、新农村建设资金和农村泥草房改造资金等进行整合，统筹捆绑使用，拓宽了资金筹措渠道。在对参与泥草房改造的农户每户补助改造资金 5000 元的基础上，2009 年与县信用社沟通，为农户办理 1～3 年建房贷款，每户农民最高可贷款 3 万元。最后，突出重点，全力推进泥草房改造工作。2010 年，采取集中财力办大事的方式，按照"撤并自然屯、建设中心村、发展小城镇"的工作思路，采取以公路沿线村屯及省级第二批试点村为主，其他中心村为辅，逐步消灭自然屯的办法组织实施。2010 年抚远县计划新建砖房 700 户，拆除泥草房 300 户。在与县信用社联合的基础上，中国邮政储蓄银行抚远县支行也为改造泥草房的农户提供每户 1～7 年期低息住房贷款。小河子村所在的通江乡在 2009 年度全市泥草房改造工作中得到"先进乡镇"的表彰，改造工作突出。

3. 住房结构

整个小河子村住宅分布错落有致，以一条主路为中心，整齐地分布在道路两侧。路边立有一米高铁丝网将住宅区和道路隔开，显得整齐利落。大多数村民住进了砖瓦房（见图 6-2），每个住户的院子都用木质栅栏围起，高度在 80 厘米左右，安装简单的木质院门或铁丝网制门。少数特别富裕的住户建有红砖院墙，安装铁板门。每户房前都有几亩到十几亩不等的土地，村民利用这些房前地种植蔬菜如萝卜、土豆和白菜，也种植葡萄、西瓜等水果。在院内还设有专门的棚子饲养家禽，如鸡、鸭、鹅等，也有少数村民养蜂。

小河子村的住房结构有着一个变化的过程。70 年代以前，房屋设计一般以每户 1 寝室、1 客厅、1 厨房为主要模式。70 年代后期，开始出现 2 室 1 厅 1 厨的多元格局。80 年代初，新建住宅在原有的基础上增设 1 餐厅，有的尚建有卫生间。室内地面采用水泥罩面或水磨石地面，三合土抹墙，以白灰、粉膏或涂料刷墙；房顶均以镀锌铁皮作盖。

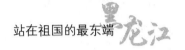

今天的小河子村大多数住房为三间，进门一间房为厨房或过厅，设有灶台，均贴白色正方形瓷砖，干净整洁。家用电器如冰箱、冰柜也多置于此。旁边两间房用来居住，炕多设在靠窗的一面，炕上有木质大柜，被褥整整齐齐叠放在柜子上侧，也有将柜子直接放在地上，上面摆放电视机、电话的。比较富裕的村民家里装修非常讲究，屋内铺地板，有专门的电视柜、沙发等家具，有车的村民还会在院内修建车库，车库外有狗舍，多饲养狼狗看管。每家每户还有专门的一间房存放杂物，村民称之为仓房或仓库。

图 6-2　村民居住的砖瓦房

二　生活设施

1. 供水

抚远县地下水资源储量丰富，小河子村为潜水区，潜水层为 4 ~ 9 米，地下水位为 1 ~ 3 米，最厚含水层有 20 ~ 30 米，含水层以砂、砾石层为主，局部地方有亚黏土层，单位涌量为 0.71 ~ 0.88 公斤／秒，供水条件良好。从前村民饮水都是靠自家打井，有条件的家庭用水泵从地下抽水，没条件的人工抽水。2007 年小河子村被列入黑龙江省第一批农村饮用水安全计划名单之内。2009 年由国家扶贫资金资助，村里建了深达 150 米的深水井，以管道的方式与各家各户相连，在村委会的屋内设置电闸控制，每天有专人负责开启水闸放水。村民饮水免费，但是水并不是全天供应。放水时间为每天早晨六点至六点二十分，时间非常有限，因此每户都准备几个大水缸接满水以备一天之用，每到一户，都能看见大水缸醒目地摆在水龙头的下方。有了自来水，尽管供应时间较短，但是村民仍认为自来水极大地方便了生活，自家原有的水井也就渐渐弃之不用。因小河子村为渔场下属捕捞队，渔场负责抽水所用电费以及管理深水井人员的费用。

2. 供电

解放前抚远县没有电力工业。1953 年抚远县建立起小型油米加工厂，因生产需要，1954 年购进小型发电机 1 台，每天晚间利用油米厂的座机动力进行发电。这是抚远县电力工业建设的开端。1983 年，建设了抚远镇—通江公社东辉生产队高压配电线路 18 公里，东辉—小河子村高压配电线路 3 公里，同时在东风村、小河子村、团结村、东辉村共建设低压线路 5 公里。本年底，一台 500 千瓦柴油内燃发电机投入生产。从这时候开始，小河子村由抚远县发电，结束了用柴油发电的历史，极大地方便了村民生活。

开始时村民用电量有限，但是随着经济的发展，抚远县供电出现了电压不稳、经常断电的情况，甚至影响了小河子村的春耕和捕鱼作业。2008 年，中国国电龙源风电集团在大蜂山建立风力发电场并投入使用，解决了这一问题。现在小河子村由国家电网发电，电费按照国家统一标准收取，即 0.51 元/度。用电成本的下降让许多家庭添置了家用电器，如冰箱、电风扇、冰柜等，甚至有的家庭还购买了电脑，极大地方便、丰富了村民的日常生活。

3. 取暖

适应东北的气候特点，小河子村房屋取暖主要利用火炕和火炉两种方式。火炉多置于厨房或者过厅，烧煤块。卧室内则烧火炕，火炕与房屋连接在一起，上面铺设一层地板革。多数家庭采取土锅炉配暖气片的方式，各个屋子都设有暖气片。这种取暖方式很实用，锅炉与炕洞、暖气片由管子连接在一起，一同供热。住家玻璃为了保暖多数为双层，大部分房屋的窗户框为木质，均为两层，隔层约 10 厘米宽，不放物品。冬季会在玻璃窗上加厚塑料布挡风保暖，用木条小钉封死。少数富裕家庭则采用塑钢窗框，这种材料保暖效果远胜于木质窗框，也就不需要再加塑料布防寒。地面保暖措施相对缺失，以水泥地面为多，少数富裕家庭在地面铺设瓷砖或地板。房门为木质外贴铁板，门上有玻璃小窗，为了保暖同样加塑料布密封。村民主要烧柴火，冬季，每家每户的院子里都放着几米宽、一人多高的柴火堆（见图 6-3）供取暖，不够用的时候要去山里捡干柴，但要向通江乡林业站缴纳育林费，依据干柴数量的多少相应地缴纳费用。

图 6-3　堆积在院子里的柴火

4. 灶房

进入村民住宅映入眼帘的就是厨房，也称灶房。大多数村民的锅台以及锅台四周的墙面都用白色瓷砖贴面，跟整齐洁净的锅台相比，下面的炉子因烧柴火熏得很黑。炉口还设有正方形铁板做门，以铁丝固定，可以推拉。炉子边常年放着几个小板凳、备用的柴火和整理柴火的刀具。一般村民的锅台上置两口大铁锅，锅盖为铝制。台面上做饭时放置调料，不用时则收在一旁，最常看见的就是在上面摆放一块抹布或者刷锅用的刷子、洗洁精。少数富裕的家庭也像城镇的住房一样，装有稍简易整体厨房，采用现代的炉灶、抽油烟机。有些独居的村民认为生火做饭过于麻烦，电饭锅、电磁炉也是他们经常使用的厨房用具，方便快捷。因为自来水限时供应，每家灶台旁边还会有至少两个

图 6 - 4　存水的水缸

水缸（见图 6 - 4），都用来储存水。水缸上还有水舀和铝制的水盆。

5. 厕所

早在 60 年代，为了搞好粪肥的积攒和利用，结合开展爱国卫生运动，县区各人民公社、生产队普遍推行了"五有"制度，要求"家家有厕所、户户有粪坑、牛马有厩、猪有圈、鸡鸭有架"，基本上做到了每家都设有厕所。如今，少数村民在家中修建简单的下水设施，屋内建有独立的卫生间。而大多数的村民家中的厕所多设置在自家院中，用木板围成露天厕所，在围栏中挖一道坑，坑旁边有的垫木板，有的垫砖块，十分简易。

6. 通信设施

20 世纪 90 年代初，小河子村村民家中就已经开始安装电话，到了 2002 年全村基本上实现了电话普及。

2002年村里建了移动信号塔，手机也开始成为村民生活中的必需品。如今小河子村年轻人都拥有一部手机，经常下地干活的老人为了随时和亲人保持联系，也会使用手机。电话的用途非常广泛，除了联系亲友之外，还可以订货、联系车辆、收发包裹、联系派出所协助治安等。村民多使用手机的通话业务，短信和其他业务应用较少，大部分人使用的手机为普通手机，少数青年人则青睐智能手机。乡里有中国移动、联通等电信服务机构，村民可以选择到乡里交电话费，话费平均15元/月，而更多上岁数的村民倾向于让自己在县城居住的子女替他们先垫上电话费，等周末或子女空闲的时候回村再把钱还给他们。2012年4月，村里撤掉了过去的旧电话线，改换光纤，家家户户又通了宽带。一些年轻人喜欢用电脑聊天、玩游戏和网上购物。这一变化极大丰富了村民的日常生活，为村民增添了便利。

7. 邮政

小河子村所在的通江乡设有中国邮政通江邮政支局，有邮递信函、包件和报刊征订三项业务。村里的邮箱如图6-5所示。村民介绍道，自从村里通了电话就很少写信，现在通信工具发展迅速，全村已经没有人写信，平常有事或者过节问候打一个电话就能省下许多时间。现在村民邮寄也很少选择邮政，而是选择更为方便快捷的商业快递，在村民眼中去乡里取件和去县里取快递没有任何差别。现在已经有三家快递公司在抚远县设立取件地点，包裹运输时间在五至七天不等。快递常常用于村里年轻人网上购物，因而利用率较高。

图 6 - 5　村里的邮箱

三　饮食

（一）饮食情况

1949 年前，由于受经济条件和生活习惯的制约，在吃的方面人们并不讲究，以能吃饱为好。住在村内的辽宁人以高粱米为主要食粮，一天两顿饭；山东人、河北人则以玉米面为主，一天三顿饭；吉林人以小米为主，每天两顿饭。各家各户一般到年节时才吃面，富裕人家也不过半个月吃一次面。1949 年后，人们的饮食结构随着生活水平的提高，也逐渐由以粗粮为主向以细粮为主转化。

现在村民主食以米饭、面食为主。小河子村为渔业村，村里人很少种粮食，旧时粮食都从外地运来，还曾从苏联进口油麦。现在多从县里或村里的粮油店直接购买。冬季蔬菜相对匮乏，大多数村民桌上的菜肴也只有土豆、大白

154

菜、萝卜寥寥数种自家园子产出的蔬菜。随着经济的发展，很多反季的蔬菜也能摆上人们的餐桌，但是村民都觉得不合适，既然有自家园子的菜，就没有必要去县城买菜。除了吃新鲜的蔬菜之外，村民还用大缸腌咸菜，如萝卜、酸菜等。村里人常吃的一道菜就是咸白菜蘸酱。到了夏季果蔬生长的季节，村民房前的几亩地都用来种植瓜菜，小河子村的瓜菜因为绿色无污染而远近有名，村民留下自己吃的瓜菜，其余的就拿到县城去卖，也能得到一笔收入。进入渔期之后村民也经常吃鱼，1985年以前打到的鱼都要上缴，村民要想吃鱼只能购买。如今实行承包制之后，渔民可以自行处理打上来的鱼，或是卖掉，或是留给自己烹饪一锅美食。

小河子村村民只过传统的春节、端午节和中秋节。特别是春节，家家户户都要准备一桌丰盛的菜肴喜迎新一年的到来。家里人会聚在一起把正月要吃的都做出来，有蒸馒头、炸麻花、大果子、黏豆包等充满东北过年气息的美食，年味十足。

（二）特色饮食

最受村民喜爱、最具地方特色的一道菜就是杀生鱼。逢年过节、迎宾待客，这是一道不可少的菜。在每年的大马哈鱼汛期，氽大马哈鱼丸子待客也是小河子村的一大特色。

拌生鱼。主料选择鲜活鲤鱼（若用鲫鱼味道更鲜），一般2~3公斤重为宜，放血后，贴骨片下鱼肉，切成细丝，再用上好的米醋一浸，肉丝变得挺实洁白，加上黄瓜、辣椒油、盐、香菜等佐料一拌，一盘青绿碧透的生鱼就拌好

了。吃起来酸辣鲜凉爽口，味道清香，是一道相当有名的下酒菜，当地称之为"天下第一菜"。

冰霜"刨花"。在冬季选择哲罗、细鳞、草根、狗鱼等大个江鱼做主料，趁冻扒皮。鱼肉切成二寸长、半寸宽的薄片，好像木匠刨木板剩下来的一片片的屑花，抚远人称它为"刨花"，配上米醋、辣椒油、韭菜花等各种风味的佐料，吃在嘴里，香喷喷、凉丝丝、辣乎乎。

清炖鲫鱼。当地炖鱼，加生姜、辣椒等佐料，用清水炖鱼，开锅就吃，鱼汤呈乳白色。营养价值高，鱼味香浓。

大马哈鱼子酱。大马哈鱼子酱为名贵佳肴，一粒大马哈鱼子足有一粒黄豆大，像玛瑙一样鲜红、晶莹、透明。在大马哈鱼出水 5 小时内，进行加工的质量为最好。一条雌鱼产卵 3500～5000 粒。每三粒相当于一个鸡蛋的营养成分，富含磷酸盐钙质、维生素 D，是良好的营养品。加工后的鱼子，加以香菜末、葱花等佐料，实在是少有的美味。

鱼心炒青椒。鱼心呈三棱块状，每个重约三克，肉质鲜细，用各种应时蔬菜炒制均可，其中以青椒为辅料味道更佳。

红烧"白塔"。鳇鱼是黑龙江里的特产鱼类，肉味鲜美，为鱼中之佳品。鳇鱼较大，有的体重达 500 公斤。鳇鱼鼻子名贵程度并不亚于鱼翅、燕窝，据说从前是当地官衙用来献奉给皇帝的贡品。鳇鱼鼻子和鳇鱼筋可同时红烧，摆盘造型特异，吃起来香脆，别有一番风味。

清蒸甲鱼。宰杀后的甲鱼，用开水去皮，剔骨，去内脏。切成小块，放在瓷盆里加葱、姜等佐料上锅蒸，营养极为丰富，味美大补。

氽鱼丸子。其方法首先是将新鲜大马哈鱼或新鲜狗鱼肉片下，去皮，剁成肉泥，然后置盆中用多只筷子按固定方向搅动。当肉泥显示凝固状态时，继续加水搅动，搅至肉泥发颤显出弹性时放入适量精盐、食用油、味精等调料继续搅动，一般仍需加几次水。因为加盐后，鱼肉又开始显示凝固状。搅到再次显现弹性时即可。锅中放水，加少许盐。待水八成开时，开始用手挤制肉丸投入水中，一般情况下，丸子漂起就已经熟了。出锅时，汤里加少许味精和香菜即可。成品鱼丸子洁白细嫩，表面发亮。

第二节 经济生活

一 村民收入

小河子村村民的不同身份以及渔业的不稳定性，给村民收入的统计带来巨大的困难。尤其是当地贫富差距较为严重，村民对家庭的收支问题特别敏感，大多数村民都以不好说、不稳定作为回答。这使村民收入调查的准确性大打折扣。

（一）收入构成

1. 农业收入

农业生产收入，主要包括卖甜瓜、西瓜、葡萄、土豆、萝卜、白菜、菠菜和香菜的收入。小河子村土地为河滩地，种植条件较差，而且投保困难，导致种植数量不多，所收农作物大部分留作家庭食用，剩下的一部分再到县城去卖。小河子村瓜菜远近驰名，价钱与市价一样，非常受抚远县城镇居民的喜爱。每家销售农产品收入约为800元/年。

2. 工资性收入

工资性收入包括村干部（捕捞队队长即村长和村支书）工资收入、渔场退休职工收入和村民外出打工收入等。村干部收入为 600～700 元不等，渔场退休职工收入为 1100～1300 元不等，工资中含有边疆补助，根据工龄、级别和参加工作时间的不同有所区别。外出打工收入根据职业不同也有所差异。例如在抚远县，装潢公司的搬运工一年收入可达 20000 元；一名村民在社区找到了一份粉刷墙壁的工作，一年也能收入 10000 元；农闲季节走出家门外出打工的还有农村妇女们，由于她们吃苦能干，在家政服务、超市、饭店等店铺随处可见她们忙碌的身影，每年农闲也都有 3000 多元进账。

3. 补贴收入

（1）边疆补助。这是针对边境地区的特殊补助，根据工资标准的 10% 发放边疆补助。

（2）农机补助。在农机局预订农机具，购买农机享受国家农机补贴政策，优惠 30%。

（3）成品油调价财政补贴。该补贴范围包括渔业生产行业，对象包括从事捕捞、养殖及使用机动渔船的渔民。补贴标准：2008 年 5 月成品油提价前，补贴按照全年 12 个月确定，对从事捕捞、养殖的渔民和渔业企业，补贴标准按每吨 1200 元（全部柴油）计算；2008 年 6 月 20 日后，成品油调价，补贴按 6 个月确定，调价标准按每吨 1000 元（汽、柴油）计算。从事捕捞、养殖的渔民和渔业企业经营者因油价上涨增加的支出，由中央 100% 负担。补贴资金依据相关行业主管部门提供的补贴用油量和国家核定的补贴标准确定，即渔业生产按渔政部门核发许可证的船只（功率）和养殖设备用油量核定。渔业生产补贴的测算、发放由水产局负责，享受补贴的人员姓名、身份证号、补贴额度、补贴计算依据、车号、船号等基础数据报县财政局审核。

（4）精简职工困难补贴。国民经济调整时期精简退职老职工给予原工资40%的困难补贴。

4. 副业收入

这部分收入主要包括鱼馆收入、商店收入、租金收入和卖农副产品收入。鱼馆开业时间为两个月左右，平均收入达10000元。村里商店收入较高，为20000～30000元/年。村里出租闲置泥草房价格为一间50元/月。农副产品收入通常不稳定，养蜂年收入能达到8000元/群。其他副产品如鸡蛋、鸭蛋等，依县城市场价而定。

5. 渔业收入

1985年实行承包制之后，渔民打到的鱼除了需要上交的鲟鳇鱼之外，其余鱼种自行销售。现在大马哈鱼均价在60元/斤，鲫花30元/斤，鲤鱼120元/斤，草鱼30元/斤，鲶鱼40元/斤等。年景好的时候捕鱼收入能有数万元，由于过度捕捞和环境恶化，近年来收入起伏较大，年景好时一条船能挣10万元，人均5万～6万元；年景稍差的时候挣1万～2万元，能够维持本钱。鱼种中鲟鳇鱼非常稀有，为了保护珍贵的渔业资源，水产繁殖中心告知渔民凡捕到活体，特别是雌性鲟鳇鱼者，中心重金收购，价格在4000～5000元/公斤，视品种而定。

6. 其余收入

其他收入包括彩礼收入、遗产继承等。村民办喜事一人随礼钱为200～500元不等。依据所查到的礼账统计，结婚收礼钱平均约为 2 万元；村民嫁女儿所做的陪嫁金额非常高，依家庭情况的不同，数万元至数十万元不等；男方的聘礼则根据买房或建房地区的不同，为 5 万 ~ 20 万元。

（二）收入情况

小河子村村民收入主要由以上 6 种情况组成。但是由于家庭情况不同，家庭收入模式也不完全一样。渔场职工虽然不是固定工资收入群体，但是由于行业优势，年收入较高，在村里属于高收入人群。全村 82 户中，渔场职工占1/3 左右，占被调查村民的 25%。从事传统种植业、渔期时受雇用打鱼和进城打工的村民能够解决基本温饱问题，属于中等收入阶层，这部分村民占被调查村民的 46%。在小河子村尚有 20 多户村民，多为老人和孀居妇女，他们没有劳动能力或劳动能力有限，属于较困难家庭，占被调查村民总数的 29%。

我们在各收入阶层随机抽取一两户村民，其 2011 年收入情况如下所示。

1. 高收入阶层

该户共 6 人，有房前土地 6 亩，夏季种香瓜、西瓜，秋季以秋菜为主。收获的除自家食用之外，到县城出售，收入为 1200 元。家中二儿子和三儿子在渔期打鱼，收入为 85000 元。休渔期三儿子在县城当保安，1500 元/月，一年打工六个月，家中两位老人均为渔场退休职工，有固定工资，月收入分别为 1300 元和 1260 元。该户一年总收入为 1200 + 85000 + 1500 × 6 + 1300 × 12 + 1260 × 12 = 125920 元。

2. 中等收入阶层

（1）该户共 2 人，有房前土地 8 亩，以种植土豆、菠菜为主，销售收入为 200 元左右。另有葡萄架一个，收入为 100 元。老两口一人为渔场职工，收入为 1284 元/月。该户一年总收入为 $200 + 100 + 1284 \times 12 = 15078$ 元。

（2）该户共 1 人，无土地，以经营商店为收入，2011 年收入为 10000 元。

3. 低收入阶层

该户共 1 人，有房前地 10 亩，6 亩种植西瓜，其余种植秋菜。秋菜为自己储存，销售西瓜收入为每亩 300 元，该户 2011 年收入为 $300 \times 6 = 1800$ 元。

（三）收入特点

根据走访情况，可以把小河子村人收入特点总结为以下几点。

第一，传统渔业收入数目可观，捕捞收入是渔场职工的主要收入，也是小河子村村民的创收点。其他村民通过雇佣的方式也能参与到渔业生产中，得到一笔可观的雇佣费用。虽然近些年来捕鱼收入波动较大，但渔业仍然是村民主要收入来源。

第二，庭院种植特色瓜菜收入增加。这几年小河子村一直致力于发展小河子特色瓜菜，并收到了良好的效果。村民所产瓜菜获得绿色、健康等好评，并且在技术扶持下，村民的瓜菜收入呈上升趋势。

第三，村民外出打工收入比重增加。随着县域经济的繁荣，抚远县一直存在着劳动力紧缺的现状，在抚远县打工的村民工资也日渐提高。同时政府对村民打工实行的各项扶持政策，使村民在技术和经验上都得到了提高，为村民找到工资待遇更高的工作奠定了基础。政府的帮助也为村民提供了经济和基本权利的保障。

第四，鱼馆收入是村民重要的副业收入。鱼馆经营不仅增加了村民家庭的整体收入，还带动了村内其他产业的发展，为村民致富又拓展了一条新道路。

二　村民支出

（一）教育支出

小河子村曾经有过小学，由于教学水平和师资力量短缺，村里的学生都去县里小学上学而渐渐停招停办。现在的家长都特别重视孩子的教育，认为只有县城的师资和条件才能保证自己的子女受到良好的教育。而异地上学同时也意味着高额的支出，虽然小河子村距离县城近，但是基本上所有的家长都选择让孩子在县城居住以方便上学，只有双休日或假日的时候才回村里。孩子如果太小，还需要至少一名家长在县里陪读。除了普通应缴纳的书本费之外，异地上学的村民家庭还要担负房子的租金、日常用品和饮食等支出。一名村民介绍，她家孩子一年的上学费用占家庭日常收入的一半，达到5000元。而她家的孩子仅仅是刚上初中，将来如果孩子升到高中，一系列的补课费用再加课外补习，仅仅是子女的学习支出将在3000~4000元/月，让家长们倍感压力。但是他们都认为这个付出是值得的，其中一位村民特别骄傲地向我们介绍，她的女儿是大学毕业，现在在县广播局工作，收入也很高。由此可见，子女的教育特别是在现在渔业萎缩的现状下显得尤为重要，他们经常告诫自己的子女，如果不想一辈子靠打鱼生存、靠天吃饭，就只能凭着自己的努力去外面搏得一片天地。

（二）医疗支出

2007年抚远县开展了新型农村合作医疗工作，截至2008年6月末，新型农村合作医疗覆盖率达100%，每人每年只需交纳10元即可享受农村医疗保险政策，报销比例为70%。但是对于一般的病症，村民大多数仍选择自己根据病情吃药，而不是去就医。如果吃药不见好转的话，他们才会去乡卫生院注射肌肉针或静脉输液进行治疗。若是大病，再去县里或省会哈尔滨去看。村里的荣大爷告诉我们，现在医疗条件比从前好了，他经常去县里体检，前年还得过一次脑出血，抚远县不能医治就去哈尔滨治疗。可惜没有办理转院手续，在哈尔滨治疗的费用都不能报销，这是一笔不小的开支。除此之外，医保能够报销的费用范围也是有限的，一旦村民得了大病，医保制度所能体现的优越性就非常有限，让村民根本无法负担报销之外的医疗费用，村民很容易因为一场病灾而返贫。

（三）消费支出

1. 住房支出

住房支出分为两种，一种为翻新住房支出，另一种为组建家庭而产生的住房支出。随着经济条件的好转，有一点余钱的村民都会选择盖砖瓦房。今天村中的砖瓦房不仅仅是砖瓦结构，房屋的外墙上还要贴砖，庭院除了农业用地之外，其余地块会用水泥地面，屋内地面都用地砖或地板铺就。而这种建筑结构已经成为当地村民的一种风气。

改善居住条件，是村民们有了钱之后的第一选择。因结婚
而产生的住房支出也是一项重要支出。村里娶媳妇最主要
的要求就是房子，达到此要求的方式有两种，一是直接在
县城购买商品房，二是在村里建砖瓦房。

2. 日常生活支出

日常生活支出包括食品、衣着和家庭各种消耗品。随
着经济的发展和视野的拓展，村民也对自己的衣着有了更
高的要求，在衣着上的消费也呈现上涨的趋势。一户村民
女儿的着装给我们留下了很深的印象，她的衣着和身后村
庄大相径庭，甚至比城市里孩子的衣着还要时尚新潮，淡
雅的妆容和恰到好处的颜色搭配，处处体现着她对衣饰截
然不同的理解。

有些家庭不会拘于自己家庭院所产的作物，而是到市
场进行更多的选择。在村里的商店中我们同样可以发现，
同一类商品有不同的品牌供村民选择。而且令我们意外的
是，在这个偏远小村的商店里，竟然很少见"山寨"产品，
这从侧面表明村民对商品的了解程度比较高，对基本的品
牌都有一定的了解。

3. 电器支出

家电下乡，是由中央和地方财政以直补方式对农民购
买试点产品给予销售补贴，以激活农民购买力，加快农村
消费升级，扩大农村消费，促进内需和外需协调发展。为
将"家电下乡"这一惠民政策落到实处，抚远县根据商务
部、财政部"家电下乡"销售产品目录确定了 14 个"家
电下乡"定点销售网点。家电产品从原来的彩电、冰箱、
手机、洗衣机四大类，增加到电脑、空调、热水器、微
波炉、电磁炉等九大类。汽车、摩托车也被纳入了"家

电下乡"补贴范围。这极大地满足了村民购买家电的需求。现在在小河子村，家家都可以看到家电的踪影。电视、电冰箱、冰柜、电风扇在村民眼中早就不是什么稀罕物，而这些家电的购入也大大方便和丰富了村民的生活。

4. 交通和通信支出

在县城和小河子村之间，村民最常用的交通工具就是摩托车，较富裕的家庭会购置车辆。这些家庭中，燃油费用和车辆保养费成为家庭的重要支出。无车家庭每次去县城都要提前联系出租车，一次 30 元，长此以往也是不小的开支。特别是深水港修建之后，村民出行困难，交通支出无形中翻倍。

为了和家人保持联系，在每家都安装电话的基础上，常常外出劳务、下地干活的村民又配备了手机。村里的荣大爷给我们展示了他的手机，那是一个非常普通的诺基亚蓝屏手机，大爷不用手机其他的功能，只用它打电话，一个月的话费在 15 元左右，对大爷来说完全能够接受。

5. 文教支出

"再穷不能穷教育"，这句话在小河子村村民身上得到了恰如其分的体现。村民对子女文教是非常支持的。只要家庭能够负担得起，绝大多数家庭还是希望子女在学校念书。只是孩子一旦进入高中，各项支出就会飞涨，除了基本的课本费，补课费、伙食费、资料费等每一笔的支出都不菲，如果继续供孩子念中专、大专甚至将来的大学、研究生，每年供子女上学的费用将有上万元。这对小河子村的村民来说是一个沉重的负担，这也是为什么大多数村民的孩子在初中毕业之后就选择就业打工，高额的文

教支出并不是所有农村家庭都能负担得起。

6. 雇佣支出

在小河子村，渔期打鱼、看船打更、修建砖房都需要雇人来完成。这也就增添了一项雇佣支出。

7. 人情支出

当遇上亲朋好友婚丧嫁娶，或是孩子上高中、上大学的喜事，村民都会选择递上一份礼金表示恭贺或是安慰。现在小河子村随礼钱从 200 元至 500 元不等。过去还有用实物做彩礼的现象，而如今已经看不到了。收到礼金的村民会一一记账，在村民的眼中，"这些都是人情债，迟早是要还回去的"。礼金是一份人情往来，也是一笔重要的家庭支出。

（四）消费情况

1. 个案一

该户共 2 人，有砖瓦房三间，卧室两间，厨房一间，木质仓库一间，家禽饲养圈一个。家庭主要物品有：24 寸彩电一台，电风扇一台，电冰箱一台，炕柜两个，地柜两个，木桌一个，铁架床一个，木质圆桌一个，板凳若干条，座钟一个，固定电话一个，四轮子车一辆。

日常支出：购买葡萄籽及养苗 200 元，日常饮食必需品（调料等）消费 600 元，衣服消费 300 元，电费 240 元，育林费 300 元，种植作物支出 300 元，通信费用 360 元，随礼钱 400 元，共计 2700 元。

2. 个案二

该户共 1 人，有砖瓦房三间，其中卧室两间、厨房一间，还有泥草房一间，用于商店销售。家庭主要物品有：

24 寸彩电一台，电饭锅一个，冰柜一台，手机一部，衣柜一个，学习桌一个，缝纫机一个。

日常支出：购买日常用品 400 元，衣服消费 300 元，电费 400 元，育林费 200 元，通信费 400 元，孩子教育支出 3000 元，随礼钱 100 元，共计 4800 元。

3. 个案三

该户共 4 人，有砖瓦房五间，其中卧室两间、客厅一间、厨房一间。家庭主要物品有：29 寸彩电一台，电饭锅一个，电冰箱一台，手机两部，固定电话一个，汽车一辆。

日常支出：购买日常用品 800 元，衣服消费 300 元，电费 360 元，育林费 440 元，随礼钱 500 元，通信费 700 元，燃油费 1200 元，孩子教育支出 5000 元，共计 9300 元。

通过三个个案，基本上可以反映出小河子村的消费水平。在家庭的日常消费中，孩子的教育支出是日常支出中最大的一项，而电费、通信费也成为日常支出的重要款项。

第三节　宗教信仰

一　白四爷信仰

（一）白四爷庙

在小河子村西面 1 公里处的城子山脚下有一个天然的石洞，传说蛇仙"白四爷"就住在这里。解放前这里专门修建了一座小型庙宇，称"白四爷庙"（见图 6-6）。民国时期，航行路过此处的中俄船只都要鸣笛，有的则焚香、送匾、挂红，以求行船平安。20世纪50年代该庙被拆毁，改革开放后重建。

图6-6　白四爷庙

1935年，信众捐款在西山脚下修建了一个更为宏伟壮观的白四爷庙，取名"白云寺"。白云寺为中国传统建筑风格，雕梁画栋，形势巍峨，朱漆廊柱，金龙盘绕，飞檐展翅，风铃叮咚。正殿中间塑白四爷像，金童玉女侍立两侧，八大金刚各安其位。殿内四壁绘有图画，题材全部取自白四爷扶难济危的故事。白云寺建成后，香火不断，过往船只、客商送匾挂红者极多。抚远解放后，为了破除迷信，1948年春，白云寺被拆毁。

由于小河子村渔业枯竭，1998年，当地居民集资在洞前建一座高12.12米，宽3.6米，长10.8米的庙宇，并供有塑像一尊，希望能够保一方渔业的繁荣和捕鱼的平安。

（二）白四爷的传说

相传东海龙王有四个儿子，大儿子赤龙为人敦厚善良，办事稳重，深得龙王器重；二儿子黄龙聪明伶俐，天生一副伶牙俐齿，能言善道，讨人喜欢；三儿子黑龙生就一副侠肝义胆，嫉恶如仇，专爱打抱不平，在东海一带声誉极高；颇让龙王感到伤脑筋的是四儿子白龙，因排行最小，上有父王母后宠着惯着，前有三个兄长护着挡着，因而自幼蛮横任性，天天生着法子惹是生非，胡作非为，却又无人敢管，人称"小霸王"。

这一年，正逢插秧谷时节，整整两个月零十九天滴雨未下，天下大旱。龙王命四个儿子分赴东、南、西、北四个方向视察旱情，借机施术降雨，搭救众生。临行前老龙王不放心小儿子白龙，便命黑龙和白龙同行，一道前往东北降雨抗旱。黑龙和白龙一路上触目所及，均可见大地龟裂，寸草不生，遍野哀鸿的大旱景象。情急之下，便施了法术，只吞吐三下，便把那长江、洞庭之水尽数运了过来。但见一下，大地闭紧了嘴巴；两下，漫山遍野泛起青绿色；三下，油绿的禾苗便迎风跳起了舞蹈。黑龙、白龙所过之处，旱情大减，人们无不敲锣打鼓，焚香上供，跪地拜谢。二龙自是风光不已。忽一日，黑龙和白龙所过之处，只见这里水草丰茂，鹤翔云天，湖光山色，美不胜收，庄稼郁绿葱茏，果树花繁实累，不见一丝一毫大旱的迹象。黑龙深知此地物华天宝，独承恩泽，必是不平凡去处，正待在此歇一歇脚，好好欣赏一番。不料想这白龙一路上呼风唤雨好不得意，此刻又正在兴头上，哪管它旱不旱，张开血盆大口便吞吐起来，只见一下，暴雨倾盆，河流漫溢；两

169

下，洪水肆虐，田地皆淹；三下，山洪暴发，房倒屋塌。转眼间，一个美丽富庶的鱼米之乡便成了一片汪洋的水乡泽国。黑龙大怒，情知苦劝无用，上前一口咬住白龙的龙须，令他不得再张口吞吐，白龙负痛，索性与黑龙大战起来。这一仗，直打得飞沙走石，天昏地暗，咆哮的江水高出河床三尺悬而不落，两条巨龙在浊浪激流中时隐时现，眼见江水渐渐变红，仍不见胜负。这时，遭此突来灾祸的当地百姓已看出端倪，纷纷前来助战。只见黑龙跃出水面，老百姓把抢救出来的馒头、果子扔给他，希望黑龙吃饱了好有力气打败白龙；白龙浮出水面，老百姓手中的石头、木棍便招呼到他头上，砸得白龙惨叫。此番战持续了七天七夜，最终黑龙得胜。但因遍体鳞伤，跌落在江水中奄奄一息，人们含泪抢救黑龙，并将这条血染的河流称为黑龙江，以纪念黑龙的壮举。白龙自知惹下大祸，不可饶恕，又恐天帝惩罚，便趁机回老家——东海龙宫蛰伏起来，养伤蓄势，期待有朝一日再找黑龙一决高下。

孰料，七天七夜的恶斗，血腥气直冲云霄，惊动了玉皇大帝。待查得乃白龙在人间胡作非为之后果后，不禁龙颜大怒，火速派了九九八十一名天兵天将前往东海龙宫将白龙捉拿了去。在东海龙王的苦苦哀求之下，玉皇大帝免其一死，但死罪可免，活罪难饶，命天兵天将将其剥龙鳞、抽龙筋、拔龙须、斩龙脚足，化为蛇身，贬到深受其害的伊力嘎（即今天的抚远县）的城子山头，命其隐身于此，戴罪立功，如功德圆满，自可赎回龙身。

经历了此番磨难，白龙自是悔不当初，再看看由于自己的一时任性胡闹，原本富庶安定的伊力嘎一带河道纵横，水患频频，满目疮痍，决心在此潜心修炼，将功补过，救苦救难。

天上一日景，地上已千年，倏忽间，已是清末民初。说这绥远洲（即今天的抚远县）地处黑龙江与乌苏里江汇合处，距京都足有六千多里之遥。别看这里人烟稀少，天气冷，百里不见村，十里不见人，却凭着先天水阔土肥的优势，成了大烟土和大马哈鱼的主产地。每到大烟收获或大马哈鱼汛期，来来往往的商贾云集于此，小镇便空前繁华热闹起来。从哈尔滨坐船经绥远到饶河、虎林，必经一处险滩，宽阔的江面突然被一山头拦腰截住，只剩三分之一江道任由脱缰野马似的滔滔江水倾泻而下，江面在此突然形成了上下一米左右的落差。船只经过这里十有七八就会遇险情。轻者吓得魂飞魄散，重者尸骨无存，人称此处"鬼见愁"。为减少事故的发生，当地人只好沿着南岸陡峭的石砬子，拴上三条缆绳，过往船只能拉纤般拽着绳索，方能一步步挪出"鬼见愁"。要是火轮，可就忙坏了伙计，一边要使出吃奶的劲拽绳子，一边要拼了命地往锅炉里添拌子，有心计的往往都要带上两袋黄豆，掮劲的时候扔上一袋，油门一下子就上来了，就能往上流顶一气。即便这样，翻船沉船的事故也时有发生。

民国 15 年，也就是 1926 年夏天，虎林县资本家有一条"兴林号"商船途经抚远，这条船前后有三十几米长，前面是一个大餐厅，饭后就用来作娱乐场所，此刻这里正聚集四五十人，吹拉弹唱，喝酒打牌，兴致正浓。突然西南方向刮起一阵狂风，只见江岸上飞沙日，乱草遮天，狂风像巨大的妖魔，卷起滔天巨浪，猛烈地摔向船帮。大船被刮得左右摇晃，固定在南岸石砬子上的三条缆绳被大船挣得嘣嘣作响。有经验的掌船人都明白，往岸边靠已不可能，这种情形若不迅速砍断缆绳，大船很可能被刮翻。船主王二虎当即命令船工用大斧砍断了三条缆绳。大船像一片枯叶，随着浪锋一起一伏，漂向东北方向。眼看就要沉没了，王二虎见此情景，已吓得胆战心惊，腿肚子抽筋。暗想：这下子可要去见阎王了。正在满船人无不吓得大哭小叫，哭爹喊娘之际，忽觉大船稳稳上升数米，离开江面，似腾云驾雾一般，而天空中影影绰绰出现一白胡子老头，手执拂尘含笑伫立在尘雾中，只见他轻甩数下拂尘，霎时间风平浪静，日丽天晴，大船已在不知不觉中向前驶出数千米，再看那白胡子老头，早已无影无踪。王二虎及船上众人惊讶不已，知是遇了神仙搭救，黑压压地跌倒一片，忙不迭地磕头谢恩。

此事一传十，十传百，周围百姓都知道了白胡子老头施仙术救人的故事。此后这一带又发生数起险情，总能够化险为夷。因此关于白胡子老头的身家来历也越传越神。据小河子村的百姓说，每到阴天下雨的时候，城子山头经常出现一条大蛇，像水缸般粗细，尾巴绕在城子山头的树上，脑袋伸到江中急流里喝水。见过的人均道是蛇仙乘雾显圣。此种说法越传越远，人们便信以为真。

就在这年冬天，城里忠善堂有个叫吕老七的帮座，去小河子村办事，身背一个背栊子和一张豹子皮，带着干粮，走到石头窝子的对个江道上，不小心掉进了清沟里，因清沟水流急，他在水里边扑腾边快速地被冲往下游。冬天的江水寒冷刺骨，棉裤棉袄被水浸得越来越沉，眼看就要沉没了，忽然他觉得有一只大手托着他往下游去，一直把他托到岸边。脚一触地，原本迷迷糊糊的吕老七猛一激灵：这莫不是遇到了人们传说中的蛇仙了吧！此念一动，他未及睁开双眼，便一把扯住托举自己的大手，翻身便拜，嘴里念叨着："敢问神仙尊姓大名，弟子承蒙您的大恩大德，逢凶化吉，死里逃生，弟子将永远供奉您的神位。"说了一气才敢睁开眼看，但见眼前一位慈眉善目的白胡子老头正笑吟吟地捋着胡子看着自己。"我不是什么神仙，我姓白，在家排行老四，家就住在城子山头，因自小在江边长大，因而练就了一身好水性。有人落难，出手相救本在人之常理之中。"白胡子老头说罢便欲转身离去。吕老七不信，扯手不放，非要跟着白四到他家去看看。白四无奈，只好领他来到城子山脚下，果然见一座气派的青石房立在悬崖峭壁之下。走进去，但见室内烛光闪烁，烟雾缭绕，古香四溢，富丽堂皇。白四端上两壶好酒，说是为吕老七驱寒。酒过三巡，二人相谈甚欢。这吕老七真名不详，在伯力城给帝俄病院当过杂工。民国10年（1921年）带着妻女来到绥远，一半是买卖人，一半当忠善堂的帮座。因常年走南闯北，见闻甚多，加之又是从善之流，因而白四和他越聊越是投机，最后二人竟然拜了把子。白四年长为兄，吕老七则为弟，结拜后吕老七便觉得浑身酸软无力，想是白天受了惊吓所致，迷迷糊糊地竟自趴在桌上睡了过去。蒙眬中听到白四对他说："你我兄弟甚是投缘，我便和你说实话吧。我本东海龙王之子，因触犯天条，被玉皇大帝贬于此地带罪赎身。待救得性命九千九百九十九条后，方能转化为龙形。今借贤弟之口告知众乡亲，今后如遇险情，只需鸣笛三声，为兄定会前去搭救。"话音落处，吕老七一个激灵醒来，发现自己睡在一个潮湿的山洞里，洞壁上有一个一尺宽的裂隙，深不可测，似可通往山顶，暗忖这也许就是白四的修身之处了。

此事经吕老七传出后，人人深信不疑，开船的更是信以为真，皆尊称白四为"爷"，并自发捐款在白四爷洞前建了一座小庙。从此"白四爷"这个名字便传扬出去了。起初过往的商船只是在急流险滩处遇险情时鸣笛三声，希望得到白四爷的救助。后来，凡是从哈尔滨经绥远到饶河、虎林的商船，在白四爷庙前经过时都要鸣笛，即使不到饶河，有些船也特意到白四爷庙前去鸣笛致意。"鬼见愁"处果然从此风平浪静，再无水祸发生。

再说吕老七见此情景正遂心愿，为了让白四爷威名远扬，他更是各处游说，广泛宣传。人们纷纷前往，烧香磕头，上供送匾，尤其是每年的大年初一这一天，从江道上奔往白四爷庙烧香上供的人熙熙攘攘，络绎不绝。一时间，白四爷庙前的香火极盛，远至京城，近至饶河、虎林，无不传颂"白四爷"的功德。京城里一位师爷还专门撰写了"白四爷庙传千古，东方佛光照九州"的楹联，不远千里送到绥远，挂在了白四爷庙的门脸上。

民国初期，正是兵匪祸乱横行的时候，这年冬天，在江对岸住着的一股胡匪共计九百多人过江来攻打绥远，攻打了三天三夜也未能攻进城内。撤退前，一土匪首领沮丧而又迷惑不解地和城外一个种菜老头叨咕："绥远就这么一百来人，怎么一到晚上，城墙外的战壕里脑袋一个挨一个全是人，枪声响如爆豆，防守甚是严密，我们这帮弟兄是越打心越发毛，越打越害怕，最后不得不退下来。"事后，这老头回城把此事一说，消息哗地就传开了，无论是商人、百姓、官兵，还是男女老少，无不认为是白四爷显灵，指木为兵，保卫了绥远，不然绥远早就被这帮胡子洗劫了。人们纷纷到城子山小庙烧香送匾，谢白四爷保佑之恩，把洞里洞外挂得通红一片，供品满桌，香烟缭绕。有民间人士提议，白四爷护城有功，应该建一个规模宏大的庙宇来供奉他老人家的神位。这一提议得到了官兵和船商的响应。各行各业和各地的船商、百姓纷纷行动起来，人人出钱、户户捐款，用一年的时间共筹集资金四万多元，在西山脚下建起了一座三百多平方米的庙宇。

但见这大庙宏伟壮观，奇特别致，斗拱飞檐，雕梁画栋，朱柱绿阁，灰瓦白墙。再看殿内，上首正中，白四爷像身高九尺，红脸长须，两目炯炯传神，周身上下云雾缭绕，飘飘然然，栩栩如生。像上端一卷尾绕项、盘转翻腾的白龙活灵活现，两侧各塑一条吐舌瞪眼、绿鳞长须的大蛇，原来这是依了吕老七的意思塑上去的。因为只有他知道白四爷的原身是龙，化身是蛇。他希望义兄早日功德圆满，回归真身。

大庙寺名经过各界人士的协商，题为"白云寺"。大庙建成这一天，正是吕老七剃度出家之日。原来，吕老七受白四爷点化，决心与义兄一道行善乡里。他先后跑到富锦县大榆树白云寺和千山受了戒，回来后在白云寺做了住持，日夜与白四爷相守，自然也得了灵气，因其属兔，便常常化作一只兔子随白四爷搭救落难百姓。

这日傍晚，吕老七安排妥寺中大事小情，正待踱出正殿，回房休息。忽见昏暗的酥油灯下，白四爷雕像上方的猛龙发光，看得大惊。白四告知，自己自受贬之日到此，已救得九千九百九十八人的性命，只要再救得一命，即可赎回龙身了，到那时便是你我兄弟的分别之日了。吕老七听闻，又是欢喜又是难过，喜的是义兄历尽磨难终于洗清余孽，修得正果；悲的是兄弟一场，情意甚笃，时时推心置腹，彻夜长谈，而今忽道离别，不禁百感交集。正在二人共叙结拜情谊之时，忽听得西山头有断断续续的呼救声，白四爷和急急化作兔形的吕老七便赶去相救。待将落水的渔家父子拖至岸边，二人兴冲冲地赶回白云寺后，才发现吕老七未及藏起的肉身已被一个叫李甫的醉鬼给砸扁了。白四又气又怒，眼看义弟化不回人形，禁不住怒从心头起，恶向胆边生，揪起李甫的脖领子急步来到西山头，手一松，尚在睡梦中的李甫便落入了滔滔的黑龙江水中。

古书有云"为山九仞，功亏一篑"，不想白四潜心修炼，将功补过，就在功德圆满之际却大开杀戒，再难现回龙身了。

据当地老一辈人讲，盛极一时的西山脚下的白云寺是一夜之间凋敝的，那个叫吕老七的住持亦神秘失踪。随着岁月的流逝，城子山头的白四爷小庙香火又红火起来，人们前去求平安，仍是有求必应。有人称上山采蘑菇时，亲眼见到一碗口粗细的巨蛇正缠绕在一雪白的兔子身上，追打嬉闹，神态甚密。人们都说是蛇仙耐不住山间的寂寞，娶了兔精的女儿过起了恩爱生活，因而当地人在娶嫁女批八字时还有了"蛇盘兔，越过越富"的说法。

（三）当下的村民祭祀

现在白四爷庙的祭祀活动已经规范化。每年三月初三和四月十八成为村民固定祭祀白四爷的时间。之所以选择这两个时间，是因为这两个时间是黑龙江开江的时候，开江也就意味着小河子村捕渔期的开始。每到祭祀的时候，平时游客稀少的庙宇变得异常热闹。清晨，村民就需要起早赶到白四爷庙前焚香上供。各家根据自己的情况选择不同价位的高香焚烧，香都是插在大殿外的香炉里面。而供品也是各家根据自己的情况奉供的。到祭祀这天，各家带着诸如苹果的水果以及馒头等物品上供。作为祭祀的整体活动，主要是燃放鞭炮，祈求一年渔业丰收或是图个吉利。当天，只要家中有人打鱼，都要参与祭祀活动。而当地的祭祀也没有太多的禁忌，妇女也可以参加祭祀。

二 基督教

地处边陲的小河子村远离政治、经济、文化中心，但是当地的基督教已经小有规模了。现在村庄共有 8 户 26 人信仰基督教。按照户数计算已经占全村户数的 1/10 了。基督教在小河子村的传播，主要是借助外村的信徒传入的。信徒最初以妇女为主，随后在妇女的带动下，家里的其他人也跟着信仰了。由于村里没有地方供信徒做礼拜，所以信徒每周的活动都是按照一定的顺序，轮流在各家举行。具体仪式也较为简单，主要是讲经和忏悔。为了表示家庭的信仰不同，逢年过节，信众的家庭还会在大门上贴有"耶稣赐福"字样的对联（见图 6-7）。

之所以小河子村的基督教传播处于公开的状态，是因为他们是通过正规渠道信教的。他们都是抚远县基督教的成员。其活动的主要场所就是抚远县基督教堂。抚远县基督教堂始建于 2007 年 9 月 15 日，于 2009 年 8 月 18 日竣工。建成后的基督教堂成为小河子村信众活动的主要场所。每逢重大节日，抚远县基督教堂都会举办一些活动。平时，

图6-7　信仰基督教家庭大门上的对联

教堂还会邀请外地牧师前来传经布道。每次活动都会在教会内部通知，组织教徒集体聚会。

　　之所以有如此众多的村民信教，主要原因是精神世界的空虚。除了劳动之外，村民的业余生活极为贫乏，只有看电视、打麻将、互相走动。尤其是到了冬天，这种情况日益严重。而通过信教，村民不仅能够找到精神上的寄托，而且多了一个相互走动的理由，以及一个新的联络感情的方式。

第四节　文化娱乐

一　村言民语

（一）方言

　　小河子村是一个移民村，大多数的村民祖籍远的是山东、河北，近的则是东北三省，所以在方言上属于东北方言区，没有太多具有地方特色的当地方言。不过由于当地渔业资源丰富，在一些鱼的称呼上有着自身的特色。

上文提到的"三花五罗十八子"中，有些鱼类，当地人还有特殊的称呼。"五罗"中的雅罗，当地人称呼为华子，又写作滑子、划子。"十八子"中的葫芦片子，当地人称呼为紫泥肚子；沙姑鲈子，当地人称呼为山胖头、老头子。此外其他的鱼类，也有一些有自己的称呼。山鲤子，又名黑老婆脚，学名东北鳡；红尾巴梢儿，学名赤梢鱼；斑鳟子，又称海罗茨，学名黑龙江鮰鱼；白漂子，又名青麟子，学名鲦鱼。

（二）谚语

1. 生活谚语

卤水点豆腐，一物降一物。

日子不富朋友稀，家中不和外人欺。

秤砣虽小坠千斤，胡椒虽小辣人心。

看破人情知纸厚，经过世路觉山平。

不当家，不知柴米贵；不养儿，不知父母恩。

穷在闹市无人问，富在深山有远亲。

浇树浇根，交人交心。

远亲不如近邻，近邻不如对门。

有时省一口，缺时顶一斗。

冬吃鱼头夏吃尾，春秋两季吃"分水"。

鳇鱼鼻子重唇嘴，鲫鱼脑袋鲇鱼尾。

2. 农业谚语

母大子肥。

种前选好种，一垄顶两垄。

今年积下来年粪，来年粮食装满囤。

圈里不断土，仓里不缺谷。

野土换家土，一亩顶两亩。

粪倒三遍，不打自散。

麦生胎里富，粪少靠不住。

有收无收在于水，多收少收在于肥。

麦丢掐脖旱，麦收三场雨。

开荒不治水，早晚得赔本。

没雨不要怕，紧握锄头把。

伏天划破一层皮，胜过秋天翻一犁。

明年粮，今年要。

秋翻不秋翻，产量不一般。

早春活雪，顶凌耙翻，放水排涝，可保一年。

一年两个春，黄土变成金。

秋耕深一寸，顶上一层粪。

早蹚地发暖，多蹚地不板。

浅破茬，深掏墒，土头暄，地不荒。

重茬谷，坐着哭。

谷子起身怕地薄。

豆子铲三遍，豆角结成串。

豆打旁秸麦打齐。

人吃米，畜吃草，谷子浑身都是宝。

种地不刮边，荒到地中间。

苞米带小豆，十年九不漏；苞米带芸豆，额外收几斗。

一年植树三年管，二十年受益不间断。

3. 畜牧业谚语

（1）养猪谚语

嘴粗腰圆，当年出圈。

前夹不会吃，后夹不肯长，尾巴高吊起，越喂越出息。

猪仔要选好，肉多出圈早，背平脊梁宽，头短脸要小。

猪吃百样草，看你找不找。

猪喂得杂，油光水滑。

养猪没巧，窝干食饱。

种田不养猪，一定有一输。

多喂几口猪，积肥卖肉多储蓄。

（2）养牛谚语

上选一层皮，下选四肢蹄，前要胸膛宽，后要屁股齐。

虎背熊腰狮子尾，膀大腰圆琵琶腿。

腰长肋巴稀，定是懒东西。

嘴形如老虎，牛角如铁锤。寸骨一寸力，犁田快如飞。

前胛高一寸，使牛不用棍。前峰高一掌，耕田如水响。

牛儿使地勤，草料要喂匀。

一寸草铡三刀，不喂料也上膘。

猪要喂得饱，牛要吃夜草。

牛吃露水草，发情配种早。

老牛要过冬，莫受西北风。

屋里喂一年，不如圈外走一走。

若要猪牛不生病，做到窝干食水净。

来年要耕田，冬天喂点盐。

母牛下母牛，三年六个头。

（3）其他谚语

养羊有圈，过冬不难。

圈暖三分膘。

抓上十成膘，羊下对对羔；抓上六成膘，冬天命难保；夏膘抓不好，明春活不了。

养鸡卖蛋，有利可算。

养貂养兔，发财致富。

养兔很快，一年七代。

养畜不缺青，安全能过冬。

储草如储粮，牲畜少死亡。

六畜兴旺，防治跟上。

畜牧业大发展，千家万户有存款。

4. 天气谚语

日晕三更雨，月晕午时风。

日出一点红，不雨就是风。

日落胭脂红，不雨也有风。

风三风三，一刮三天。

五月中没大风，山樱桃红彤彤。

大蚂蚁打洞忙，风也狂雨也狂。

夏凉冬温东北风，夏热冬寒西南风。

冰冻三尺不觉寒，东北风雪烟炮天。

大旱不过五月十三。

清明刮去坟头土，百姓今年要受苦。

八月初一下一阵，早到来年五月尽。

疙瘩云，热死人。

夏雾晴，秋雾雨。

云吃雾下（雨），雾吃云晴。

连起三场雾，小雨下不住。

久晴大雾必有阴，久雨大雾必有晴。

云往东一场空，云往西雨凄凄，云朝南漂起船，云朝北发大水。

云交云，雨淋淋。

冷风云，大雨淋。

日落乌云涨，半夜听雨响。

天上片片云，地下雨淋淋。

老云接驾，不是阴就是下（雨）。

蚯蚓路上爬，雨水乱如麻。

燕子低飞蛇过道，蚂蚁搬家山戴帽。水缸出汗蛤蟆叫，必有大雨到；鸡鸭迟宿麻雀叫，风雨不久到。

蛇上山，水连天。

蚂蚁打架凶，定有雷雨风。

雨天蚊子多，旱天瞎虻多。

小咬糊脸，雨天不远。

土燕挪高洞，雨大河水冲。

长虫过河，避水找新窝。

黑鱼滑草塘，不是大露就是雨汪汪。

关门雨，下一宿。

东虹日头西虹雨。

伏天隔道不下雨。

不怕初一阴，就怕初二下，初三初四紧落落（lá）。

先雷后雨雨必小，先雨后雷雨必大。

闷热有大雨。

早看东南，晚看西北。

先下牛毛无大雨，后下牛尾不晴天。

盐出水，铁出汗，雨水不久见。

星星眨眼，离雨不远。

头伏有雨，伏伏有雨。

秋雨少，霜来早。

猪衔草，寒潮到。

雹打山冈霜打洼。

西北雷雨电，风行一条线，跟着冰雹来相见。

5. 物候谚语

雨水不见雨，闷雷在春分；清明雪化尽，谷雨大江开。

稠李子开花白又白，江里跑完大冰排。

鲤子鱼咬汛（指鱼类交配时节）五月中，绿草水沟当舞厅。

胖头鱼头伏闹，二伏跳。

炕灶不好烧，夏至空气潮。

大马哈鱼蛾，处暑生江河。

鱼蛾子，水上飞，秋分过，明年回。

大马哈鱼穿花袄，顶着白露准来到，

攘喷闹在秋分前，过了秋分逐渐少。

稠李子果儿黑又甜，鳇鱼摆尾向前钻。

霜降变了天，炕灶不倒烟。

大雪节气河水锈，呛得鱼儿真难受。

清沟寒流急，封严属九天。

三九眼毛白，四九冻破脸。

（三）民歌民谣

1. 打鱼谣

立春棒打狍，

雨水鱼进瓢，

小暑胖头跳，

大暑鲤子闹，

白露大马哈，

秋分把子潲，

寒露哲罗翻，

霜降打秋边，

立冬下挂网，

小雪闸冰帐。

2. 吃鱼谣

吃了怀头肚，有数不会数。

吃了亚罗肝，眼明心又宽。

吃了勾心肠，忘了爹和娘。

3. 叹渔谣

阳春三月好风光，南雁北飞回家乡。

乡亲父老问声好，排船装网活儿不少。

忙忙碌碌来准备，东拼西凑摊地费。

古时没有三碗不过冈，今日没有三万不下江。

春雷起，冰排响，千万雄师过大江。

开了江，人虽慌，一声令下方下江。

东风起春水凉，十网九空人断肠。

天苍苍，水茫茫，打鱼的人儿两眼泪汪汪。

打不着心不甘，夜以继日连轴转。

篝火旁围一圈，一碗白酒众人端。

火烤胸前真是暖，风吹背后犹觉寒。

酒杯长笑九天，发动机器冲向前，苦苦地盼！

天道酬勤苍天怜，打得鱼儿回家转。

卖完鱼，换成钱，喝点酒，吃点饭，睡上一小觉，还得接着干！

二 地方娱乐

1. 扭秧歌

最受小河子村村民喜爱的民间歌舞就是扭秧歌。除了冬季寒冷不适宜室外活动之外，每天傍晚都能在村屯听见秧歌队欢快活泼的唢呐声、锣鼓声。

东北秧歌有着悠久的历史，早在清朝康熙年间成书的《柳边纪略》里，作者杨宾就记录下了当时的东北秧歌。"上元夜，好事者辄扮秧歌。秧歌者，以童子扮三四妇女，又三四人扮参军，各持尺许两圆木，戛击相对舞，而扮一持伞灯卖膏药者前导，傍以锣鼓和之，舞毕乃歌，歌毕更舞，达旦而已。"经过几百年的发展和演变，东北秧歌更加贴近生活，舞蹈动作多取材于劳动场景，具有浓郁的东北乡土气息和民俗特色。今天的东北秧歌风格上既火爆泼辣，又稳健幽默，体现了东北人粗犷质朴的性格。

东北秧歌在表演形式上，分"大场"和"小场"两种，一般开头和结尾为"大场"，中间穿插"小场"。"大场"是变换队形的大型集体舞，演出时舞者双手舞动道具，脚下踏着点子，变换各种队形。队形复杂多变，民间称"走图形"。其队形有"走八字""二龙吐须""野马分鬃""龙摆尾""剪子花""编蒜瓣""卷白菜心""小蝴蝶"等，还有一些特定的阵式，如"八卦阵""莲花阵""葫芦套"等。"小场"是两三个人表演的带有简单情节的舞蹈或歌舞小戏。

在表演功法上，分扭（舞）、唱、逗、耍、扮五功；在舞蹈韵律上，讲究哏、帅、冲、美、俏。表演时舞者尤其讲究"劲（法儿）"。"劲"是从膝盖开始，来源于腿和膝盖的屈伸、振动和身体其他部分的配合。它表现在膝盖从屈到伸的过程之中，屈时向下的时间要短，伸时向上的时间要长。换句话说，秧歌的扭法抬脚要快，落脚要实，屈伸要大，上身也要随之摆动和扭动。正是这种抬脚快、落脚实，才形成了秧歌的主要特点。由于舞者的年龄、性别不同，对舞蹈动作的要求也不同。年轻少女的动作以大线条为主，强调"稳中浪"；男性动作健壮有力，明快火爆，特别体现在"叫鼓"的强烈气氛上；少年儿童则以跳跃、快速、小巧的动作，显示天真活泼的性格。民间艺人强调扭秧歌时切忌腰与臀部的大摆晃，要做到"走起风摆柳，站起一枝花，扭起稳中浪，跑起水上漂"。为了配合肢体动作，东北秧歌的舞者手中还常有道具。东北秧歌中道具用得很多，如扇子、手绢、棒、马鞭等，其中尤以手绢、扇子为主要道具。

给东北秧歌伴奏的音乐，也是颇具特色。由于东北秧歌是一种民间的广场艺术，表演时，观众熙熙攘攘，人声鼎沸，为了使音乐能让每一个表演者和观众听得十分清晰，伴奏乐器都是具有宏大音量的乐器。常用的乐器有大台鼓、唢呐、大镲（又称大钹）、小镲和锣等。音乐更是既表现火爆、热烈、奔放的情绪，又有欢快、俏皮、风趣和抒情的特点。节拍多为2/4拍，也有4/4拍，节奏明快、有力、富于变化。

2. 打麻将

打麻将是冬季或农闲时村民的主要娱乐项目，村里的商店是麻将爱好者的据点，通常没有特定的安排，几个人凑到一起就是一桌。每天下午的商店都是人声鼎沸，打牌和观牌的村民围坐在一起，兴高采烈。据商店店主介绍，冬季村民没事儿就在商店聚集打麻将，通常都是玩钱的，但是数额不大，两角五起胡，一天的输赢也就五六块钱。村里玩麻将的人很多，老年人、青年人都参与其中。但是打麻将的时间并不长，而且没有村民熬夜打麻将的现象。

第七章　医疗卫生

一　医疗卫生设施

小河子村由于医疗基础设施不齐全，生小病大多去县里开些常备药物，大病则去医院，其就医地点为抚远县人民医院、抚远县中医院和通江乡卫生院。

（一）抚远县人民医院

抚远县人民医院的前身是 1948 年 4 月在抚远县城"春生药房"旧址，建立的抚远县第一个人民医疗机构"抚远县群众卫生所"。1953 年秋，抚远县在原卫生所的基础上建立县卫生院。当时卫生院有土草结构房屋 7 间，建筑面积约 40 平方米。1956 年 9 月，县卫生院改称县人民医院。在抚远县与同江县合并后，县政府搬至同江县。原有的抚远县人民医院改称抚远镇卫生院。1961 年 11 月，抚远镇卫生院改称为抚远渔场职工医院。

1966 年，在抚远渔场职工医院基础上重新组建抚远县人民医院。当年建成 504 平方米砖瓦结构新院舍一幢。门诊部设有内科、外科、妇科、中医科、五官科、化验室、处置室、手术室、X 光室和药剂室。1967 年，增建住院处 250 平方米，为砖瓦结构房屋。1978 年，县人民医院扩建院舍

600 平方米，1979 年又扩建 400 平方米，并建汽车库 200 平方米。1980 年，新建住院处 1000 平方米，当年投入使用。1985 年，根据抚远县人口增多和地方经济建设的需要，由国家地方共同投资 115 万元，新建门诊部、住院处等综合楼 1 幢，占地面积为 2.04 万平方米，建筑面积为 0.37 万平方米。翌年秋交付使用。

现如今，抚远县人民医院是二级乙等医院，是抚远县唯一一家集急诊急救、医疗、科研、预防保健于一体的综合性医院，承担着全县 12.6 万人口的医疗保健任务。同时周边四个农场的工人，以及同江市部分乡镇的人也来到抚远县红十字医院就医。该医院现有人员 145 人，其中副高职称有 23 人，中级职称有 31 人。全院建筑面积为 3000 余平方米，拥有 90 张床位，主要有内科、外科、妇科、儿科、五官科、中医科、检验室、超声诊断、CT 室、X 线科、手术室、麻醉科、中医科、供应室、保健科等科室。每年门诊量达 5 万人次，住院患者有一万余人。每年明水期，都有大量的俄罗斯客商及游客来县人民医院寻医问药，仅去年该院接待国外患者 100 余人。医院外科主要以普外科、脑外科、骨外科为主，承担大量的急诊急救的工作。其中，内科对流行性出血热的诊治独具特色。CT、X 线、B 超室都引进了现今比较先进的设备，该院医生对常见病、职业病的检查都掌握了比较娴熟的技术。检验科于今年年初新配置了先进的生化分析仪设备，基本能够满足常见病及特殊疾病的检查。科室负责人都是参加工作 10 ~ 20 年的副高级职称的医生，对常见病、职业病具有比较高的诊断和治疗水平。

（二）抚远县中医院

抚远县中医院建立于 1986 年 12 月，医院总投资 100 万元，年收入 50 多万元，主要为全县 12.6 万群众和县域内的三个省属国有农场、同江市临近抚远县部分乡村及来抚远县的中外客商提供有中医特色的医疗服务。

医院主要负责中医特色医疗卫生方面的工作。医院占地 4000 平方米，建筑面积为 968 平方米，编制床位 20 张。医院现有职工 40 人，其中专业技术人员有 33 人，其中副高有 8 人，中级有 14 人，初级有 11 人，平均日门诊量达 20人次。医院在长期的发展实践中形成了自己的优势特色，医院技术实力雄厚。抚远县中医院是抚远县唯一一所以中医特色为主的综合性医院，形成了人有专长、科有重点、院有特色的良好格局。年接待患者达 5000 人次，是仅次于抚远县人民医院的医疗机构。

（三）通江乡卫生院

通江乡卫生院（见图 7-1）建于 1956 年 6 月，在小河子村建立卫生站，借民房 1 间（约 10 平方米），后改称卫生所，翌年春撤销。1961 年 5 月，复设卫生室。1969 年 12 月建立通江公社卫生所，是时有土草结构房屋 1 间，约 10 平方米。1972 年，公社机关迁至东风村，新建通江公社卫生院，当年建成 198 平方米房舍 1 幢，设门诊室、处置室、药局和病房，后增设 X 光室。1984 年改称通江乡卫生院。1985 年底有病床 2 张，医务人员 8 人。2012 年，通江乡乡政府投入资金 35 万元，对卫生院进行了维修，添置了新的医疗设备。现在，通江乡卫生院共有员工 5 人，主要负责日常医疗和保养。

图7-1 通江乡卫生院

卫生院的总体情况较为良好。我们在采访中看到医院对药物采取了两种方式进行保存：一般药物在潮湿、高温、强光等环境下容易变质，所以放在干燥、避光的地方；有些药则需要放在特定的温度下保存，如糖尿病患者使用的胰岛素、滴眼液等药物在夏季时就需要放在冰箱里冷藏。另外，当我们仔细询问了一下卫生院的药物都是用来治疗哪些病症时，发现这里的药物以治疗感冒、高血压等常见病为主，以片剂、针剂为主，主要有炎琥宁注射液、利巴韦林注射液、藻酸双酯钠氯化钠注射液、硫酸镁注射液等。

二　村民就医情况

（一）村民看病情况

看病难，怕得病是小河子村最鲜明的写照。受当地经济条件的限制，小河子村村民"小病扛、大病拖"，得了病不舍得花钱去看，一般对于感冒之类的小病，都是扛过去，吃点药或者吃罐头；大病则是实在扛不住了，才会选择去医院就医。通常村民会选择离家较近的通江乡卫生院就医。由于卫生院设施较差，只能处理例如胃疼、感冒、咳嗽之类的小病，所以通常乡卫生员发现病人病情严重的时候，就会劝导病人去抚远县人民医院或者抚远县中医院进行治疗。村民对于去医院看病是有选择的，如果是急性病，如急性肠胃炎、胃溃疡、心绞痛、急性阑尾炎等不入院治疗就会危及生命的疾病，村民就会前往医院医疗。如果是慢性病，如高血压、关节炎、支气管炎、哮喘、慢性胃炎等，村民往往只是要村医开一些药品，控制一下病情，并不去医院治疗。

看一场病花掉的有可能是一个农村家庭一年甚至几年的收入总和，这就导致在一些农村尤其是经济欠发达地区的农村普遍存在着小病拖成大病，大病无钱医治的现象。在这些地区，农民的健康状况令人担忧，针对农民求医问药的状况，我们在小河子村展开了调查。

孙佰荣是抚远县通江乡小河子村的村民，今年55岁，是一家五口人的主心骨和家庭的主要劳动力，就在2012年2月，孙佰荣被诊断出肝癌晚期，这个结果顷刻间打破了这个五口之家的宁静生活。

> 调查员：孙大爷，您把您的病例给我看一下。
>
> 孙佰荣：可以啊。
>
> 调查员：这个是乡卫生院的，这个是县医院的，县医院（诊断）是肝硬化，原发肝癌。
>
> 孙佰荣：一查了以后当天晚上没有睡觉，精神就

衰退下来了。

调查员：大娘，您知道大爷得这个病这段时期怎么过来的？

孙佰荣妻子：我的心都像刀绞一样，心里都不舒服，他好一点心里就舒服一点，他一不好了心里又难受，都是这样的。其实他的病并不是突然爆发的，早在 20 年前，就被诊断出患有乙型肝炎，但是一直没有采取任何治疗措施。

调查员：您这二十年是从来没用过药？

孙佰荣：没有。

调查员：就等于这么多年来一直熬着？

孙佰荣：嗯，对。

调查员：因为这个乙肝您得吃药，吃完了药才能见好，您不吃药只能是恶化。

孙佰荣：因为我们整个家庭就是这么一点收入来源，挣这么点。

调查员：您自己心里有没有数，这二十多年自己的身体怎么样？

孙佰荣：这二十年来我知道身上病肯定有，确实没钱，我们一家的主要经济来源是依靠种地，每年有 8000 元左右的收入，平均下来每个月只有不到 700 元维持着一家五口的基本生活。在这种情况下，如果再每月开销一笔医疗费用看病，就没法维持生计，也就一拖再拖没有治。

调查员：大夫说您身体还能支持多长时间？

孙佰荣：大概是半年左右。

调查员：如果接下来治的话是不是可以延长您的

寿命？

孙佰荣：有些病人花了八九万拖了三五年。

调查员：您能筹来这么多钱吗？

孙佰荣：不行啊，我想都没朝这个方面想，哪里有那么多钱。

调查员：借有没有可能？

孙佰荣：借都没地方借，哪个亲戚有那么大的钱？

调查员：您觉得您有什么办法帮他吗？

孙佰荣妻子：我有什么办法啊，我又没钱我怎么帮他呢，我又不会医，我替他死也医不好了。

孙佰荣：我也看不起啊。

调查员：说句不好听的话，您只能在等着了。

孙佰荣：嗯，只能等着了，只能等死了，待在家里，没有办法，没有其他办法了。

（孙佰荣一家的生活在小河子村并不是最差的，可是像孙佰荣这样由小病拖成大病，大病又无钱医治的现象并不少见。刘永胜，通江乡小河子村卫生室村医，对全村200多位村民的健康状况都比较了解。在他的卫生室里，挂着一份全村历年来死亡人员的名单记录。）

调查员：就是这个村里面的死亡人数，死亡情况都是这儿有记录的？

刘永胜：对，大部分有记录。

调查员：今年是4个人去世，50多岁，他们的岁数不大，52岁、51岁、56岁、52岁。这都什么病啊？

刘永胜：这是肝肾癌，这是肺癌，这两个是意外事故。

调查员：这个呢？

刘永胜：他跟他是俩堂兄，王太和、王太平。

调查员：您好，这是？

刘永胜：这是他儿子，王太和的儿子王宝庆。

调查员：在那之前您父亲在查出病情之前身体就没有不舒服吗？

王宝庆：有一点，他挨得住，他以为自己没什么，因为家里困难，没有钱去治，拖拖拖，不去治。

调查员：能忍就忍住了。

王宝庆：对。

调查员：因为怕花钱就不去看病，是吧？

王宝庆：是。

调查员：那像你们在农村，尤其是在你们家，这样的一种生活条件，要是自己有一点病的话是马上去看还是说能忍就忍。

王宝庆：能忍就忍，我已经咳嗽四五天了，我都没去看。

调查员：你爸爸可能就是这么想的，真的到太严重就来不及了再去医院，是不是。

王宝庆：小病根本就不需要去医院，大病都是由小病变成的。为了给父亲治疗，我花光了家里所有的积蓄，至今仍然欠着一万多元的外债。

调查员：你们家的收入就是靠种地吗？

王宝庆：有时候靠我在外面工地上搞建筑挣点钱。

王太和妻子：就是靠他一个人。

调查员：那能给家里补贴多少钱啊？

王宝庆：有事做的时候一天二三十块钱。

调查员：欠着一万多块钱的债，反正这个负担是很重的。

王宝庆：负担重那也没办法，慢慢还吧，一年还不清两年吧。

（二）村民用药情况

村民治病、用药一般都是本着花钱少、祛病快的原则，村民日常用药有如下几种。

（1）治疗小孩感冒咳嗽时一般用药有：小儿清肺口服液、库克、双黄连、川贝、煮梨喝水吃梨、沐舒坦、安奇、七厘散、小儿止咳糖浆、清宣止咳颗粒、小儿消积止咳口服液枇杷糖浆、沐舒坦、小儿百部止咳糖浆、小儿羚贝止咳糖浆、小儿喧肺止咳颗粒等。

（2）治疗成人咳嗽一般用药有：川贝止咳露、急支糖浆、咳必清、利君沙、阿莫灵、阿奇霉素、甘草片、克咳敏、咳特灵、肺宁胶囊、蜜炼川贝枇杷膏、气管炎菌苗片、枇杷止咳颗粒等。

（3）治疗成人感冒一般用药有：阿司匹林、板蓝根冲剂、维C银翘片、伤风感冒胶囊、感冒冲剂、感冒通、六神丸、感冒退热冲剂、安乃近、扑热息痛片、银翘解毒片等。针剂有：柴胡注射液、利巴韦林注射液、青霉素等。

（4）治疗腹泻一般用药有：庆大霉素、诺氟沙星胶囊、四环素、复方新诺明、青霉素、头孢类抗菌素、红霉素等。

（5）治疗胃病一般用药有：胃速乐、胃康灵、乐得胃、胃必治、斯达舒、胃必妥、氢氧化铝、西咪替丁、雷尼替丁、法莫替丁、洛赛克等。

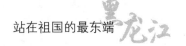

（6）消炎止痛一般用药有：贝诺酯、吲哚美辛、氨糖美辛、舒林酸、布洛芬、芬必得、酮洛芬、萘普生、吡罗昔康等。

三　新型农村合作医疗

新型农村合作医疗，简称"新农合"，是指由政府组织、引导、支持，农民自愿参加，个人、集体和政府多方筹资，以大病统筹为主的农民医疗互助共济制度。新型农村合作医疗采取个人缴费、集体扶持和政府资助的方式筹集资金，在保障农民获得基本卫生服务、缓解农民因病致贫和因病返贫方面发挥了重要的作用。该制度从 2003 年起在全国部分县（市）试点，到 2010 年逐步实现基本覆盖全国农村居民。

（一）合作医疗的基本运作方式

1. 筹资及措施

新型农村合作医疗的基金包括两大部分：一是参合农民每人每年缴纳合作医疗费用 10 元；二是各级财政对参合农民每人每年补助 80 元，其中中央财政每人每年补助 40 元，黑龙江省财政每人每年补助 22 元，佳木斯市财政每人每年补助 12 元，抚远县财政每人每年补助 6 元。两部分合计每人每年补助 90 元。

在农民自愿参加并签约承诺的前提下，由乡村组织当场收缴，每年 10 月底以前收缴齐全。村民在缴费当场详细登记新型农村合作医疗资金收缴登记表》，同时在"新型农村合作医疗证"上"统筹资金交费记录"一栏中登记签名盖章。

2. 资金管理

农村合作医疗基金由农村合作医疗管理委员会及其经办机构进行管理。农村合作医疗经办机构在管理委员会认定的国有商业银行设立农村合作医疗基金专用账户，确保基金的安全和完整，并建立健全农村合作医疗基金管理的规章制度，按照规定合理筹集、及时审核支付农村合作医疗基金。

3. 新型农村合作医疗的补偿

（1）建立家庭账户

门诊费以户为单位建立家庭账户，由农民凭"新型农村合作医疗证"和相关证明在本乡镇卫生院自行消费，用完为止，结余资金可以结转到下一年度使用。参合农民原则上在所在地的乡（镇）卫生院、村卫生室就诊。

（2）报销办法

①在定点医院住院的医疗费用，参合人出院时支付个人自付部分，其可报销部分由服务管理中心与医院按规定结算。

②未成年人意外门诊、区外指定医院住院治疗、异地就医住院治疗的情况，医疗费用由参合人垫付，出院后再进行补偿。

③住院费用在起付线以上，规定用药范围内可以按比例报销。从 2011 年 8 月 1 日起，乡镇定点卫生院住院支付标准由原来的 65% 提高到 75%；县级定点医院住院支付标准由原来的 55% 提高到 65%；市级以上定点医院住院支付标准由原来的 45% 提高到 50%。每年每人累计最高支付限额也由原来的 2 万元提高到 5 万元。

④下列情况不予报销，如：因斗殴致伤、自杀、自残、

配镜、酗酒、美容、整容、交通肇事、计划生育、职业病而发生的医疗费用和医疗事故发生的医疗费用。

（3）报销程序及手续

农民在县级定点医疗机构住院报销，凭合作医疗证、户口本、医疗费用结算凭据直接到县人民医院新型农村合作医疗结算中心报销；在乡（镇）、村定点医疗机构就诊，可先由定点医疗机构初审并垫付报销费用，然后由定点医疗机构每月底到县人民医院合作医疗结算中心核销。

（二）村民参加新型农村合作医疗的情况

小河子村村民参与新型农村合作医疗的比例约为90%。大部分村民积极参加新型农村合作医疗是各级基层干部积极宣传的结果。为了营造新型农村合作医疗的良好氛围，基层干部走村入户，通过印发宣传册、组织宣传车、张贴标语等多种形式广泛宣传新型农村合作医疗政策，并印制了《致广大农民群众的一封信》在集市上分发。基层干部还在中小学校开展宣传工作，教育中小学生向其家长传达新型农村合作医疗的政策信息。立体式宣传有效地提高了广大村民对新型农村合作医疗的认识，使村民明白参加新型农村合作医疗"生病得资助，无病益乡亲"的道理，确立了"你帮我帮政府帮，大家一起奔小康"的理念，吸引村民自愿参加新型农村合作医疗。

在谈到这个话题时，大多数的村民表示这项制度给他们的生活带来了很大的便利，以前看病总是想着钱的问题，小病就不去医院看了，大病也先等等看；现在有病一般都会选择直接去乡里的卫生院或者县里的医院，看一次病算下来自己也花不了多少钱，病也得到了医治。村民张大娘患有慢性高血压、心脏病等病症，以前一般都选择在家吃药，基本不去医院；现在身体感到不适的时候，会直接去医院就诊，对此张大娘表示："有了农村合作医疗的保障，敢于踏进医院的大门了。"但也有少数人对此表示没有得到实惠，因为合作医疗还存在诸多的限制。

（三）合作医疗存在的问题

1. 医药费控制不当增加了农民的医疗负担

在农村，居民每年往医疗卡里存一定数量的钱，每次去医院买药只要需卡里的钱，而且可享受一定的优惠。但是，人们在医院买的即使优惠50%的药还要比一些药店贵，并且药价在不断上涨。人们肯定不会把用钱换得的"优惠"扔掉，所以他们就尽可能地去医院买药。而医疗费报销比例的增长远远比不上医疗费增长的速度，据统计，2009年某医院农村合作医疗患者平均费用由2008年的2300元猛增至3000元以上。可见，在平时买药或看病时，农民并没有真正得到实惠。

2. 受益面窄和保障水平低

根据规定，参保者在乡、县两级定点医疗机构门诊看病，只能得到大约25%的医疗费减免，这说明农民得一般的小病，基本没有享受到国家的补贴。而患大病因为受到起付线的限制，受益人群也非常有限。另外，新型合作医疗的药品范围、诊疗项目范围等都比较小，也对受益面产生一定影响。据调查，45.83%的农民认为药品范围比较小，48.25%的农民认为诊疗项目范围比较小。而少部分不愿参加新型农村合作医疗的家庭中，有66.67%认为这些制度没有用。另外，92.71%的农民认为政府补贴不足，64.44%的农民认为大病补偿标准比例比较低。如果再加上日常生病买药花销和门诊费用，农民的医疗和卫生保健的经济负担依然十分沉重。而且有些病在定点的医疗机构没有相应的治疗科室甚至不在所保的范围内，只能到非定点的专业医疗机构就诊，这样就得不到补偿，医疗费用全部由农民自己承担。由此可见，受益面窄和保障水平低，使新型农村合作医疗制度的作用发挥得相当有限。

3. 个人账户难以保障日常医疗费支出

在新型农村合作医疗制度下，大部分地区的缴费标准是每人每年 10 元，但个人账户的钱难以满足基本的医疗需求。表 7 – 1 是抚远县小河子村村民对合作医疗态度的调查。

表 7 – 1　抚远县小河子村村民对合作医疗态度的调查情况

单位：%

调查问题	调查统计结果
一定程度上解决了看病问题	72.11
根本没有解决	27.89
个人账户的钱不够支付看病	78.77
勉强够支付看病	21.23

从表 7 – 1 中可看出，大部分参保者认为个人账户的钱根本不够支付医疗费，难以满足基本医疗需求。因此，相当一部分参保者认为，他们没有从此制度中获益或者没有体会到这项制度的医疗保障作用。

四　疫苗接种及疾病防控

（一）疫苗接种

调查组从省卫生、疾控部门举行的预防麻疹宣传活动上获悉，黑龙江省将于9月在全省范围内开展适龄儿童麻疹疫苗强化免疫活动。凡1995年9月1日至2009年12月31日出生的儿童，不管其居住地与出生地是否在黑龙江省，均可在此接种麻疹疫苗。但医生提醒，7类患儿不可接种或需延后接种麻疹疫苗。黑龙江省将于2012年9月开展适龄儿童麻疹疫苗强化免疫活动。在黑龙江省居住的无论既往免疫史及麻疹患病史如何，凡无麻疹疫苗接种禁忌症的适龄儿童，均需接种1剂次麻疹疫苗。未入托、入学的散居儿童，可到居住地的卫生局指定的社区卫生服务中心、乡镇卫生院接种门诊或村接种点等预防接种单位进行疫苗接种；在校中小学生或入托儿童，可在学校或大型幼儿园内设立的临时接种点进行疫苗接种，2012年9月1日～10日进行摸底登记，2012年11～20日进行疫苗接种。此次抚远县也在接种范围之内。

（二）疾病防控

1. 疾病防控机构

抚远县疾病防控机构为抚远县疾病防控中心，主要负责应对县内一切突发情况和控制疾病的蔓延以及疫苗的接种工作。抚远县疾病预防控制中心原名为抚远县卫生防疫站，隶属于抚远县卫生局，于2006年7月变更为抚远县疾病预防控制中心，中心国有固定资产300万元。中心占地面积5000平方米，建筑面积1500平方米。现有职工22人，其中副高职2人、中级12人、初级8人。中心在长期的发展实践工作中形成了自己的优势特色。专业人才实力雄厚，技术力量前沿，在抚远县卫生系统服务行列名列前茅。在2009年被列为省级艾滋病综合防治示范区，力争创建市级文明单位标兵。

2. 抚远县政府应对疾病的措施

（1）组织协调。组织协调有关部门参与突发公共卫生事件的处理。

（2）设施、设备参加应急。根据突发公共卫生事件处理需要，调集本行政区域内各类人员、物资、交通工具和相关设施、设备参加应急处理工作。

（3）划定控制区域。

（4）疫情控制。采取限制或者停止集市、集会、影剧院演出，以及其他人群聚集的活动；停工、停业、停课等。

（5）流动人口管理。对流动人口采取预防工作，对传染病人和疑似病人采取就地隔离、观察、治疗，对密切接触者根据情况采取集中或居家医学观察。

（6）实施交通卫生检疫。对出入境、进出疫区和运行中的交通工具及其乘运人员和物资、宿主动物进行检疫查验，对病人、疑似病人及其密切接触者实施临时隔离、留验。

（7）信息发布。信息发布要及时主动、准确把握，实事求是，正确引导舆论，注重社会效果。

（8）开展群防群治，维护社会稳定。

（9）提供必要的个人防护用品。各级人民政府及有关部门和单位，对参加突发事件应急处理的工作人员，应当提供必要的个人防护用品，采取卫生防护措施。

（10）早发现、早报告、早隔离、早治疗。传染病暴发、流行时，各级人民政府及有关部门应当做到早发现、早报告、早隔离、早治疗。对传染病病人和疑似传染病病人，采取就地隔离、就地观察、就地治疗。加强对重点单位、重点人群、重点环节的预防控制措施。

3. 卫生行政部门应对疾病的措施

（1）调查与处理。组织医疗机构、疾病预防控制机构和卫生监督机构开展突发公共卫生事件的调查与处理。

（2）提出启动突发公共卫生事件应急处理的级别。组织突发公共卫生事件专家咨询委员会对突发公共卫生事件进行评估，提出启动突发公共卫生事件应急处理的级别。

（3）应急控制措施。根据需要组织开展应急疫苗接种、预防服药。

（4）开展技术培训。

（5）督导检查。

（6）发布信息与通报。及时向社会发布突发公共卫生事件的信息或公告。

（7）制订技术标准和规范。对新发现的突发传染病、不明原因的群体性疾病等事件，组织力量制订技术标准和规范，及时组织全国培训。

（8）普及卫生知识。对事件性质，有针对性地开展卫生知识宣传和教育，提高公众健康意识和自我防护能力，消除公众心理障碍，开展心理危机干预工作。

（9）进行事件评估。组织专家对突发公共卫生事件的处理情况进行综合评估，包括事件概况、现场调查处理概况、病人救治情况、所采取的措施、效果评价等。

4. 医疗机构应对疾病的措施

（1）开展病人接诊、收治和转运工作，实行重症和普通病人分开管理，对疑似病人及时排除或确诊。

（2）协助疾控机构人员开展标本的采集、流行病学调查工作。

（3）做好医院内现场控制、消毒隔离、个人防护、医疗垃圾和污水处理工作，防止院内交叉感染。

（4）做好传染病人的报告。对因突发公共卫生事件而引起身体伤害的病人，任何医疗机构不得拒绝接诊。

（5）病例分析与总结。对群体性不明原因引发的疾病和新发传染病做好病例分析与总结，积累诊断治疗的经验。

（6）开展科研与国际交流。开展与突发事件相关的诊断试剂、药品、防护用品等方面的研究。开展国际合作，加快病原查寻和病因诊断。

（7）具备接诊条件的医疗卫生机构，负责突发事件致病人员就诊。

（8）报告与流行病学调查。医疗卫生机构接诊和收治传染病病人、疑似传染病病人，应当依法向所在县（市）、区疾病预防控制机构报告。接到报告的疾病预防控制机构应当立即对可能受到危害的人员进行流行病学调查，追踪调查密切接触者，并根据需要采取必要的控制措施。

5. 疾病预防控制机构应对疾病的措施

（1）突发公共卫生事件信息报告。

（2）开展流行病学调查。对突发事件累及人群的发病情况、分布特点进行调查分析，提出并实施有针对性的预防控制措施；对传染病病人、疑似病人、病原携带者及其密切接触者进行追踪调查，查明传播链，并向相关地方疾病预防控制机构通报情况。

（3）实验室检测：查找致病原因。

（4）开展科研与国际交流。

6. 各医院应对疾病的措施

（1）成立应急领导小组。组长由院长担任，组员由门诊部、医务处、护理部、感染管理科、总务后勤的主要负责人组成。领导小组不定期召开会议，统一协调指挥医院的应急及防治工作。

（2）组建医院救治专家指导组。

（3）早发现、早诊断、早治疗。结合流行病学史、临床表现和病原学检查，早发现、早诊断、早治疗是防控与治疗的关键。

7. 对突发传染病应对措施

（1）疫源地控制。当出现鼠疫、霍乱、SARS 病等重大传染病时，应对疫源地进行专门处置。封锁疫点及消毒，严格限制人员进入，同时保障封锁区人员的生活供给。

医务人员穿隔离服、胶鞋，戴手套、口罩进入疫点。出来时脱掉隔离服、手套、口罩、胶鞋等，并进行手消毒处理。定时反复进行空气、地面、墙体、物体消毒。还须在封锁区内实行灭鼠、灭蝇、灭蚤工作。

（2）发现传染病人的措施。①早期发现。由于患者是许多传染病的主要传染源，早期发现不仅有利于患者本身的及时诊治和康复，而且可以防止其病原体继续传播。②早期隔离治疗。隔离是将患者在传染期内置于不再传染健康人群的医疗监护环境，防止病原体向外扩散，便于管理和消毒，同时有利于患者的治疗、休息和康复，起到控制传染源的作用。根据传染病的传染力不同，可采取住院隔离、家庭隔离和临时病房隔离。

（3）对动物传染源的措施。①消灭。对所传疾病危害性大和经济价值低的鼠类、某些野生动物及狂犬病犬、炭疽病牲畜等可杀灭，然后焚烧或深埋。②隔离治疗。对有经济价值且所传疾病属非烈性传染病的动物，如患血吸虫

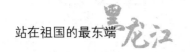

病的耕牛和布鲁氏菌病的牛、羊等，可进行隔离治疗，防止在畜群间传播。③免疫预防。通过检查及早发现感染动物，做好家畜动物的预防接种及检疫。尤其对养犬施行狂犬病疫苗免疫，是预防人类狂犬病的关键措施。④卫生管理措施。多种家禽、家畜带有感染性腹泻病原体，但因携带率高，动物数量大，目前只能在饲养、屠宰、加工、销售等过程中加强管理，减少危害。

图书在版编目（CIP）数据

站在祖国的最东端： 黑龙江省抚远县通江乡小河子
村调查报告/沈一民，张帅著. -- 北京：社会科学文
献出版社，2018.6
（当代中国边疆·民族地区典型百村调查. 黑龙江卷
. 第三辑）
ISBN 978 - 7 - 5201 - 1496 - 7

Ⅰ.①站…　Ⅱ.①沈…　②张…　Ⅲ.①农村调查 -调
查报告 -抚远县Ⅳ.①D668

中国版本图书馆 CIP 数据核字（2017）第 240111 号

当代中国边疆·民族地区典型百村调查： 黑龙江卷（第三辑）

站在祖国的最东端
——黑龙江省抚远县通江乡小河子村调查报告

著　　者/沈一民　张　帅

出 版 人/谢寿光
项目统筹/宋月华　范　迎
责任编辑/范　迎　马甜甜

出　　版/社会科学文献出版社·人文分社（010）59367215
　　　　　地址：北京市北三环中路甲 29 号院华龙大厦　邮编：100029
　　　　　网址：www. ssap. com. cn
发　　行/市场营销中心（010）59367081　59367018
印　　装/三河市龙林印务有限公司

规　　格/开　本：889mm × 1194mm　1/32
　　　　　印　张：7.125　字　数：156 千字
版　　次/2018 年 6 月第 1 版　2018 年 6 月第 1 次印刷
书　　号/ISBN 978 - 7 - 5201 - 1496 - 7
定　　价/149.00 元（共 3 册）

本书如有印装质量问题，请与读者服务中心（010 - 59367028）联系

▲△ 版权所有 翻印必究

主　编　厉　声

副主编　李　方（常务）　李国强

编委会成员（按姓氏笔画排列）

于　永　于逢春　马品彦　方　铁　王利文　厉　声　冯建勇
毕奥男　许建英　孙宏年　孙振玉　李　方　李国强　张永攀
周建新　孟　楠　段光达　倪邦贵　高　月　崔振东　翟国强

中国社会科学院中国边疆研究所　**厉声　主编**

当代中国边疆·民族地区典型百村调查：**黑龙江卷（第三辑）**

分卷主编：**段光达　吕文利**

中国社会科学院中国边疆研究所 厉 声 主编

当代中国边疆·民族地区典型百村调查：黑龙江卷（第三辑）

界江边上小山村

——黑龙江省大兴安岭地区呼玛县鸥浦乡鸥浦村调查报告

魏 影◎著

社会科学文献出版社

SOCIAL SCIENCES ACADEMIC PRESS (CHINA)

SSAP

总　序

　　深入实际、开展国情调研，是中国社会科学院肩负的重要科研任务，也是中国社会科学院履行好党中央、国务院赋予的"思想库""智囊团"职能的重要方式。中国边疆省区占国土面积的 60% 以上，边疆区情及当地的民族社会调研（边疆调研）是中国国情调研的重要组成部分。正如一位边疆工作者所说：不了解少数民族，就不了解中华民族；不了解边疆，就不了解中国。1983年中国社会科学院中国边疆史地研究中心建立后，特别是 1990 年以来，一直将边疆调研作为学科研究的重点之一。

　　2004 年，中国边疆史地研究中心承担国家哲学与社会科学基金特别项目"新疆历史与现状综合研究"（简称"新疆项目"）。2006 年，中国边疆史地研究中心牵头，立项开展"当代中国边疆·民族地区典型百村调查"（简称"百村调查"），作为此特别项目的子课题。"百村调查"以新疆为重点，在新疆、西藏、内蒙古、宁夏、广西 5 个民族自治区和云南、吉林、黑龙江 3 省基层地区同时开展，共调查 100 个边疆基层村落。调查工作在"新疆项目"领导小组和专家委员会指导下，由"百村调

查"专家委员会暨编委会组织实施。在中国边疆史地研究中心主持拟定的调查大纲框架下，挖掘每个省区的优势，体现各自的特色。

本项目的实施得到了边疆地区各级地方党政部门的支持。首先，调查工作注意与地方党政部门的相关工作衔接、听取意见，在实施调查之前，主动向各级党政部门汇报情况，听取指示和意见。其次，调查组主动让各级党政部门了解调研的全过程，在调研过程中出现问题时及时向相关党政部门请示。再次，调研阶段成果和最终成果的副本同时提供给地方党政部门参考。

"百村调查"的调研主题是：改革开放30年来中国边疆基层村落的民族社会和经济发展的历史与现状。具体内容包括：乡村概况、基层组织、经济发展、社会生活、民族、宗教、文教卫生、民俗风情等。项目调研的时间是：2007～2008年（资料下限至2007年底或适当延长）。

"百村调查"的调研对象为：100个具有典型意义与特色的中国边疆基层村落。课题以基层乡、村两级为调查基点，大致每个省区选择2个地州，每个地州选择1～2个县，每个县选择2个乡，每个乡选择2个村。新疆共调查22个村，其他地区均为13个村（辽宁、吉林、黑龙江以东北边疆为单元，共调查13个村）。调查点的选择要求有3点。

（1）本地区社会稳定与经济发展中具有典型意义的基层乡和村。

（2）存在边疆现实政治、社会或经济发展的热点、难点问题。

（3）与 20 世纪 50 年代全国边疆民族调查能有一定的衔接。

"百村调查"采取学术调查与现实政治相结合的方法，以社会人类学入村入户调研方法为主，同时关注现实政治、社会与经济发展中的热点、难点问题。一般共性调查与专题专访调查相结合，在一般综合性调查的基础上，选择好专访或专题调研的"切入点"，总结经验与完善不足相结合，在总结各项工作经验的同时，善于发现问题和提出解决问题的对策与建议。调研注重入户访谈和小范围座谈的专访调查。在一般性问卷和统计资料收集的基础上，注重对基层干部、群众典型、教师、宗教人士等特定人员的专题访谈，倾听和收集他们对基层社会稳定与经济发展的看法、意见和建议，形成能说明问题的专访或专题调研报告。

"百村调查"的成果形式分为调查综合报告与专题报告两大类。

（1）调查综合报告：依据大纲规定，撰写有关乡村经济社会等发展状况的综合报告，课题结项后分期公开出版。专题报告及调查资料可以公开发表的，在篇幅允许的情况下，作为附录附在综合报告末尾。

（2）专题报告：内容较敏感、不适宜公开出版的专题报告，集成《专题报告集》，内部刊印。

"百村调查"主编　厉声　谨识
2009 年 8 月 25 日

目　录
CONTENTS

图目录
FIGURE CONTENTS

表目录
TABLE CONTENTS

序 言
FOREWORD

一

　　黑龙江省是我国位置最北、最东，纬度最高的省份，最北端为北纬 53°33′，最东端为东经 135°5′，南北相距1120 公里，东西长 930 公里。黑龙江省北部、东部隔黑龙江、乌苏里江与俄罗斯相邻，水陆边界约 3575 公里，西部与内蒙古自治区毗邻，南部与吉林省接壤，总面积 45.46 万平方公里，占全国总面积的 4.8%，居第 6 位。

　　黑龙江省属温带大陆性季风气候，四季分明，全省年平均气温在 -5℃~5℃，降水充沛，大部分地区属半湿润区，平原多为草原湿地，山区多为针叶林和针阔混交林。山地和台地占全省面积的 72%，平原占 28%，耕地面积为11.78 万平方公里，约占全国耕地面积的 9%，居全国第 1位。松嫩平原和三江平原是两大著名商品粮产区，号称"北大仓"。全省拥有丰富的自然资源，动植物种类繁多，已查明的 131 种矿产资源中，已探明储量的有 74 种，居全国首位的有石油、石墨、钾长石等 8 种。黑龙江省下辖 12个地级市和 1 个地区，黑龙江还是多民族聚居的省份，有赫哲族、鄂伦春族、达斡尔族等 11 个世居少数民族。

　　黑龙江地区历史悠久，1996 年哈尔滨市阿城区交界镇石

灰场洞穴遗址发现距今 17.5 万年的人类活动遗迹。其后的旧石器时代遗址和新石器时代遗址在黑龙江有广泛的分布，较为典型的有哈尔滨阎家岗遗址、齐齐哈尔昂昂溪遗址、饶河小南山遗址和密山新开流遗址等。肇源县白金宝遗址（距今约 3200 年）则是黑龙江地区进入金属时代的标志，在此前后，黑龙江地区形成了东胡、濊貊和肃慎三大古族系。其中，东胡族系的后裔鲜卑、契丹、蒙古和肃慎族系的后裔靺鞨、女真、满族先后建立了中国历史上的北魏（386～543 年）、辽（916～1125 年）、金（1115～1234 年）、元（1271～1368年）、清（1644～1911 年）等封建王朝和地方政权渤海国（698～926 年）。被称为"海东盛国"的渤海，其疆域西起松花江与嫩江交会处以西，东至日本海，北达黑龙江下游，南到朝鲜半岛，下辖 5 京、15 府、62 州、130 余县。女真人建立的金朝于 1127 年灭亡北宋，将徽、钦二帝掠至五国头城（现黑龙江省依安县境内），留下了"坐井观天"的佳话。1153 年，金朝把首都上京会宁府迁至燕京（现北京市宣武区），改称"中都"，是中国封建王朝正式在北京建都的启始。这些少数民族建立的封建王朝和地方政权或占领中国的半壁江山，或君临全国，对中国古代社会的民族融合、经济发展和文化交流起到了重要的促进和推动作用，为统一的多民族国家的形成做出了重要的贡献。

近代以来，黑龙江地区又是中华民族抗击外侮的前线。1685 年，反击沙俄侵略的"雅克萨之战"大获全胜；义和团运动中，黑龙江再次响起"抗俄、拒俄"的枪炮声；"九一八"事变后，马占山将军领导的"江桥抗战"打响了抗日的第一枪；中国共产党领导的东北抗日联军在白山黑水与野蛮的日本侵略者进行了极为艰苦惨烈的浴血抗战，杨

靖宇、赵尚志、赵一曼和"八女投江"等宁死不屈的英雄壮举至今仍被人们深切地缅怀和传诵。

1946年，黑龙江成为全国解放最早的省份。在中国共产党的领导下，黑龙江人民配合解放军在林海雪原迅速剿灭了沉疴顽匪，建立了"巩固的东北根据地"，并最早掀起了彻底消除封建经济基础的"暴风骤雨"——土地改革，为支援解放战争提供了大量的人力和物力，为新民主主义革命的胜利做出了重要的贡献。新中国成立后，黑龙江省成为全国著名的重工业基地之一，有国内最大的油田、最大的林区和由十万专业官兵和百万知识青年辛勤建设起来的最大的商品粮生产基地。

改革开放以后，黑龙江省社会经济发展和人民的生活水平有了很大提高，尤其是农民的生活发生了巨大变化。但我国的地区发展很不平衡，与内地相比，边疆民族地区在社会经济发展等很多方面还有差距。黑龙江省是我国的农业大省、资源大省、边境大省，通过对黑龙江省选点村落的调查和研究，可提供非常具有参考价值的资料和数据，且可达到以下几个方面的目的：一是全面地了解黑龙江省边疆地区农村经济社会发展的现状；二是对现阶段黑龙江省边疆地区历史沿革和经济社会发展现状做一次客观的描述和记录；三是通过对现状的调查，找出当前黑龙江省边疆地区存在的普遍的、突出的问题；四是针对存在的问题，提出加快黑龙江省边疆地区建设发展的办法和建议；五是以小见大，力争通过本项目调查，对全国边疆地区经济社会发展进行思考并提出可行性建议。

二

根据总体课题的设计，本次调查在沿黑龙江这条世界

上最长界江的右岸少数民族聚居的边境地区选择了7个较为典型的村落，从黑龙江源头的洛古河村，到黑瞎子岛毗邻的小河子村，空间跨度3000多公里。调查内容涉及所调查村的历史沿革、基层组织、经济建设、社会发展、村民社会生活、教育、医疗等情况，尽可能全面地反映所调查村的全貌和存在的问题。

本次调研主要以社会学调查方法为主，同时结合人类学和历史学的分析、归纳和演绎等方法的运用，在对调查得来的第一手资料，以及相关资料、数据的收集和整理的基础上，进行全面深入的分析和研究，最终形成本课题的研究成果。

本课题在调研中注重与地方政府有关部门和乡镇、村级干部的联系，广泛听取不同层面的意见；注重深入百姓家中，倾听来自基层群众的心声；注重各调研小组的互相学习和交流，取长补短。同时，本课题还对沿黑龙江边界地区现存的历史遗存和非物质文化遗产状况及分布进行了系统的考察记录。调研获得的资料主要包括新发现的各种原始资料，如各级各类政府文件、统计资料、访谈记录、民间书信、讲演稿、民间艺术品、大量的图片资料和影音资料等，为该地区今后的深入研究提供了较为充分、详实，且十分难得的第一手资料。经过为期两年多的努力，全体课题组成员较为圆满地完成了项目所预设的目标。

必须提出，本课题在调研与写作过程中，始终得到了中国社会科学院中国边疆史地研究中心主任、国家社科基金特别项目"当代中国边疆·民族地区典型百村调查"主持人厉声研究员和中国边疆史地研究中心主任助理于逢春研究员的大力支持与帮助。在我们调研期间，厉声和于逢

春两位先生不仅对大纲的设计、村落的选择、初稿的审读等多方面都给予精心的指教，还多次亲临黑龙江指导工作。于先生由于主持其他项目，特委托曾跟随于先生亲临黑龙江的边疆史地研究中心副研究员吕文利博士专门负责本调查项目的联络、审稿与修改等事宜，确保了调研工作得以顺利完成，在此我们表示诚挚的感谢！

　　本课题得以顺利完成，应该感谢相关地市、县及其所属乡镇各级党组织和政府在我们调研考察过程中给予的大力支持和帮助。感谢本丛书的副主编、中国社会科学院中国边疆史地研究中心李方研究员，正是她基于对国家边疆文化建设事业的忠诚与执着，对我们的调研成果提出了宝贵的修改建议本书才得以出版问世。感谢参与调研考察工作的黑龙江大学历史文化旅游学院的老师和研究生。在承担繁重的教学科研和学习任务的同时，他们克服了重重困难，牺牲了宝贵的休息时间，利用寒暑假多次往返于学校与黑龙江边。他们在考察调研中表现出来的对祖国边疆文化事业的热爱和高尚的职业操守，可亲可敬，可歌可泣。

段光达　　吕文利

2012 年 4 月 1 日

调查工作报告

一　调研对象的选择

鸥浦村位于黑龙江省大兴安岭东麓的黑龙江畔。鸥浦村东、西、北三面环江，南部与黑龙江下游的三合村、正棋村和李花站村为邻，西北方向 15 公里处是老卡村、曙光村，北部、东部和西部均以黑龙江主航道中心线为界与俄罗斯隔江相望。距呼玛县城 173 公里，距白银纳鄂伦春民族乡 60 公里，离塔河县城 160 公里。

鸥浦村行政区域面积为 583 平方公里，占全乡总面积的 41%；2013 年初全村实有人口 214 户，517 人[①]，常住人口有 160 户，467 人，是鸥浦乡人口最多的一个村庄；五保户有 8 户，享有低保人数为 24 人[②]；耕地面积有 10700 亩，人均耕地达 19 亩，主要种植黄豆、小麦和马铃薯；特色种植有西瓜，每年种植面积达到 700 亩；特色养殖——笨猪、仔猪、黄牛、黑头羊等具有传统优势；剩余劳动力充分转移，人均增收近千元；服务行业和商业也有所发展，人均年收入近 5000 元。移动、联通、铁通、有线电视全面覆盖，自

---

① 实有人口包括常住、人在户口不在的外来或境外暂住人口，鸥浦村人口数据由鸥浦乡边防派出所提供。
② 数据由鸥浦村现任村主任王笃平提供。

来水入户率为 100%，新型农村合作医疗参合率为 100%。乡卫生院、乡中心小学设施逐年改善，新农村建设逐步推进，全村百姓守土爱乡，团结和谐。

选择该村作为此次调查的目标村有如下几个理由。

（1）该村是一个生活条件艰苦的边境村。鸥浦村基础设施差，村民的房屋至今大多数仍为土木结构，不过砖房近两年逐渐增多。2011 年此村刚通国电，之前村里一直用柴油机带动发电机发电，每晚 7 点到 10 点这段时间，村民的屋里才会有白炽灯光。此外，鸥浦村的交通尤为不便，通往外界的公路至今仍为土路，下雨或积雪融化之时，泥泞不堪，这是困扰该村经济发展的最大障碍。鸥浦村地处高纬度的高寒地区，最低温度达零下 48.2℃，地理位置和气候条件对农作物的生长有严重影响，只适宜种植小麦、黄豆、土豆等冷凉型作物，每年有 9 个月农作物无法生长，只能收获一季。村中土地有一部分是洪水淤积的黑沙土；一部分是冷浆地，地面 50 厘米以下都是永冻层，农作物籽粒不饱满，品质差；还有一部分是灰包土，而且土层浅，只有 15～20 厘米，缺乏农作物所需养分，这样的土地既不抗旱又不防涝。加之冰凌、洪水、低温、早霜、干旱、冰雹等自然灾害频繁，一直处于单产不高、总产不稳的低生产水平。而且多年来，小麦、黄豆等粮食作物价格日趋低下，农民丰收不增收，甚至还减收。由于地处偏远，不通铁路，随之而来的就是农作物的优良品种、化肥、油脂、农药等生产物资和服装、食品、医药等生活物资都需自家拖拉机短途运输，增加了生产生活成本。由于地处偏僻，交通不便，人口逐年减少，流动人口更少，信息落后，文化素质较差，村民接受新事物的能力较低，日出而作，日落而息，造成农民因循守旧，思路狭窄。除了种植业、渔业及少量的采集业收入外，畜牧业、服装业等收入只占农民收入的很少比例。近几年随着天保工程的实施以及林业两危①，农民从事林业生产的收入越来越少，这也是造成农民贫困的原因之一。因为地处高寒地区，生产生活成本比内地增加很多。冬天居民需要棉帽、棉衣、棉鞋、棉手套等防寒衣服。居民盖房要按冬季寒冷的标准施工，如果按南方的标准建房，居民将无法越冬。

（2）该村正处于脱贫致富的转变期。在政府的扶持下，该村正在有步骤地进行社会主义新农村建设。在加强基础设施建设方面，进行"村村通"自来水安装工程，新盖了村委会办公室、警务室、卫生所。2011年，鸥浦村告别了用柴油机发电、限时给电的时光，将国电通到了本村，解决了阻碍村庄发展最大的基础设施障碍，经济发展环境有了显著改善。该村的劳务输出发展比较典型，外出务工收入成为多数村民经济来源的一部分。

（3）鸥浦村是革命的村庄、爱国的村庄。早在1929年，苏军就曾侵占鸥浦县城，即今天的鸥浦村，在火光冲天的硝烟中，是居住在当地的人民和东北军一起守卫了国土。边疆的辽阔土地让侵略者垂涎已久，侵略者的队伍纷纷而至，随后而来的日本侵略者更把鸥浦当成了掠夺资源的基地。鸥浦人民在战争的阴霾下生活，然而他们没有停止反抗，最终伴随苏军对日宣战的轰鸣炮响，鸥浦人民群起响应，积极配合苏军重新夺回了家园，赶走了侵略者。1946年，荫正棋被任命为鸥浦县长兼鸥浦县工委书记，进

---

① 林业两危指的是森林资源危机和企业经济危困。

军鸥浦，接收鸥浦县伪政权，但不断遇到土匪的袭击和骚扰，其中以张伯军、赵志民为首的两股政治土匪最为猖狂，呼玛县的解放和人民政权的建立是在不断与土匪的斗争中进行的。1946年11月7日，荫正棋等18名战士在撤离鸥浦途中壮烈牺牲，年轻的生命永远长眠在祖国的北部边疆。

（4）该村具有丰富多彩的东北边境村落文化。鸥浦村的文化是鄂伦春人、关内移民、俄罗斯后裔和当年的插队知青共同筑建的。鸥浦村最初的土著居民是大兴安岭密林深处的游牧民族——鄂伦春族；清末民初，关内移民和自发而来的垦荒汉开始迁移到此；20世纪50年代开发大兴安岭北坡林区时，鸥浦村涌入了大量知识分子及熟练技术工人；20世纪六七十年代，大批上海、齐齐哈尔、呼玛的城市知青由于制度性派遣来到鸥浦村；改革开放前后又有自发而来的移民。这些不同时期、不同类型的人群成为鸥浦村生产、生活中不可分割的一部分，他们身上的鄂伦春原生文化、移民文化、知青文化，再加上鸥浦村对岸的俄罗斯文化，彼此之间相互冲突与交融，形成了鸥浦村丰富多彩的东北边境村落文化。对于此种文化的调查与记载，可作为历史资料，供后人进行研究、探讨。

总之，对一个正致力于脱贫致富的贫困山区村落进行调查，有助于人们了解黑龙江北部边境村民的生产、生活状况，有助于为黑龙江北部边境新农村建设提供一个真实的田野范本，有助于了解国家的扶贫政策在基层农村的实施情况及具体成效，有助于了解村民在社会转型中的具体需求和心理动态，对大兴安岭山区新农村建设和深入落实科学发展观有积极的借鉴意义。

二 调研过程及调查内容

(一) 村庄调查前的准备工作

吸取经验。作为一名始终于书斋中搜集资料从事研究的史学工作者,从事田野考察与调研活动对笔者来说是首次,如何同县、乡、村的干部们接触,如何同村里的百姓沟通,对笔者来说更是一项新的课题。因此,向曾经去调研过的老师取经至关重要。笔者首先找到了已出版的《屯堡乡民社会》一书的作者,向其了解下乡调研的经验及注意事项,吸收其中有用的成分;之后又找到了曾经在村子生产、生活过的上海、呼玛知青,向他们了解六七十年代鸥浦村的基本情况,因为这些有知识、有文化同时又具有在该村生产、生活经历的人,经过理性思维后,对村庄的认识和描述与普通村民有极大的不同;最后找到了个别鸥浦村村民的联系电话,向他们咨询何时秋收、何时农闲,以便到达该村时村民们能够有大块的时间接受我们的调查。

资料准备。在调研理论资料方面,主要查找了社会学、民族学的研究方法及国家对农村有关教育、医疗、土地、选举、社会主义新农村等相关政策;在制定调研大纲方面,因为中国社会科学院边疆史地研究中心已经确定了调研的基本大纲,所以笔者主要是对这个大纲进行细化,使之更符合黑龙江边疆村落的实情,更具有可操作性;在制定调研问卷方面,笔者在广泛吸取他人经验的基础上制定了村级及民户两类问卷,其中村级问卷包括村庄基本情况、负责人姓名及其联系电话、村人口、耕地、资源与设施、村社会事业、村经济状况,民户问卷包括家庭收入、家庭支

出、对国家政策的看法、社会生活、教育、婚姻、医疗、农村基层民主、民工生活、建设社会主义新农村等内容；在搜集村庄的相关资料方面，笔者首先在谷歌、读秀、超星数字图书馆、中国知网、中国龙志、呼玛县政府网站查找鸥浦村的基本信息，之后到各个图书馆地方文献资料室查找俄国、日本、美国及中国对黑龙江的调研资料，以及黑河、呼玛在不同时期编写的县志和文史资料。

装备准备。笔者主要准备了调研所用的照相机、录像机、录音笔、笔记本，并为每位调查对象准备了小礼物，以使其更好地配合调研。因为所调查村庄交通闭塞，且早晚温差较大，所以还准备了足够的衣物及各种药物。

人员准备。在调查之前，做好调查小组成员的分工，比如安排擅长聊天的学生负责受调农户的访谈，擅长摄影的学生负责照相、摄像及对农户庄院的绘图等工作。同时小组成员在每天调研结束后，一定要对所调查的资料进行及时归类整理。最后在出发前与当地负责人联系，确保到达目的地时有相关负责人来接待。

（二）村庄的调查及主要内容

首次调查的时间为 2008 年 8 月中旬，由笔者带领两名研究生进行了为期 15 天的田野作业，主要内容为对呼玛县的相关领导进行访谈，重点对呼玛县档案馆、图书馆、统计局、民政局、农管局、公安局等单位进行调查，从宏观方面了解鸥浦村的历史、经济条件、社会发展等情况；在鸥浦乡与乡里的工作人员交流，翻拍乡政府的纸档资料、拷贝电子资料，走访乡政府所在地的边防派出所、信用社、乡卫生院、乡中心学校、乡供销社等单位，搜集关于鸥浦村的相关资料,包括村民的户口、存贷、医疗、教育、购买等情况;在鸥浦村对村主任、支书、妇女主任、文书及部分村民进行访谈与调查问卷,从基层干部着手了解村民的生产、生活状态,国家的各项政策在村里的落实情况,村民对各项政策的反映和现实需求情况等。通过对鸥浦村的首次调查,笔者收集了关于鸥浦村的基本信息,对鸥浦村村民的基本生产、生活状况有了大概的了解。之后,笔者再次制订了详细的调查计划,并于 2009 年 8 月初开始了第二次田野调查,田野作业时间为 20 天,此次调查为驻村入户调查,对村民进行了抽样调查。调查内容涉及村民的经济生活(家庭收入、家庭消费、家庭经济构成及其变化等)、社会生活(人口、社会分层、风俗习惯等)、婚姻与家庭(婚姻圈、亲属关系等)、宗教生活(教派、宗教场所、宗教活动、宗教组织等)、文化教育、卫生医疗状况等村民生产、生活的各个方面,并对抽样户进行回访,同时有针对性地对村里的经济能人、有学生上学的农户、了解村史的老人等关键人物进行重点访谈。第三次调查为 2013年 3 月,田野作业时间为 7 天,主要是对不清楚的资料进行复核。本课题的写作阶段为 2011 年 9 月~2012 年 7 月,修改时间为 2012 年 8 月~2013 年 4 月,其间笔者对县、乡、村各级干部及部分村民有针对性地进行了电话访谈。

三 调研方法

在调研中,综合运用了社会学、民族学等学科知识。运用民族学的田野调查方法对鸥浦村村民的经济生活、社会结构、宗教生活、文化教育、家庭婚姻等村民的生产、生活情况进行调查。运用社会学的统计方法,处理调查数

据和入户调查问卷。运用比较研究的方法对村民的生产、生活情况进行横向和纵向的对比研究。

（1）文献分析法。科学地运用前人的理论成果，对于提高自身的思考水平和知识积累都是大有裨益的。笔者通过调查前的资料准备，对鸥浦村的历史和文化以及当地村民生产、生活的相关情况有了初步了解。

（2）田野调查法。笔者于 2008 年 8 月～2013 年 4 月 3 次进入鸥浦村，深入村民家中，和村民一同作息，从客体的角度体验他们的生产、生活，观察他们的言行举止，获取了有关他们经济、社会情况的第一手资料。

（3）问卷调查法。针对课题的调研目的，课题组科学合理地设计村级问卷及民户问卷，对村干部及 1/3 的民户进行抽样问卷调查。由于鸥浦村村民文化水平较低，笔者不得不逐户访问，并亲自填写调查问卷。

（4）个案访谈法。针对在入户调查中得到的信息，笔者对相关村民进行重点访谈。

第一章 概况和村史

第一节 概况

一 所在县乡概况

（一）所在县概况

被誉为"金鸡冠上的宝石""黄金之乡"的呼玛县是我国最北部的边境县之一，位于北纬 50°49′20″ ~ 52°53′59″，东经 125°03′20″ ~ 127°01′30″，在行政区划上隶属黑龙江省大兴安岭地区。东部与俄罗斯以黑龙江主航道为界，中俄双方有 18 个村庄和 3 个边境城镇①互相对应，国境线长 377 公里，是黑龙江省边界线最长的县份。北部与塔河县相连，西部与新林区、松岭区接壤，南部与黑河市、嫩江县、内蒙古自治区鄂伦春自治旗接壤。县境南北长 230 公里，东西宽 135 公里，辖区面积 14335 平方公里，是大兴安岭地区唯一的农业县，辖 6 乡 2 镇、1 个办事处、4 个林场、53 个行政村，先后有 18 个村被确定为省、地级新农村试点村。总人口有 6 万人，其中农村人口 3 万人，平均每平方公里

---

① 即斯沃博德内市、施马诺夫克市和马格达加奇区。

4.186 人。呼玛县有汉、满、鄂伦春、回、达斡尔、蒙古、朝鲜、俄罗斯、鄂温克、哈萨克 10 个民族，少数民族占人口总数的 5.4%，其中鄂伦春、达斡尔、满等少数民族属于远古时期即在此的游猎民族的后裔。

1. 历史概况

呼玛又称呼玛尔、库玛尔、古站。呼玛是因黑龙江支流——呼玛河而得名。据《呼玛县志》[①] 记载："呼玛、呼玛尔、库玛尔，均为蒙语，即行围前列之人的意思。"另有资料记载："呼玛尔为达斡尔语，'高山峡谷不见日光的急流'之意。"古站是因此地为清代齐齐哈尔通往漠河驿站中的一站而得名。

呼玛县古老而文明。先秦有肃慎人居住，汉晋属鲜卑，唐属室韦都督府，辽属东京道室韦部，金属上京蒲峪路，元属辽阳行省开元路，明属奴儿干都司，清初始属宁古塔将军管辖。清康熙二十二年（1683），在黑龙江上游呼玛尔河口附近修建呼玛尔木城，作为抵御沙俄侵略的前哨堡垒，改隶黑龙江将军管辖，属黑龙江副都统辖区。雍正五年（1727），黑龙江将军于呼玛尔城设置呼玛尔卡伦。光绪三十四年（1908），清廷批准拟设呼玛直隶厅，驻西尔根卡伦。后因条件所限，缓设。宣统元年（1909），于呼玛尔河口设置呼玛尔河总卡官，节制呼玛尔河、依西肯、倭西门、安干、察哈彦、望哈达卡伦，隶属瑷珲兵备道。中华民国成立后，1912 年 7 月 1 日，设置呼玛厅设治局，驻呼玛尔河口[②]。1914 年 1 月 11 日，将呼玛厅设治局改为呼玛县，

---

① 此《呼玛县志》为 1982 年版。
② 又称"金山口"，今金山乡金山村。

为二等县。同年 7 月 11 日，呼玛县知县孙绳武启用"呼玛县印"，隶属黑河道；10 月批准呼玛县署迁至古站①。1915年 1 月，将倭西门卡伦改为呼玛县，分驻倭西门县佐。1916年 4 月，呼玛县署正式移驻古站。1929 年 2 月 1 日，倭西门县佐升改鸥浦设治局，旋即改设鸥浦县，呼玛县由黑龙江省直辖，同年 4 月提升为一等县。1930 年呼玛全县有 1.4万人。东北沦陷后，初由黑龙江省直辖，1934 年 12 月划归黑河省管辖。1945 年 8 月 8 日 3 时，苏联红军解放了呼玛县，1946 年 8 月 13 日，建立了呼玛县人民政府，隶属黑龙江省管辖。1947 年 3 月，撤销鸥浦县和漠河县，并入呼玛县，呼玛县改隶黑河专区管辖。1955 年，国家对大兴安岭林区进行大规划开发，先后在县内建了 4 个国营林业局。1964 年 8 月，将西部林区划归大兴安岭特区管辖。1967 年4 月 15 日，成立呼玛县革命委员会，取代县政府。1970 年4 月，将呼玛县划归大兴安岭地区管辖。1980 年 9 月，恢复呼玛县人民政府名称。1981 年 11 月，呼玛县一分为三，单设了漠河县、塔河县。

2. 自然条件概况

呼玛县属寒温带大陆性气候，冬季严寒而漫长，极端最低气温 $-48.2℃$，夏季炎热多雨且短暂，极端最高气温 $38℃$，年平均气温 $-2℃$。积雪覆盖期长达 150 天，无霜期 $90\sim100$ 天。年平均日照时数为 2529 小时。年 $\geq10℃$ 的活动积温为 $1998℃$。

呼玛县地处大兴安岭北麓东坡，小兴安岭北段余脉，黑龙江上游西南岸。地势西北高、东南低，西北部属低山

①　今呼玛镇。

丘陵区，东南部属漫岗平原区。地貌标高 143～788 米，平均海拔 350 米。境内水资源丰富，有 39 条河流，并有支流 160 条，分属黑龙江、嫩江两大水系。呼玛河水向东注入黑龙江，境内流程 209 公里，是县内最长的一条大河。境内泡泽共有 331 个。江河水含量少，透明度在 29～33，水质良好，水量丰富。

土壤属大兴安岭东部山地棕壤、黑土、草甸土和草甸沼泽土 4 个类型、13 个亚类型，有机质含量高，但土温低，有机质分解缓慢。现有耕地 36 万亩，可垦荒地 92.5 万亩。

呼玛县属于资源密集型县份，自然资源十分丰富。境内植被种类繁多，野生木本、草本植物共 62 科 215 属 374 种，素有"祖国绿色宝库"和"落叶松故乡"之称。林地面积达 1721.8 万亩，占全县总面积的 80.1%，其中天然林地面积占林地总面积的 99.95%，森林覆盖率为 70.7%，木材总蓄积量达 7885 万立方米。树种以兴安落叶松为主，樟子松、蒙古柞、白桦、黑桦次之，有相当数量的都柿甸、沼柳，还有少量的杨树、榆树、水曲柳、黄波罗、榛子、兴安胡枝子、兴安杜鹃等。

呼玛县天然草场以林缘草地为主，沿河流沟谷呈树枝状分布，可分为草本沼泽类、沼泽草甸类和灌丛类 3 种草场植被类型。天然草场 338.9 万亩，占全县总面积的 15.8%，其中可利用天然草场 301.1 万亩。万亩以上草场 71 块，平均亩产鲜草 549 公斤。理论载畜量为 65 万个绵羊单位或 13 万个牛单位。草本植物主要有小叶樟、五脉山黧豆、苔草、紫花和白花地榆、大叶樟、大油芒等。家畜可食的草本植被有 310 种，种类繁多的植被为发展林业、草原畜牧业和副业等提供了有利条件。

呼玛县是生物资源的宝库。野生动物有鹿、犴、貉、黑熊、狍子、猞猁、黄鼬、紫貂、水獭、麝鼠及飞龙鸟、榛鸡、树鸟、雉鸟等。江河中盛产闻名遐迩的鳇、鲟、鲑鱼和鳌鱼、哲罗、细鳞为代表的"三花五罗十八鳞"等鱼类。蜚声海内外的毛尖蘑、猴头蘑、黑木耳和蕨菜、黄花菜等食用山产品遍布山野。无污染的都柿（俗称"蓝莓"）、稠李子、黑加仑、刺玫果等野生浆果是酿制果酒、饮料的上乘佳品。还有号称"兴安药材八百种"的北芪、五味子、党参、柴胡、桔梗、防风等寒地野生药材。

全县水资源总量为73亿立方米（以过境水量计算），其中地下水7亿立方米，多为浅层的裂隙水。江河泡泽面积共计25.6万亩，占全县总面积的1.2%，人均占水量为10.4万立方米，年平均径总量38亿立方米，年平均水能蕴藏量50万千瓦。①

呼玛县境内蕴藏着十分丰富的矿产资源，有储量可观的金、煤、铁、磷、钼、石墨、云母、石灰石、石英砂、花岗岩等。呼玛县还盛产黄金，自古有"黑水镶边、黄金铺路"的美称，金矿遍布全县各个乡镇，沙金储量大，已探明的黄金储量占黑龙江省的45.9%，是全国重点黄金产地。已探明的煤炭储量达1亿吨，具有埋藏浅、易开采的特点。

呼玛县交通以公路为主，黑（黑河）呼（呼玛）、呼（呼玛）塔（塔河）两条公路是县内运输主干线。铁路终止于韩家园镇，距县城呼玛镇百余公里。黑龙江在明水期客货航运便利，发展水运事业的潜力很大。加上呼（呼玛）

———————————
① 这一数字不包括黑龙江。

13

加（加格达奇）客运线的开通和以县城为中心通往兴隆、新街基、韩家园、鸥浦的县乡公路网，初步改变了交通闭塞的状况。

3. 经济概况

呼玛县县域经济过去始终以黄金、林业、农业为三大支柱产业。根据生态省和生态区建设的需要，2004 年和 2006 年，呼玛县对木材、沙金坚决实施了全面禁采，县域经济也由此遇到了前所未有的困难。县委县政府及时调整发展思路，提出并全面实施了"生态建设立源、三农工作固本、产业体系立县、财源建设兴业、招商引资强基、特色经济富民、建设新型农村、构建和谐呼玛"的发展思路。通过几年不懈的努力，呼玛经济从困境中崛起。2010 年，全县地区生产总值实现 74621 万元，比"十五"期末增长 91.3%，年均增长 13.9%。县域经济综合指标排名在黑龙江省 66 个县（市）中由 2009 年的第 51 位上升到"十一五"期末的第 47 位。

特色种植业。呼玛县现有耕地 50 万亩，农业机械化程度较高，有较好的农业生产条件。这里适宜小麦、黄豆、马铃薯、油菜、亚麻、白沙克豆等作物生长，特别是喜冷凉的马铃薯产量较高，品质较好。大兴安岭丽雪精淀粉公司呼玛分公司，年加工鲜薯 15 万吨，年产精淀粉 2 万吨。精淀粉厂的建成投产使马铃薯步入了产业化发展轨道。

呼玛县被黑龙江省列为优质小麦生产基地县，所产小麦无污染。香麦公司的高筋面粉已打入内地大中城市超市。蔬菜品种与内地相似，以无公害为特点。当地发展大棚、温室庭院经济有较高效益。高山红景天、黄芪等 10 余种药材种植已获成功，销售渠道畅通，效益较好。

工业经济。到 2012 年，工业增加值完成 7504 万元，同比增长 14.4%，工业增加值占地区生产总值的比重达到 13.9%；工业固定资产投资与上年同期持平。已完工的产业项目共 5 项，鑫玛热电厂、坤美源蓝莓、麒兴蓉达民族山珍、越鑫水飞蓟厂、绿野山特产品总投资达 5.6 亿元。

旅游业。呼玛尔古战场遗址——明末清初，沙俄侵略者趁我国关内战乱之机，侵略我国黑龙江上游，烧杀掳掠。清顺治十二年（1655），清兵出征呼玛尔抵御沙俄侵略者，但因粮饷不继等原因而失败。改革开放后，呼玛人民在呼玛尔河口立碑纪念。

抗联纪念碑——位于呼玛县韩家园镇闹达罕村，是为纪念当年抗联战士抗击日寇，屡建战功而建。1941 年，抗日联军三支队伍挺进呼玛地区，在地方群众和善于骑射的鄂伦春人配合下，将敌人全部歼灭。

古驿站和驿路——清雅克萨战争以前，呼玛境内无公路。康熙皇帝针对沙俄的侵略行径，"酌定天时、地利，运饷进兵为机宜"，将山间小路辟为驿路，循嫩江上游，自墨尔根起沿驿路依次设站，直至漠河共设 30 个驿站。如今在部分古驿站原址设有村屯、林场。

交通运输。境内有黑漠公路贯通，呼玛至塔河、呼玛至黑河市的沙石路修筑了白色 3 级水泥路面。近年来，呼玛陆续开通至哈尔滨、绥化、齐齐哈尔市的直达卧铺客车。目前，呼玛已开通 15 条客运线路，客车全部更新，在国内属先进水平。经过艰苦工作，黑河—呼玛—韩家园铁路项目列入国家铁路中长期发展规划，并被黑龙江省政府确定为 2009 年重点推进项目，中铁五局通过勘察，已初步确定

了线址和沿线站点。七棵树至大子扬山通县公路项目已经开工建设。

边境贸易。呼玛县与俄罗斯隔江相望，边境线长 377 公里，双方有 18 个相对应的村庄。呼玛与俄罗斯位于西伯利亚大铁路上的斯沃博德内市、施马诺夫克市和马格达加奇区 3 个边境城镇对应。1993 年，经国务院批准，呼玛县呼玛镇与施马诺夫克市乌沙阔为一类口岸，2007 年 5 月 28 日正式开关。呼玛对俄口岸我方各项手续全部齐备，基础设施基本达到可投入使用的状态，并有希望进入国家西部边境口岸城镇建设范畴。

金融保险。呼玛县有中国人寿保险公司，有中国人民银行、中国工商银行和中国建设银行等金融机构，可为投资企业、客商提供各种金融保险业务。

水利设施。三间房水利枢纽工程立项建设取得重大进展，《黑龙江省大兴安岭地区呼玛河干流梯级水电站规划报告》和《黑龙江省大兴安岭三间房水利枢纽工程项目建议书》通过了专家组评审，并得到省发改委的批复。

矿产。钒钛磁铁矿开发项目有序推进。投资 1.2 亿元、日处理 5000 吨矿石的选矿厂基础工程和生活区建设已经完成。呼玛县开展了椅子圈煤矿 30 万吨改扩建项目立项工作，建成后将成为热电联产和以煤代木的重要原料基地。

4. 社会事业

自来水公司日供水能力是 7000 万立方米，没有内地部分城市出现的缺水现象，工业用水、居民生活用水充足。县内团结水电站、椅子圈发电厂已同大兴安岭地区电力公司联网，电力供应充足。医疗机构配置较为合理，县、乡、镇均有医院、卫生院，县医院 CT、B 超等设备较为齐全。

县有电视台，乡有电视转播站，村村有电视。县域有万米广场、步行街、江畔公园。图书馆藏书 5 万册，是人们求知的好去处。

社会保障。全县养老险企业参保 3734 人，社会化发放率 100%；机关事业参保 1033 人，社会发放率达 100%；医疗险参保 10506 人，医疗保险基金征缴率达到 96%。城乡低保人数达到 2418 人，为其发放肉食补贴 120 万元。筹集残疾人危房改造资金 100 万元，为 50 户残疾人建设了新住房。全县新型农村合作医疗参合率达到 99.4%，核销医药费 249 万元，受益农民为 3300 多人次。

生态建设。加强森林管护和防火工作，投资 50 万元建设了 8 个管护站和检查站，投资 300 万元建设防火基础设施，配备防火设备。推进殡葬改革，火化率达 100%。大力推行"以煤代木"工程，投入 1000 余万元资金，建设引火柴供应站 14 个、引火柴集中保管点 19 个、煤炭供应站 1 处及供应点 11 个、液化气供应站 1 处及供应点 11 个，改造锅炉 9 台和炉灶 8451 个。积极推进沙金过采区环境治理项目，完成了国家、省投 700 万元的北宽河沙金过采区环境治理项目，使 353 公顷的植被得到有效恢复。投资 300 万元的二指沟沙金过采区环境治理场地平整项目新增耕地面积 74 公顷。

邮电通信。呼玛县有电信、移动、联通公司，县城和乡镇移动、固定电话较为普及，国际、国内电话直拨业务早已开通，形成了全方位的现代化通信网路。

（二）所在乡概况

鸥浦乡位于呼玛县城北 173 公里处，是呼玛县位置最北、纬度最高的乡份。东北部隔黑龙江与俄罗斯相望，边境线长 123 公里①；南部与金山乡、兴华乡、韩家园镇接壤；西部、西北部与塔河县的十八站乡、依西肯乡毗邻。地理坐标为东经 125°34′30″ ~ 126°20′55″，北纬 52°19′11″ ~ 52°53′59″。全乡面积 1408 平方公里，耕地面积 6 万亩，人均 40 亩，地形以山地和丘陵为主。全乡共辖 7 个行政村、7 个自然村，现有 585 户 1580 人，生活着汉、满、蒙、达斡尔、鄂伦春 5 个民族。全乡设 1 个党委、7 个村级支部，共有党员 121 名（见表 1 – 1）②。乡领导、干部年龄结构年轻化，文化层次较高。鸥浦乡经济平稳快速运行，2008 年总产值达 1418 万元，农业总产值稳中有升，其中，畜牧业 90 万元，渔业 13.5 万元，运输业 12 万元，商业 24 万元，服务业 10 万元，其他 191 万元。招商引资成绩显著，2008 年达到 1093 万元；农民人均纯收入比上年增长 11%，2008 年人均达到 4750 元。人均有粮 2000 公斤。全乡牛饲养量为 400 头、羊 1100 只、猪 800 头。人口自然增长率为 – 1‰。鸥浦乡辖区内现有看船点 3 个（老卡、三合、正棋）、船管站 1 个（在鸥浦村），边境沿线有俄方哨所 4 个（切尔纽耶夫、卡里诺夫卡、库兹涅佐夫、叶尔马克沃）、驻军连队 2 个（鸥浦村边防六连、三合村边防五连），沿黑龙江主航道我方岛屿共 14 个。乡政府所在地有学校、医院、变电所 3 个企事业单位。鸥浦乡村民主要以种地、打鱼为生，人均年收入不高，按 2011 年年底乡财政所统计结果看，全乡人均年收入为 4500 元。

① 边境线并不是一成不变的，据边防派出所口述，2013 年初，中俄双方针对边境线变迁问题进行了友好会晤。由于水土和泥沙的冲击，主航道会变更，边境线也会随之变迁。主航道并非界江的中心线，由航标区分，俄方的航标为白色，中方航标为红色。
② 来自 2011 年 11 月 15 日鸥浦乡党委统计数字。

表 1 - 1 2011 年鸥浦乡党员人数

单位：人

党员所属	机关	鸥浦村	老卡村	曙光村	三合村	正棋村	怀柔村	李花站	合计
人数	17	26	14	10	16	11	14	13	121

资料来源：根据 2011 年 11 月 15 日鸥浦乡党委统计数字制作。

1. 历史概况

清光绪三十二年（1906），清政府在今天鸥浦乡政府所在地——鸥浦村附近的黑龙江中老街基岛（见图 1 - 1）上设置倭西门卡伦①，管理范围沿黑龙江北至现在的塔河县依西肯乡，南到现在的鸥浦乡正棋村。1914 年 7 月 1 日，设呼玛县属倭西门县佐。1929 年 4 月 6 日，黑龙江省政府令倭西门县佐从呼玛县划出，改为鸥浦设治局。同日，黑龙江省政府复训令将鸥浦设治局改升为鸥浦县，为丁等县，倭西门村改为鸥浦村。

图 1 - 1 老街基岛

① 据《鸥浦乡志》记载，原鸥浦县驻地在"倭西门"，也就是黑龙江主航道中心线中国一侧面积约 1.5 平方公里的冲积岛——老街基岛。这里常有成群的鸥鸟来岛上栖息，设治时就将"倭西门"改称为"鸥浦"。

鸥浦设县后，东部边界沿黑龙江南至今鸥浦乡怀柔村，北至今漠河县的马伦村，全长 250 多公里，面积 14312 平方公里。1934 年，日本侵略者占领鸥浦后，为防止鸥浦县人民被苏联"赤化"，遂于 1936 年强迫鸥浦县城弃址迁移至下地营子，即今天的鸥浦村。1937 年，著名的老牌商号哈尔滨秋林公司专门派人到鸥浦设置分公司，鸥浦成了远近闻名的商品集散地。整个城区被县长谭英多规划为 8 街 9 路，鸥浦县公署在街内东南隅，四周筑有小土堤，警察队也住在堤内，街里共有居民 358 人。商店分布在东西马路两侧，学校、观象台均在县公署之西的小土岗上，东邻保甲所。西山麓下是特务机关，山上有日本神社一座。司法机关、邮局、小卖家联盟、秋林公司均在街里。职员家属住宅在县公署院北边，紧挨小土城。飞机场和航空会社在县公署东南郊区，离街有一里多路。今天，在鸥浦村内外还留有不少当年的建筑物遗迹。

1947 年随着鸥浦县的解放，鸥浦被并入了呼玛县的版图，设鸥浦区。1956 年撤区划乡，设鸥浦乡。1958 年因特大洪水，倭西门的居民全部搬迁到今鸥浦村，原址倭西门改称"老街基岛"。同年 9 月，改鸥浦乡为鸥浦人民公社。1984 年初，政社分开，改称鸥浦乡。

2. 自然条件概况

鸥浦乡地域广阔，资源丰富，土地肥沃，气候适宜，年均气温为 −2℃ 左右，平均日照时间在 2500 小时左右，年降水量在 300～500 毫米，无霜期在 90～100 天，适宜小麦、黄豆、马铃薯、西瓜等农作物的种植。

鸥浦乡山脉纵横，水草丰足，共有林地面积 171 万亩，主要树种为落叶松、樟子松、白桦等，是野生动物良好的栖息、繁衍场所，全乡野生动物种类齐全；矿产资源种类较多，储量丰富，已探明煤田、花岗岩、闪光岩极具开发价值；中药材、山野土特产以无公害、无污染的优势备受国内外用户青睐；境内的黑龙江以雄险构成了北国独特的景观。

3. 经济概况

鸥浦乡党委、政府坚持以人为本，以增加农民收入为核心，以多元化农业产业结构为主体，大力实施"抓好四项工程、推进四大产业、创建科学发展"的线路。抓好四项工程是指要抓好通电工程、整村推进（新农村）工程、科学发展观工程、感人连心创建工程；推进四大产业是指马铃薯种薯基地建设产业、三合战斗村第二个北极村旅游产业、以黄牛笨鸡笨猪为主的"笨"字号畜牧养殖业、高效经济作物产业。以解决群众心声之事、谋划群众心想之事为核心，促进乡域经济的发展。

农业经济。鸥浦乡大力调整农业产业结构，提升农业产业化水平。传统的小麦、大豆种植结构和广种薄收的经营模式已经不适应现代农业发展形势，为此鸥浦乡采取了优惠政策引导、示范田建设及优质农技服务等措施，使全乡的种植业结构发生了翻天覆地的变化。鸥浦乡种植业以小麦、黄豆为主导，以西瓜、马铃薯等为辅。西瓜以皮薄、甘甜、汁多的特点在全区有极大的销售市场；马铃薯淀粉含量高、产量大，深得各方喜爱，特别是种薯产业市场规模前景广阔。2008年全乡种植马铃薯3640亩，人均增收近600元；种植西瓜740亩，人均增收近500元；向日葵、杂豆种植面积稳定在1700亩以上，人均增收300元。

畜牧业经济。鸥浦乡发展畜牧业具有得天独厚的优势，大力发展牛、羊养殖，目前全乡肉牛存栏 368 头，绒山羊、绵羊、小尾寒羊及黑头羊存栏 1187 只，并在乡政府的组织下成立了牛、羊养殖协会，有效发挥了协会合作和示范带动作用。

养殖业经济。特色养殖业成为产业结构的重要组成部分。2011 年，怀柔村在地区防火办和乡政府扶持下，投资 5 万元兴办水塘养殖业，向池塘投放了 10000 尾鲫鱼和 3000 尾鲇鱼；正棋村修建水塘 30 余亩，投放了泥鳅、鲇鱼、鲤鱼等品种；老卡村和曙光村也纷纷利用天然鱼塘，水下养鱼虾，水上养鹅鸭。

旅游业经济。景色旖旎、具有光辉革命历史的三合村是人们休闲、观光及进行爱国主义教育的好地方。近几年在乡政府的引导下，三合村共引资 80 多万元，建成了餐饮、旅店、游江、游泳等旅游配套设施。在旅游季节，三合村日接待省内外游客 100 人以上，带动了相关服务业的迅速发展。

招商引资。2008 年以来，乡党委、乡政府根据鸥浦乡经济整体发展不平衡、工业经济严重滞后的实际，积极实施项目带动战略，突出发展工业。在保证企业合法、规范的同时，给予其各项优惠政策，成功引入了鑫昊矿业，当年投资 1000 万元，在富拉罕金矿采金，为其他企业入驻鸥浦乡开辟了成功之路。

4. 社会事业

在精神文明创建与环境整治中，鸥浦乡党委以争创新风院、争建新风路、争当新风户、争做新风人"四个新风"为主题，积极开展了创建整治活动。

2011年解决了鸥浦村百年不通电问题，全乡其他无长电村屯利用座机每天发电平均4小时；移动公司在鸥浦乡新建基站3个，移动网络已覆盖全乡；有线电视覆盖率在95%以上；除老卡村和曙光村外，全乡各村均通上了自来水，入户率达到了80%；全乡适龄儿童入学率达100%；新型合作医疗覆盖全乡。乡政府积极协调农委、劳动局等部门筹措资金3万元，聘请权威教师3人，举办培训班3个，培训200余人，使他们掌握了新技能，拓宽了就业渠道，共解决60人就业，增加了农民收入。

（三）县域气候条件

呼玛县地处北温带北部边缘，属寒温带大陆性季风气候。冬季受西伯利亚高压气团控制，气候严寒而干燥，积雪覆盖地面达6个月之久，每年10月末黑龙江流冰开始封江，至次年5月初开江。进入1月、2月，极端气温在－40℃为多见，早晚冰雾弥漫，晴空清雪飘飘，使行人望之却步。春季由于仍受冬季季风影响，冷暖空气变化剧烈，多风少雨而干燥，及至仲春逐渐回暖才稳定。夏季受东南季风影响，太阳辐射增强，气候温和，降雨适中。秋季则因受西伯利亚冷空气活动频繁影响，日照渐短，日温变化幅度大，气温降低，降雨集中，易发生内涝及洪水灾害。由于呼玛县受山川河流等地貌复杂变化影响，气温总的趋势是由东向西逐渐降低，由北向南逐渐增高，沿黑龙江畔较为稳定。

12月、1月、2月经常出现－42℃～－40℃的极端低温，而6月、7月、8月则经常出现30℃～33℃的极端高温天气。月份气温一般规律是：3月是气温由冷变暖的交错过

23

程，3月初始，气温逐渐升高，冬雪融化。4月跑"桃花水"，大地解冻，气温继续升高，上旬即可播麦。5月初，黑龙江融解开流江冰。6月初终霜。其后至8月多为高温天气。9月气温开始下降，雨水明显减少，中旬出现秋霜。10月气温明显降低，天气渐冷，中旬以后大地封冻，封江。此时温度冷暖交替变化，之后越变越冷，进入寒冬季节（11月始～次年2月）。呼玛县全年月份平均气温如表1-2所示。

表1-2 呼玛县全年月份平均气温

单位：℃

月份①	6	8	5	9	4	10	3	11	2	12	(7)	(1)
温度	17.4	17.6	10.6	10.2	1.2	1	−11.5	−14.6	−22.5	−25.3	20.2	−27.8

资料来源：根据《呼玛县志：1978—1988》制作。

二 村庄四至及交通

（一）四至

鸥浦乡鸥浦村位于呼玛县城北173公里处，是鸥浦乡政府所在地。鸥浦村东、北、西三面环江，西北方向是上游的老卡村、曙光村，南与江下游的三合村、正棋村、怀柔村和李花站村为邻，西南方向为白银纳鄂伦春民族乡，西部、北部和东部均以黑龙江主航道中心线为界，与俄罗斯的切尔纽耶夫农场隔江相望。

---

① 此表是根据《呼玛县志》第一篇自然地理、第三章气候、第一节气候特征的表格而来。原文提到"以7月份为对称轴，全年月份平均气温相似性如下表所示"。1月、7月加括号是因为两个月一个全年最高温、一个全年最低温，是全年温度的对称轴。6、8，5、9，4、10，3、11，2、12，这样排列是按气温由高至低的顺序排列。县志上即如此写。

（二）交通与通信

鸥浦村位于黑龙江南岸，大兴安岭北麓，村民依山傍水而居，交通极为不便。鸥浦村地处北温带北部边缘，属寒温带大陆性季风气候，冬季受西伯利亚高压气团控制。过去，鸥浦村气候严寒而干燥，积雪覆盖地面达6个月之久。进入1月、2月，天寒地冻，滴水成冰。这时，鸥浦村的百姓在黑龙江上的运输就依靠马拉爬犁①。人们坐在马爬犁上，身穿羊皮大衣，头戴貂皮帽子，脚蹬长筒毡疙瘩，把身上捂得严严实实。有时冻得实在受不了，就下来跟在爬犁后面跑，等跑热了再坐上去。到达目的地后，人们的眼睫毛、皮帽子边上挂满了白霜。据村里的老人回忆，当年有很多闯关东的人就是坐着这样的马拉爬犁来到鸥浦村的。

而今，我们走进鸥浦村，江风习习，耳畔不时传来乌鸦的叫声；放眼望去，村子的三面都在黑龙江的环绕中，另一面却是绿意葱茏的山坡、清秋的白桦，宁静且挺拔。鸥浦村宛如备受呵护的婴儿，有大江的拥抱，有青山的庇佑。

陆路交通。小山脚下，即村子的西南方向，有条通往外界的公路，是鸥浦村数年来与外界沟通的唯一的陆路，这条主干道要途经白银纳鄂伦春民族乡的乡政府所在地——白银纳村，最后到达呼玛县城。鸥浦村到白银纳村有两个半小时左右的车程，且这段路目前仍是坑坑洼洼的泥泞土路；白银纳村到呼玛县城有3个多小时的车程，这段路是较为平坦的

---

① 到目前为止，鸥浦村的主干道还是土路，部分村民仍然在使用爬犁。通常有马拉和人拉两种，一般是在外出购物时使用。

柏油路。鸥浦村村民如果去县城购物、看病等需要历经漫长的旅途，一个来回就得折腾一天。此外，在鸥浦村到白银纳村的这段路上，还有两条通向其他村子的土路。顺着通往村外的这条主干道一直前行，第一个岔路口处有条通往上游的老卡村和曙光村的泥路；顺着主干道继续向西南前行，在第二个岔路口处有条通往三合村的土路。

当地老人反映，鸥浦村的交通状况不是很好，一方面是因为地方偏僻，另一方面是因为道路泥泞难走。一位鸥浦村的大叔曾调侃地对我们说："村里谁要是得了大病，就得去呼玛、十八站、塔河或黑河这些大点儿的地方，再不行就得去哈尔滨；谁要是得了急病，那就等着牺牲吧！尤其是大雪天，私人小轿车又不多，路又远。"

鸥浦村通往外界的客车每天只有一趟，两辆车。客车每天早晨5：30离开村子，开往白银纳村、呼玛县城，晚上7：30左右客车进村。村民们如果去县里，早晨坐车需要5个多小时才能到达，下午紧接着再坐5个多小时的车返回村里。到离鸥浦村最近的商业分布点——白银纳乡白银纳村，每人的车费是18元；到呼玛县城每人需要40元，往返县城一次就需要车费80元。

村里常年就是这两辆客车，一般情况下是不断交通的，特殊情况除外。别看每天只通一趟班车，但其使命不容忽视。因为交通费用高，村民们一般情况下是不怎么出门的，如果需要买菜或日常生活用品就去村里的商店；如果有些东西村里没有，他们才会选择去白银纳、塔河或呼玛县城。不愿出行的人们通常会让村里的客车司机捎带东西，比如新鲜的蔬菜等。此外，驻扎在鸥浦村的边防派出所的武警们也经常让客车司机师傅们捎带蔬菜、文件等。

据村民们反映，近年来随着生活水平的提高，村里已经添了好几辆小轿车，在一定程度上方便了人们的出行。但是村民们对现在的交通状况还是不太满意，他们认为村里通往外界的公路早就应该修成水泥路了。因为路面上大小水坑、泥坑不断，平时村里人都拿车当坦克使。村民抱怨说："修路七八年了，总是雷声大、雨点小，在网上查路都是水泥的了，其实修路款早就拨下来了。最近，上面来视察鸥浦交通状况，没想到领导的车都开沟里去了。"

水路交通。鸥浦村位于黑龙江边，三面环江，水深且风平浪静，是黑龙江上游的自然码头之一，可储运木材等，自古水路就比较发达。最早生活在这里的鄂伦春人使用一种叫"威户"（鄂伦春语）的小桦皮船，撒网捕鱼，水上运输。1858年，沙俄通过不平等的《中俄瑷珲条约》攫取了黑龙江的航行权，直到1918年5月苏俄"解除商船禁售华人令"以后，经中苏协商签订了《黑龙江临时行船办法》，中国才恢复了在黑龙江上航行的权利。1919年6月10日，中国戊通航业公司的铜山号轮船通航至漠河。这一时期，鸥浦村的水路交通向上可以直通漠河，向下经过黑河可以直达哈尔滨。

新中国成立之初，轮船是唯一的交通工具。此后，陆路运输发展迅速，但在明水期①，包括鸥浦村在内的沿江村屯的客货运输多是靠轮船，航运仍占有重要地位。新中国成立以来，鸥浦境内沿江村庄夏季水上旅游客源完全靠国航承担。20世纪80年代，随着沿江人口的减少和公路事业的发展，江上客船相继停航。

---

① 每年5月初开江至10月末流冰开始封江称为明水期。

通信。解放之初，鸥浦的邮件运输通过航运由黑河邮电所负责。1952年，鸥浦村建立邮电所，后改为邮电局。1959年，县邮电局在鸥浦乡的三合村设置邮电所。1969年，鸥浦邮电所随公社迁址到白银纳村。1985年，乡政府迁回鸥浦村，鸥浦的邮政业由白银纳邮电局负责。1987年，县邮电局在鸥浦设立了邮政代办所。不过，昔日的邮政代办所如今已经形同虚设了，村民们要邮递东西需要到几十公里以外的白银纳村去办理。有些村民认为，村里有邮局的时候也不行，邮递速度太慢，收到包裹需要等待很长的时间。

2008年，中国联通公司进驻鸥浦村，这件事对于鸥浦这个闭塞的村庄来说，是具有划时代意义的。从此，人们与外界的沟通逐渐增多。2011年6月2日，铁通进入鸥浦村，村里通了宽带，这也是不小的变化。但是边防派出所的武警同志告诉我们："鸥浦绝大多数地方是盲区，手机经常没有信号，QQ也是经常掉线，网页打不开是很正常的事，那种难言的滋味你们外来的人是体会不到的，如果你们长住一段时间的话，估计你们得疯。"他们说的确实是实际情况，在外地上学的孩子放假回家，宁愿在屋里看电视，也不愿意上网，因为网络太不给力，让人非常闹心。

三　商业布点

（一）白银纳村的商业布点

作为边疆村屯，包括鸥浦村在内的整个呼玛县，甚至整个大兴安岭地区都没有中国内地农村大都有的集市。因为当地气候寒冷，生长期短，村民自家所产的农作物品种较为单一，基本上没有什么可以出卖，地里的农作物主要是大豆、小麦。小麦一般不卖，只为了自家食用，所要出售的只有大豆，但是村民们一般都坐在家里等着收购的老客们前来，而不是走出去卖，有的时候老客们将价格压得太低，需要钱的人家也只能卖掉，不急需用钱的人家就等到来年老客来了再卖。虽然国家粮库也制定了保护价，以防止农民增产不增收，但是因为交通不便，路途太远，如果村民们将黄豆运到粮库，所需运费也基本上抵消了老客和国家的差价，所以农民们还是愿意在家里等着老客上门来收购。此外，有些村民要打鱼、采山货和草药来卖，但是基于以往的习惯，他们也不会走出去，而往往是等着老客们来收购。

村民们要购买生活必需品，一般要到离其最近的白银纳鄂伦春民族乡的乡白银纳村，这是鄂伦春族聚居村，也是白银纳鄂伦春民族乡的乡政府所在地，"白银纳"，鄂伦春语意为"富裕"。白银纳村是1953年国家为安置世代在深山老林里游猎的鄂伦春族建立起来的鄂伦春族聚居区，原属塔河县的十八站，1969年划归鸥浦公社管辖。1984年初，将鸥浦公社改为鸥浦乡。同年8月，将鸥浦乡西南部的白银纳、红光、玻璃沟等7个村划出，设置白银纳鄂伦春民族乡。这里因为交通便利，又是白银纳林场所在地，有很多倒运木材、粮食的老客前来，所以商品交易比周边其他地区要繁荣些，主要的商业街是一条贯穿整个村子的长长的水泥路。早在1985年白银纳刚刚建乡时，原鸥浦供销社变为白银纳鄂伦春民族乡供销社，营业面积240平方米，负担白银纳、鸥浦两个乡的商品供应（见图1-2）。随着改革开放的不断深入，白银纳的个体经商者逐渐增多，规模不断扩大，如今在路的两侧分布着食杂店 18 家、旅店 4 家、饭店 11 家、理发店 2 家、汽车修理店 2 家、汽车配件商店 11 家、服装店 2 家。不过，白银纳只能提供农村居民们的吃、穿、住、用、行等方面最基本的物资。比如蔬菜、小吃、水果、糕点、饼干、牛羊鸡等肉类、鱼类等食品类；香烟、旱烟、糖果、各种干果及油炸食品等烟酒副食类；锅、碗、瓢、盆、洗衣粉、香皂、洗头膏、各种化妆品等生活用品类；各式男女服装、帽子、鞋子等服饰类。如果想买电器或者其他大件商品就只能上十八站、塔河或者呼玛。图 1- 3 为鸥浦村小卖部售卖的商品。

图 1-2　白银纳村的商业

　　调查组去了两家比较典型的商店进行调研。一家是外来的汉族人开的商店，据店主人讲商店的生意还是不错的。因为在学校边上，所以人比较多，还有这家店的地理位置好，位于十字路口，东西是贯穿村里的商业街，向北是通往白银纳煤矿、三合村的路，往来车辆较多，大多数车辆都会在这里歇脚，买一些供给品。夏天时生意最好，林业上的车和矿上的车都经过这里，带来了许多生意。另一家是鄂伦春族人开的商店，当我们说明来意后，这家人对我们有很大的防范之心，以为我们是行骗的。可以看出这里的经济还是比较好的，农民的防范意识比较高，而我们在鸥浦村的时候，村民非常淳朴，对我们没有任何防范之心。不过，女主人还是向我们介绍了一些情况。这家店主要经营小食品和渔具，也是白银纳村里唯一一家卖冷饮的商店。因为卖冷饮需要电，白银纳村是乡政府所在地，这里有长电，与之相邻的鸥浦乡则是刚刚通上了长电。但是当我们住在白银纳乡政府时，一晚上就停了4次电，说明这里的电业还不是很发达。据店主人讲，渔具卖得不是很好，近些年江里的鱼越来越少了，打鱼的人也越来越少。而食品卖得不错，因为这里处于交通枢纽地带，过路的车都在这里补充给养。从村里的11家汽车配件商店也可以看出这里过往的车辆比较多，这就客观上促进了村里及相邻村屯商业的发展。

（二）鸥浦村的商业布点

鸥浦村的人口少，购买力弱，加之交通不便，因此鸥浦村的商业还处在比较落后的状态。但因鸥浦村是鸥浦乡政府所在地，又是全乡人口最多的村子，相对于乡里其他村来说，鸥浦村还算是较"繁华"的。鸥浦村的街道笔直，一条通往江边的水泥路将村子分成两部分，路的两侧房屋规划整齐，道两旁大部分是经营商店和饭店的人家。

小商店。到 2013 年 4 月初为止，全村有小型商店 4 家。千万不要因乡村超市的外表而小看它们，它们虽然只是个平房，装饰一般，但麻雀虽小五脏俱全，而且它们是鸥浦村资金流通最快的地方之一。调查组走访了一家超市，老板热情地接受了采访。通过采访了解到，店主家里在鸥浦算得上富裕户，经营超市只是副业，主要还是以种植业为主，家里的地有 15 垧①。超市货架依四周的墙壁而建，商品琳琅满目、种类繁多，从吃到用，一应俱全，几乎涵盖了村民日常生活的一切用品。有米、面、油、盐、酱、醋、鸡蛋等做饭不能缺少的东西，有卫生纸、指甲刀、暖壶、洗涤剂、洗发露、乳液、牙膏、牙刷、肥皂、毛巾、衣架、鞋、雨伞、婴儿衣服等生活用品，有饼干、方便面、糖果、罐头、午餐肉、饮料等各种零食，有烟、酒，还有苹果、梨、菠萝、柚子等各种水果（见图 1－3）。

这家超市还是全村唯一的一家中国移动缴费地点。从店主厚厚的记事本中可以看出村民缴纳电话费次数之多。因为出村子充话费不易，所以店主自己先在外地的移动缴费点存了大量的现金，然后村民在店主这里充费，店主就用自己存在外地的钱替村民缴纳，再通过店主自己的缴费笔记本记载的村民缴费金额，算出存在外地的钱是否还充裕，所剩无几的话就及时续存，保证用户的电话随时能用。从店主的介绍中，我们了解到，超市里卖得最快的，永远是深受孩童喜爱的各种零食，而各种味道不同的饮料又是销售最好的。超市不仅销售各种无法自给自足的鞋类、内衣，就连鸡蛋这种村

---

① 东北土地 1 垧 = 15 市亩 = 10000 平方米。

图1-3 鸥浦村小卖部

子里家家户户可以自给自足的家禽产品也有销路。全村像这样规模的小商店里商品的价格都较便宜，因为都是乡里乡亲的，商品太贵了也不好意思。但即便这样，商店也都是赢利的。每家店的进货渠道都一样，货源及时安全，既能保证商家的利益，又能保证食品的卫生。商品主要从塔河和十八站进购，商家都是送货上门，有的商店进货是让村里的客车捎带商品。但由于鸥浦尚未修通公路，运送货物到鸥浦所要花费的成本较高，无形中就降低了超市的收入，交通不便是制约村里经济发展的主要障碍。

饭店。鸥浦村的饭店基本上都是季节性的，主要的食客都是夏季来旅游的游客，平时谁家孩子结婚或哪家老人去世了，也都会在饭店里招待邻里乡亲。醉江月是一家相对较大的旅店兼饭店，老板说店里光厨师的开支就得四五

千块，可见此店的生意还算红火。游客一般吃过午饭后就会当天返回，所以鸥浦村目前为止只有一家旅店。要想发展旅游业，鸥浦村的旅店等配套设施需要逐渐完备。表1-3呈现了鸥浦村的商户类型及数量。

表1-3 鸥浦村的商户类型及数量

单位：家

商户类型	商户名称				商户数量
商店	北华商店	翔云商店	胜利商店	忠诚商店	4
饭店	金运来饭店	天顺饭店			2
旅饭店	醉江月				1
手机话费充值处	暂无，由一家超市代为充值				0
合　计					7

资料来源：根据笔者探访观察整理制作。

第二节　村史

一　沿革

（一）村庄起源

关于鸥浦的名称，鸥，指鸥鸟；浦，指水边。据《呼玛县志》记载，关于鸥浦这一名称的来历，是因为原来经常有成群的江鸥在此飞落栖息，鸥浦由此得名。看来，鸥浦即飞鸟的家园。

鸥浦，原来的名字为倭西门，又称鄂西门。1689年中俄《尼布楚条约》签订后，清政府对黑龙江上游边境地区进行了严密的管理，其中一项重要措施就是设立卡伦（哨所）。1906年，清政府在黑龙江边境恢复卡伦制度，设立倭西门卡伦。

据《鸥浦乡志》记载，"光绪三十二年（1906），清政府为恢复卡伦制度，派瑷珲副都统姚福升亲自勘察，在此前卡伦基础上，恢复和增设"。据《瑷珲县志》记载，"设一卡曰：依西肯卡伦。又下游 70 里，草木畅茂，平原可垦地，已设之卡伦曰：倭西门卡伦"。倭西门卡伦，治所即现在鸥浦乡境内的老街基岛，这是鸥浦较早的文字记载。

民国 3 年（1914）7 月 1 日，黑龙江省政府令，呼玛县属地倭西门设呼玛县佐。民国 18 年（1929）4 月 16 日，黑龙江省政府令，呼玛县属地倭西门县佐改为鸥浦设治局，地点仍为倭西门。这一天，又将鸥浦设治局改为丁等县，即为鸥浦县，倭西门村改为鸥浦村。

（二）村庄变迁

据《呼玛县志》记载，鸥浦县城原来设立在黑龙江中的倭西门岛上。直到 1936 年，迁移至下地营子，即现在鸥浦村的所在地。

民国初年直到伪满时期，鸥浦村归鸥浦县管辖。民国初期只设呼玛、漠河两个县，后鸥浦由呼玛分出设县。伪满洲国成立后，在边境呼玛地区仍用民国时期的行政区划，分呼玛、鸥浦、漠河三县。鸥浦县管辖怀柔站、三合站、鸥浦等村屯。民国 18 年（1929）8 月，苏军侵占鸥浦县城，火光冲天的硝烟中，是居住在当地的人民和军队一起守卫了国土。可是边疆的辽阔土地让侵略者垂涎已久，侵略者的队伍此起彼伏，随后而来的日本侵略者更是把鸥浦当成了掠夺资源与奴化教育的基地。

伪满时期，鸥浦村经当时的县长谭英多悉心设计，规划为 8 街 9 巷，彼时开办商店，兴建住宅，修筑街道。1941

年，日寇又在中心街广场的直对码头修建一簇松林坛，移植三四米高的苍松翠杨。在鸥浦村的平面结构图上，村舍分布在笔直的鸥浦主街两侧，屋舍之间有乡间小路连通。

1945年8月8日，苏联对日宣战，沿黑龙江各族人民群起响应，积极配合苏军进攻，最终苏联军队于8月13日上午进驻鸥浦县城，设立了苏联红军卫戍司令部，对鸥浦县实行军事管制，不久苏军撤出，鸥浦光复。此后，地方政权被反动的名为"维持会"的土匪掌控。1947年2月，剿匪斗争结束，鸥浦解放。1947年6月5日，根据东北新省方案撤销鸥浦县，并入呼玛县，建立鸥浦区，负责管辖鸥浦、依西肯、老卡、怀柔站、三合站五个乡。

50年代末，鸥浦村归鸥浦公社管辖。1950年8月7日，呼玛县全县实行县辖区、区辖村、村辖屯的管理体制。鸥浦为第四区，管辖鸥浦村、老卡村、依西肯村、正棋村、开库康村。1958年9月，撤销了鸥浦区和正棋乡、依西肯乡，成立政企合一的鸥浦人民公社，鸥浦公社管辖鸥浦、依西肯、三合3个管理区和1个公社直属队。

1969年5月12日~9月6日，苏军在克林诺夫卡村架设大口径重机枪，夜以继日地向吴八老岛和三合生产队居民点射击。为适应战备需要，县革委会将鸥浦公社从鸥浦生产大队迁至十八站公社的白银纳生产大队，仍称鸥浦公社，此时鸥浦人民公社下辖15个生产队，其中包括鸥浦大队第一、第二生产队。从1968年到1970年，先后共有一百多名知青来到今鸥浦村插队，他们来自上海、齐齐哈尔、呼中、呼玛这些不同的地方。知青中最大的二十几岁，最小的只有十五六岁，这些初中、高中毕业生的到来受到地方党委和政府的高度重视。1969年夏，吴八老岛刚打过仗，边境形势非常紧张，刚到鸥浦村的知青白天黑夜地摸、爬、滚、打，练射击、挖地道、站岗巡逻，加入了战备的行列。在生产上，他们很快地学会了农业技术、农业机械、农林、畜牧业等生产知识，他们会驾驶拖拉机，使用谷物联合收割机，会抚育森林、采伐木材，会饲养牲畜等。广大下乡青年成为农业生产中一支重要的青年主力军，为发展边疆农林牧副渔业生产做出了重要贡献。

1978 年，原鸥浦大队第一、第二生产队分别改名为鸥浦大队和黎明大队。同年，鸥浦开通呼玛—鸥浦公共客车。

1983 年 9 月，鸥浦村实行家庭联产承包责任制，土地开始承包给个人。

1984 年 3 月，鸥浦大队、黎明大队分别更名为鸥浦村民委员会和黎明村民委员会。8 月 6 日，黑龙江发生特大洪水，鸥浦村遭受水灾，耕地被淹，房屋倒塌。

1985 年，白银纳建立鄂伦春民族乡，原鸥浦公社（鸥浦乡政府）乡址由白银纳村迁回鸥浦村，鸥浦之名沿用至今。同年 5 月，黑龙江发生倒开江，形成冰凌卡塞，鸥浦村大部分耕地受灾。

1999 年初，按照"大稳定，小调整"的原则，鸥浦村完成土地第二轮承包。

2000 年，鸥浦村和黎明村合并为一村。

2008 年，中国联通进驻鸥浦村。

2009 年，自来水进入鸥浦村；推行殡葬改革；建设鸥浦村村委会及相关配套建设。

2011 年，鸥浦村终于通了国电（见图 1 - 4），建立了官方网站，成立了数字图书馆；数字电视入村。

2012 年，鸥浦村修成了水泥路，省政府拨款修建的江边别墅（见图1-5）建设完工。

图1-4 鸥浦村变电所

图1-5 鸥浦村江边别墅

二 鸥浦村的标志物

在鸥浦村，其标志物较多，与其他村庄中标志物大多为传说不同的是，这里的标志物都与实际发生的历史事件有关，其中最为有名的就是曾经的秋林分公司。

伪满时期，闻名国内的哈尔滨秋林公司曾派人到鸥浦设置秋林分公司。公司的经理是白俄罗斯人，专营鄂伦春民族买卖，收买鄂族的各种皮张、野生动物肉、土特山产、鱼类，同时销售苏联货物。公司采用两种形式进行收购：一种是守门待客，坐店收购；另一种是约定日期，指定地点，派人进山去收购。而秋林公司卖给鄂族枪支、弹药、香烟、白酒以及生活用品，价格却十分昂贵，低价收、高价售，巧取欺骗，大发其财。这种不平等的经营方式给当地人民带来了巨大的经济损失。

日寇在1942年接管了秋林分公司，使鸥浦成为日货的倾销地。在伪满洲国初期，日寇妄图在鸥浦控制商业，用日货抵制国货，从中牟取暴利，增加收入。商店里贩卖的日常生活用品，小到锅碗、糖果、大酱等，大到布料服装等，都是从日本运来的。日寇把鸥浦当成了日货的倾销地，并成立小卖家联盟，凡是日常生活必需物品，都实行配给。据当地村民回忆的配给标准是，每人一月配给口粮25斤，其中面粉5斤，橡子面5斤，其余是粗粮；一年配给棉布7尺，胶鞋1双；鸡、鱼、肉、蛋不配给，更不许私自买卖；农村只配给豆油、盐。交出苛粮者，按比例配给棉布和胶鞋。日本人吃大米，中国人若是吃大米饭，被警察特务查知，就是"经济犯"。后来，由于所谓"大东亚战争"屡遭失败，日寇经济危机，市场萧条，商店不但无货可卖，而且苛捐杂税繁多，负担过重，许多商店破产倒闭，商人失业。因之，曾经辉煌的秋林分公司开始衰落不振。

三 家族姓氏

村里老人回忆说，1959年的时候，村里只有10户人家。岁月悄然流逝，当年只有几户人家的聚居点逐渐发展壮大。从2013年初鸥浦乡边防派出所提供的鸥浦村户口数据来看，全村共214户，实有517人。因交通等基础设施条件不太好，加上孩子在县里上中小学需父母或爷爷奶奶陪读，村里人口的流动性很大，近几年村里人口呈逐年递减趋势。

据边防派出所的武警同志介绍，鸥浦村约60%的人为3代左右的关内移民，移民的原因很多，有的是逃荒，有的是修水库，有的是投奔亲戚。因此鸥浦村的姓氏很杂，不像关内的村庄那样姓氏较为单一。据统计，全村共35个姓氏，分别为王、宋、赵、张、刘、高、郑、于、侯、朱、冷、李、孙、宫、杨、曹、方、吴、隋、闫、梁、马、徐、杜、任、唐、崔、姜、付、田、蔡、许、董、宁、国，其中王、张、李、吴、刘为村里人数相对较多的姓。王姓共46户，约占鸥浦村总户数的21.5%；张姓28户，约占鸥浦村总户数的13.1%；李姓25户，约占鸥浦村总户数的11.7%；吴姓22户，约占鸥浦村总户数的10.3%；刘姓10户，约占鸥浦村总户数的4.7%。此外，于姓9户，宋姓8户，侯姓7户，孙姓5户，高姓、郑姓、闫姓、马姓、崔姓、付姓各4户，杨姓、曹姓、许姓各3户，赵姓、冷姓、隋姓、任姓各2户，朱姓、方姓、梁姓、宫姓、徐姓、唐姓、杜姓、姜姓、田姓、蔡姓、董姓、宁姓、国姓各1户。

同一姓氏往往是父子或兄弟，又因为本村人口较少，之前村里常年没有电，外村的姑娘不愿意嫁过来。近年来，村里的媳妇大多是经媒人介绍从外村嫁过来的，也有少部分是随小伙子从外地过来的，本村之间通婚现象不是很多。据村里老人讲，村里人籍贯复杂，有鄂伦春族土著后裔，有中俄混血后裔，有辽宁等东北其他地区移民，但数量最多的是 20 世纪 50 年代以来的关内移民，其中籍贯为山东的最多，河北的也不少。

村里的王姓主要是 1959 年山东梁山等地水库移民（见表 1-4）和山东支边青年的后代。据鸥浦村王大爷回忆，1959 年他来到鸥浦村时，村里只有 10 户人家。1958 年国家确定将东平湖滞洪区改建为东平湖水库，1959 年秋天，国务院组织山东省和黑龙江省人民政府共同研究，将山东省梁山、东平境内的 15 万人一次性移居黑龙江。王大爷回忆道："我祖籍是山东省济宁市梁山县小安山乡人，山东梁山以东要修成水库，1959 年秋天我们全乡 8 万多人来到了黑龙江边疆地区。当时是黑龙江省呼玛县派人去接的我们，我们先坐铁皮罐火车到了黑河、逊克，然后坐船沿江而上来到了呼玛县。当时我们村的人被安置到了不同的村子，现在怀柔、老卡、三合、李花站等村仍有我们家的亲戚，刚到这儿的时候我们住的是老乡们的偏房。"

于姓，祖籍是今山东省菏泽市鄄城县（原属河南省），也是水库移民。据于大叔回忆，他当年是跟着母亲过来的，当时只有三四岁。

侯姓、张姓是伪满时期日本侵略者为掠夺当地森林、黄金资源和开辟交通、修筑工事、加强中苏边境统治，从热河招诱来的劳工，当时被称为国内开拓民。其中，部分侯姓是中俄第二代混血后裔。据58岁的侯雪岭（见图1-6）介绍，他的母亲是20世纪50年代中苏友好时期跟着姥姥来到中国的俄罗斯人，他的父亲是中国人。

图1-6　鸥浦村二代俄裔侯雪岭

宋姓，是1979年由今哈尔滨市呼兰区逃荒而来的。宋大叔回忆道："当年因为母亲自己带着好几个孩子过日子，家里生活相当困难，我就跟着老叔来到这儿讨生活，在这儿扎根了。"

张姓，一部分是今哈尔滨市阿城区20世纪70年代的移民。

许姓，祖籍是河南省濮阳市范县，他们是70年代因生活困难过来的，在这儿已经30多年了。

朱姓，祖籍是辽宁锦州。朱跃辉大爷说，鸥浦村只有他和他的儿女姓朱，他是19岁因在鸥浦当兵服役来这儿的。

表1－4　鸥浦村山东省大中型水库原迁移民信息统计

编号	所属水库	姓名	与现户主关系	性别	出生年月	原户主	关系	原居住地（市、县、乡、村）	现居住地（市、县、乡、村）	搬迁时间
1	东平湖	王笃成	本人	男	1955.7	王允杰	父子	梁山县小安山乡胡楼村	呼玛县鸥浦乡鸥浦村	1959.7
2	东平湖	王允峰	本人	男	1930.9	王启新	父子	梁山县小安山乡胡楼村	呼玛县鸥浦乡鸥浦村	1959.7
3	东平湖	刘春娥	本人	女	1934.8	王启新	父女	梁山县小安山乡胡楼村	呼玛县鸥浦乡鸥浦村	1959.7
4	东平湖	王笃芳	本人	男	1950.3	王启新	长孙	梁山县小安山乡胡楼村	呼玛县鸥浦乡鸥浦村	1959.7
5	东平湖	王笃君	本人	男	1951.1	王启新	长孙	梁山县小安山乡胡楼村	呼玛县鸥浦乡鸥浦村	1959.7
6	东平湖	王允现	本人	男	1944.4	王启良	父子	梁山县小安山乡胡楼村	呼玛县鸥浦乡鸥浦村	1959.7
7	东平湖	王笃敏	本人	男	1952.5	王允宝	父子	梁山县小安山乡胡楼村	呼玛县鸥浦乡鸥浦村	1959.7
8	东平湖	曹月荣	本人	女	1952.3	王允宝	儿媳	梁山县小安山乡曹庄村	呼玛县鸥浦乡鸥浦村	1973.1
9	东平湖	王笃训	本人	男	1954.4	王允华	父子	梁山县小安山乡胡楼村	呼玛县鸥浦乡鸥浦村	1959.7
10	东平湖	孟宪芬	本人	女	1954.8	王允华	儿媳	梁山县馆驿乡大营村	呼玛县鸥浦乡鸥浦村	1977.6
11	东平湖	王笃精	本人	男	1946.9	王允田	父子	梁山县小安山乡胡楼村	呼玛县鸥浦乡鸥浦村	1959.7
12	东平湖	林英玉	本人	女	1923.10	王允田	妻子	梁山县小安山乡胡楼村	呼玛县鸥浦乡鸥浦村	1959.7
13	东平湖	王向阳	本人	女	1958.7	王允田	次女	梁山县小安山乡胡楼村	呼玛县鸥浦乡鸥浦村	1959.7
14	东平湖	王笃良	本人	男	1958.12	王允杰	父子	梁山县小安山乡胡楼村	呼玛县鸥浦乡鸥浦村	1959.7
15	东平湖	王秀荣	本人	女	1952.12	王云杰	父女	梁山县小安山乡胡楼村	呼玛县鸥浦乡鸥浦村	1959.7

续表

编号	所属水库	姓名	与现户主关系	性别	出生年月	原户主	关系	原居住地（市、县、乡、村）	现居住地（市、县、乡、村）	搬迁时间
16	东平湖	王允荣	本人	男	1937.12	王允荣	户主	梁山县小安山乡胡楼村	呼玛县鸥浦乡鸥浦村	1959.7
17	东平湖	魏桂合	本人	女	1960.9	魏宜宽	父女	梁山县小安山乡魏庄村	呼玛县鸥浦乡鸥浦村	1978.3
18	东平湖	王笃英	本人	男	1946.10	王允杰	父子	梁山县小安山乡胡楼村	呼玛县鸥浦乡鸥浦村	1959.7
19	东平湖	王笃刚	本人	男	1955.10	王长玉	次孙	梁山县小安山乡胡楼村	呼玛县鸥浦乡鸥浦村	1959.7
20	东平湖	王允来	本人	男	1934.6	王允来	户主	梁山县小安山乡胡楼村	呼玛县鸥浦乡鸥浦村	1959.7
21	东平湖	宋淑英	本人	女	1962.1	宋庆礼	父女	梁山县小安山乡周庄村	呼玛县鸥浦乡鸥浦村	1963.5

资料来源：根据《鸥浦乡志》整理制作。

第二章 基层组织

第一节 鸥浦行政村基本情况

一 行政村概况

鸥浦村是鸥浦乡政府所在地，位于呼玛县北部，坐落在鸥浦乡黑龙江畔，2000 年与黎明村合并成一个村子。鸥浦村距县城 173 公里，通往县城只有一条山路，无柏油路，无自然屯，土地面积 583 平方公里，主要种植黄豆，人均种植收入在 9000 元左右。渔业是鸥浦人的副业，虽然有渔民，但是收入有限，渔户侯雪岭是村里的捕鱼大户，捕鱼年收入也仅仅在 10000 元左右。

这里因为交通不便，外来人比较少，没有工业，环境质量高。2011 年 1 月 27 日鸥浦村正式通入国电，当年 10 月全村达到了互联网以及数字电视的全覆盖，自来水入户率达100%，新型农村合作医疗参合率达 100%。村内基础设施薄弱，各种文化设施和农业设施不健全，村级公共积累为零。

二 行政村组成

鸥浦村因为人口较少，且近些年来陪同孩子外出读书的青壮年越来越多，村内实际居住的人口较少，所以鸥浦

村没有像全国其他村子一样组建村民小组，而是由村民委员会直接管理全村的日常工作。

第二节 鸥浦行政村组织

一 村民委员会

村民委员会是中国共产党在农村的基层组织，依照宪法和法律，支持和保障村民开展自治活动、行使民主权利。村民委员会是村民自我管理、自我教育、自我服务的基层群众性自治组织，实行民主选举、民主决策、民主管理、民主监督；负责管理本村的公共事务和公益事业，调解民间纠纷，协助维护社会治安，向人民政府反映村民的意见、要求和提出建议。

（一）构成

目前，鸥浦村村民委员会（见图2-1）有5名成员。村民委员会主任是王笃平，男，57岁，汉族，初中文化程度；村支部书记是郑永军，男，36岁，汉族，初中文化程度；妇女主任、文书是王月华，女，40岁，汉族，大专文化程度；支部委员是李海，男，52岁，汉族，中专文化程度；支部委员是曹兵，男，31岁，汉族，初中文化程度。

（二）分工

村民委员会主任的主要职责包括以下几方面的内容。①召集并主持村民会议、村民代表会议，向村民会议、村民代表会议负责并报告工作，贯彻执行村民会议和村民代

图 2 - 1　鸥浦村村民委员会

表会议的决议、决定。②主持村民委员会日常工作。在乡
人民政府的指导和村党组织的领导下，统筹、协调本村村
务工作，领导村民委员会委员及下属各工作委员会依法开
展村民自治活动。③制定并实施本村发展规划。负责编制与
乡区域规划相适应的村域经济和社会发展规划及年度计划，
经村民会议或村民代表会议讨论通过后组织实施。④制定并
执行各项村务规章制度。在村党组织的领导下，负责制定
并贯彻落实村民代表会议制度、村务公开制度、民主评议
村委会成员制度、村委会成员报告工作制度、民主理财制
度、村委会成员离任审计制度等；教育、引导和督促村民
自觉遵守村民自治章程、村规民约。⑤负责社区建设和管
理工作。负责办理本村公共事务和公益事业，调解民间纠
纷，维护社会治安，保护和改善生态环境，宣传并实施计

划生育、土地保护等基本国策，依法管理本村的集体资产等。⑥支持和组织村民发展生产。带领本村村民发展经济，做好本村各类经济组织和村民生产经营活动的服务和协调工作，维护各类经济组织和村民的合法权益，确保集体资产保值增值。⑦完成其他工作。

村妇女主任的主要职责包括以下几点。①向妇女宣传党和国家对农村的方针、政策。教育妇女正确处理国家、集体、个人三者利益的关系，引导妇女走共同富裕的社会主义道路。代表妇女参与民主管理和民主监督。②组织妇女开展"五好文明家庭"的创建活动，提倡勤俭持家、尊老爱幼、邻里和睦、遵纪守法的文明新风。③教育和引导妇女自尊、自信、自立、自强。组织妇女学政治、学文化、学科学、学技术，带领妇女开展"手拉手"致富奔小康活动。④教育妇女遵纪守法，依法维护妇女和儿童的合法权益，要为妇女和儿童说真话、办实事。⑤积极配合有关部门宣传计划生育政策和妇女卫生知识，引导妇女实行计划生育（图2-2中所示是妇女主任为村民发放的计生用品），教育好子女，讲究卫生，预防疾病，关心妇女劳动保护。

村文书的主要职责是：①指导财务人员定期编制"财务公开"资料，交民主监督小组签字后，上墙张榜公布；②收集整理上级部门下发的文件，并做好归档工作，做好村党支部、村委会的会议记录及对资料进行完善。因为村子里面人少，事务并不繁杂，所以村里的文书就由妇女主任王月华兼任。

（三）待遇

由于鸥浦村村委会成员不属于国家干部，只属于地方自

图 2 - 2　为村民们发放的计生用品

治机构的成员，因而他们的工资不归属于国家公务员工资体系，而是由呼玛县根据自身的实际情况自主决定。鸥浦村虽然交通不便，人口流失比较严重，但是肥沃的黑土地使村民每年收入比较高，村民对村委会的工作也很支持，所以村委会的工资也相对比较高。村委会主任和支部书记的年工资为9600元，年底一次性发放；村文书的年工资为7200元；妇女主任的工资被称为误工补助，每年为2400元（见表2 - 1）。村干部的收入还是以自己的家庭务工收入为主。

表 2 - 1　鸥浦村村干部 2012 年补贴情况

单位：元

姓　名	职　务	补贴性质	补贴金额
王笃平	村委会主任	定额	9600
郑永军	支部书记	定额	9600
王月华	村文书	定额	7200
王月华	妇女主任	误工补助	2400

（四）经费

鸥浦村村委会的活动经费主要依靠国家财政拨款，它包括村委会成员的工资、办公用品费、报刊费等几大项。自从 2009 年村里通自来水以来，村民各户的自来水费用也从村里行政拨款里出。村委会主任王笃平表示，村民们比较节约用水，水费这一项并不多，村里的财政完全可以承担。

（五）职责

在鸥浦村，作为村民事务管理机构的村民委员会具有自己相应的职责。①召集并主持村民会议、村民代表会议，向村民会议、村民代表会议负责并报告工作，贯彻执行村民会议和村民代表会议的决议、决定。②制定并实施本村发展规划。编制与乡域规划相适应的村域经济和社会发展规划及年度计划，经村民会议或村民代表会议讨论通过后组织实施。③协助乡政府开展工作。宣传党和国家的路线、方针、政策，教育村民自觉遵守各项法律法规；接受乡人民政府的委托，办理与本村有关的事项；及时向乡人民政府和有关部门反映村民的意见、要求，并提出合理化建议。④建立健全各项规章制度。依法建立健全村民会议、村民代表会议、村务公开、民主评议村委会成员、民主理财、村委会成员离任审计及村民自治章程、村规民约等规章制度。⑤发展和管理本村经济。积极支持、组织村民和各类经济组织多渠道发展经济，并做好相关的服务和协调工作。⑥办理公共事务和公益事业。组织村民搞好村内公共基础设施的建设和维护，努力解决村民在生产、生活中一家一户难以解决的热点和难点问题；做好拥军优属、社会救济、社会保障等社会公益福利事业；合理利用自然资源，保护和改善生态环境；搞好预防保健、计划生育等其他社会性工作。⑦搞好社会治安综合治理。对村民进行法制宣传和道德教育，及时调解民间纠纷，促进家庭和睦和村民团结，处理好与驻村单位及邻村的关系，组织村民加强治安防治工作。⑧完成其他工作。

（六）沿革

2000年，鸥浦村与黎明村合并，因此原黎明村的村委会成员按照现在的记录，也被称为鸥浦村村委会成员。鸥浦村历任村委会主任如表2－2所示。

表2－2 鸥浦村历任村委会主任情况统计

任职时间	时任村委会主任姓名
1970.01～1978.03	王玉良
1978.03～1983.11	李学启
1983.11～1990.11	杨金成
1990.11～1996.11	侯成军
1996.11～2003.11	王笃精
2003.11～2006.01	于春江
2006.01～	王笃平

（七）职能转变与干部队伍建设

在调研中我们了解到，在鸥浦村村民传统的观念中，村委会是村内的管理机关，是政府命令的执行者，是为了管理村民和完成乡政府下达的任务而设立的组织；村委会是被动地接受政府的命令，帮助政府开展工作的机关，一般情况下不会为村民谋取利益，也不可能把好处带给村民；村委会成员是村内的干部，在处理一些问题上，并没有站在村民的一边，为村民做主。这些认识导致了村民与村委会之间有一定的隔阂，使村民对村委会产生了不信任感，同时，村委会的一些具体做法也确实验证了村民的说法，使村委会在村民中失去了应有的地位。

因此，转变村委会职能，切实为村民服务，赢得村民对村委会的信任，是村委会开展工作的前提。村委会要不负村民厚望，采取广播宣传、开会讨论、座谈会等形式，利用农闲、春节和零星时间，为村民讲解村委会的性质、村里的发展计划、决策依据等信息，提高村民的认识水平。

另外，鸥浦村的自然条件也影响了村委会职能的转变，鸥浦村位置偏僻，交通不便，不具备跟外界合作发展的能力，自己本身又无资金，不能发展村办企业，在这种情况下，村委会职能的转变受到了限制。与此同时，村委会中缺少应有的激励机制，影响了村委会成员的工作积极性。根据《中华人民共和国村民委员会组织法》第9条的规定，"村民委员会由主任、副主任和委员三至七人组成，村委会成员不脱离生产，根据情况，可给予适当补贴"。由于鸥浦村经济条件有限，补贴不多，在利益权衡之下，大多数村委会成员的工作重心在自己家的承包地和发展自家的经济上，对村委会的工作只是作为一种辅助性的收入来源，很少去想如何发展村内的经济。因此，必须加强鸥浦村村委会的组织建设，使鸥浦村村委会的职能转移到经济上来，这既是市场经济发展的客观需要，也是鸥浦村现实情况的客观需要。

二　党团妇女组织

（一）党组织

1. 基本情况

鸥浦村共有党员 26 名（党员名册见表 2 - 3），全部为
正式党员；男性 21 名，女性 5 名；汉族 25 名，鄂伦春族 1
名；党龄最长的是鸥浦村的老书记朱跃辉，1973 年入党，
至今已经有 40 年党龄。鸥浦村 2000 年以后发展党员 15 名。

表 2 - 3　鸥浦村党员名册

现任职务	姓名	性别	出生年月	民族	籍贯	文化程度	入党时间	转正时间	介绍人
支部书记	郑永军	男	1977.1	汉	山东韦县	初中	1998.3	1999.3	闫绍文张伦东
宣传委员	李海	男	1961.8	汉	河北饶阳	中专	1998.3	1999.3	朱跃辉李学启
组织委员	曹兵	男	1982.8	汉	河北饶阳	初中	2002.4	2003.4	闫绍文于春江
	闫绍文	男	1947.8	汉	辽宁凌海	小学	1974.8	1975.8	姜吉生李宝金
	于春江	男	1961.2	鄂	黑龙江塔河	中专	1995.9	1996.9	闫绍文朱跃辉
	张伦东	男	1952.7	汉	山东梁山	小学	1978.4	1979.4	朱跃辉姜吉生
	王素娥	女	1951.9	汉	山东章丘	初中	1992.12	1993.12	闫绍文张伦东
	朱跃辉	男	1948.5	汉	辽宁盘锦	高中	1972.8	1973.8	何忠诚王文田
	王运成	男	1979.8	汉	山东梁山	初中	2002.4	2003.4	王素娥郑永军
	曹勇	男	1982.8	汉	河北饶阳	初中	2002.4	2003.4	王素娥郑永军

现任职务	姓名	性别	出生年月	民族	籍贯	文化程度	入党时间	转正时间	介绍人
	马祥	男	1978.1	汉	山东梁山	初中	2005.7	2006.7	闫绍文 于春江
	郑永春	男	1980.2	汉	山东梁山	初中	2007.6	2008.6	于春江 李海
	闫忠诚	男	1976.8	汉	辽宁凌海	中专	1998.3	1999.3	于春江 王素娥
	曹美玲	女	1987.2	汉	河北饶阳	初中	2007.6	2008.6	李亚文 王月华
	王笃精	男	1977.1	汉	山东梁山	初中	1998.5	1999.5	李海 张伦东
	王景龙	男	1963.4	汉	河北定兴	初中	1995.9	1996.9	李振兴 李海
	崔金波	男	1980.4	汉	黑龙江安达	高中	2001.9	2002.9	郭贵秀 周卫华
	李亚文	女	1956.8	汉	吉林德惠	高中	1999.6	2000.6	李海 赵金邦
	王笃忠	男	1967.6	汉	山东梁山	初中	2000.5	2001.5	李海 王景龙
	王凤娥	女	1959.5	汉	山东曲阜	高中	2002.4	2003.4	李海 王笃精
	冷海龙	男	1978.3	汉	吉林	高中	2002.4	2003.4	王笃忠 王月华
	王成友	男	1977.6	汉	山东梁山	初中	2008.6	2009.6	王笃忠 王井龙
	任志国	男	1974.11	汉	河北定兴	初中	2011.6	2012.6	曹兵 王成运
	侯成军	男	1971.5	汉	山东招远	初中	2011.6	2012.6	于春江 崔金波
	王笃平	男	1960.6	汉	山东	初中	2011.6	2012.6	冷海龙 李海
	王月华	女	1973.2	汉	山东莱州	大专	1998.5	1999.5	于洪涛 王更银

2. 党组织分工

鸥浦村党支部共有 3 名成员，村支书郑永军，男，汉族，36 岁，初中文化，1998 年 3 月入党；组织委员曹兵，男，汉族，31 岁，初中文化，2002 年 4 月入党；宣传委员李海，52 岁，中专文化，1986 年 8 月入党。鸥浦村历任村支书如表 2 – 4 所示。

表 2 – 4　鸥浦村党组织书记基本情况统计

姓　　名	性别	民族	出生时间	入党时间	文化程度	累计担任书记年限	个人简历
朱跃辉	男	汉	1948.5	1973.8	高中	13 年	1977.1 ~ 1990.12，任鸥浦生产队党支部书记
闫绍文	男	汉	1947.8	1975.8	小学	12 年	1991.11 ~ 2003.11，任鸥浦村党支部书记
李　海	男	汉	1961.8	1987.8	中专	15 年	1993.11 ~ 2008.11，任鸥浦村党支部书记
郑永军	男	汉	1977.1	1998.3	初中		2011 年至今，任鸥浦村党支部书记

村支书的职责是：贯彻执行党的路线、方针、政策和上级的指示、决定，以建设有中国特色的社会主义理论指导工作，不断加强党的建设，保证完成上级布置的各项任务。其主要职责包括以下六点。①开展"四好"活动，搞好班子建设，建立健全各项规章制度，充分发挥党支部的领导核心作用和战斗堡垒作用。②因地制宜发挥优势，大力发展农业和二、三产业，增加农民收入和发展壮大集体经济，增加村党支部的凝聚力和战斗力。③严格坚持党内

的各项制度,以党章理论为主要内容,加强党员的学习教育,认真解决老、弱、病、残、贫党员的疾苦和困难,充分发挥党员的先锋模范作用,加强外来流动党员的管理工作。④抓好组织发展工作,有计划地培养发展党员,努力改善党员队伍的年龄、文化结构。⑤加强对村委会、治保、调解和群团组织的领导,搞好各种组织的制度建设,协调好各方面的关系,调动一切积极因素,共同努力做好工作。⑥加强社会治安综合治理,做好群众工作,维护社会稳定,全面促进精神文明建设。

组织委员的职责是:在支部委员会的集体领导下,负责支部的组织工作。其主要职责有以下四点。①了解和掌握支部的组织状况,根据需要提出党小组的划分和调整意见。会同宣传委员提出组织生活的内容和要求,检查和督促党小组过好组织生活。适时做好支部委员会换届改选、补选支部委员的准备工作。②了解和掌握党员的思想状况,协助宣传委员、纪律检查委员对党员进行思想教育和纪律教育;收集和整理党的模范事迹材料,向支部委员会提出表扬和鼓励的建议。③做好发展党员工作。了解入党积极分子情况,负责对入党积极分子进行培养、教育和考察,提出发展党员的意见,具体办理接收新党员手续;做好对预备党员的教育考察,具体办理预备党员转正手续。④做好党员管理工作。根据本支部实际情况,做好民主评议党员工作;认真搞好评选先进党小组和优秀党员活动,接转组织关系;收缴党费,定期向党员公布党费收缴情况;做好党员和党组织的统计工作。

宣传委员的职责是:党支部宣传委员在支部委员会的集体领导下,分工负责宣传工作。其主要职责有如下四点内容。①根据不同时期党的工作重心和上级党组织的指示，结合本村党员和群众的思想实际，提出宣传教育工作计划和意见，经支部委员会集体讨论通过后，具体组织实施。②提出加强党员教育的意见。组织党员学习马列主义、毛泽东思想、邓小平理论、"三个代表"重要思想、科学发展观以及党的基本知识、时事政策和文化业务知识。组织党课学习，积极做好思想政治工作。③围绕本单位的中心任务，做好宣传鼓动工作。④指导和推动本村工会、共青团等群众组织积极开展群众性的文化、科学、技术知识学习和体育活动。

3. 主要干部简历

郑永军，汉族，1977 年 1 月，出生于鸥浦村，祖籍山东潍县，初中文化程度。初中毕业后在家务农，1995 年主动响应村政府号召科学种田，选择优良品种，是鸥浦村最先种植优良黄豆的带头人之一。在村民印象里，他是一个头脑活络、紧跟科学发展的人。他于 1998 年 3 月入党，2011 年被选举为村支书，全面负责鸥浦村的党建工作。

（二）团组织

1. 鸥浦村团员人数及基本情况

鸥浦村在册登记的团员 19 人，其中女性 7 人，大约占团员总数的 37%。他们大都是在中学时候入的团，毕业或辍学后并没有办理相关退团或转组织关系等手续而保留了团籍。在这 19 名团员中，只有 2 人有高中文凭，当我们到村里调研的时候，他们均在家中务农。

2. 团组织分工

团组织是村委会配套机构之一，鸥浦村在鸥浦乡团组织的指导下设有鸥浦村团支委，其团支书在 2011 年之前由现任村党支部书记郑永军担任，2011 年 9 月，郑永军当选鸥浦村党支部书记后，鸥浦村的团支部书记由村文书王月华兼任，组织委员是曹兵，宣传委员是李海。实际上这两个委员都已超龄，按照规定应该自动退团，但因为鸥浦村的团支部现在已经基本形同虚设，所以团支部的改选工作一直没有进行，团支部从未召开过工作例会。在调研中我们了解到，不但鸥浦村，就是整个鸥浦乡的团委工作都没有任何实际作为，从县到乡，再到村，已经多年没有组织村里的团员过组织生活，也没有在村里的年轻人中进行共青团基础知识宣传、教育，在他们中发展团员。在文件检索的过程中我们没有看到县、乡级团组织传达下来的任何指示、命令、任务性文件。可以说，在鸥浦村，团组织是一个被遗忘的组织。

（三）妇女组织

1. 妇女组织的职责和分工

鸥浦村的妇女组织是妇代会，其职责是：在村党支部和村委会的领导下，加强妇代会自身建设，向农村妇女宣传党和国家在农村的方针、政策，教育妇女拥护党的领导，正确处理国家、集体、个人三者利益的关系，坚持走共同富强的道路。具体职责包括：发动、组织农村妇女搞好农村生产和多种经营，发展农村商品经济，勤劳致富；教育、引导农村妇女自尊、自信、自立、自强；组织、动员农村妇女学政治、学文化、学科学、学技术；教育农村妇女遵纪守法，维护妇女儿童合法权益，抵制封建迷信和落后习惯，与拐卖妇女、卖淫、赌博等社会丑恶现象和残害妇女儿童的违法犯罪行为作斗争；积极配合有关部门宣传计划生育政策和妇幼卫生知识，引导妇女实行计划生育，讲究卫生，预防疾病，关心妇女劳动保护；配合有关部门开展"五好文明家庭"创建活动，提倡勤俭持家，婚事新办，丧事简办，尊老爱幼，邻里和睦。

目前，鸥浦村的妇女主任由王月华担任，由于村子人口少，妇女更少，所以全村的妇女工作只由一个妇女主任来管理，每年从村里的经费中发给她 2400 元补贴。

2. 工作情况

由于鸥浦村经济条件落后，妇代会基本上处于无作为状态，很少组织妇女活动。鸥浦村妇代会的主要任务还是配合乡上的计划生育工作人员，抓好村里已婚育妇女的计划生育工作。根据"鸥浦村计划生育工作岗位责任制"，鸥浦村妇代会的工作还包括：认真学习、积极宣传、坚决执行党的计划生育工作的方针、政策及有关规定；主动取得领导的支持，及时向领导汇报工作，反映情况，提出建议，当好参谋；深入实际，认真调查研究，掌握第一手材料，熟悉全面情况，有的放矢地进行工作；热爱本职工作，努力钻研业务，掌握优生、优育、节育知识和人口理论知识，不断提高工作质量；认真登记填写、及时变更计划生育户卡，并及时上报计划生育各种卡片报表等，做到情况准、底数清、材料全、信息反馈准确及时；全面熟悉计划生育情况，掌握重点对象，经常随访，发现问题及时解决，防止早婚、计划外生育的发生；全心全意为人民服务，勇于克服困难，建立广泛的工作联系，巩固计划生育工作网络，保证计划生育工作目标任务的完成。

在配合鸥浦乡圆满完成计划生育工作的基础上，妇代会还在村两委班子和其他社会组织的帮助下为村里的妇女办了不少实事，例如定期组织妇女到白银纳乡卫生院进行妇检，为育龄妇女提供避孕药物与药具等。

三　社会组织

1. 村务公开监督小组

鸥浦村在 2005 年组建了村务公开监督小组，组长由当时的党支部书记李海担任，成员有曹兵、任志国、王成运和王素娥（女）4 人，这个村务监督小组主要是在村党支部领导下对本村村务实施民主监督。其主要职责是：对村民自治章程、村规民约及其他规章制度的实施情况进行监督，并及时向村党支部、村委会提出意见；对村委会执行村民会议或村民代表会议讨论决定的事项进行监督；对村务、财务公开，村干部述职评议等一系列工作制度执行情况及村干部个人重大事项进行监督；对村内财务收支进行定期审核监督；协查信访，并如实向村民解释。

2. 村民议事小组

鸥浦村的村民议事小组理事长由老党员朱跃辉同志担任，理事由郑永春、崔金波、王笃忠和冷海龙等人组成。村民小组以户为单位，每户从 18 周岁以上家庭成员中推选 1 名具有参政议事能力、最能反映家庭意愿的成员作为户代表，再由 5~10 名户代表选出 1 名村民代表，这名村民代表要随时参加村里的会议，随时召集其所代表的各户代表一同讨论村两委联席会提出的与群众利益密切相关的生产发展项目、基础设施建设、村集体财务收支、低保户确定、计划生育、推荐村后备干部、制定村民自治章程等，并对议题进行表决，村委会集中汇总。按照多数户代表意见决定各项事务的办理，决策结果在各村民小组户代表议事点进行公布。待事情办理结束，村两委班子再向代表反馈办理过程及结果，代表再召集各户代表公布办理过程及结果。涉及全村重大事务反馈时，村两委还要派干部参加，当场接受户代表质询。

3. 村民理财小组

村民理财小组组长由任志国担任，成员包括侯成军、马祥、王月华和曹勇等人。

4. 治保会和调解委员会

2008 年鸥浦村举行换届选举，两委成员发生变动，治保会、调委会、专兼职治安员配备不齐，不能有效地发挥作用。2009 年初，经鸥浦乡党委研究决定，对鸥浦村的治保会、调委会、专兼职治安员进行全面调整。主任是王笃平，副主任是郑永军，成员包括闫忠诚和王景龙，并任命年轻党员曹美玲为综治信息员。治保会和调解委员会的任务主要是宣传、教育群众，增强法制观念和安全防范意识，组织群众开展治安巡逻、安全检查等项群防群治工作，落实防盗、防火、防破坏和防其他治安灾害事故的安全防范措施；及时向政府及公安机关反映社会动态和有可能危害社会治安的民间纠纷和闹事苗头，并协助政府和有关部门做好教育疏导工作；对有违法犯罪行为的人进行教育、帮助、监督、考察；协助公安机关保护案件现场，积极提供破案线索，对现行违法犯罪分子进行控制或扭送公安机关；向政府及公安机关反映群众对社会治安管理工作的意见、建议和要求。通过治保会和调解委员会的工作，在鸥浦村，外来人口登记、重点人口看护、十户联防制度基本得到落

实，民间调解矛盾纠纷的效率也有所提高，治安巡逻检查的力度、密度加大了，充分发挥了群防群治在"平安鸥浦"建设中的作用，进一步巩固了治安防范的网络体系。

第三节　规章制度

一　规章制度

（一）行政工作、纪律制度

1. 村民会议制度

村民会议由村民委员会召集，村民委员会主任主持。村民会议每年至少召开一次，有 1/10 以上的村民提议，应当召集村民会议。召开村民会议，应当有本村 18 周岁以上的村民的过半数参加，或者有本村 2/3 以上户的代表参加，是村最高权力机构。村民会议所做出的决定，应当经到会人员的过半数通过。

村民会议行使下列职权：选举、罢免和补选村民委员会成员；推选村民选举委员会成员；制定、修改村民自治章程或者村规民约；讨论决定本村的发展规划和年度计划；审议村民委员会工作报告、村财务收支情况报告，评议村民委员会成员的工作；撤销或者改变村民代表会议、村民委员会做出的决定。涉及村民利益的下列事项，村民委员会必须提请村民会议讨论决定，方可办理：有关费用的收缴、使用；村干部报酬及误工补贴的人数和标准；村集体经济项目的立项、承包方案，产业结构调整方案；村公益事业的经费筹集和建设承包方案；村集体经济收益的使用，征用土地各项补偿费的使用；村民的土地承包经营方案；

宅基地的使用方案；村民会议认为应当由村民会议讨论决定的涉及村民利益的其他事项。

村民委员会是村民自我管理、自我教育、自我服务的基层群众性自治组织，实行民主选举、民主决策、民主管理、民主监督。

村民委员会的主要任务是：①宣传宪法、法律、法规以及党和国家的政策，教育和推动村民履行依法纳税、服兵役、实行计划生育等法定义务，开展母婴保健和卫生防病，督促村民遵守村民自治章程、村规民约；②支持和组织村民发展多种合作经济和其他经济，承担本村生产、经营的服务和协调工作；③保障集体经济组织依法独立进行经济活动的自主权，维护以家庭承包经营为基础、统分结合的双层经营体制，保护集体经济组织和村民、承包经营户、联户或者合伙的合法财产权和其他合法权益；④拟定并组织实施本村经济发展和建设规划，整顿村容村貌，改善居住环境，办理本村的公共事务和公益事业；⑤依法管理本村属于村民集体所有的土地和其他财产，管理本村财务，教育村民合理利用自然资源，保护和改善生态环境；⑥协助维护社会治安，调解民间纠纷，促进村民团结和家庭和睦，促进村和村之间的团结、互助；⑦发展文化教育，普及科技知识，教育村民尊老爱幼、尊重妇女、爱护公共财产，拥军优属，扶贫济困，移风易俗，开展文明村建设活动，树立社会主义新风尚；⑧组织村民参加抢险、救灾、募捐等活动；⑨支持共青团、妇代会、民兵等组织开展工作；⑩召集村民会议、村民代表会议，向村民会议或者村民代表会议定期报告工作；⑪协助乡镇人民政府开展工作，向人民政府反映村民的意见、要求；⑫法律、法规赋予的

其他职责。

2. 村务、财务管理及公开制度

鸥浦村在《农村村务公开实施细则》《呼玛县村级财务监督管理暂行办法（修订）》的基础上，结合本村实际编制村务公开目录，把社会主义新农村建设中各级财政到村到户的优惠政策和资金、社会各界支持新农村建设的项目和资金、村内公益事业的办理等事项以及对村干部的民主评议、考核和审计结果，纳入公开的内容。

村民委员会实行村务公开制度，主要包括及时公布下列事项：①村经济、社会发展规划和村民委员会年度工作计划；②村民会议、村民代表会议讨论决定的事项及其实施情况；③村财务收支计划及具体执行情况；④有关税费的收缴、使用情况；⑤村土地、山林、草原、滩涂、水面、集休企业和财产的承包、租赁经营情况；⑥村公共基建项目的投资和招标情况；⑦村集体经济所得收益的使用情况；⑧村干部报酬及误工补贴的人数和标准；⑨本村水电费的收缴情况；⑩计划生育政策落实情况；⑪宅基地报批和批复的情况；⑫优抚、救灾救济、扶贫助残等款物的接收、发放、使用情况；⑬筹集的资金和劳动力的使用情况；⑭1/10以上村民或者1/3以上的村民代表要求公开的事项；⑮村民会议、村民代表会议认为应当公开的其他事项。

村务管理中应公开的事项，每个季度至少公开两次，涉及农民利益的重大问题以及群众关心的事项及时公开。村民委员会应当在方便村民观看的地方设立固定的村务公开栏，同时利用广播、公开信、公开卡等辅助形式公开，并保证公开的项目和内容全面、真实。

实行村务公开答疑纠错的监督制度，推行村民点题公开、建立村务公开和民主管理工作信息平台，村民委员会应当自觉接受村民监督，采取会议、民主议政日、专题座谈、意见箱、电话等形式征求村民对村务公开情况的意见，接受村民的查询和监督。群众对公开的内容有疑问的，村民委员会能够当场答复的，应当当场答复；当场答复不了的，应在10日内予以解释和答复。多数村民对村务公开的事项不同意，应当召开村民会议或者村民代表会议依法予以纠正，并重新公开。村务公开面要继续保持100%，规范化程度要保持90%以上，充分发挥村务公开监督小组的作用。村民委员会换届后，原村民委员会应当在10日内向新一届村民委员会移交账目、公章、档案资料以及有关的村务工作。村民委员会应当建立村务公开档案，村务公开档案应当真实、完整、规范，保存期限与财务账簿相同。村民委员会印章由专人保管，需要使用印章时，应当经村民委员会主任签字同意，任何人不得擅自使用印章。

村级财务在不改变集体资金所有权、使用权的前提下，实行村收、乡管、村用，在乡镇财政所统一建账管理；村级支出实行财务预决算制度、开支审批制度、会计核算制度、票据和印章管理制度、财会人员管理制度等。每月对下月的支出实行预算，由乡镇分管领导签字后，预拨经费，当月月底前，持有效票据在乡财政所统一报账；财务实行集体审批制。村务按照《村民自治章程》的有关规定，按照"党支部领导、村委会实施、村民代表监督、全体村民参与"的原则，进行民主管理和民主决策。强化对村出纳的监督，加强对村级集体资金收入、支出等环节的监督管理。村级财务管理必须严格执行有关法律、法规、规章以及其他财务管理制度。村实行财务收支计划管理，财务收

支计划必须经村民会议或者村民代表会议通过施行，计划外的大额财务支出必须由村民会议或者村民代表会议通过。

3. 干部廉政建设制度

党风廉政建设责任制，是指村级党组织班子、村委会班子和村干部对职责范围内的党风廉政建设必须履行的职责和对不履行或者不正确履行职责的追究相应责任的制度。为了加强对农村党员干部的监督管理，规范农村干部权力的运行，鸥浦乡政府根据《黑龙江省农村基层党员干部廉洁自律若干规定》《呼玛县农村基层党风廉政建设工作要点和责任分工》《呼玛县深入推进农村基层党风廉政建设实施方案》，制定了适用于全乡各村屯的《鸥浦乡村级党风廉政建设责任制暂行办法》，鸥浦村的党风廉政建设责任制也遵循这一办法执行。

鸥浦乡村级党风廉政建设责任制暂行办法

村级党组织主要负责人为村级党风廉政建设第一责任人。村实行党风廉政建设责任制，坚持"两手抓，两手都要硬"的方针，教育、制度、监督并重，以转变村干部作风，改善党群、干群关系，以建设高素质村干部队伍为重点，进一步巩固党在农村的执政地位，为新农村建设提供坚强的政治保证。村实行党风廉政建设责任制，必须坚持以下原则：（一）实事求是的原则；（二）定性考评与定量考核相结合的原则；（三）公平、公正、公开的原则；（四）依靠群众、接受监督的原则。

村级党组织对本村的党风廉政建设负全面领导责任；村党支部书记对本村的党风廉政建设负总责；村委会对职责范围内可能影响全村党风廉政建设的业务

工作，负有加强管理、建章立制、标本兼治、综合治理的直接领导责任；村主任对职责范围内的党风廉政建设负直接领导责任。

村级党组织班子、村委会班子在党风廉政建设中应承担以下领导责任：（一）组织本村党员、干部学习邓小平理论和"三个代表"重要思想，普及科技、法律、文化知识，开展党性、党风、党纪教育，不断提高本村党员、干部遵纪守法和反腐倡廉的自觉性；（二）针对本村经济发展、事务管理、社会稳定中存在的问题，认真抓好村务公开，建立健全民主管理、民主决策等管理和监督机制，堵塞漏洞，防患于未然，做到用制度管人、管事；（三）对村干部廉洁自律情况进行监督、检查，教育广大党员群众自觉遵章守法，倡导文明新风，抵制农村黄、赌、毒等不良风气侵蚀，坚决同各种违法犯罪行为作斗争；（四）做好新形势下党员群众的思想政治工作，不断创新基层组织的工作方式，密切联系群众，认真解决群众反映的热难点问题，妥善化解矛盾，维护社会稳定，构建和谐乡村。

村级党支部书记作为党风廉政建设的第一责任人，承担以下领导责任：（一）根据上级党委、政府关于党风廉政建设工作的要求和本村党风廉政建设责任目标，召开会议，专题研究本村的党风廉政建设工作；（二）对本村的信访稳定负总责，健全信访网络，各村设立纪检小组，认真解决群众来信、来访和涉及群众利益的突出问题，对本村苗头性、倾向性等不稳定因素在做好信访工作的基础上，及时向上级反映；（三）切实管好班子，带好队伍，对涉及本村党员干部在思想、

工作等方面的问题和不廉洁的行为，要亲自找本人谈话，进行告诫，及时纠正；（四）每年根据形势主持召开一次村级班子民主生活会，开展批评与自我批评，纠正班子中存在的突出问题；（五）模范遵守党纪国法，带头发扬艰苦奋斗精神，自觉执行廉洁自律的各项规定，接受组织和群众的监督。

村委会主任在党风廉政建设中负直接领导责任，承担以下责任：（一）积极支持、协助村级党支部书记抓好党风廉政建设，不断改进工作管理方式，开展创建学习型、服务型基层组织活动，团结带领群众为新农村建设做贡献；（二）对工作中存在的苗头性、倾向性问题及时发现和解决，并有针对性地制定防范性措施；（三）严格执行党在农村的方针政策，遵守国家法律，自觉执行廉洁自律的各项规定。

对村级领导班子党风廉政建设责任制执行情况的考核，要在乡党委的统一领导下，由乡纪委具体组织实施，由乡党委政府领导班子成员带队，组织下乡干部分赴各村进行考核。考核要同村级班子的实绩考核、工作目标考核、年度考核同步进行，考核一般在年终进行。除进行年度考核外，乡党委政府领导班子成员每年要对各村落实党风廉政建设责任制的情况进行督促检查1～2次。

村级党风廉政建设责任制考核应遵循以下程序：（一）自查自报。每年年终，各村党支部和村委班子及其成员对一年来履行职责的情况及本人廉洁自律的情况进行总结，形成书面材料一式两份报乡党委、纪委，由乡纪委认真审查。（二）召开述职、述廉会议。会议由包村乡领导主持。各村党支部负责人和村委负责人要代表班子及本人进行述职、述廉，班子其他成员以书面形式进行。述职、述廉的内容为本年度履行职责和执行廉洁自律规定的情况，重点对本人执行廉洁自律的情况进行汇报，述廉的篇幅不得少于1/2。参加述职、述廉大会的人员是全体党员和村民代表。（三）民主测评。述职、述廉大会结束后，由参加会议的党员、村民代表对村级班子和村干部进行民主测评。民主测评分"优秀""称职""基本职称""不称职"四个等次，以无记名填表方式进行。（四）实地检查。重点检查村务公开、民主管理决策、个人重大事项申报等会议记录及相关资料。（五）个别谈话。由考核组组织进行，并认真做好谈话记录。谈话对象为村级支部和村委班子成员、部分党员和村民代表，原则上不少于10人。谈话人员由考核组随机确定，谈话内容侧重于了解领导班子及其成员廉洁自律情况。（六）对在考核中广大党员群众反映的问题以及提出的意见、建议，村级班子和村干部要认真对待，做好解释和整改。

在民主评议中，村干部优秀和称职票率在90%以上的为优秀，优秀和称职票率在80%以上的为称职，优秀和称职票率在60%～80%的为基本称职，优秀和称职票率在60%以下的或不称职票超过30%的为不称职。对被评为优秀的村干部要通报表彰，鼓励他们再接再厉，为村级发展多做贡献；对被评为不称职的村干部，要对其进行诚勉谈话，并在查清原因的基础上，视情节进行责任追究。对各村落实党风廉政建设责任制的考核结果，要在全乡进行通报，并报纪委备案，

同时将考核结果纳入村干部廉政档案，作为村干部选拔任用、业绩评定、奖励惩处的依据。

为了配合《鸥浦乡村级党风廉政建设责任制暂行办法》的实施，鸥浦村还建立了村干部个人廉政档案制度和选聘农村基层党风廉政监督员制度。

（1）村干部个人廉政档案制度。从 2009 年开始，呼玛县纪委在全县全面推行村干部个人廉政档案制度。具体到鸥浦村，由鸥浦乡纪委为鸥浦村每位村干部建立个人廉政档案，作为村干部选拔任用、评先树优、年度考核、奖励惩处的重要依据。廉政档案以个人为户头，一人一档，由本人如实填写，由乡纪委对所填情况进行调查核实，统一监管，实行动态管理，跟踪监督，及时充实和完善相关内容。

（2）选聘农村基层党风廉政监督员制度。在村群众中选聘党风廉政监督员一名。

选聘条件。具有较高的政治素质和较强的政治敏锐性，在思想和行动上与党中央保持高度一致。具有较高的政治理论水平和丰富的政治工作经验，熟悉党务、村务工作。具有较强的参政议政意识，具有较高的社会声望和群众基础，并热心于党风廉政建设工作。具有一定的组织领导能力、文字综合能力和语言表达能力。具有较强的事业心和责任感，工作认真负责，有一定的分析问题和解决问题的能力。具有良好的职业道德，敢于坚持原则，处理问题公道正派、作风扎实、清正廉洁。身体健康，能够根据工作需要和组织要求深入乡镇、村屯开展巡视和监督检查工作。年龄适当，原则上在 65 周岁以下。

聘任程序。农村基层党风廉政监督员的聘任由乡镇党委与纪委协商提出，拟聘人员名单，经征求本人意见，并提交县委党风廉政建设领导小组研究同意后，以文件形式下发，并为受聘人员颁发农村基层党风廉政监督员证及聘书。

人员调整。农村基层党风廉政监督员每3年调整1次，符合条件的可以连任。有以下情况之一的可考虑予以调整：连续受聘时间已满6年；因身体健康、年龄偏大等原因，不能坚持正常参加农村基层党风巡视和监督检查活动；本人提出调整或因其他特殊情况不适宜继续做农村基层党风廉政监督员的。

农村基层党风廉政监督员的管理。乡镇党委、纪委受县委党风廉政建设领导小组办公室委托，负责农村基层党风廉政监督员的工作联络、协调、服务和情况综合等具体管理工作。

基本任务。①围绕中央、省、地和县委的中心工作，监督检查村两委班子的党风廉政建设和反腐败斗争的情况，监察村干部勤政廉政以及执行国家法律、法规、政策、决定、命令的情况。②深入农村各个阶层，听取并反映农民群众对反腐败斗争和党风廉政建设的意见和要求，督促解决影响农村经济建设和农民群众反映强烈的热点难点及影响干群关系的症结问题，并积极为党风廉政建设献计献策。③宣传党和政府加强农村基层党风廉政建设、开展反腐败斗争所取得的成效和农村基层党风廉政建设的有关政策规定，发现和总结典型经验。

工作职责。①农村基层党风廉政监督员的主要职责是监督检查、反馈信息。通过对村两委班子党风政风巡视和监察，督促其认真贯彻执行党和国家的方针政策，落实农村基层党风廉政建设和反腐败斗争任务，解决问题，对涉及村干部的违法违纪线索及党的政策在执行中遇到的梗阻问题，要及时以口头或书面形式向乡镇党委、纪委反映，特殊情况可直接向县纪委、监察局报告。②对工作中发现和遇到的属于被巡视（监察）部门职权范围内能解决的问题，可提出要求，督促解决；属于被巡视（监察）部门职权范围内解决不了的问题，可将情况及时报告乡镇党委、纪委，由乡镇党委、纪委负责向县纪委、监察局反映。③有督查权、调查权、建议权，但不参与具体案件的查处，不直接处理或答复具体问题。在组织检查、专项调查和各部门邀请时，可以进行以下工作：列席有关农村基层党风廉政建设方面的党组会议、乡镇领导班子民主生活会等；与党员领导干部或有关人员谈话，听取相关工作的汇报，召开有关人员参加的座谈会，索取有关文件、资料；检查、督促、指导被巡视（监察）部门的农村基层党风廉政建设和反腐败工作，提出工作意见和建议。

工作要求。①认真学习党的各项路线、方针、政策，掌握中央、省、地、县关于加强农村基层党风廉政建设和反腐败斗争的有关政策、规定。②带头执行关于村干部廉洁自律的有关规定，巡视工作要轻车简从，不搞特殊化，不接受被巡视检查单位用公款支付的各种高消费娱乐活动，为群众做出表率。③认真完成所担负的工作任务，不干预被巡视和监督检查部门的正常工作，不得以农村基层党风廉政监督员的身份开展职责范围以外的工作。④努力成为乡镇党委、政府联系农民群众的桥梁和纽带。由于集中巡视检查的时间有限，平时要采取明察暗访的办法，深入农村、深入群众，认真听取并收集日常生活中方方面面的反映，尤其注意在加强对党员领导干部工作时间以外的监督上下功夫。

4. 鸥浦村干部、党员和致富带头人挂牌管理制度

2007 年，呼玛县委对农村基层组织实行挂牌管理制度，并在 2008 年加以推广，对农村的党员和致富带头人也实行挂牌管理制度，即对村党支部书记和村委会主任的管理实行挂"职位优胜牌"，分金牌、银牌、铜牌三种牌别；对党员的管理实行挂"公开承诺牌"；对致富带头人的管理实行挂"示范服务牌"。享受补贴的其他村干部如文书、妇女主任的管理工作，参照村干部挂牌管理办法执行。鸥浦乡党委、政府按照呼玛县委对农村挂牌管理的要求，结合各村实际情况，制定了以"定量定责、百分考核、据绩评牌、工资挂钩"为目标的《鸥浦乡基层党支部书记和村委会主任实行挂牌管理的实施方案》，鸥浦村遵照这一方案对村干部实行挂牌管理。具体包括如下内容。

每年年初，鸥浦乡党委核定村党支部书记和村委会主任个人工作年限、工作实绩、所受奖惩和村的自然状况、主导产业、农民收入、公共积累、计划生育、社会治安等情况，作为牌别评定的基础。考核的标准主要看贯彻执行上级政策要求、村域经济发展、两委班子建设、党员队伍建设、村级组织配套建设、民主政治建设，以及村党支部书记和村委会主任的思想觉悟、工作能力、服务意识、工作作风、工作业绩、廉洁自律等方面的情况。牌别评定采取百分制考核，基础分为 100 分，根据所受奖惩情况适当增减。

对于评议考核，主要是由乡党委成立考核组，每年 11 月末前召开由全体村干部、党员和村民代表参加的民主评议会，由村党支部书记和村委会主任述职，与会人员以无记名方式填写测评票，民主测评结果在考核中占 20 分。对年初确定的村党支部书记和村委会主任工作目标完成情况

进行考核，考核结果占 80 分。对于政绩比较突出的，如村级经营管理综合经济指标达到全乡前 3 名、招商引资单户企业年纳税超 5 万元、连续 3 年获地市级以上奖励、连续 5 年获县级以上奖励的，可加 5～10 分。任职期间每受一次党纪、政纪处分的，在考核总分中减 5～10 分。考核组对民主评议、目标考核以及增减分项目进行汇总，确定村党支部书记和村委会主任工作的综合分值，作为授牌的依据。95 分以上（含 95 分），为金牌；80～95 分（不含 95 分），为银牌；70～80 分（不含 80 分），为铜牌；60～70 分（不含 70 分），为黄牌；60 分以下（不含 60 分），为红牌。对村党支部书记和村委会主任的考核结果、评牌意见等情况在村中公示 5～7 天，征求群众意见，接受群众监督。每年 12 月 10 日前，乡镇党委根据村党支部书记、村委会主任年度考核结果，经集体研究提出评牌意见，报县委组织部审批，并向群众公布挂牌调整情况。

　　年度被授予金牌的村支部书记和村委会主任可以列席乡镇党委和政府工作会议，参与乡镇的重大决策，特别优秀的村党支部书记和村委会主任可以享受更高的政治待遇。在县委"七一"表彰及其他重要表彰活动中，得到金牌的村党支部书记、村委会主任具有优先评优、评模的资格。对村党支部、村委会主任实行结构补贴制，补贴由基础补贴、绩效补贴和牌别补贴三部分构成，在县财政拨给村的转移支付中列支。基础补贴每人 2000 元，绩效补贴 1000～2000 元，按照年度工作目标和任务完成情况，由乡镇依据考核结果计算补贴。在牌别补贴中，金牌为 1000 元，银牌为 800 元，铜牌为 600 元，黄牌为 200 元，红牌不享受补贴。基础补贴由乡经管站提出用款计划，报乡财政所，乡财政所拨至村干部工资折。每年 12 月 10 日前，乡镇党委将目标考核情况上报县委组织部审批后，通知乡经管站将绩效补贴和牌别补贴送至乡财政所，县财政部门审批后，拨付村干部应得补贴。扣除的补贴部分，用于本村享受定额补贴和误工补贴并且表现出色的人员的奖励，也可用于本村经费支出，不允许串村使用。村党支部和村委会主任由一人兼任的，只享受其中一个职务的各种补贴。机关和事业单位工作人员兼任村党支部书记的，原单位的一切待遇不变，不享受村里的补贴。

在年度评牌时，出现下列情况的，要酌情给予处罚：年度考核为红牌或连续两年为黄牌的，予以免职或依法罢免；村党支部书记和村委会主任本人因重大失误造成重大损失的，或计划生育、信访、社会治安综合治理受到"一票否决"的，依情况评定为黄牌或红牌；受到党纪、政纪处分被依法免职或撤职的，当年评定为红牌；触犯国家法律、法规的，在执行机关立案侦查和取保候审期间，停发补贴；被判刑的自判决之日起取消一切待遇。

为了确保挂牌管理的实施，鸥浦乡制定了 2012 年度村委会主任工作目标考核表（见表 2－5），并和鸥浦村的村主任和书记签订了责任状，明确了加分标准：①全年无违边涉外事件，辖区范围秩序稳定，加 5 分；②全年无计划外生育发生，加 5 分；③全年未发生生产事故，加 5 分；④单项工作受到县级以上表彰奖励的，加 10 分；⑤防火工作突出，全年未发生火警的，加 5 分。2012 年度鸥浦村党支部书记工作目标考核表、2012 年度鸥浦村致富带头人挂牌管理目标考核表、2012 年度鸥浦村党员挂牌管理目标考核表分别见表 2－6、表 2－7、表 2－8。

表 2 – 5　2012 年度鸥浦村委会主任工作目标考核表

序号	项目	额定分值	目　标	权数
1	队伍建设	5	班子成员表率作用好，战斗力强，团结协作	5
2	自身建设	5	发展经济思路清晰，集体积累不断增加	2
			带头执行党和国家的各项方针政策	1
			带头致富，并带领群众致富	1
			清正廉洁，为人公道、公正，测评优秀率 90% 以上	1
3	民主管理	3	一事一议，管理有效，各种统计数字、簿册、台账情况明晰	3
4	精神文明建设	12	做好美化、绿化和亮化工作，加大文明村建设力度，村文明状况明显改观	9
			办好公民文明学校，培训面达 95%，做好星级文明户评比工作	3
5	种植业	15	完成总种植计划	2
			耕地无荒芜，进行产业结构调整	2
			马铃薯种植在 50% 以上	3
			协调农用物资贷款	1
			优良品种使用率 90% 以上	1
			科学种田，科学管理，无技术事故	1
			秋翻地麦茬 100%、豆茬 20%	1
			秋整地麦茬 70%、豆茬 20%	1
			消灭地隔子 100%	1
			落实县乡下达的高产示范田	2
6	畜牧业	8	完成养殖计划，建立绒山羊养殖示范户、黄牛养殖示范户	4
			做好防疫工作	3
			特色养殖	1

序号	项目	额定分值	目 标	权数
7	庭院经济	4	栽木耳	3
			棚室蔬菜生产	1
8	人均收入	2	农村人均收入比上年增长5%以上	2
9	土地承包合同兑现工作	4	土地承包合同签率100%，兑现率100%	2
			合同纠纷率不超过4%	2
10	农村财务管理	5	财务公开两次	2
			建立农村统计台账	1
			及时上报各项农村统计报表	1
			做好财务收支预算	1
11	计划生育工作	6	无计划外生育人口出生率100%	2
			家庭户卡及生殖保健档案误差率在8%以下	2
			"流动人口婚育证明"查验核发率各在90%以上	2
12	重点工作	8	完成年度新农村建设计划	2
			完成一村一品产业强村计划	2
			完成以煤代木工作	2
			全面停止沙金禁采	2
13	森林防火	6	落实防火组织，有30人以上的快速扑火队员，若发生火灾能全部及时出动	3
			全年无火警，无人为火灾	3
14	综治工作	5	刑事案件发案率常住人口不高于1.5‰，流动人口犯罪率不高于1%；治安案件查处率100%；无涉外事件发生	5
15	双普工作	2	重视九年义务教育，控辍工作有效	2
16	卫生医疗	2	新型农村合作医疗在90%以上	2
17	信访工作	2	全年无群众越级上访案件	2

续表

序号	项目	额定分值	目标	权数
18	安全生产	6	成立领导小组	1
			推选出安全生产检查员	2
			有组织、有步骤地从事江上作业和上山采集及农用车辆安全驾驶	3

表 2 – 6 2012 年度鸥浦村党支部书记工作目标考核表

序号	项目	额定分值	目标	权数
1	队伍建设	10	班子成员表率作用好，战斗力强，团结协作	5
			党员队伍素质好，"一岗四责"辐射面达到党员干部总数的70%	5
2	自身建设	8	发展经济思想清晰，集体积累不断增加	2
			带头执行党和国家的各项方针政策，理想信念坚定	2
			带头致富并带领群众致富，农民生活水平居全县中游以上	2
			清正廉洁，为人公道、公正，测评优秀率90%以上	2
3	民主管理	6	一事一议，管理有效，各种统计数字、簿册、台账情况明晰	3
			做好信访工作，政务公开两次，无计划外生育人口，出生率100%	3
4	精神文明建设	12	做好美化、绿化和亮化工作，加大文明村建设力度，村文明状况明显改观	9
			办好公民文明学校，培训面达95%，做好星级文明户评比工作	3

续表

序号	项目	额定分值	目　标	权数
5	党务工作	15	党支部有计划、有总结、有典型	3
			坚持"三会一课一日"	3
			党组织活动各项记录齐全规范	3
			活动阵地建设达到规范化	4
			对积极分子做到措施、制度、培养三落实，预备党员按期转正	2
6	经济工作	21	完成总种植计划	9
			耕地无荒芜，进行产业结构调整	4
			完成养殖计划	4
			特色养殖	4
7	重点工作	8	完成年度新农村建设计划	2
			完成一村一品产业强村计划	2
			完成以煤代木工作	2
			全面停止沙金禁采	2
8	综治工作	5	刑事案件发案率常住人口不高于1.5%，流动人口犯罪率不高于1%；治安案件查处率100%。加强边境管理工作，无涉外事件发生	5
9	双普工作	2	重视九年义务教育，控辍工作有成效	2
10	卫生医疗	2	新型农村合作医疗在90%以上	2
11	妇女工作	2	带领妇女开展各项活动，发展特色种植、养殖	2
12	团务工作	2	建立配套的团组织活动阵地，文化设施齐全	2
13	民兵工作	2	民兵组织齐全，发挥作用	2

表 2-7　2012 年鸥浦村致富带头人挂牌管理目标考核表

考核项目	分值	考核内容
带头致富	20	关心政治，学习先进技术，有致富项目，带头勤劳致富
示范服务	20	增强服务观念，真诚服务群众，带头传授科技知识和致富经验
扶贫帮困	20	帮扶贫困群众，在技术、资金和物资设备等方面给予力所能及的扶持

注：此表总分为 60 分，占考评总分的 60%。在得分下面的空栏内填上分值。
该表总分与被考评人的民主评议分数相加，得出被考评人的最后分数。

表 2 - 8　2012 年度鸥浦村党员挂牌管理目标考核表

考核项目	分值	考核内容
双带致富	15	有致富项目，带头致富，带领群众致富
讲树文明	15	协助村里管护村屯环境卫生，倡导健康的生活方式，积极参与开展各种形式的文明创建活动
调解纠纷	15	协助调解民事纠纷，帮助解决群众生产生活中出现的各种矛盾和问题，引导群众进行普法宣传
参加活动	15	按时参加"三会一课一日"和其他各种有益活动

注：此表总分为 60 分，占考评总分的 60%。在得分下面的空栏内填上分值。该表总分与被考评人的民主评议分数相加，得出被考评人的最后分数。

（二）党团妇女工作、纪律制度

1. "三会一课一日"制度

"三会一课一日"是指支部委员会、支部党员大会、支部党员民主生活会、党课、党员活动日。

（1）支部委员会会议

时间：每月召开一次，一般在每月月底召开。

对象：支部委员参加，必要时可扩大到党小组长参加，由支部书记主持。

内容：主要研究支部工作及对本支部党日活动的内容进行安排。

（2）支部党员大会

时间：每季度召开一次，时间分别在每季末进行。

对象：全体党员参加，由支部书记主持。

内容：听取支部委员会的工作报告，对支部委员会的工作进行审查和监督，讨论吸收新党员和预备党员转正，决定对党员的表彰和处分，选举产生新的支部委员会及出席上级党代会的代表。补选支委和检查党员目标管理的实施情况及讨论决定支部的其他重大问题。

（3）支部党员民主生活会

时间：每年 7 月和 12 月各召开一次，下半年可结合年终民主评议党员进行。

对象：全体党员参加，由支部书记主持。

内容：沟通思想，认真开展批评与自我批评，解决党员内部矛盾，激发党员上进心和进取精神。

（4）党课

时间：每季度召开一次。

对象：全体党员、入党积极分子。

内容：学习党的路线、方针、政策和上级文件精神，学习党的基本知识、法律法规和现代化知识。

（5）党员活动日

时间：每年 1 月 1 日、7 月 1 日、10 月 1 日为统一的党员活动日，其他可依据情况安排。

对象：一般由全体党员参加，也可以以党小组为单位进行。

内容：采取灵活多样的形式和方法，如重温入党誓词，学习科学文化知识、市场经济知识和法律知识，开展党的知识竞赛等有益活动，以及组织党员开展为民办实事等志愿活动。

2. 村党支部工作制度

村党支部是村各种组织和各项工作的领导核心，其主要职责有如下几点。

（1）贯彻执行党的路线方针政策和上级党组织及本村

党员大会的决议。

（2）讨论决定本村经济建设和社会发展中的重要问题。需由村民委员会、村民会议或集体经济组织决定的事情，由村民委员会、村民会议或集体经济组织依照法律和有关规定作出决定。

（3）领导制定本村经济、社会发展规划，组织、动员各方面力量保证规划实施。

（4）领导和推进村级民主选举、民主决策、民主管理、民主监督，支持和保障村民依法开展自治活动。

（5）领导村民委员会、村集体经济组织和共青团、妇代会、民兵等群众组织，支持和保证这些组织依照国家法律、法规及各自章程充分行使职权。

（6）领导和支持集体经济组织管理集体资产，协调利益关系，组织生活服务和集体资源开发，逐步壮大集体经济实力。

（7）搞好党支部的自身建设，对党员进行教育、管理和监督。负责对要求入党的积极分子进行教育和培养，做好发展党员工作。

（8）负责村、组干部和村办企业、个私企业管理人员的教育、管理和监督。

（9）搞好本村的社会主义精神文明建设和社会治安、计划生育工作。

3. 集体领导制度

（1）集体领导制，亦称党委制，即集体领导和个人分工负责相结合的制度，是民主集中制在党的领导制度上的体现和运用，是党的集体领导的最高原则，各级党组织必须严格遵循。

（2）凡属重大问题必须经党委（党总支、党支部）集体讨论决定，任何个人或少数人都无权决定应由集体决定的问题。若遇特殊情况，必须由个人做出决定时，事后要及时向党委报告。

（3）在决定问题时，必须严格执行少数服从多数的原则，实行"一人一票表决制"，不允许任何人专断和把个人意见强加给组织。

（4）党委班子成员必须坚决地执行集体决议，任何人或少数人都无权改变集体的决定。若有不同意见，可以保留，或者向上一级党委反映；若在执行中出现新情况，应积极向党委会提请复议。在没有改变原决定之前，除非常紧急情况外，必须执行原决定。

（5）党委班子成员在检查工作、参加会议等活动中，可以发表指导工作的意见，但代表党委集体的重要讲话，必须事先经过党委会讨论或传阅同意。

（6）对不需要提交党委会讨论，应由部分委员协商解决的问题，可通过书记办公室研究解决，党委主要成员之间可以沟通情况，交换意见，但不能代替党委会做决定。

（7）党委班子要实行严格的分工负责制。做到分工明确，各司其职，各尽其责，要在各自职责范围内，独立负责地、创造性地进行工作。

（8）书记是党委日常工作的组织者，在集体领导下主持全面工作，负有主要责任。在研究处理问题时，书记要充分发扬民主，认真听取每位成员的意见，包括不同意见，并善于集中集体智慧，调动"一班人"的积极性。

（9）党委成员都要坚持党性原则，树立全局观念，以

高度负责的精神积极参与和维护集体领导。班子成员之间要经常沟通情况，相互支持，相互谅解，取长补短，团结共事，增强集体领导能力。

（10）要建立催办制度。凡经党委集体讨论决定的问题，都要按分工或指定专人负责落实，追踪检查，催办问效，提高工作效率。

4. 党建工作例会制度

（1）党委每年至少召开一次会议，专门研究党的基层组织建设工作（不含审批干部和发展党员）。主要内容是传达上级会议、文件和指示精神，研究解决基层党组织建设工作存在的问题。

（2）党委每月召开一次支部书记联席会议，传达上级会议和文件精神，听取基层党支部（总支）工作汇报，总结经验，安排部署下一步党建工作。

5. "两票制"民主评议党员制度

（1）民主评议党员要按照党员标准，树立历史的、辩证的观点，运用批评与自我批评的武器，坚持实事求是的原则。

（2）民主评议党员每年开展一次。

（3）民主评议党员的内容主要是党员近期来的思想工作、学习和生产方面的表现情况，评议时以摆问题、提意见、找差距为主，不能搞成单纯的评功摆好。

（4）民主评议党员在方法上采取"两评两定"，即党内评议和群众评议相结合，定性评议和定量评议相结合。

（5）民主评议党员工作，应在乡党委的领导下，以支部为单位进行。会议由支部书记主持，必要时由上一级党组织派人参加，评议结束后，应将评议情况转达本人，并报上一级党组织。

（6）党支部负责人要以普通党员的身份参加评议，以身作则，开展批评与自我批评，虚心听取党员意见，本着有则改之、无则加勉的原则，决不允许打击报复。

6. 中心组学习制度

（1）党委中心组每月学习一次，也可根据实际情况随时调整，但一般要求是可串不可占。

（2）中心组成员无特殊情况必须参加规定的学习，因故不能参加学习，必须提前向组长请假。请事假全年不许超过学习日的 1/5（特殊情况除外）。

（3）要健全和完善中心组组长负责制和考勤、考试、学习档案、学习心得、报告会、补课等项制度，做到"四有"，即学习有材料、有笔记、有体会、发言有提纲，并做到"四落实"，即学习规定、时间、内容、制度落实。

（4）要注意抓学习效果。每个中心组成员要写出体会文章、学习论文或调查报告两篇以上。

（5）学习要理论联系实际，同班子成员的思想、作风以及单位的工作实际相结合，在解决问题上下功夫。

7. 党建工作联系制度

（1）党委要根据班子成员的分工及分管战线，建立抓党建工作联系点，并健全和完善抓党建岗位目标责任制。

（2）联系点每年确定一次，要以文件形式下发上报。联系点的确定采取自由选择和党委指定相结合的方法。

（3）基层党组织领导班子成员，每人联系 1~2 个先进和后进党支部，直接抓 1~2 个典型。

（4）基层党组织领导班子成员，每月到联系点帮助工

作，每年不少于 12 次。

（5）领导班子成员每年每人写一份书面总结，向党委汇报一年来党建工作的经验，提出下年度自己对党建工作的建议和思路。

（6）党委书记每年年底到各联系点负责考核各包点人的工作情况，并向党委会作书面汇报。主要任务：围绕基层党组织建设，对联系点工作进行指导帮助，督促检查，调查研究，协助解决存在的问题，总结推广先进经验，指导面上工作。

8. 党员联系群众制度

（1）基层党组织领导班子成员及党员领导干部，都要带头密切联系群众，建立自己的联系点。

（2）每个党员都要联系周围两名以上群众，农村党员每人要联系两户以上的农户。

（3）要建立党员联系群众名册，每年调整一次。

（4）联系群众的任务主要是，向联系对象宣传党的路线、方针、政策；了解群众的思想、工作、生活等情况；做好思想政治工作，力所能及地帮助解决实际困难；倾听群众对党组织的意见和要求；帮助群众提高思想觉悟。通过联系群众，更好地发挥党员作用，密切党群关系。

（5）各基层党支部要将党员联系群众制度的执行情况作为党员定期汇报的主要内容之一，每季度向党支部汇报一次。基层党组织也应定期进行检查和指导。

（6）党员联系群众的情况，应及时记录，县委各有关部门不定期进行抽查。

9. 党委班子民主生活会制度

（1）党委班子民主生活会每年召开一次，由党委书记主持。

（2）党委班子民主生活会必须在会前 10 天内向组织部和纪检委请示，并征求党内外同志意见。开会时要邀请组织、纪检部门及县局包片领导参加，会后 15 天内上报生活会准备和召开情况的综合报告，以及班子成员的发言提纲、原始记录。

（3）民主生活会会议议题要根据上级的要求和班子的实际情况而定，要集中明确、突出重点，并提前一周时间通知应参加人员，以便认真准备。

（4）会前接到通知，但因需外出或因其他原因不能参加会议的人员，应事先请假，并要向民主生活会提交书面发言材料。没接到通知或没能按时参加会议的人员，也要用书面材料向组织进行报告。

（5）民主生活会要充分发扬民主，畅所欲言，认真开展批评与自我批评，充分体现党内生活的思想性、原则性、使生活会达到理清思想、总结工作、统一认识、增强团结的目的。同时，要根据查、摆出的问题制定整改措施，并认真落实。党委领导和有关人员将分期分批参加指导基层支部民主生活会。

10. 发展党员规章制度

（1）认真贯彻执行"坚持标准，保证质量，改善结构，慎重发展"的方针，成熟一个，发展一个。

（2）党支部必须把发展党员工作纳入主要议事日程，经常分析情况，搞好规划，原则上每年发展 1～2 名新党员，培养 2～3 名入党积极分子。不允许出现连续 3 年不发展党员，没有入党积极分子的情况。

（3）党支部书记对递交了入党申请书的积极分子应定

期或不定期找其谈心，并负责组织必要的政审。

（4）党支部要对入党积极分子进行马列主义、毛泽东思想、邓小平理论，以及党的基本路线和基本知识的教育，并落实专人进行培养教育。

（5）党支部要严格履行接收新党员手续，并做到手续齐全，材料完备，严禁弄虚作假或搞突击入党。

二　鸥浦村 2008 年新农村建设综合规划

（一）规划原则

（1）村民参与原则。坚持一切从农村实际出发，尊重村民意愿，确立村民在村庄规划中的主体地位，使村民在建设过程中提高自身的综合素质，让村民得到实际利益。凡是村民不认可的项目，不能强行推进；凡是村民一时不能接受的项目，要先试点示范，让村民逐步理解接受。

（2）重视可操作性原则。结合农村地域、人口、经济等各方面实际情况，编制操作性强的建设规划，使其在今后发展建设过程中切实起到指导、控制作用。

（3）生态的原则。以"生态观"作为规划的重要准则，加强绿地建设，实行人畜分离；改善生态景观，创造优美恬静的乡村景观。

（4）因地制宜原则。充分结合本村现有条件及基础，多方面、多角度地构思合理的村庄发展形式，突出地方特色。

（5）可持续发展原则。规划用地布局应处理建设与环境的协调发展关系，注重对基本农田、水体、林地等特殊区域的保护，保持现有良好的生态自然环境，在有利于村庄长远发展的前提下进行建设，保障农村经济持续、健康、有序地发展。

（二）建设目标

在"生产发展、生活富裕、乡风文明、村容整洁、管理民主"社会主义新农村建设原则指导下，增强鸥浦村的综合发展实力，积极开发现有土地资源，确保村庄经济建设与生态环境可持续发展。

（1）建设新农村围绕"生产发展、生活富裕、乡风文明、村容整洁、管理民主"的目标进行。

（2）提升新村建设质量标准，安排好村民的生产生活，提升村民生活品质，有效避免灾害。

（3）坚持以加快发展为主体，以经济结构调整为主线，以改革开放和科技进步为动力，以提高农村人的生活水平为根本落脚点，加强新村规划建设，促进整个社会经济的全面进步。

（4）在村庄规划中处理好建设与环境的协调发展关系，注重对基本农田、水体、林地等特殊区域的保护，在有利于村庄长远发展的前提下进行合理引导、有序扩张，保持规划弹性。

（5）对鸥浦村进行规划建设，使之成为生态、美好、村容整洁、设施到位、环境优美的社会主义新农村建设的样板村。

（三）建设总体布局

1. 经济建设规划

提高农民科学种田技术水平，掌握新技能，采取农

机、农艺有机结合，推进农业标准化作业，开展测土施肥等新技术的应用，提高科技贡献率。建立健全社会化服务体系，成立农机合作社及其他专业经济合作或经济联合组织；建立和发挥标准化示范园的作用，带动全村种植业增产增效；实施良种化工程，加快优良品种的引进、培育和推广步伐；争取国家有关支农惠农政策，加大对农业基础设施建设资金投入，改善农业设施环境，增强抗御自然灾害的能力；加大招商引资力度，采取合资、独资、农民入股等方式创办农业加工龙头企业，推进农业产业化进程。

加强农民培训，提高农民科学养殖技术，成立养殖业专业协会，实现信息技术市场共享；以点带面，提高养殖业经济效益；争取和加大对畜牧业的投入力度，建立健全防疫体系。

积极引导和鼓励农村剩余劳动力从事第三产业，鼓励支持农民在农闲时间开展多种经营增加收入，拓宽收入渠道，实现人均年收入 10000 元。

2. 基础设施规划

（1）房屋建设。住宅用地的规划要因地制宜，对现有住房按保住、整治、新建（翻建）三种方式分类处理，遵循住户意愿，在规划指导下逐步进行更新。以保留原有住宅为基础，对不满足通风、采光、消防等规范要求的用房进行合理重组，拆除或翻建危房、简易房、露天粪坑和简易厕所及一些影响村容村貌的农村附属用房。质量较好的砖瓦房规划保留，质量差的砖瓦房和土房近期内进行改建翻新。经实地调研，并据鸥浦村的发展情况，鸥浦村现有人均建设用地很大，足以满足规划期限内的发展需求，规划不设新村。

（2）道路建设。规划干路红线宽度为 14 米，路面宽度为 8 米；规划支路红线宽度为 10 米和 6 米，路面宽度为 6 米和 3.5 米。

（3）广场建设。广场建设 3000 平方米，有节能太阳能灯，建设资金 31 万元。

（4）活动场所。建有集办公、议事、村民活动、培训教育、便民服务、文体娱乐等多功能"六位一体"的村综合活动室，面积要达到 140 平方米，有室外活动场所。活动室需资金 12 万元，器材 3 万元。

（5）路旁板障子。实现主街两侧钉板障子 2 公里，需资金 5 万元。

（6）人畜饮水安全工程。自来水改造工程，同时实施自来水入户率达 90% 以上。自来水改造工程需资金 10 万元。

（7）网络、通信、有线电视、电话等，电话入户率达 96%，有线电视使用率达 100%。

3. 社会事业规划

（1）卫生事业。人人享有初级卫生保健，建立健全农民个人卫生健康档案，完善村级卫生所建设，实现小病不出村。村民医疗保险参保率达 100%，努力工作加快发展，积极争取政策支持，尽快实现上述目标。

（2）教育事业。完善学校标准化设施建设，实现适龄儿童入学率、九年义务教育率达 100%；按照国家有关加强农村教育的要求，积极争取上级政策支持，早日达到上述目标。

（3）文化事业。争取上级政策资金支持，争取盖一个文化站。

4. 精神文明建设规划

（1）环境建设。在村旁、路旁、宅旁、水旁进行绿化植树1000棵，争取村道路两侧实现绿化、美化、亮化。实现村内无垃圾，道旁植树，院落整洁，桦子出村，改厕，改灶等工程，使村容村貌有明显改变，争取国家政策资金支持和村集体投入，充分发挥农民自身建设积极性，尽快改善农村环境状况。

（2）公民素质。提高农民思想道德素质和科学文化素质，法制意识普遍增强，无"黄、赌、毒"现象和封建迷信活动。十星级文明户达30%，农民技术员达15%，每个劳动者至少掌握一项现代化生产致富技能。

（四）实施步骤

1月调研，了解、发动群众；

2~3月思想工作；

5~9月开工建设；

10月自检；

11月迎检；

12月整改完善。

（五）保证措施

（1）争取大兴安岭新农村建设整村推进村的批示，争取政策资金支持。

（2）积极估算资金，申报基础项目。

（3）经济指导、鼓励村民积极参加建设美好家园活动。

（4）成立领导小组，乡里派专人负责建设鸥浦村。

（5）积极培训旅游专业人员，提高村民素质。

（6）做好"平安村"建设工作。

（7）积极协调包扶单位资金支持。

二　2011 年度鸥浦村大事记

鸥浦村自 2007 年以来，村民收入逐年增加，村民们都说感觉日子越过越好了。而笔者每次问不同的村民"咱村儿这些年有啥大事儿让人难忘"这个问题的时候，村民们都会说是 2011 年发生的那些事，而且几乎所有被采访的村民都能把 2011 年从年头到年尾的大事儿讲出来。"2011 年以后啊，才让我们觉得是现代人儿啦，跟别的地方没啥大差别。"村里一位 40 岁左右的家庭妇女这么告诉我们。在这里，笔者就将 2011 年改变鸥浦村面貌的几件大事儿记录下来：

1 月 27 日，鸥浦村正式通国电，告别了村子自己发电的历史；

6 月 2 日，鸥浦村宽带网络正式接通；

8 月，鸥浦村数字电视接通；

9 月，鸥浦村村民大会选举出村民选举委员会；

10 月，鸥浦村召开第八届村民委员会换届选举大会，选举出新一届村民委员会；

12 月，县里派人来为村里房子免费做外层保暖工作（见图 2-3 和图 2-4）。

图 2 - 3　原来的土房

图 2 - 4　外体做过保暖的土木结构的房子

第四节　民主法制

一　村民代表会议

村民代表会议制度是由村民选举代表组成权力机关，村民代表会议经村民会议授权，在村民会议闭会期间，代表村民行使村务决策监督权的政治制度。村民代表会议是村民代表会议制度的主要工作方式，就是通过代表会议这种形式，由村民代表代表全体村民统一管理村中事务，行使村民的决策权、管理权和监督权。村民代表会议坚持民主与集中的统一，既确保村民享有广泛的民主，又确保村中权力的集中统一。

1. 村民代表产生方式

村民代表是村民代表会议的组成人员，是由村民直接选举产生的，其基本条件是群众基础好，有一定参政议政能力，办事公道。村民代表的数量由村民讨论决定，一般由村民按每 5 户至 15 户推选一人，妇女、青年有适当的名额。村民代表遵纪守法，公道正派，关心集体，联系群众，有一定的文化水平和议事能力，能够反映村民意志，协助村民委员会开展工作。村民代表的任期与村民委员会相同。村民代表需要调整或者出现空缺时，由原推选的户进行调整、推选。村民代表无正当理由连续 3 次不参加村民代表会议的，其代表资格自行终止。

2. 村民代表会议的权限

村民代表会议由村民委员会负责召集，村民委员会主任主持。村民代表会议一般每季度召开一次，一年内不得少于 4 次，特殊情况或者 1/3 以上村民代表提议，可以随时召开村民代表会议。召开村民代表会议，应当有村民代表的 2/3 以上参加。村民代表会议的决定应当有全体村民代表的过半数通过。村民代表会议可以讨论决定经村民会议授权的事项，但是，选举、罢免、补选村民委员会成员，推选村民选举委员会成员，制定或者修改村民自治章程、村规民约等职权，不得授权给村民代表会议行使。村民代表会议的决定不得与村民会议的决定相抵触。村民代表会议主要讨论和决定村里的政务和村务，即上级政府下达的任务完成情况和需要议定的本村内部事项。村民代表进行表决的时候，必须坚持少数服从多数的原则，决不能由少数人拍板定案。村民代表会议的决定，全体村民必须坚决服从和执行，具体内容包括：①单独或与其他村民代表联名向村民委员会提出村民代表会议议题；②在村民代表会议上发表意见或提出建议，评议村民委员会及其成员的工作；③对工作严重失误或失职的村民委员会成员提出质询；④在村民代表会议进行讨论和决策时享有表决权；⑤经村民代表会议书面委托，村民代表 5 人以上有权对村民委员会的某项工作依法进行调查，并向村民代表会议报告调查结果；⑥其他依法享有的权利。

村民代表会议职责是：①认真贯彻执行党的路线、方针、政策，模范遵守国家法律、法规、规章和《村民自治章程》，带头履行村民应尽的义务，维护村民的合法权益；②密切联系村民，如实反映村民的意见、建议和要求；③按时参加村民代表会议，正确履行村民代表职责；④及时宣传并带头执行村民代表会议决议、决定；⑤积极协助村民委员会开展工作，维护集体利益；⑥监督检查村民委员会的工作和村务公开的落实情况；⑦向村民报告村民代表会议的情况。

二　依法行政

1. 依法防火

鸥浦村位于大兴安岭林区，属寒温带大陆性季风气候，每年春秋两季冷暖空气变化剧烈，多风少雨，火险等级偏高，极易发生森林火灾，如果再有人为的疏忽，必将会造成灾难性的后果。为了让农户及时了解森林防火的有关知识，鸥浦乡专门派人作为森林防火宣传员，到鸥浦村宣传《森林法》《森林防火条例》《大兴安岭地区森林防火"五条标准"量化实施细则》《大兴安岭地区森林防火管理若干规定（试行）》；防灭火安全常识、义务宣管员制度、"一盒火"制度、野外作业"十有"规定等。此外，乡里还制定了《户外村内施工单位消防安全责任状》《居民防火保证书》《巡护人员防火责任书》《野外施工单位森林防火责任状》《野外作业防火责任状》《野外作业人员森林防火保证书》《野外作业"一盒火"负责人防火责任书》《村外来人员登记表》《五种人监控登记表》《乡镇、林场里外作业点统计表》《乡镇、场、村墓地统计一览》等。

同时，乡里和村里防火负责人，即村委会主任签订《鸥浦乡森林防火宣传教育责任状》《鸥浦乡居民森林防火责任状》，村负责人再与村民签订责任状。所以，在鸥浦村村民家的墙壁上都贴有7份防火宣传单、责任状，分别是：呼玛县防火指挥部的《森林防火宣传单》、十八站林业局森林防火指挥部的《森林防火宣传单》《鸥浦乡森林防火公约》《鸥浦乡森林防火宣传教育责任状》《鸥浦乡居民森林防火责任状》《吸烟人员登记表》《十八站林业地区居民森

林防火责任书》。其中最有特色的是《鸥浦乡森林防火公约》，在其结尾处不但有这家户主的签名，还有十户联防居民的签名，更有十户联防户长签名。图 2－5 为鸥浦村主干道旁张贴的防火公告。

此外，鸥浦村还成立了本村群众扑火队，扑火队队长由村委会主任担任，队员则由本村的全部男性青壮劳力组成，一旦发现火情，扑火队将迅速集结前往现场扑火。同时，根据《鸥浦乡森林防火行政问责实施细则》，实行森林防火行政问责制度，对于出现下述被问责的条款，按照干部、职工管理权限，由上一级监察部门追究其相应责任。

《欧浦乡森林防火处政问责实施细责》

宣传教育方面：

1. 各村各单位没有按时制定和上报宣传教育工作方案，没有组织协调好宣传工作，影响宣传工作开展的；

2. 没有落实好上级宣传组织的工作安排；宣传形式单一，宣传覆盖面小，宣传氛围不浓的；

3. 对野外作业人员没有进行宣传教育培训，宣传教育责任制落实不到位，致使野外作业人员由于不了解防火有关规定，引起人为火的。

火源管理方面：

1. 对野外作业点没有落实"十有"规定和"一盒火"制度、野外作业跟班制度、义务宣管员制度的；

2. "三清"工作不到位，防火紧要期内有违规入山人员的；

3. 防火期内，发现野外吸烟、弄火人员的；

图 2 - 5　村里主干道旁张贴的防火公告

4. 计划烧除没有制定方案，未请示地防指批准或未严格执行《大兴安岭地区计划烧除规程》而造成森林火灾的；

5. 对上级检查出来的火险隐患不及时反馈整改情况，整改不得力，导致森林火灾发生的；

6. 违规入山从事农业生产、林路运输、入山采集、林内作业等生产经营活动的人员引发人为火的。

指挥扑救方面：

1. 不及时核查热点、不及时反馈核查信息或没有制定扑火预案，发生大火不按预案实施，影响扑火工作的；

2. 扑火队伍未按《大兴安岭扑救森林火灾火场管理办法》的要求带足扑火工具，没按规定时间出发、到达指定位置，人数没达到上级要求的；

99

3. 扑火队伍不服从地防指或前指调动，不按命令调动队伍类别，不按命令在规定时间完成扑救任务的；

4. 发生火情，迟报、瞒报或没有立即组织扑救而贻误扑火战机，造成严重损失和影响的；

5. 火场清理不及时，清理责任落实不到位，验收把关不严格而发生复燃的；

6. 责任不明确，经费不落实，对自然火灾（如雷击火）发现不及时，扑救不得力，造成重特大森林火灾的。

林火通信方面：

1. 防火期前，未按要求组织完成通信设施设备的检修工作，使防火通信工作不能正常开展的；

2. 未按要求对通信设备进行保障，造成通信系统紊乱，影响整体通信工作的；

3. 发生山火时，无正当理由出现火场通信不通，影响火场指挥扑救的。

设施设备管理方面：

1. 没有按要求组织编制所在地的森林防火中长期规划，没按时提报年度森林防火设施、设备建议计划的；

2. 各种防火设施设备账目不全、出入库手续不全，没有专人专库保管或管理不善，造成账实不符的；

3. 森林防火专用设施设备没有做到防火专用、扑火机具不及时磨合、检修、封存，完好率达不到95%，影响正常防灭火工作的；

4. 森林防火资金没有专款专用，发生挤占、挪用的。

鸥浦村的森林防火工作受白银纳林场管理，每年到防火期，白银纳林场都会派人组织扑火队在村子及其附近巡逻。应该说，鸥浦村民对防火是有很强的自觉性的。在采访过程中，边防派出所的民警告诉我们，村民们特别懂得防火知识，也积极主动配合，因为他们有过大火近在眼前，村子随时成灰的经历，所以他们特别自觉，而且也主动监督外来人员。民警所指的大火是 2003 年夏季鸥浦村附近的那场大火。当时情况危急，火势随时都可能蔓延到村子，村民们经历了这场"战役"之后，更加认识到了防火的严峻性。我们可以看到的是，自 2003 年以来，鸥浦乡再也没有任何的森林火灾记录，这也从实际行动中肯定了鸥浦村人的防火工作。

2. 依法保护林业与野生动植物资源

自然生态和生物多样性保护越来越受到国际社会的高度关注，野生动物资源与森林资源一样，都是经济社会发展不可替代的战略资源。保护好野生动物资源，不仅关系到人类自身的生存和发展，而且还事关国土生态安全和公共卫生健康安全。

鸥浦村位于大兴安岭林海深处，是野生动物栖息繁衍地与迁徙停歇地，林业资源与野生动植物资源非常丰富。周边野生动物包括野猪、狍子、野兔、鸡榛、野鸡等寒温带珍稀濒危野生动物物种。为了维护生态平衡，鸥浦村根据上级文件精神，加大对林业资源及野生动植物资源的保护，要求村民严格遵守《野生动植物保护法》《黑龙江省野生动物保护条例》《林业法》《呼玛县开展打击破坏野生动物资源违法犯罪专项行动方案》等有关法律法规，严禁村民利用枪械、下套、粘网、投毒等手段非法猎捕野生动物的行为，坚决遏制一切非法贩运野生动物及其制品，非法加工、经营、利用野生动物，非法经营含天然麝香、熊胆成分等应当标识而未经标识的产品以及党政干部吃送野生动物的行为，发现有破坏林业资源及伤害野生动植物的行为要及时报告，培养村民爱护野生动物、保护野生动物的意识，以全面促进人与自然和谐发展。

3. 依法防汛

因为鸥浦村靠近黑龙江边，每年开江时节都会发生凌汛，夏季会发生洪水灾害。为此，村里制定了《鸥浦村抗冰凌紧急撤离预案》与《鸥浦村防汛紧急撤离预案》，以便在汛情来临时，立即启动预案，确保人民生命财产安全。根据《鸥浦村抗冰凌紧急撤离预案》，鸥浦村成立了指挥组、凌汛侦察组、人员撤离组、医疗救护组、物资供应组、安全保卫组等机构。主要工作程序是：①当出现凌汛威胁村镇时，凌汛侦察组立即向指挥部报告；②指挥部接到报告后立即召开紧急会议，由总指挥下达命令启动本预案，本预案各组人员立即上岗到位；③人员撤离组组织协调各单位、各部门按隶属关系立即转移人员，医疗救护及卫生防疫组带必备的医疗器械和药品到达撤离地点进行医疗救护和防疫工作；④物资供应组要在撤离地点搭建临时帐篷作为临时指挥部，并保证老、幼、病、残、孕等人员的医、食、住；⑤安全保卫组要在人员撤离过程中做好安全保卫工作、防止犯罪分子趁火打劫，同时检查居民转移是否彻底；⑥预案启动后，各单位要派专人负责物资资料的转移。

根据《鸥浦村抗冰凌紧急撤离预案》，成立了总指挥部、凌汛侦察组、抢险组、后勤保障组、医疗救护组、治安组，主要防御措施包括如下三点。①水位预警。鸥浦村以西最低处为观测点，水位距护岸1米时为警戒水位，全村开始分批撤离。②水情监测。包村干部指挥凌汛侦察组24小时值班，昼夜观察水面情况及水信上涨速度，在指定观测点设立水尺。每2小时向乡防汛指挥部汇报一次情况，并做好记录。③通信联络。防汛办公室设各小组组长，必须保证手机24小时开机，发现异常情况及时汇报。主要转移措施包括如下四点。①转移路线及地点。水位达到警戒线时，由村委会主任拉响警报，全村沿公路向西侧高地转移。②人员及物资转移。首先，将妇女、儿童及老人迅速转移到指定地点；其次，各户将贵重物品及生活必需品运送到指定地点交家人保管；最后，将粮种、化肥等农用物资转移到安全地带，特别是农药、化肥要妥善安置，以免冲入江中造成江水污染。县乡级包村干部负责指挥疏导转移车辆，要做到快速、有序，要确保转移过程的安全。③清查村屯。对全村逐户清查，如发现有未转移的留守人员，采取一切措施将其转移到安全地带。对一些未能及时转移的贵重物品及农用物资，抢险组要尽力进行抢运，一定要保证全村不留一人，财产损失降到最低点。④物资储备及灾民临时安置。农户撤离时要自备塑料布、铁丝、铁钉、棉被、日常必需品以及3天的食品，后期由乡政府统一供给，药品由村卫生所提供，抽调3台机动车备用。同时公布呼玛县防汛办公室、气象局、水文站、鸥浦乡防汛办公室、鸥浦村村委会主任的电话。

4. 依法发展教育

从2005年起，呼玛县开始执行《国务院关于进一步加强农村教育工作的决定》中"两免一补"（免费提供教科

书，免收学杂费，逐步补助寄宿生生活费）政策。村民子弟上学几乎不用承担任何费用，鸥浦村小学入学率达到了100%。从 2007 年开始，按照国家的有关规定，村里取消小学，孩子上学最近也要到白银纳，有些家长认为白银纳有很多鄂伦春族老师，教学质量不高，就把孩子送到十八站、塔河、呼玛，甚至哈尔滨，这样孩子上学的费用无形中就增加了。进入初中阶段后，村里的孩子都想早点挣钱，分担家里的负担，因此有很多孩子辍学，外出打工，有的甚至没跟家里打声招呼就自行外出，因而，鸥浦村中学的辍学率较高。

5. 依法进行婚姻登记

根据《黑龙江省实施〈婚姻登记办法〉细则》的有关规定，男不得早于 22 周岁，女不得早于 20 周岁。晚婚晚育应予鼓励。申请结婚登记的男女双方当事人应亲自到一方户口所在地的婚姻登记机关申请结婚登记，并应持下列证件：本人居民身份证或户籍证明；所在单位或村（居）民委员会出具的《婚姻状况证明》；男女双方免冠半身 2 寸合影照片 3 张。结婚必须男女双方完全自愿，不许任何一方对他方加以强迫或任何第三者加以干涉。有下列情形之一的，禁止结婚：直系血亲和三代以内的旁系血亲；患有医学上认为不应当结婚的疾病。鸥浦村在依法进行婚姻登记这一点上做得并不好，因为村里的女孩子大多在外打工，一般都会在外面找对象结婚，村里男孩子结婚一般会找外村的女孩，用村民的话来说就是找"下面的"，这里所说的"下面的"是指大兴安岭以外的其他边远农村，所以村民并不急着去领证，只是到了有用的时候，例如要给孩子报户口了，才去依法进行婚姻登记。鸥浦村早婚、不依法进行婚姻登记的现象依然很严重。

第五节　村民委员会选举情况

一　依法监督

《呼玛县村民会议制度》规定：村民会议是农村基层群众性自治组织的权力机构，它由本村18周岁以上的村民组成，应当有18周岁以上村民的过半数参加，或者有本村2/3以上的农户代表参加，所作决定应当经到会人员的过半数通过。讨论和决定本居住区有关群众自治活动的重大问题，选举产生、罢免、补选村民委员会和村民委员会下属委员会的成员。因而在村民委员会换届选举过程中，村民会议承担了主要的监督工作。由村民会议推选产生村民选举委员会，主要负责村民委员会换届选举过程中的宣传、监督工作。

二　选举过程

按照呼玛县党委、政府要求，鸥浦乡鸥浦村第八届村民委员会换届选举工作从2011年8月下旬开始，到10月底以前完成。2011年10月18日8时~12时进行了选举。整个换届选举工作分三个阶段。

1. 准备阶段

一是依法推选产生村民选举委员会。根据县里的有关规定，推选工作由村党支部或村委会主持。村民选举委员会原则上应是5~9人单数组成，具体人数根据村的大小由村民会议或村民代表会议讨论决定，并从中推选1人主持工

作。选举委员会由村民会议或者各村民小组或者村民代表会议推选产生。召开村民会议，参会村民须超过本村18周岁以上村民的半数；召开户代表村民会议，参会的户代表须超过本村2/3户数。如果所提候选人较集中，意见比较统一，可以实行举手表决；如果所提候选人较多，分歧意见较大，难以集中，可以采取无记名投票。候选人获得参加表决的多数或相对多数始得当选。村党支部成员可按照规定的推选程序担任村民选举委员会成员，任何组织或个人不得指定、委派和更换村民选举委员会成员。村民选举委员会依法履行职责，任何组织或个人不得剥夺村民选举委员会主持本村选举工作的权利。村民选举委员会产生后，村委会发布公告，告知本村全体村民，并报鸥浦乡村委会换届选举指导小组备案。村民选举委员会成员被依法确定为村委会成员候选人的，即失去其在村民选举委员会中的任职资格，所缺名额从上次推选结果中依次递补。

2011年10月18日，在鸥浦乡党委书记刘广东指导下，鸥浦村的村民大会选举出村民选举委员会，主任是张宝坤，副主任是郑永军，5名成员分别是王景龙、朱跃辉、冷海龙、曹勇、王成运，共7人组成，并报鸥浦乡村委会换届选举指导小组备案。在随后的选举过程中，选举委员会担任宣传、监督、公正等工作。

在此次选举中，据村干部讲，村民选举委员会是由村民会议选举产生的。但是村民的意见不一，有的说根本没召开过村民会议，有的说村民会议开过，但只是召集村干部们信任的人，有的则说确实召开过村民大会。

二是宣传发动。采取出黑板报、墙报，利用村广播等各种有效方式，使广大选民了解熟悉《中华人民共和国村民委员会组织法》、选民的权利和义务、选举的程序和步骤等，特别是加大村党支部书记、村委会主任候选人标准的宣传力度。选举委员会成员和党员还要挨家挨户对选民进行宣传，确保每位选民对村委会换届选举有明确的认识。据村民介绍，在这一阶段，选举委员会成员及村里的党员做得不错，村民对选举有了普遍的认识。但是村民对选举的热情不高，在这一阶段，村民普遍认为选举的意义不大，原来的村主任还会当选。

三是组织培训。县民政局要对各乡镇选举的业务骨干进行系统培训，各乡镇也要组织好对基层干部的培训，使他们熟悉、掌握选举程序和方法，为严格依法选举打好基础。

2. 组织实施阶段

一是认真细致地搞好选民登记工作，做到不错登、不重登、不漏登，保证每个选民都能依法行使自己的选举权利。《中华人民共和国村民委员会组织法》第十二条规定："年满十八周岁的村民，不分民族、种族、性别、职业、家庭出身、宗教信仰、教育程度、财产状况、居住期限，都有选举权和被选举权。但是，依照法律被剥夺政治权利的人除外。"选民名单要在选举日的 20 日前张榜公布，接受群众监督。鸥浦村在 2011 年 8 月 29 日~9 月 17 日进行了选民登记工作，满足以上条件的村民共有 324 人，包括外出打工的村民以及在监狱服刑但没有被剥夺政治权利的村民，这部分人的选票将由其委托人代填。

村民对公布的选民名单有疑义的，可以向村民选举委员会提出，村民选举委员会要在选举日的 10 日前依法做出解释或者纠正。《选民花名册》应上报鸥浦乡村委会换届选

107

举工作指导小组备案。要在选举日前给选民发放选民证，保证广大群众都能依法行使自己的选举权利。

二是确定候选人。村民委员会由 3 人组成，设主任一名。候选人的提名有三种情况：第一种是组织任命；第二种是个人自荐；第三种是 10 名以上群众联名推荐。根据《鸥浦乡第八届村民委员会换届选举工作实施方案》，村委会成员候选人应当遵守宪法、法律法规和国家政策，作风民主，办事公道，廉洁奉公，工作认真负责，热心为村民服务，原则上具有初中以上文化程度，年龄不超过 40 周岁，能长期在本村定居履行工作职责，能带头落实县委、县政府提出的发展目标，引领群众脱贫致富。要拓宽视野，注重从致富带头人、外出务工回乡的能人和退伍军人的优秀党员中推选候选人。对有下列情形之一的，不能确定为正式候选人：正在服刑但未被剥夺政治权利的；选举前 3 年违反国家计划生育政策的；拒不履行村民义务的。因上述原因或候选人自愿退出造成的候选人缺额，按照提名结果依次递补。本届鸥浦村村民委员会主任候选人为 3 人，比应选名额多 2 人；委员候选人名额为 3 人，比应选名额多 1 人。

三是精心组织好正式选举。按照呼玛县的有关规定，应严格按照法定程序做好选举日的投票工作，切实保证村民的投票权。要在县统一规定的选举日期内，因村制宜确定出各村的选举日。村委会主任、副主任和委员实行差额选举、无记名投票。选举时，可以一次投票分别选举主任、副主任和委员，也可以先选举村委会成员，再从中选举主任、副主任。要组织和动员选民到选举大会现场投票，直接行使民主权利。委托投票必须规范，并按程序办理书面委托证书，不得随意扩大委托投票人员的数量和范围。要认真做好选票的讲解、发放工作，耐心解答选民的疑问，尽量减少废票。选举大会不设流动票箱。投票结束后，要当场公开唱票、计票，当场公布选举结果。如果当选人数达到 3 人，但仍不足应选名额时，不足名额可以暂缺。当选人数不足 3 人，不足名额的另行选举，既可当场选举，也可在 30 日内举行。另行选举要根据第一次投票时得票多少的顺序确定候选人进行投票选举，以得票多的当选，但得票数不得少于选票的 1/3。另行选举后仍不足应选名额时，举行再次选举可以按得票多少确定。选举结束，村民选举委员会要用布告的形式向全体村民公布当选名单。

2011 年 10 月 18 日，鸥浦乡鸥浦村第八届村民委员会换届选举正式开始，会议由村民选举委员会主任张宝坤主持，选举指导工作组成员鸥浦乡党委书记刘广东、党委副书记、纪委书记、人大主席孙永泉到会进行监督指导。

选举从 8 时起至 12 时结束。选民在此时间内投票，12 点以后投票无效。只设固定票箱 1 个，人在本村的有行动能力的选民需本人亲自到会场进行投票，不得由他人代投。户口在本村，人在外地的选民想参加投票，必须以委托书的形式，委托他人代投。委托书须从邮局邮寄，并附本人身份证复印件或者当地村、社区、派出所证明，委托方能有效。户口在外地，人在本村连续居住满一年的想参加投票，必须持有本人户口所在地村委会证明，证明须是邮寄方式方为有效。本村选民因临时性外出、伤残、行动不便，不能到会投票者，可由其直系亲属代为投票。村民委员会成员正式候选人不得担任选举工作人员，不得为他人代写选票。正式候选人的配偶及直系亲属不得担任唱票员、计

票员、监票员。选举村民委员会时，要有选举权的村民过半数投票，选举方可有效；候选人或另选人获得参加投票村民的过半数的选票，始得当选。获得过半数选票的候选人或另选人多过应选名额时，以得票多者当选；如果得票相等不能确定当选人时，应当对得票相等的候选人或另选人重新投票，得票多者当选。当选人数少于应选名额的，不足的名额另行选举。另行选举应当在 30 日内举行。另行选举时，按未当选人得票的多少顺序确定候选人，另行选举以得票多者当选，但得票数不得少于参加投票村民的 1/3。以上就是通常所说的"两个过半数"原则。

会议根据《中华人民共和国村民委员会组织法》和《中华人民共和国村民委员会选举办法》及呼玛县鸥浦乡第八届村民委员会换届选举工作实施方案的规定，按差额选举办法投票选举鸥浦村村委会主任 1 名。按上级文件精神，委员中要有 1 名女同志负责村妇女和计划生育工作。

主任正式候选人——王笃平、马祥，每人有 3 分钟演说时间。选票分主任选票和委员选票两种，两种选票采取一次性投票方式进行。同意的请在候选人姓名上方空格栏内划"○"，不同意的划"×"，另选他人的在空格栏内写姓名，并在上方空格内划"○"。大会设有秘密划票处，选民依次进行领票、划票、投票，划票间只许一人划票，其他选民不得围观，工作人员也不得围观。经选举委员会提名总监票人、监票人、计票员、唱票人。大会要求各位选民要服从大会统一指挥，不要大声喧哗，保持会场秩序。任何人不得妨碍选民自由行使民主权利，对破坏选举，使用威胁、欺骗等非法手段扰乱会场秩序的人，依法拘留并追究刑事责任。

之后由总监票人、监票人检查票箱，开启密封的选票袋，清点票数。经清点，本次选举共印制 324 张选票，实发主任选票 314 张，收回主任选票 314 张，本次投票有效，收回的选票超过本村选民的半数以上，经过公开唱票、计票，宣布计票结果及填写报告单。最后，王笃平以 214 票当选鸥浦村第八届村委会主任。但是，村委会成员在当天按照规定没有选出来，之后通过第二次选举，选出王月华为村委会成员。

至此，鸥浦村第八届村民委员会换届选举落下帷幕，但是后续工作仍在继续。

3. 巩固完善阶段

第一是新老班子交接工作，但是因为王笃平是连任，所以他只需要将工作再次向新的村委班子陈述。第二是健全村民委员会下属组织。村民委员会产生后，在一个月内，鸥浦村先后推选出了村民代表、人民调解、治安保卫、计划生育等下属委员会成员。第三是要做好各项民主制度建设。在鸥浦乡领导的指导下，新一届鸥浦村委会应完善村级民主决策、村务公开、民主理财、民主评议干部等制度；做好公章、账目移交工作。

第三章　经济发展

第一节　农业

"农业"一词有狭义与广义两种内涵。狭义农业主要指种植业，这也是中国自古以来就有的传统观念，班固在《汉书·食货志》中就曾用"辟土植谷曰农"来表述它的含义。广义农业则除种植业之外，还包括畜牧业、养殖业、林业、渔业等众多生产部门，现在也有人称之为"大农业"。本小节所论述的范围和内容，基本上是按照广义的"大农业"确定和设置的。

一　农业条件

黑龙江省农作物栽培划分为六个积温带，鸥浦村属于沿江平原寒温湿润区，位于黑龙江省第五积温带。呼玛县境内峰峦环绕，河汉纵横，地势高差大，造成气候变化异常复杂。按其特点，可划分为六个自然气候区，鸥浦村位于第三区，属沿江平原。该区域总的特点：一是气候比较冷凉，温度变化大，作物生育期间有效积温低，其 $\geq 10℃$ 有效活动积温在 $1900℃ \sim 2100℃$；二是作物活跃生育期短，霜来得早，无霜期仅 $90 \sim 100$ 天；三是低温早霜危害比较频繁，一般 3~4 年就有一次低温早霜，影响秋作物的成熟和收割；四是秋季雨水多，年降水量为 400 毫米左右，日照少。这样的气候条件总体来讲不利于农作物的生长。此外，鸥浦村处于黑龙江和呼玛河及其支流河谷中，由冲积、洪积、坡积构成的一、二、三级阶地，为河谷冲积平原。海拔 200~300 米，地势低平，土质肥沃，一、二级阶地及低缓山坡为主要农作物耕种区。土壤主要为河滩森林土，平均厚度为 50 厘米，所处地形属于相对高度最低的部位，尽管靠近河旁，但土壤属于冲积性母质，通透性能强，没有水分过多和潜育作用的不良后果，并能够承受经常随水流冲积而来的腐殖质及多种灰分元素，一般情况下肥力较高，适合种植生长期较短的黄豆、小麦品种。

据村里的农户介绍，村里的土地按肥沃程度可划分为好几种地块。有的地块属于挖沟地或沟塘地，这种地块凉气大、温度低，粮食产量也就不是特别高。一位大姐形容道："我们家那些挖沟地，一到下午 6 点来钟就全是雾，跟演电影似的。"

二　土地制度变迁

（一）鸥浦村解放以来土地制度变迁

1946 年 8 月，鸥浦村解放，之后农会建立，为土地改革运动做好组织准备和思想准备。1948 年 2 月，呼玛县开始拘捕地主、恶霸、警察特务和汉奸等反坏分子，土地改革运动开始了。广大群众认识到，这是一场打倒封建主义，劳苦群众翻身得解放的运动；是打倒地主阶级，实现耕者有其田的运动。在土地改革中，按照党的政策，没收了地

主、恶霸的浮财和土地；对民愤极大，罪大恶极的反动分子实行了镇压；没收了一般富农多余的土地和浮财。

1948年3月，鸥浦村的土地改革运动转入划定成分，落实政策的阶段。根据经济地位和剥削程度，划分了雇农、贫农、下中农、中农、富裕中农、小富农、富农、小地主、中地主、大地主等十种成分。阶级成分划定之后，按照分类划等合理分配的办法，开始分胜利果实。首先分雇农、贫农、下中农三级。然后由建联会（或土改工作组）和农会将贫雇农又分为六等，将土改果实按优劣程度、数量多少，也分为三级六等，进行合理分配。对贫雇农中的孤儿寡母和军烈属给予适当照顾；给中农适当地分配了胜利果实；部分生产资料，如割地机、脱谷机等暂归农会所有；较为高级的生活用品，如沙发、皮料等，实行作价分配。浮财动产分完，丈量土地，分给农民。

1949年春，鸥浦村开始了互助合作运动。最初是简单的共同劳动的临时性互助组，不久出现了三大季节组和常年互助组。参加互助组的农民仍然是以一家一户为生产单位，生产资料仍旧是私有，土地经营也不统一，只是用换工的形式组织起来共同劳动。生产互助组是农业合作化的初级形式，已经具有社会主义的萌芽。但是，互助组还是建立在个体经济的基础上，存在个体经营同集体劳动之间的矛盾，因而土地合理经营、劳动力、耕畜和农具的合理使用仍然受到各个农户个体经营的限制，农业生产很不稳定，不能有计划地扩大再生产。因此，为使农业生产力进一步发展，要求农业合作化进一步提高，即从互助组发展到半社会主义的农业生产合作社。

1953年12月，中共中央作出了《关于发展农业生产合作社的决议》，决定以发展农业合作社为中心来推动互助合作化运动继续前进。在中央文件的指引下，鸥浦村初级社发展很快。土地仍归各户私有，由合作社统一经营，各户的私有牲畜和大农具也交合作社统一使用。合作社的产品归参加合作社的社员共同所有，在扣除了生产中的开支和缴纳农业税，提取若干公积金、公益金后，大部分按社员所提供的劳动数量进行分配，小部分按社员入社的土地数量进行分配，社员交给合作社使用的牲畜和大农具也给一定的报酬。这种半社会主义的农业生产合作社比互助组有更大的优越性，已基本克服了个体经济的分散性，从而使农业生产力又有了进一步的发展。

1956年1月，在社会主义农业合作社的基础上，过渡到生产资料完全归集体所有，完全按劳分配的高级农业合作社。1958年秋，党中央颁布了关于建立农村人民公社问题的决议，当年9月，呼玛县建立了8个人民公社，鸥浦生产大队上属鸥浦人民公社。人民公社仍然是集体所有制，但它已经包含若干全民所有制的成分，改变了原来高级社单一的经济组织性质，成为包括工、农、商、学、兵的政社合一的社会基层组织。原属于各农业合作社的土地和社员的自留地、坟地、宅基地等一切土地，连同耕畜、农具等生产资料以及一切公共财产都无偿收归公社所有。公社对土地进行统一规划、统一生产、统一管理，分配上实行平均主义。人民公社的建立，可以在更大范围内和更大规模上更加科学地组织人力，更加合理地利用土地、物力和财力，使农、林、牧、副、渔一起发展，促进农业技术的改革，保证扩大再生产。但是，在公社建立的初期，步子走得太快，加之没有经验，因此出现了"浮夸风"、"共产风"、瞎指挥和集权过多的错误，影响了生

产的发展。1983 年，鸥浦村实行了家庭联产承包责任制，承包期为 15 年不变。

（二）土地承包情况

在实行家庭联产承包责任制后各家各户还是根据自家情况承包了一定的土地，承包数量一般为 7 亩地。据村民回忆，村里实行家庭联产承包责任制，分地的时候是把村子所有耕地平分为多少块，然后抽签，谁抽到什么地就承包什么地。1998 年，新一轮土地承包完成后，村里所有农户都签订了土地承包合同，并领取了 30 年的"土地经营权证书"。2003 年，将承包年限延长为 70 年。鸥浦村村民承包土地最多的有 40 多垧，最少的只有 1 垧地，每户的平均耕地面积为 3 到 4 垧，1984 年以后移民过来的村民是没有土地的。2007 年以来，国家每年每亩地给补助 60 元。但是 2000 年时，部分村民因怕上交土地税，没有上报土地面积，所以很多土地是没有补贴的。听村民说近 3 到 5 年，农民种地开始赚钱了。鸥浦村土地证明细见表 3 - 1。

表 3 - 1　鸥浦村土地证明细

单位：亩

序号	姓　名	面　积	证　号	发证时间
1	付学强	98.2	2007030	2007.11
2	吴安峰（由韩兴安、富风军转入）	160	2007031	2007.11
3	曹秀英	65.1	050036	2005.3
4	侯成军	55.5	200701	2007.5
5	张玲玲	28.6	2007001	2007.5

序号	姓 名	面 积	证 号	发证时间
6	侯铁球	27.3	050210	2007.3
7	闫绍文	250.9	050039	2005.3
8	王笃成	74	050037	2005.3
9	刘书兴	226.1	050038	2005.3
10	王景龙	61.7	050006	2005.3
11	冷文国	96	050087	2005.3
12	隋德全	85.6	050085	2005.4
13	王太江	31	050084	2005.4
14	张文会	60.5	050083	2005.4
15	曹万江	125.7	050081	2005.4
16	任铁良	127	050080	2005.4
17	李 海	64.4	050079	2005.4
18	田宝山	129.4	050078	2005.4
19	张成军	75	050077	2005.4
20	于福秀	114.5	050076	2005.4
21	王笃营	60	050075	2005.4
22	李志勤	83.7	050124	2005.4
23	杜志强	43.6	050127	2005.4
24	吴荣胜	85.6	050122	2005.4
25	于德水	73	050121	2005.4
26	李德勤	87.4	050120	2005.4
27	王笃精	49.8	050119	2005.4
28	侯成军	58.2	050118	2005.4
29	李铁汉	60	050117	2005.4
30	冷文科	112.9	050116	2005.4

序号	姓　名	面　积	证　号	发证时间
31	许洪生	21	050115	2005.4
32	李有田	146	050114	2005.4
33	李亲财	52.6	050113	2005.4
34	隋德喜	111.3	050112	2005.4
35	侯铁顺	70.5	050111	2005.4
36	王笃坤	64.9	050110	2005.4
37	姜广刚	76.4	050109	2005.4
38	吴荣深	78.6	050108	2005.4
39	王笃敏	63.5	050107	2005.4
40	宋来福	87.4	050106	2005.4
41	杨晓霞	114.5	050104	2005.4
42	崔洪臣	58	050105	2005.4
43	王传军	95.9	050103	2005.4
44	王传起	103.7	050102	2005.4
45	于春江	114.8	050101	2005.4
46	崔井富	70.5	050100	2005.4
47	赵金玉	48.4	050138	2005.4
48	郑颜彬	102.2	050137	2005.4
49	郑颜军	38.1	050136	2005.4
50	吴荣华	76.1	050135	2005.4
51	孙长所	41	050134	2005.4
52	孙德财	55.7	050133	2005.4
53	马国成	33.9	050132	2005.4
54	杨金龙	109.5	050131	2005.4
55	孙德成	42	050130	2005.4
56	吴庆丰	51.5	050129	2005.4
57	张树龙	58.6	050128	2005.4
58	侯成友	64.4	050127	2005.4

续表

序号	姓　名	面　积	证　号	发证时间
59	宋利	15.3	050126	2005.4
60	王笃训	73.4	050125	2005.4
61	王笃明	88.1	050005	2005.4
62	徐长金	38	050004	2005.4
63	张世民	32.8	050002	2005.4
64	刘思录	53.5	050001	2005.4
65	李秀春	111.3	050003	2005.4
66	王笃金	57	050074	2005.4
67	高文利	93.4	050073	2005.4
68	吴庆文	57	050072	2005.4
69	马俭英	405	050071	2005.4
70	王笃玲	39	050070	2005.4
71	宋文学	42.5	050069	2005.4
72	宋来友	60	050068	2005.4
73	张俊玉	28.6	050067	2005.4
74	李铁珠	53.5	050066	2005.4
75	李波	72.8	050065	2005.4
76	李顺	69.1	050064	2005.4
77	于春海	62.5	050063	2005.4
78	李全福	69	050062	2005.4
79	王笃良	26.3	050061	2005.4
80	任秀江	57	050060	2005.4
81	刘志友	100.1	050058	2005.4
82	于金海	86.2	050057	2005.4
83	王成友	22.5	050056	2005.4
84	宋来喜	87.8	050055	2005.4
85	董凤瑞	89.1	050054	2005.4
86	朱跃辉	33.5	050053	2005.4

序号	姓　名	面　积	证　号	发证时间
87	任万喜	38	050052	2005.4
88	王笃平	55	050051	2005.4
89	王允现	22.5	050050	2005.4
90	王允荣	33.2	050049	2005.4
91	王成春	90.7	050048	2005.4
92	刘明军	97	050047	2005.4
93	杨金瑞	128.4	050046	2005.4
94	付开运	72	050045	2005.4
95	曹万勤	135.3	050044	2005.4
96	张万山	93.8	050043	2005.4
97	张伦东	68	050042	2005.4
98	于春泉	35.6	050041	2005.4
99	闫忠成	245.3	050040	2005.4
100	马俭成	51.9	050100	2005.4
101	梁芝	78	050099	2005.4
102	张立军	40.4	050098	2005.4
103	宫万江	35.4	050097	2005.4
104	方贵忠	135.4	050096	2005.4
105	于金和	65	050095	2005.4
106	王笃军	111.2	050094	2005.4
107	王笃刚	219.2	050093	2005.4
108	王笃忠	89	050092	2005.4
109	马祥	54.5	050091	2005.4
110	王笃方	127	050090	2005.4
111	张强军	123.6	050089	2005.4
112	侯铁玲	90	050088	2005.4
113	曹秀英	65.1	050036	2005.4
114	李殿彬	72.7	050035	2005.4

序号	姓　名	面　积	证　号	发证时间
115	吴恩堂	141.3	050034	2005.4
116	高文生	58.5	050033	2005.4
117	高开臣	67.3	050032	2005.4
118	曹树林	135	050031	2005.4
119	曹万和	142.1	050030	2005.4
120	张万成	55.2	050029	2005.4
121	张万兴	55	050028	2005.4
122	李占勤	57.2	050027	2005.4
123	吴荣堂	75	050026	2005.4
124	王成武	70.6	050025	2005.4
125	王成斌	74.8	050024	2005.4
126	张万岭	51.8	050023	2005.4
127	王久东	79.5	050022	2005.4
128	高德春	54.6	050021	2005.4
129	吴荣田	66.1	050020	2005.4
130	张万岭	77.2	050019	2005.4
131	张明杰	39.3	050018	2005.4
132	张明义	38.9	050017	2005.4
133	刘　勤	129.9	050016	2005.4
134	宋连瑞	63.9	050015	2005.4
135	蔡艳明	65	050014	2005.4
136	刘志富	49.7	050013	2005.4
137	王笃庆	39.6	050012	2005.4
138	王成军	22.5	050011	2005.4
139	刘晓东	57.9	050009	2005.4
140	张宏伟	135.3	050010	2005.4
141	王风建	39.2	050008	2005.4
142	王彦民	117.9	050007	2005.4

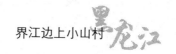

续表

序号	姓　名	面　积	证　号	发证时间
143	任秀江	28.5	050060	2005.3
144	王笃精	37.5	050119	2005.4
145	王笃平	21	050055	2005.4
146	王成友	21.5	050056	2005.3
147	李友田	57.5	050114	2005.3
148	刘品山	106.3	050703	2005.3
149	王笃金	16	050074	2005.3
150	刘小辉	48.5	050140	2005.3
151	李秀春	134.9	050003	2005.3
152	于金留	20.7	050709	2005.3
153	富德方	68.5	050702	2005.3
154	于海生	30	050705	2005.3
155	付连方	57.5	050700	2005.3
156	李桂兰	18	050225	2005.3
157	高　杰	34.6	050701	2005.3
158	王允龙	22.5	050702	2005.3
159	宁道全	12	050704	2005.3
	小　计	12015		

（三）土地租佃情况

近些年，鸥浦村外出打工的青壮年劳动力开始多了，他们将自己的土地租出去；一些户在人不在的搬迁户也会将土地出租给别人；个别没有劳动能力，如家中只有妇女或长期患病丧失部分甚至全部劳动能力的村民，也会将土地出租给别人。租用土地的主要有三种村民：一是在当初实行家庭联产承包责任制时，家中人口较少，分得的土地也较少，现在人口增多了，当时所承包土地已经不能满足基本生活需要的村民；二是从大家庭里分家出来，不满足于其父母分给的土地的小家庭；三是分地后迁来本村的农民。土地租用的价格根据土地好坏及用途而定，也有的根据收成而定。按照国家法律规定，村民之间土地承包经营权流转一般要严格执行法律程序，需要办理"农村土地承包经营权证"变更，具体做法是流转双方当事人持转让申请书复印件、流转合同、身份证、乡镇经管中心证明和原"农村土地承包经营权证"到县农委经管站办理"农村土地承包经营权证"变更。如果要签订"农村土地流转合同"，转出方需出具的手续有身份证原件、复印件、户口簿、土地证、承包合同、协议书；承包方需出具的手续有身份证、户口簿和协议书。双方根据《中华人民共和国农村土地承包法》及其他相关法律、法规的规定，签订《农村土地流转合同》，合同中要标明流转土地的名称、面积、四至；流转期限；甲乙双方的权利和义务。但是笔者在调查中发现，鸥浦村村民在承租土地时，村民之间往往只写一个非常简易的租地协议书，同时请村里威信较高的一个人作为见证人，很少有正式办理"农村土地承包经营权证"变更的。

（四）建设征地情况

在鸥浦村极少有征地现象发生。在村里调查时笔者了解到，只在2011年要通国电时，为了立电线杆子在几户农民家的农田中征用了少许的土地，政府每平方米给补贴9.6元。因为通上国电是全村老百姓几代人的企盼，所以即使土地被征用，村民们也没有什么怨言，都很愿意。

（五）财政补贴购机

为认真贯彻落实《中华人民共和国农业机械化促进法》，切实做好 2012 年中央财政农业机械购置补贴专项实施工作，根据《黑龙江省 2012 年度中央财政农业机械购置补贴工作实施方案》的要求，呼玛县农机局制定了 2012 年农业机械购置财政补贴方案。虽然如此，村民们对这个补贴方案还是很有自己的看法。比如，享受补贴购买的农机具，原则上两年内不得擅自转让；因特殊情况须转让的，须经县农机局批准，并报省级管理部门备案。村民们觉得这很麻烦。此外，必须购买政府指定的机型，不可以讲价，并且要自己到厂家提货。如此一算费用，和自己在市场上买的送货到家的机器价格上相差不多。图 3-1 为鸥浦村村民家中的大型农机具。

图 3-1　村民家中的大型农机具

三　种植业

鸥浦村长期以来受气候和自然灾害影响，种植业以粮食作物为主，品种少，产量低。

（一）作物品种

鸥浦村的农业条件，无论在年积温量、降雨量、无霜期等方面，都具备了春小麦、黄豆、玉米、马铃薯和各种蔬菜瓜类等作物的生长条件。由于气温和历史习惯，农民过去多喜种小麦，并总结了小麦丰收农谚："要想小麦多打粮，必须种在冰上，死在火上。"意思是开春天还冷的时候就要种地，夏天天热的时候收割。通常每年作物种植，小麦要占80%多。近几年由于农产品价格调整，小麦的价格相对较低，而黄豆价格逐渐上涨（见表3－2），种植面积开始逐年增多，几乎家家都有种植黄豆；小麦的种植面积反而越来越少，并且主要用于自家的食用或者喂牲畜。

表3－2　2011～2013年鸥浦村黄豆销售单价

单位：元

年份	黄豆销售单价
2011	1.65
2012	1.85
2013	2.1

村民反映鸥浦村能种的作物品种很少，马铃薯有时候会烂到地里。现在村民也不种西瓜了，种了1年西瓜的土地8年内不能再种，因为种过西瓜的土壤里病菌很多，如果接着种西瓜，西瓜就会生病直至死亡。水稻也不能种，种了

收不上来粮食先不说，而且不好吃。

目前，鸥浦村很少有人种植玉米，主要是因为玉米不适合大面积的机械化生产，而小麦、黄豆等作物的机械化程度较高。由于鸥浦村位于高寒山区的沿江平原地带，所以早熟是其品种选择的首要条件，然后才是产量和品质。熟期过晚，不仅成熟度不好，商品性差，而且很难高产和优质。在鸥浦村，农民种植的黄豆品种是适宜第五积温带的黑河 35 号；早熟的生长期为 80 多天的黄豆品种主要有黑河 49 号、黑河 46 号、花江 2 号等；小麦的品种是龙麦 26 号。

（二）耕作情况

鸥浦村村民每年农忙的时间大概也就两个月，耕种、收割等全为机械化。一般在 5 月 7 日或 8 日种黄豆，六七天黄豆也就出芽了。鸥浦村民的耕地周围没有什么水利设施，庄稼地里没有机井，天气干旱的时候也不能使用江水浇地，完全是靠天吃饭。挨过了 7 月天气异常干旱的时段，到了 9 月中旬就开始收割了，10 月中旬或 10 月末鸥浦村就开始进入漫长的冬季。

鸥浦村的春小麦一般是在 5 月初播种，8 月中旬收割。近些年因为小麦的价格较低，村民们已经很少种小麦了。此外，因为种小麦需要喷洒很多农药，土壤里会有残留，不适合小麦的长期种植。

鸥浦村是很少种水稻的，这里的气候条件不允许。村里是能种植玉米的，不过必须得是生长期为 80~85 天的品种。

（三）农业补贴

由于国家惠农政策的实施，农民种地不但不缴税，反而有农业补贴。补贴实行有种有补、不种不补、谁种补谁的原则,对流转和转包的土地要按经营者补贴,不按发包者补贴。另外,由于 20 世纪八九十年代种地不但不挣钱,反而赔钱,很多土地都被撂荒了;最近 10 年种地开始挣钱了,农民们又开始将这部分土地开荒,同时他们也开了一些新地,这些地都没有土地证,所以最初没有国家补贴,但是后来对于这类土地,国家也发放了补贴,村民们对这一政策非常叫好。国家每年每亩地补贴农民 60 元,另外,每亩地还给种子补贴(良种补贴的标准为玉米、黄豆、小麦每亩各 10 元)。由农业部门核实后,按各作物补贴资金不少于 70% 的比例将第一批补贴资金通过"一折(卡)通"形式直接发放给农民(种植者)。其余补贴资金待绿色面积核准后,根据实际面积实行多退少补。补贴资金采取"一折(卡)通"形式直接发放给农民(种植者),并对补贴农户、补贴品种、补贴面积、补贴标准、补贴金额在全村公示 3 天(见表 3 - 3)。

2011 年鸥浦村粮食直补、综合直补情况见表 3 - 4。

表 3 - 3 2012 年鸥浦村良种补贴部分发放清册

农户 (种植者)	粮食作物种植面积(亩)				亩补贴金额 (元)	总补贴金额 (元)
	总面积	小麦	黄豆	玉米		
侯成军	190.7	90.7	100	0	3	572.10
杨金茂	150	0	150	0	3	450.00
王艳民	235.9	35	200.9	0	3	707.70
郑永年	19	0	19	0	3	57.00
侯雪顺	65.2	7.5	57.7	0	3	195.60
刘 勤	172.5	0	172.5	0	3	517.50
李桂兰	42	20	22	0	3	126.00
张树龙	58.6	58.6	0	0	3	175.80

续表

农户（种植者）	粮食作物种植面积（亩）				亩补贴金额（元）	总补贴金额（元）
	总面积	小麦	黄豆	玉米		
王笃玲	53.2	0	53.2	0	3	159.6
崔洪臣	77	0	77	0	3	231.00
李 海	138.4	30	63.4	45	3	415.20
吴荣胜	114.6	15	97.6	2	3	343.80
张强军	296.6	15	281.6	0	3	889.80
王笃刚	351	75	260	16	3	1,053.00
马俭英	125	0	125	0	3	375.00
徐 省	120	0	90	30	3	360.00
崔金祥	63	0	63	0	3	189.00
侯成有	315	75	240	0	3	945.00
任铁良	127.5	15	112.5	0	3	382.50
唐士平	7	0	7	0	3	21.00
泥志雪	50	0	50	0	3	150.00
许洪生	33	0	33	0	3	99.00
方贵忠	151.4	30	91.4	30	3	454.20
王月华	223	36	175	12	3	669.00
马俭利	120	0	120	0	3	360.00
小 计	3299.6	502.8	2661.8	135	—	9898.8

表3-4 2011年鸥浦村粮食直补、综合直补情况

户数	土地承包面积（亩）	粮食直补补贴面积（亩）	合 计（元）
152	11307.7	10006.72	1300.98

（四）农业新技术推广

1. 田间机械作业

田间机械作业技术主要是在整地后播种前进行一次镇压，目的是增加土壤的密度，减慢水分蒸发的速度；播种

后再进行一次彻底镇压,这样能有效防止水分的快速蒸发,确保种子发芽出苗。对去年垄作且今年还要垄作的地块,没进行整地的,要提前进行破垄、耙细、耢平、压实,减少水分蒸发。在苗期出现旱情时,应对小麦采取"三压"措施,即播前压、播后压、小麦压青苗,有条件的小麦压青苗 2 次,有利于提墒和促进根系发育,提高抗旱能力,强调重压、慢压。在干旱季节,应尽量减少土壤的松动,有效地保护土壤的原有密度,阻止水分的快速蒸发。舍籽播种,即每亩地播种量比正常情况下增加 10%～20%,以提高出苗率。

2. 抗旱技术

抗旱技术主要是对于垄作黄豆实行窄行密植的耕作方法,提前实现作物叶片对土壤的覆盖面,使土壤蒸发的水分又被叶面吸收,减少阳光对土壤的直接照射,减少水分蒸发。不管用什么模式栽培,都要采用机械深松、机械镇压等技术,给作物生长创造一个蓄水保墒、易于扎根的土壤环境。黄豆和马铃薯田间管理推广深松技术,多铲多趟,提高地温。小麦三叶期多压青苗 1～2 遍,有效应对可能出现的卡脖子旱。实行坐水种、喷灌、管灌、滴灌等田间节水灌溉技术;使用新型作物抗旱剂(抗旱喷洒剂、旱地龙等),提高抗旱效果、促早熟;选用抗旱品种和应用抗旱播种技术,黄豆可以选择黑河 34 号、黑河 44 号等品种,马铃薯选克新 13 号、克新 18 号等。马铃薯采用机械播种,因为通过机械播种可以把种薯播在湿土上,保证出苗率;做好病虫预测、预报工作,预防干旱引发的大面积病虫害发生。针对干旱天气,采取综合灭草措施,减少封闭灭草面积,推广使用茎叶处理除草剂。

3. 促早熟技术

高寒山区黄豆的播期十分不好掌握，过早易遭晚霜危害，过晚易遭早霜危害。根据试验和历年经验，一般鸥浦村以 5 月中旬播种为宜，在适期内强调早播，种子应包衣，以减少早播病害对种子的不良影响。山区黄豆生产应慎防晚熟，所以在化肥施用上强调施磷钾肥，氮肥用量不可过大。一般肥力的土壤一公顷施磷酸二铵 100～150 kg，加施硫酸钾 30kg 左右即可。采取常年促早熟是山区黄豆生产的重要原则，花末荚初根据黄豆生长情况，喷施磷酸二氢钾，一般黄豆可早熟 2～3 天，具有提高粒重，改善籽粒成熟度，增产增收的作用。山区耕地面积大，人员少，草荒是黄豆减产的重要原因之一，所以要根据前茬杂草种类选用好化学除草剂，但要注意化学除草剂用量过大会抑制黄豆生长，易导致贪青晚熟。

4. 预防低温冷冻灾

5 月上旬应密切注意天气预报，防止终霜侵害。黄豆、芸豆田在苗拱土时要趟蒙头土，增强作物抗寒、抗低温能力。对于易遭终霜侵害的豆田地域，可采取种早熟品种且适当晚些播种的方法来预防。

（五）农作物病虫害及化肥使用情况

鸥浦村由于在春季时经常连日降雨，低温寡照，作物生长缓慢，根腐病和胞囊线虫病（俗称"火龙秧子"，这也是鸥浦村的农作物易得的病虫害）大面积发生。为此，在鸥浦乡农业技术推广站（简称"农技站"）的指导下，鸥浦村的农户主要采用以下农业技术促早熟、防病，来加强田间管理：一是注重三铲三趟，增加地温，疏松土壤；二是在叶面喷施叶面肥（如乐得等），每垧需 30 元，在初花期叶面喷施，能促早熟 7～10 天，可保花、保果，促进根系生长，防根腐病；三是喷施叶面肥的同时加一些杀菌剂（如多菌灵等），防黄豆灰斑病。

随着科学技术的发展和作物栽培技术的提高，鸥浦村化肥的使用量逐年加大，种类不断增多，主要有氮、磷、钾和复合肥 4 类 9 种，如尿素、磷酸二铵、硫酸钾。鸥浦乡农技站同县农技站、哈尔滨利农种子农药商店取得联系，购进美国产二铵、高磷复合肥、火龙神种衣剂、豆施乐、精禾草克等化学除草剂和宝富尔 655 叶面肥等农用物资。按照国家农用物资加价标准定价格，供给村民。

（六） 自然灾害

寒温带大陆性季风气候为鸥浦村农作物生长提供了充足的热量和基本适合的水分。但是由于受西伯利亚和贝加尔湖冷空气与大风的影响，加之鸥浦村位于黑龙江边，在农作物生长期往往出现频繁的自然灾害，给种植业造成重大的损失。

1. 冰雹

冰雹产生在空气强烈对流而形成的积雨云中，其直径为几毫米至几厘米，最大的可至 2～30 厘米。它不仅损害农作物，还往往造成其他方面的经济损失。鸥浦村的冰雹以山地的迎风坡为多，最多出现在春末夏初的 5～6 月和初秋的 9 月，在 1 天中，午后出现冰雹最多。村民根据"雹打一条线"的特点和"天黄闷热乌云翻"来识别雹云，提前预防以减轻雹灾程度。2009 年 6 月 18 日下午 5 时，鸥浦村发生了持续 10 多分钟的冰雹，冰雹直径在 1.5～2.5 厘米，给鸥浦村造成了很大的经济损失。

2. 雨涝

鸥浦村依江傍水，每逢多雨，江河涨水，易成内涝、水灾。1955 年、1958 年、1959 年、1960 年、1962 年均发生水灾。1958 年的江河泛滥，使鸥浦村粮食基本没有收成。1978 年至 1987 年，黑龙江出现春涝 2 次、夏涝 1 次、春秋兼涝 2 次、秋涝 2 次，每次涝灾都对农业生产有严重影响。1978 年 8 月 3 日水位达 98.99 米，1982 年 8 月 16 日水位达99.48 米，1984 年 8 月 12 日水位最高达到 101.60 米，均达到了淹地程度。图 3－2 为鸥浦村低洼地庄稼受灾情况。

图 3－2 低洼地庄稼受灾

3. 霜冻

春季农作物已出苗或秋季庄稼尚未成熟时期，若遇寒

132

潮，天气骤然变冷，再加上夜间辐射散热，使温度降到作物所不能忍受的限度以下，致使作物大量冻死，造成粮食大幅度减产，此即霜冻。霜冻是鸥浦村农业灾害之一，秋末春初对农作物造成冻害的强降温一般每年有 4~5 次之多。轻霜冻可以抗御，重霜冻则危害很大，尤其对黄豆等农作物影响甚大。1978 年到 1987 年的 10 年中鸥浦村出现过 2 次低温冷害；1983 年和 1986 年的低温（倒春寒）使庄稼减产，两年皆为歉收年。

4. 低温冷冻

低温往往发生在夏秋两季，主要是连阴雨天气多，光照不足，缺乏作物生长发育所需要的积温所造。造成危害的年份，往往是积温比历年平均少 200℃~300℃，5~8 月光照时数比常年少 120~160 小时。这样的低温在近 30 年中有 1955 年、1961 年、1969 年、1972 年、1976 年。较为严重的 1972 年，积温比历年少 300℃~350℃，造成部分作物不成熟。2009 年初夏和盛夏有低温时段，给农业生产带来一定影响。

5. 干旱

干旱的形成主要是因为上年秋季降水量少，冬季雪少，春季降水量又少于 30 毫米，解冻后风速大，水分蒸发。春旱直接影响春播，致使种子下地因水分不足而风干，加上风天多，温度低，苗不齐不壮。当小麦分蘖时，气温上升，出现旱象（见图 3-3），又造成小麦棵矮穗小，以致减产。因此，春旱与卡脖子旱对农业生产危害很大。1978~1987 年，鸥浦村曾出现 3 次夏轻旱，1 次严重春旱。1978 和 1979 年连续遭到夏轻旱，致使小麦减产。1982 年又遭夏旱，使小麦减产。1986 年出现了严重春旱和夏旱，导致农作物减产。2008 年夏旱，使小麦减产。虽然 2008 年封冻前土壤

底墒较好，冬季降水量偏多，但由于鸥浦村的气候特点是春季蒸发量远远大于降水量，加之2009年4~5月中旬降水少、气温高，因此4~5月中旬出现阶段性旱象。但是因为防御及时，2009年鸥浦村的小麦实现大丰收。

图 3 - 3　鸥浦村旱灾

7. 冰凌灾害

冰凌又称凌汛，是由于气温下降时河水结冰封冻和气温回升后解冻开河时冰凌阻塞河槽而形成的洪水，多发生在由低纬度流向高纬度的河段。由于鸥浦村2008年冬季雪大，2009年春气温回升快，2009年黑龙江上游开江期提前，4月12日洛古河站开始流水，其后黑龙江北红、兴安等站水位急剧上涨，一度逼近或超过警戒水位，黑龙江上游出现有记载以来最早的"倒开江"。2009年4月15日，黑龙江支流额木尔河发生冰凌灾害，出现倒开河。

8. 大风

大风是指风力等于或大于8级（17.2米/秒）的风。鸥浦村春季大风加速了土壤水分的蒸发，加剧干旱程度，对农业生产危害很大。大风以 4 月最多，其次是 5 月。此外，夏季大风往往与大暴雨同时出现，使作物倒伏或秆折；秋季大风易使作物摩擦脱粒。图 3 - 4 为鸥浦村的风灾。

图 3 - 4　鸥浦村风灾

四　草畜产业

　　鸥浦村周边有山地、林地，是天然的隔离屏障，有多年生优质牧草留床，草的品种分为针叶草和阔叶草。针叶草有大叶草、小叶草、剪草、三草，还有被誉为"东北三大宝"之一的乌拉草。阔叶草的种类上百种，鸥浦村的饲草供需有余，适合发展食草节粮型畜牧业。发展草畜产业具有明显的生态效益，可以有效解决"三农"问题，有利于社会和谐发展，有利于增加农民收入和地方财政收入。依法保护和利用草原资源，对于实现畜牧业的可持续发展，调整农产结构，促进农民增收，改善生态环境具有十分重要的意义。

（一）养羊

为了推动和发展绒山羊产业，呼玛县早在 2002 年就采取了"养羊帮扶、放羊还羊或还母、还羔，滚动发展"的办法。按照有关规定，由帮扶单位和农户签订《实施养羊帮扶、放羊还羊合同书》，具体内容规定：

帮扶单位为农户提供 25 只绒山羊，具有帮扶羊的所有权，负责技术指导工作。农户具有帮扶羊饲养、繁育、防疫、管理权以及帮扶基础羊副产品（羊绒）权，并要在第二年返还帮扶单位同样数量的绒山羊（或母或羔），返还的羊羔要求月龄在 6 个月以上，健康无病，并且保证为纯种绒山羊，返还后帮扶羊的所有权归农户所有。在未按规定返还前，农户不得将绒山羊以任何理由变卖、屠宰、抵押、馈赠。如果遇到自然灾害（如地震、特大洪水、特大火灾、特大雪灾）、重大疫情（常见的传染病、寄生虫病、内外科病、产科病除外）等人力不可抗拒的因素造成绒山羊死亡或怀不上羊羔等极特殊情况，经县级畜牧部门详查确认，同时必须及时通知帮扶单位，并经其同意，双方共同商议可以延期还羔任务。

根据这一规定，鸥浦村的帮扶单位——呼玛县财政局为村里提供了一些绒山羊，但在具体实施过程中有一些变化，是提供 3 只羊，农民负担 2 只羊的钱，另一只羊的钱由财政局负担。不过这一政策并没有实行多久，因为在养羊的过程中，发现羊并不好养，最主要的是政府发现羊对自然环境的破坏性较大。图 3-5 为鸥浦村的羊群。

图 3 – 5 村子里的羊群

（二）养牛

2003 年，鸥浦乡政府确定了"依托资源优势，大力发展以绒山羊、黄牛为主体的畜牧业"的经济发展思路。计划年进黄牛 500 头，据统计，农户可自筹资金 50 余万元，尚缺口 50 余万元。在政府资金的帮助下，现如今鸥浦村已经出现了两户养牛大户，分别养殖黄牛 40 头和 60 头。鸥浦村村民主要饲养对外出售或是自己吃肉的黄牛，因为在喂养期间不用各种激素，村里的生肉被称为"绿色食品"，远销塔河、十八站，很受欢迎。

（三）养猪

前些年，国务院提出了可繁母猪补贴政策，据鸥浦村主任介绍，2012 年政府补贴养猪户每年每户 100 元，极大地促进了鸥浦村村民的生猪生产。如今鸥浦村几乎家家养猪，鸥浦乡政府也以畜牧站为养殖中心，成立了生猪生产养殖协会，引入哈市种猪场皮特兰种公、母猪10头，对生猪生产养殖实行统一饲料配方、统一防疫、统一畜舍、统一生猪屠宰及销售，生猪保险参保率达100％。村民基本上是农畜同步进行，种植饲喂生猪的大料——玉米，进行良种改良。成立了重大动物疫情防控组织，并制定了应急预案，由主管领导为责任人，层层签订了责任状。建立了村级防疫体系，并配有村级防疫员。

五 农民副业

（一）林木采伐

中国人向来有"靠山吃山、靠水吃水"的思想，这在依山傍水的人家心目中是最自然而然、最心安理得的想法。正是在这种思想的支配下，位于大兴安岭林海深处、黑龙江边的鸥浦村村民在繁衍子孙后代的同时，把手伸向了身边的高山、大河、森林。在1949前和新中国成立后的很长一段时间内，鸥浦村农民的副业包括采伐木材和木桦。入冬落雪之后即进山采伐大木，大约120天才能下山，开江编排，流送到黑河。1949年建材一株卖七八元钱，薪材一株价值2元多，倒大木所得是农家副业一大宗收入。采伐木桦（图3-6为桦子垛）也在冬季，主要是为了供应居民冬季取暖和做饭的燃料，以及解冻开江之后供黑龙江往来船只的燃料。当时黑龙江上的轮船主要烧木桦子作为动力，每艘轮船由黑河至漠河，一个航次需要木桦200多沙申①。沿江村屯一年需备木桦15000沙申，这些都需要沿江各地农民在冬季准备充足。因

① 1沙申等于15000立方米木材。

此，当年鸥浦村村民采伐木桦子也是一大收入。但是因为国家现在在大兴安岭地区实行"天保工程"和"以煤代木"工程（见图3-7），不允许村民再砍伐木材，所以，目前鸥浦村的副业主要是采集土特山产品。

图3-6　桦子垛

图3-7　"以煤代木"工程宣传标语

（二）采集业

春夏秋三季的雨后时节，鸥浦村无论男女老少，都会三五结伙地入山采山货，当地人称之为"跑山"。过去"跑山"的人多是手持木棍，肩背竹筐，徒步翻山越岭地采山货。如今"跑山"的人则完全是现代化的装备，男人们或者戴头盔骑摩托车，或者开着被当地人称为"猴子"的四轮车，后面坐着他们的女人、孩子，身后背着筐篓或布袋，并用各种颜色的头巾将头和脸包裹得严严实实，以防蚊虫咬、太阳晒。这时，在外地打工的人们也都尽可能回来，采集木耳、蘑菇，旺季每人每天能赚三四百元。春季是大兴安岭特有的浆果——蓝莓成熟的时节，其果子可以预防心血管病，叶子晒干冲水喝，可以治疗糖尿病，是非常珍贵的药材。秋季入山则多采集红豆。红豆，俄名"雅格达"，可制饮料、酿酒，也是做糕点的原料，这是农民副业的重要收入来源之一。红豆属于矮棵植物，秧高半尺左右，8月下旬就可以采集，到10月中旬，果实不落。村民们多以特制带齿撮子梳采，剥去叶枝，一人一日可采数十斤，多者百余斤。但是这种掠夺式的采法导致村子周围山上的野果越来越少。

六　渔业

（一）捕鱼

鸥浦村紧邻黑龙江，有丰富的渔业资源，主要有鲤鱼、鲶鱼、牛尾鱼、鲫鱼等冷水鱼。鸥浦村不少村民世代以捕鱼为生，此外，有些在土地承包后迁到本村的外来户，没有分到土地，也不得不以打鱼为生。然而随着人口的增加，捕鱼技术的发展，如今江里的鱼儿越来越少，捕鱼也不像以往那样随便了。根据国家、省、地、县文件指示，县乡禁止在黑龙江水域内捕捞鲟鱼、鳇鱼等国家二级保护野生鱼类，禁止炸鱼、毒鱼、电鱼，禁止使用禁用的渔具、捕捞方法和小于规定的最小网尺寸的网具进行捕捞，对私自捕捞违规作业者，一经发现，乡里的执法人员将按《中华人民共和国渔业法》等法律法规对其进行严肃处理，因此鸥浦村的渔民必须依法捕鱼。村民打鱼必须办理捕捞代理证，要交200元钱，乡政府沿江边划分成若干个打鱼的区域，再将每一个区域编成号，大家抓阄来定能在哪个区域打鱼，因为想打鱼的人很多，不能人人如愿，好多人抓到的是空号。鸥浦村共有10位村民有捕捞代理证（见表3－5）。除此之外，村民要想打鱼，还要办理一系列的捕鱼管理手续。首先要和乡里签订《鸥浦乡下江捕鱼作业责任状》，保证做到：

> 一、下江捕鱼人员必须持证上岗，严格遵守捕鱼时限；二、严禁过界捕鱼；三、严禁酒后驾船捕鱼；四、严禁在防火期内捕鱼时带烟火，严禁在野外烧鱼、炖鱼和烧火做饭；五、捕鱼人员要互相监督，发现火情要及时上报，不得隐瞒。

又因为捕鱼的季节往往是在防火期，为了配合森林防火部门的工作，履行公民的义务，保护国家森林资源，村民还要和乡森林防火指挥部签订《捕鱼人员防火保证书》，同时要缴纳1000元风险抵押金。此外，乡里定期要对非营运船舶和渔船、船员是否持证上岗等进行全面调查，摸清总量和分布情况，主要包括船舶的尺寸、制造单位、时间、分布、材质、用途和所有人等基本情况，建立船舶登记台账。对查出的隐患和问题进行梳理、分类，认真分析存在的问题和原因，制定切实可行的措施，加以整改。确定管理人员，层层签订安全管理责任状，强化船舶安全管理。另外，根据国家的惠农政策，种地有粮补、油补，打鱼也有油补，现在打鱼用的是机动渔船，只要持有合法的渔业船舶证书以及渔船主机功率审查合格，不存在安全隐患的渔船都会给予渔用燃油补贴，这一政策深受渔民的好评，有利于渔业的发展。

表 3 – 5　鸥浦村 2011 年明水期部分界江作业人员情况

船员姓名	作业证号	船员姓名	作业证号	船只种类	船牌照、放大号	作业区域
国传军	0028	刘继伟	0027	机船	边渔 0243、05～09	448～451
李国军	0033	李振霞	0034	机船	边渔 0218、05～06	448～451
王艳民	0031	姜盛源	0032	机船	边渔 0095、05～07	440～443
郑永年	0037	郑永军	0038	机船	边渔 0216、05～08	440～443
刘晓东	0061	王成友	0062	机船	边渔 1038、05～14	448～451

注：每条作业船只能由两人操作。

2013 年的捕鱼政策发生了新变化，现在捕鱼事宜由渔政审批，边防派出所只负责船只的管理。鸥浦村靠近江边的位置，有派出所设置的船管站 1 处，负责对每天上下江的船只进行登记，谨防精神病人、游客等无意越界。鸥浦村里有渔船 7 条、种地船 4 条，种地的船是不允许打鱼的。对于渔民来说，每年可分为禁渔期和可捕鱼期，禁渔期是 6 月 11 日至 7 月 15 日，10 月 1 日至 10 月 20 日。因为夜间容易出鱼，为保护渔业资源，渔民每

天的作业时间，夏季为晚上 10 点到早晨 5 点，冬季为晚
上 5 点到早晨 7 点。近年来，因为捕鱼的人多了，捕获
的鱼规格越来越小，品种越来越少。据武警同志说，靠
近中方界江这侧的鱼现在也进化了，它们已经形成了条
件反射，能够判断出江的哪一侧是安全的。而对岸的俄
罗斯在黑龙江上不怎么打鱼，所以黑龙江靠近俄罗斯那
一侧的鱼大而且多，个别贪图利益的渔民就趁着夜晚偷
偷到对面打鱼。派出所的工作人员说，其实有些村民过
界打鱼并不是经济利益的驱使，而是打鱼成瘾。虽然政
府部门对渔民过境打鱼事件尤为重视，走在村中就会看
到相应的宣传单，警示渔民不要过境打鱼，但还是有渔
民铤而走险。在调研期间，邻乡的一位渔民就因为夜晚
过界打鱼，被俄罗斯抓去了，村民们说被抓着了至少要
被判一年，但是好在俄罗斯的法律是按照昼夜来算的，
晚上也算时间，半年就回来了。对渔业发展中出现的问
题，相关人员的个人观点是"处罚太轻"。例如，中方
对越界打鱼的处罚是处 15 日以下拘留。

(二) 冷水鱼养殖

鸥浦村有很多水面泡泽，大部分泡泽是黑龙江洪水冲
积而成，和黑龙江相通，江涨泡也涨，水质较好，属于纯
绿色无污染水资源，非常适合发展冷水鱼养殖。但是鸥浦
村的渔民基本上都是在自然水域里捕鱼，很少有进行水产
养殖的。只有个别渔民在夏季的时候，用水箱在江中进行
活水养鱼（见图 3-8），不过量很小，往往是供不应求。究
其原因，主要是这里渔业基础设施薄弱，没有鱼种场，自
然河泡利用率低；渔业投资几乎没有；渔业科技知识普及

率比较低；更主要的是鱼种运输和鱼类越冬存在很大风险
性。由于运距较远，没有专业运输车，鱼种（特别是大规
格鱼种）成活率低。虽然泡泽很多，可是能越冬的并不多。
此外，鸥浦村是寒温带地区，气温低，生长期短，自然水
域拥有一些珍贵鱼类，但水产养殖追求的是经济效益，鱼
类适宜生长的温度为 15℃~28℃，而鸥浦村的无霜期只有
90~100 天，加之泡泽远离村屯，交通及管理都不方便，这
些都是制约水产养殖发展的因素。然而由于对自然水域的
过度捕捞，鸥浦村渔业资源逐渐减少已成事实，因地制宜
发展村中的渔业经济，做好养殖与旅游、休闲餐饮的结合，
发展观光渔业、垂钓渔业，根据位置优势宜鱼则鱼、宜蛙
则蛙、宜网则网，多渠道增加渔民收入，促进水产养殖发
展已成为必然趋势。

图 3-8　水箱养殖冷水鱼

七 村里的经济户

(一) 养殖户

鸥浦村的朱跃辉大爷，今年（2013 年）64 岁，祖籍辽宁锦州，19 岁来到鸥浦村的边防连队当兵，复员后在此落户。朱大爷是鸥浦村的养羊大户，他很健谈，身体硬朗，热情地带着我们参观了他家的养殖场（见图 3 - 9），并做了详细的介绍，随后带领我们去山上哨所俯瞰对面的俄罗斯村落。

图 3 - 9 朱大爷家的养殖场

朱大爷家只有两垧地，是村里地比较少的人家，这也是他发展养殖的主要原因。前几年，老人家养的主要是绒山羊，出售剪下来的羊毛，经济效益不是很好。2013 年朱大爷养了 300 多只黑头羊，因为黑头羊的肉多，半年就能

出圈。羊圈里的黑头羊大小不等，有八九十斤的，也有一
百来斤的。到了羊该出圈的时候，会有人来收购，每斤羊
肉大概为 13 块钱。据他介绍，黑头羊生命力很强，很好
饲养。冬天，山上大雪覆盖，黑头羊会用羊蹄子扒雪。之
前放羊全靠朱大爷自己，去年他雇了个附近村子的人，每
天负责领着羊队到山上放羊，管放羊人吃住，每个月给人
家 600 块钱。黑头羊的饲料全是天然的，都是自己家里备
的羊草、玉米等。夏天，山草茂盛，青草就是羊群的食
粮；冬季，山上大雪覆盖，放羊人则带着羊队去地里放
养，此时，黑头羊会扒出残留的豆皮子充饥。听朱大爷介
绍，鸥浦村家家都养猪，全部散养（见图 3-10），只不
过规模不大，都是几头。村里有两家养牛户，分别养了 40
头和 60 头。

图 3-10 村头散养的猪

（二）渔户

村里有不少渔户，为了让我们了解冬季凿冰打鱼的情形（见图3-11），鸥浦村支书郑永军及其父亲郑大爷一大早就带我们下江了。郑大爷看起来有60多岁，是个打鱼的老手了。近些年来，随着渔业资源的减少，渔业衰落，打鱼也不是他们的主要谋生手段了，种地成了最赚钱的途径。农闲的时候郑大爷就打打鱼，同时当消遣锻炼身体，一年下来也能挣1万块钱左右。

图3-11 郑大爷凿冰捕鱼

农闲时渔民几乎每天早上都打鱼，每次打鱼需要两个小时左右。村里打的鱼由当地的鱼贩子来统一收购，每天打鱼的数量不固定，多的时候能达到百十斤，少的时候只有几斤，鱼的价格因鱼的大小、种类不同而有所区别，常

见的鱼七八十元一斤，小的几元一斤。冬天的时候，渔民打鱼通常是以凿冰眼下网的方式进行，但是冬天太冷，尤其是得在江上一连作业一两个小时，这对渔民来说是个很大的挑战，所以冬天打鱼不是经常性的。

八　发展农业存在的主要问题

（一）气候条件差，农业基础薄弱

鸥浦村地处高纬度、高寒地区，气候条件差，无霜期短，冰凌、洪水、低温、早霜和晚霜、干旱、冰雹等自然灾害频繁发生，对农作物生产影响大，一直处于单产不高、总产不稳的低生产水平，收入水平低。由于鸥浦村处于高寒地区，只适宜种植小麦、黄豆、土豆等冷凉型作物，每年只有一季收获。另外，由于交通不便，小麦、黄豆出卖运输成本较高，上门收购的老客一再压低价格，导致农民丰收不增收，而且还减收。村中土地大部分是洪水淤积而成的黑沙土，既不抗旱也不抗涝；还有一部分是冷浆地，地面 50 厘米以下都是永冻层；再有一部分是灰包土，土层浅，只有 15～20 厘米，缺乏农作物所需养分。

（二）农业结构不合理

从种植比例上看，黄豆和小麦占有绝对优势，马铃薯和蔬菜等经济作物处于劣势。应稳定小麦面积，减少黄豆面积，扩大马铃薯面积，扩大大棚蔬菜面积。

（三）农业科技水平较低，农产品市场竞争力不强

从全村种植业发展来看，最大的障碍就是缺乏科技

引导，农民的科技意识不强，科技文化水平不高，接受科技知识的能力差、速度慢，新技术推广存在一定难度。农民不按照技术人员的指导方法施肥用药现象普遍存在，导致化肥、农药施用后效果不佳，造成农民经济损失较大。要在栽培技术、经济作物种植、农药使用技术等方面加大科技培训力度，增加农业生产中的科技含量。要引进优良籽种，引进先进的生产栽培技术，在同等条件下使常规性农业通过科技达到农业增产、农民增收的目的。

（四）农业发展特色不突出

鸥浦村应在发展现代农业上求突破。应加快传统农业向现代农业转变，围绕打造特色农业、生态农业、高效农业，充分发挥自身优势，扩大经济作物种植面积。深入实施科技入户、培植致富典型。大力调整农业产业结构，积极推广运用新技术、新品种，不断提高经济效益。

（五）农田基础设施滞后

鸥浦村的土地由于受气候的影响和自然灾害袭击，单产不高，总产不稳，严重影响了农民的经济收入。为此，必须进行低产田改造，需要筑坝、挖排水沟、修农田路、栽防风林、改良土壤等，达到旱能灌、涝能排，提高单产、稳定总产的目的。

（六）农产品销售渠道还需拓宽

建议政府扶持成立协会解决此事，以协会为龙头，让

协会联系农户，解决鸥浦村特色动植物来源、技术指导、收购销售、签订合同等问题。

第二节　劳务输出

农村剩余劳动力的劳务输出，不仅是农民脱贫致富奔小康的一条重要渠道，而且有利于调整地区的产业结构，为今后的经济发展培养出有一定技能的建设人才。

一　劳务输出的历史与现状

鸥浦村的劳务输出由来已久。早在 20 世纪 60 年代末期，上海、齐齐哈尔、呼玛等地的 100 多名知青相继来到鸥浦村。经过几年的锻炼，这些有知识、有文化、有活力的年轻人开始担任村中的主要领导者。为了解决吃饭问题，增加集体收入，1969 年冬起，鸥浦村领导班子决定派出套子车到附近的十九站、八十七公里、瓦拉干等地倒套子、运木材，为集体创收。改革开放后，鸥浦村的集体经济急剧滑坡，村上的劳务输出也从过去的集体行为改为村民的自发行为。最开始，村民更多的是选择到附近林场清林、倒木头，或者是到村港口装卸木材，但是现在由于天然林保护工程，林场用工需求量越来越少，因此村中的青年人会去更远的城市或是俄罗斯寻求发展。2008 年调查组在村中调研的时候，很少能够看到青年人；2009 年再去的时候发现年轻人明显增多。问其原因，大都是外面经济不景气，工厂倒闭，工作难找，还不如回家上山采点山货挣钱，看来世界经济的大环境已经冲击到了偏僻的鸥浦村。走出去的女孩子大都不会回来，一般就在外地结婚生子。男孩子则不同，如果发展好了，会在外结婚生子，不再回来；如果没挣到钱，就算出去开了眼界，回来继承父母的土地，在村中生活，毕竟现在村里还是以男人为主。

调研期间，调查组走访了鸥浦村的一家困难户，那家人住的是面积不大的土房。老人27岁的小儿子因为家庭困难，一直在上海打工，每天打两份工，一个月能挣4000块钱，一定程度上缓解了家里的困难状况。但是听村里一对新婚夫妻说，其实村里外出打工的人并不是很多，不像内地那样普遍。一是村里大多数家庭地多，他们不打工也能过得很安逸；二是村里人文化程度都不高，外出打工也是干体力活，如果在附近找活干，每天的路费也很贵，这样下来，每个月除了抽烟、吃饭等也剩不了多少钱。总的来说，鸥浦村外出打工现象不是很普遍，选择外出务工的主要是地少或困难的家庭，这主要还是跟村里耕地多有关。

二　劳务输出的影响

劳务输出改变了鸥浦村农民以往那种"面朝黄土背朝天"的生产生活方式。村中的青壮年走出了家门，开阔了眼界，增长了见识。在回到村子之后，他们接受新事物的能力较强，努力尝试开辟新的经营项目，成为村里的青年精英。

劳务输出对鸥浦村社会发展的一个重要的影响是扩大了联姻范围和改变了村民的择偶标准，如第二代中俄后裔侯雪岭22岁的儿子就找了个加格达奇区的媳妇。因为鸥浦村在以前不通国电，再加上地理位置比较偏僻，很少有外地的姑娘愿意嫁到村里来。如今在外打工的青年人选择配偶不再局限于本村，和外地姑娘自由恋爱的事儿也屡见不鲜，现在村里有山东、塔河等嫁过来的年轻媳妇。如果不外出打工，村里的年轻人有的初中毕业两三年，十八九岁就订婚结婚；一旦出去打工，这部分青年人大多主动推迟结婚年龄，接受计划生育政策，实现优生优育。现在村里符合生二胎条件的农户大都放弃了二胎指标，这和原来农村依靠土地为生，"多子多孙多福气"的观念完全不同，原因固然很多，但是，我们说这和村民走出村子，开阔眼界有一定的关系。劳务输出通过异地打工，特别是在北京、上海等大城市生活，使当地农民，特别是青年人开阔了眼界，交了朋友，增长了知识，逐渐改变着原有封闭的生活方式。现在农民常常把城里人的生活作为参照，这就为当地农民冲破封闭的山地意识，确立市场竞争意识提供了动力。

青壮年外出打工，妇女、老人在家留守，这是劳务输出给鸥浦村造成的一种新的社会现实。劳务输出的发展使村里的男性走出农村，走出大山，到外面的世界寻求发展。由于封建思想的束缚，妇女选择了留在家中，但因为身兼数职，负担过重，她们的生产、生活状况令人担忧。丈夫出门之后，妻子不仅要"主内"，担当起几乎全部的家庭责任，包括老老少少的衣食住行、做家务、照顾老人、教育子女等，还要"主外"，也就是说，家里的农业生产与对外事务全部由她们来管。来自生产和家庭的双重压力往往令她们不堪重负，村里的女人一般显得比城里的女人要老一些。

留守儿童也成了鸥浦村的一种现象。一部分父母外出打工，会带上孩子去城里读书，但是还有一部分父母由于受户口、经济等条件的限制，不能把孩子带在身边，只能交给孩子的爷爷奶奶照顾。孩子的爷爷奶奶年龄较大，本来精力就有限，还要干农活，根本无力照顾孩子，孩子基本的衣食住行都无法保障，生活状况更是令人担忧。一是部分孩子的爷爷奶奶信奉基督教，在参加教会活动的时候，一般都会带上孩子，孩子受到这种环境的熏陶，在他们世界观还没有形成的时候，不自觉地就会接受这种思想。二是孩子的学习受到影响，孩子在这个年龄段本身就缺少学习自觉性，贪玩是他们的天性，没有父母的监管，爷爷奶奶文化水平较低，很多人都是文盲，根本不能辅导孩子学习，久而久之，孩子们很容易逃学、辍学。

子女外出务工的确带来了农村家庭经济条件的改善，但也使在家留守的老年人的境地更加艰难。受封建思想影响，鸥浦村的老年人主要靠儿子赡养，这种赡养指的是日常生活的照顾和生活费用的供给以及精神的慰藉。在日常生活上，身体好的 70 多岁的老人还能够照顾自己，但是老人一般过了 80 岁，就开始行动不便了，一旦生病，连买药的人都没有。在生活费用的供给上，有些外出打工子女自顾不暇，根本不能为老人提供足够的养老金，往往是在过年的时候给老人几百块钱。体谅孩子生活艰辛的老人一般不会主动张口跟孩子要钱，这些没有其他经济来源的老人只能掰着手指计算如何用手里的钱度日。在精神慰藉上，农村老人大多有养儿防老的思想，都向往儿孙满堂的生活，可如今只有老伴相依，有的还是只身一人，十分冷清。农村的生活很单调，没有什么娱乐活动，老年人每天呆呆地看着门口，到处溜达溜达，盼着自己的孩子回家。

第三节　旅游业和新农村建设

随着社会的发展，旅游业已成为全球经济中发展势头

最强劲和规模最大的产业之一，而乡村旅游作为新兴的旅游休闲形式，因为适应了城市居民寻幽访古的需求而成为发展最为迅猛的一种旅游方式。

一　鸥浦村旅游业展望

鸥浦乡鸥浦村位于呼玛县北部，距县城 173 公里，是乡政府所在地。三面环江，与俄罗斯隔黑龙江相望，其特殊的地理位置、优美的自然环境、奇特的自然景观、淳朴的民风、光辉的战斗历程为发展旅游业提供了丰富的资源。

鸥浦村边上的黑龙江景色迷人，乘船游览黑龙江，既可观赏独特的山水景致，又可同时领略中俄两国城乡风光，尤其是俄罗斯布市风光尽收眼底，曾经有人说"黑龙江两岸风光，不亚于三峡，不逊于漓江"。

鸥浦村下游有岛屿叫"吴八老岛"，它位于黑龙江主航道中心线中方一侧，历来都是中国的领土。20 世纪 50 年代末，中国与苏联关系恶化，黑龙江上的吴八老岛、乌苏里江上的七里沁岛、珍宝岛等均成了争议岛，60 年代末，双方的摩擦不断。现如今中国和俄罗斯两国交好，勘定国界后确认吴八老岛为中国领土。1971 年，英国《泰晤士报》高级记者、著名国际问题评论家内维尔亭·马克斯韦尔亲自到吴八老岛地区实地采访，随后向国际社会客观公正地报道了该地区中苏边境冲突的真相。为了纪念这位为我国主持正义的英国记者，在中国边防哨所所在的山上建有马克斯韦尔亭，今天也成为一景。

为发展鸥浦村的旅游业，2012 年，黑龙江省拨款 400 万在鸥浦村靠近江边的位置修建了一座木质结构的江边别墅，修建别墅的木材都是从外地运过来的。别墅周围乔木耸立，岸边江风习习，是重要的观赏地。

鸥浦村西面山上的边防观察哨（见图3－12）是著名的旅游景点，也是观赏俄罗斯小镇、欣赏鸥浦村的最佳地点。江心的老街基岛，见证了鸥浦的历史变迁，也是重要的旅游资源。今天来此旅游的人们可以登上山顶哨所观赏江心小岛、欣赏鸥浦村，可以乘船游江，可以登上吴八老岛，亲身感受小岛的风采，缅怀过去的战争；也可以到村外参观田园风光——看麦浪滚滚，嗅豆花飘香；还可以去水上餐厅品尝鲜美的江鱼，这些都会令游客流连忘返……

图3－12　边防哨所

如今，鸥浦村虽有丰富的旅游资源，但是发展旅游业

的基础设施还不健全，旅游业对于鸥浦村来说正处于萌芽阶段。

二 鸥浦村新村建设规划

（一）新村规划原则

（1）村民参与原则。坚持一切从农村实际出发，尊重村民意愿，确立村民在村庄规划中的主体地位，使村民在建设社会主义新农村的过程中提高自身的综合素质，让村民得到实际利益。凡是村民不认可的项目，不能强行推进；凡是村民一时不能接受的项目，要先试点示范，让村民逐步理解接受。

（2）重视可操作性原则。结合农村地域、人口、经济等各方面实际情况，编制操作性强的建设规划，使其在今后发展建设过程中切实起到指导、控制的作用。

（3）生态原则。以生态观作为规划的重要准则，加强绿地建设，实行人畜分离；改善生态景观，创造优美恬静的乡村景观。规划用地布局应处理建设与环境的协调发展关系，注重对基本农田、水体、林地等特殊区域的保护，保持现有良好的生态自然环境，在有利于村庄长远发展的前提下进行建设，保障农村经济持续、健康、有序地发展。

（4）因地制宜原则。因地制宜地充分结合农村现有条件及基础，多方面、多角度地构思合理的村庄发展形式，突出地方特色。在"生产发展、生活富裕、乡风文明、村容整洁、管理民主"的社会主义新农村建设原则指导下，增强鸥浦村的综合发展实力，积极开发现有土地资源。

（二）规划人口及建设用地

鸥浦村常住人口有 160 户，467 人。根据对现状资料及鸥浦村的发展情况和当前全国农村人口发展方向的分析，鸥浦村人口在规划期内变化不大。

鸥浦村规划建设用地面积为 59.90 公顷。鸥浦村为鸥浦乡乡政府所在地，规划将其建设成为鸥浦乡经济、文化、管理中心，是以农牧和渔业为主导产业的中心村，是社会主义新农村建设的示范村。

（三）建设总体布局

（1）村庄建设发展方向及布局。规划延续、完善鸥浦村原有的道路、较规整的住宅沿路布局现状，形成结构清晰、自然与人工环境相互整合的发展格局。为节省投资成本，本次规划利用村内西南部现有的一处废弃用地和建筑，解决村委会及活动广场的建设问题。居住用地集中布置，村庄周围设置防护绿带，村东北部规划滨水绿化景观带，结合村庄周围耕地、防护绿地、庭院绿地，形成绿地系统；柴草垛集中布置在村东西两侧；规划现有牲畜的饲养环境，做好清洁工作。垃圾、粪便集中处理，减少环境污染；系统地设置给水、排水、电力、电信和环卫等设施，并从节地、节能、节材的角度出发，在规划实施措施上尽量考虑使用新技术和新材料，为村民提供适居性、舒适性和安全性的生活环境。

（2）居住建筑用地布局。本次规划居住建筑用地总面积 46.72 公顷，占建设用地面积的 78%。住宅用地的规划要因地制宜，对现有住房按保住、整治、新建（翻建）三种方式分类处理，遵循住户意愿，在规划指导下逐步进行

更新。以保留原有住宅为基础，对不满足通风、采光、消防等规范要求的用房进行合理重组，拆除或翻建危房、简易房、露天粪坑和简易厕所及一些影响村容、村貌的农村附属用房。质量较好的砖瓦房规划保留，质量差的砖瓦房和土房近期内进行改建翻新。经实地调研以及鸥浦村的发展情况分析，鸥浦村现有人均建设用地很大，足以满足规划期限内的发展需求，规划不设新村。

（3）公共建筑用地布局。规划充分利用村内西南部一处废弃建筑及用地，作为市场用地，结合活动广场建设；原鸥浦公安边防派出所建筑及用地规划改为鸥浦村委会，为村民提供休闲、娱乐、活动的空间；公安边防派出所新址选在鸥浦中心校西北侧，面积约为3000平方米。

（4）道路广场用地布局。村级道路以宽敞通畅为原则，硬化村内道路，充分考虑沿街景观布置。规划道路布局呈方格网状分割地块，形成了结构清晰、自然与人工环境相互融合的发展格局，充分解决新村内部交通问题；调整道路红线和道路两侧绿化宽度，道路断面设计符合功能需要、宽度适宜。按《村镇规划标准》，规划村内道路均定义为干路、支路。规划干路红线宽度为14米，路面宽度为8米；规划支路红线宽度为10米和6米，路面宽度为6米和3.5米。

（5）绿化用地布局。结合自然地理环境，因势利导，将村庄建设于绿色田野环绕之中，将农田绿色融入村庄建设之中，达到人、自然和村庄三者交融、和谐共处的目的。鸥浦村绿地系统由东北临江滨水绿化景观带、道路两侧绿化、外围防护绿带及庭院绿地、菜园共同构成，形成以绿带、道路绿化为骨架，以绿院、绿园为点缀的绿地系统。道路两侧进行大量绿化，采用乔木和灌木的种植模式。居民的宅前屋后均进行绿化，进一步丰富村庄空间景观。在绿化植被的选择上本着因地制宜、就地取材、经济实用的原则，提倡种植省内本地的抗寒耐旱、易于养护的北方寒地植被和树种。全村规划绿化用地面积4.24公顷（临江滨水绿化带未计入统计），占总用地面积的7.08%。

（6）生产建筑用地布局。结合鸥浦村实际情况和特点，在村西部和东部分别规划一处农副产品粗加工地和淀粉厂用地，占村庄建设用地的1.1%。

2013年3月，笔者再次来到鸥浦调研，发现鸥浦村与之前相比发生了不小的变化。过去的村间泥泞主道变为了规划有序的水泥路（见图3-13和图3-14），道路两旁的砖房近两年多了不少；原有的土木结构的旧房，其墙体外面也都做了保暖层。村民用上了国电、无线电视，宽带也走进了人们的日常生活。

图3-13　2009年鸥浦村的土路

图 3 – 14　2013 年规划有序的水泥路

第四章　社会发展

第一节　人口

一　人口结构

1. 男女比例

受养儿防老、传宗接代等中国传统封建思想的影响，中国农村一向重视男性人口的繁衍。根据鸥浦边防派出所的户口资料（数据截至 2012 年 12 月）统计，鸥浦村有常住人口 160 户，467 人，其中男性为 215 人，约占总人口的 46%，女性为 252 人，约占总人口的 54%，其人口性别比为 85.32（以女性人口为 100），低于正常值下限 17.68 个百分点（正常值是 103 ~ 107）。

2. 年龄结构

鸥浦村人口的平均年龄为 37 岁，年龄的中位数为 28 岁。其中，0 ~ 14 岁的少年儿童占人口总数的 4.8%，15 ~ 64 岁的成年人占人口总数的 88.8%，65 岁以上的老年人占人口总数的 6.4%，最大年龄为 83 岁。以上数据表明：鸥浦村的人口年龄构成类型①属于成年型的中后期，尚处于比较合理的阶段，每个成年人所负担的抚养压力不大。但是，由于少年儿童系数比较低，几十年后，这个村子将会走向老年型社会，会给现在的少年儿童造成巨大的抚养负担。

二　人口素质

1. 身体素质

据观察，鸥浦村成年人口的平均身高在 1.65 米左右，其中男性平均身高在 1.70 米左右，女性平均身高在 1.58 米左右。该村成年人口身体状况基本良好，但是因为此地纬度高、日照强烈，村民普遍显老，且风湿、类风湿、关节炎、心脑血管方面的疾病发病率较高，个别少年儿童的身体偏胖。风湿、类风湿、关节炎主要与靠近黑龙江湿度大且冬天漫长寒冷有关；而心脑血管疾病则与该村村民的饮食习惯有关，当地多以面食为主，冬季农闲时一日只食两餐，因为交通不便，再加上之前常年没电，村民的日常饮食一般是冬季半年食肉，夏季半年吃菜，饮食营养摄入严重不均衡。

2. 文化素质

根据鸥浦村登记的户口资料统计，鸥浦村共有非学龄人口（18 岁以上）324 人，文盲或半文盲的村民占全村人口的 1/6，占非学龄人口的 25.3%，其中男性 35 人，女性

---

① 根据国际通用人口年龄类型标准，年轻型人口年龄类型的标准是：少年儿童（0~14 岁）系数在 0.4 以上，老年人口（65 岁以上）系数在 0.04 以下，年龄中位数在 20 岁以下（即人口的一半在 20 岁以下）。成年型人口年龄类型的标准是：少年儿童系数在 0.3~0.4，老年人口系数在 0.04~0.07，年龄中位数在 20~30 岁。老年型人口年龄类型的标准是：少年儿童系数在 0.3 以下，老年人口系数在 0.07 以上，年龄中位数在 30 岁以上。

47 人；具有小学文化程度的村民有 59 人，占非学龄人口的 18.2%，其中男性 38 人，女性 21 人；具有初中文化程度的村民有 158 人，占非学龄人口的 48.8%，其中男性 96 人，女性 62 人；具有高中学历的村民只有 25 人，占非学龄人口的 7.7%，全部为男性。另外，该村共有小学适龄儿童（7～12 岁）82 人，中学适龄青少年（13～18 岁）61 人。小学的在校率比较好，能达到 100%，中学的辍学率较高。以上数据表明鸥浦村人口的文化素质落后，这种情况给本村的经济发展、社会进步带来了不可忽视的影响。

三 残疾人情况

因为地处高寒，医疗卫生条件落后，鸥浦村残疾人的比例较之内地为多。有残疾人的家庭虽然有政府补助，但是干活的人少了，白吃饭的人多了，对于本就处于贫困状态中的鸥浦村民来说，负担极大。鸥浦村有残疾村民 26 名，其中肢体残疾 12 人，智残 3 人，视残 3 人，精神疾病 5 人，聋哑 2 人，盲人 1 人。表 4－1 为鸥浦村部分残疾人员信息。

表 4－1 鸥浦村部分残疾人员情况

姓名	性别	出生日期	民族	文化	残疾类别	婚姻状况	残疾等级	残疾证号码
李钦华	男	1956.01	汉	高中	视残	离婚	二级	137495
王笃良	男	1958.12	汉	小学	肢残	未婚	三级	137492
李成全	男	1967.04	汉	无	聋哑	未婚	一级	1301084
于福强	男	1985.01	汉	无	盲	未婚	三级	13010819
李季春	男	1947.11	汉	小学	肢残	已婚	三级	13010820
王允龙	男	1972.01	汉	小学	肢残	未婚	三级	13010825
宋丽丽	女	1985.02	汉	小学	肢残	未婚	三级	13010827
王笃成	男	1955.07	汉	高中	肢残	已婚	三级	13010828

四　计划生育工作

　　"实行计划生育、控制人口数量、提高人口素质"是我国的基本国策。鸥浦村两委班子一直把计划生育工作作为村政工作的重心之一，坚持把"少生快富"工程作为减少贫困人口，增加农民收入，推动农村经济社会发展的重要举措来抓。

　　（1）加强领导。坚持以村"一把手"亲自抓、负总责为核心的人口与计划生育目标管理责任制和计划生育一票否决制。每年年初，村里负责计生的工作人员与计划生育共管部门签订人口与计划生育目标管理责任书，做到目标明确，层层分解，责任到人；建立严密的乡、村两级计划生育目标管理监督机制，严格进行监控考核。乡计生办干部全年至少抽出1/2时间深入村委会指导工作，发现问题及时纠正；村委会对所属的村实行月监控；确保计生经费投入足额到位。

　　（2）宣传教育。加大以《黑龙江省人口与计划生育条例》《中华人民共和国人口与计划生育法》为主要内容的计划生育宣传力度。开展以"婚育新风进万家"为主题的内容丰富、形式多样的宣传教育活动。利用元旦、春节、元宵节的庆祝活动、慰问活动，进行入户面对面的宣传。村干部、村计生员深入重点人群家中进行宣传，做到"三上门"，即送《黑龙江省人口与计划生育条例》和《中华人民共和国人口与计划生育法》上门、送生殖健康知识上门、送避孕药具上门。注重阵地宣传教育，充分发挥阵地的宣传教育作用。乡人口学校对重点已婚育龄妇女进行《黑龙江省人口与计划生育条例》、《中华人民共和国人口与计划生育法》和生殖健康知识等内容的系统化培训；在村中开设固定宣传栏，制作永久性标语，对育龄群众进行潜移默化的教育。

（3）强化计生基础工作规范化。按照计划生育目标管理责任制的要求，从计划生育的基础工作抓起，对村委会的基础资料制定统一标准，进行统一整理规范。

（4）强化避孕节育措施。根据群众的要求，积极开展生殖健康系列化服务，即婚前服务、孕期服务、哺乳期服务和三随访服务等四项服务工作，有效地保障了公民的生殖健康权。

（5）加强流动人口管理。落实"齐抓共管、综合治理"流动人口计划生育管理责任制，明确各共管部门的职责；加强对流动人口的持验证管理。推行以《黑龙江省人口与计划生育条例》为依据，以房东为中心，以合同为纽带的流动人口管理办法，完善流动人口查验证制度、合同制度、流动人口生育审批制度和查孕制度。

（6）加强村计生助理员管理。对村计生助理员实行"乡管、村聘、村用"两级管理办法；乡里与村计生助理员签订责任状，与工资挂钩，调动村计生助理员工作的积极性，稳定村计生助理员队伍。

（7）加大惩罚力度。乡人口和计划生育领导小组每季度对各村（居）委会人口与计划生育工作情况进行检查督办，并在全乡进行公示。凡出现一例政策外生育，扣驻村领导、村书记、主任、专干各100元；漏报一人，扣驻村领导、村书记、主任、专干各50元；错报一项，扣驻村领

导、村书记、主任、专干各 50 元；对当年和上年节育措施
每差一例落实不到位的，扣驻村领导、村书记、主任、专
干各 50 元；阵地建设不规范、活动室资料不规范整洁的扣
专干 100 元。驻村领导每年用 1000 元计划生育专项奖金进
行考核，村书记、主任的扣款从年度兑现经费中扣出，村
专干的扣款从每月计生岗位津贴扣出。

对于违反计划生育政策的村民，将根据《中华人民共
和国人口与计划生育法》《黑龙江省人口与计划生育条例》
增收社会抚养费，如鸥浦村村民 39 岁的李军和 43 岁的赵玉
梅没有登记结婚，于 2002 年 12 月生一女孩，属于违法生育
一胎。呼玛县人口和计划生育局通过鸥浦乡计生办给二人
下达了《征收社会抚养费决定书》。《征收社会抚养费决定
书》表明二人"违反了《黑龙江省人口与计划生育条例》
第十二款规定，根据《条例》第五十六条第一项之规定，
决定征收社会抚养费叁仟元。于收到本决定书之日起 30 日
内缴至鸥浦乡计生办。如不服本决定，可在收到本决定书
之日起 60 日内向呼玛县人民政府或大兴安岭行署人口和计
划生育委员会申请复议，或在收到本决定书之日起 3 个月内
向呼玛县人民法院提起行政诉讼。逾期不缴纳的，自欠缴
之日起，每月加收欠缴社会抚养费的千分之二的滞纳金，
并将依法申请人民法院强制执行"。

在村里调研时发现，大多数村民还是非常响应国家计
划生育政策的，有些村民符合国家生育二胎的条件也会选
择放弃（见表 4-2）。基于以上计划生育措施，鸥浦村的
计划生育率达到 99.8%，是鸥浦乡计划生育工作的模
范村。

表 4－2　鸥浦村符合再生育条件自愿放弃家庭

户口性质	父亲姓名	母亲姓名	孩子姓名	性别	出生年月	办证时间	证号
农村	任志国	段园园	任宝龙	男	2002.1	2004.1	2120401001
农村	王传军	陈志琴	王乃强	男	1995.1	2004.1	2120401002
农村	孙 野	杨晓霞	孙志强	男	2000.3	2004.1	2120401003
农村	侯成军	刘晓云	侯学磊	男	1991.8	2004.1	2120401004
农村	张祖国	刘莉娟	张忠慧	男	1994.5	2004.1	
农村	叶高阳	孙桂红	叶来双	男	1998.11	2004.1	2120406007
农村	吴荣东		吴 宝	男	1998.1	2004.3	2120401011
农村	付开运	杨金环	付 饶	女	2000.5	2004.4	2120401012
农村	任铁良	李亚文	任遇徐	男	1999.6	2004.5	2120401013
农村	付向春	刘莉荣	付佳欣	女	1996.5	2005.1	2120401014
农村	张万兴	张兴玲	张立维	男	1990.7	2005.10	2120500001
农村	张树龙	侯成菊	张 佳	女	2002.5	2006.6	2120600002
农村	吴荣社	杨建红	吴雨双	女	2005.5	2006.8	2120600003
农村	王成运	张俊杰	王美婧	女	2003.1	2006.8	2120600006
农村	王成群	赵红霞	王志轩	男	2004.4	2006.11	2120600007
农村	张世民	孙玉英	张立志	男	1997.1	2007.8	2120700003
农村	张健民	邢 娟	张 婷	女	2005.10	2007.10	2120700005
农村	冷海龙	于瑞芬	冷 岩	男	2005.12	2007.11	2120700007
农村	曹 勇	王 维	曹轶菲	女	2006.12	2007.12	2120700008
农村	郑永军	王艳红	郑媛媛	女	2002.3	2008.3	2120800003
农村	郑永年	韩开梅	郑紫峰	男	2004.9	2008.4	2120800004
农村	张明义	宋献萍	张海博	男	2001.2	2009.1	2120900001
农村	崔金祥	张亚双	崔文晶	女	2002.11	2009.1	2120900002
农村	于春泉	任会琴	于德宝	男	1994.1	2000.12	

五　村民人寿及老年人情况

因为鸥浦村的自然条件恶劣，社会、经济条件比较落后，导致该村村民的人口寿命比内地短。该村男性的平均人口寿命大致为 68 岁，女性为 70 岁。目前村里有 80 岁以上长寿老人 1 位，年龄为 83 岁，70 岁以上老人 12 位。鸥浦村的老人们身体素质不错，70 多岁的老人有的还在帮家里干农活。但是由于鸥浦村临近黑龙江边，气候高寒阴湿，老人们都患有不同程度的风湿、类风湿、关节病，在阴天下雨的日子以及冬天都比较难过，主要关节都疼痛难忍。鸥浦村本村并没有卫生所，但是因村子是乡政府所在地，村里人治病直接到鸥浦乡卫生院。由于乡卫生院医疗水平有限，卫生员能给他们提供的帮助有限。在实行新型农村合作医疗之前，受家庭经济条件的限制，村民又不愿意去乡里和县里看病，大多数老人都是"忍忍就过去了"；现在村里普遍实行了新型农村合作医疗，用卡里的钱就可以买一些药，农民对这一政策非常拥护。

村里老年人的生活是比较有规律的，除了一日三餐外，最重要的活动就是上江边散步、钓鱼、打麻将、串门、种自家的菜园子。

在饮食上，由于在 2011 年之前鸥浦村没有国电，交通不便，再加之经济条件的限制，老人们吃的大多是粗茶淡饭。因为长年没有国电，夏季买来的肉类不能储存，只有在冬季天气寒冷的时候，自家杀的猪、鸭、鸡、鹅能够冻住了，才能吃到肉。村里大多数人为山东移民，所以饮食结构与山东地区很像，以面食为主，主食为馒头，很少吃大米，蔬菜主要是土豆，再者就是自家院子里种的一些蔬菜，如卷心菜、西红柿等。因为鸥浦村位于大兴安岭地区，纬度较高，植物的生长期短，蔬菜的成熟期只有一个月，相对于其他地方而言，老人们吃的蔬菜量少得可怜。这也导致当地的饮食习惯是半年吃肉，半年吃菜，营养搭配不均衡，村里老人患有心脑血管疾病的较多。

在生活上，村里老人生活得十分清苦，很少有娱乐活动。老人们的生活是孤单的，特别是子女陪同孩子在外读书的留守老人。但是村里的生活节奏慢，生活压力小，而且大多数老人都心境开阔，认为只要没病没灾，日子就算过得不错。

第二节　社会分层

社会分层是社会结构中最主要的概念。所谓社会分层，是指把社会成员按某种标准进行区分，并通过这种区分来观察社会结构的性质和特征。德国社会学家韦伯提出划分社会层次结构的三重标准，即财富——经济标准，威望——社会标准，权力——政治标准。以上三条标准既是互相联系的，又可以独立作为划分社会层次的标准。根据韦伯的三条标准，社会分层的实质，是指社会资源，即财富、威望、权力等在不同的社会群体中分配不均等。作为贫困的小山村，鸥浦村的社会分层是什么状况呢？

一　政治标准

1. 村干部

村干部主要包括村党支部和村民委员会成员，他们虽然不属于国家干部体系，但是在村里有一定的权力。农村工作千头万绪，村干部身处最基层，直接面对急难险重问题。村党支部是村里各种组织和各项工作的领导核心，村民委员会处理本村的公共事务、调解民间纠纷、协助维护

社会治安，因而村干部在村里的作用是举足轻重的。作为村里国家政策的推行者和实践者，村支书和村主任是村子的"权威阶层"，同时，他们也有义务把村民的意见和建议向上级转达。这些干部的工作并不好做，在国家政策的推行过程中，他们可能会与村民发生摩擦；在处理村务的过程中，很难实现绝对的公平。

2. 前任村干部

前任村干部包括村中的老村长、老书记，他们是因为年纪较大，从工作岗位上退下来，还有一部分是年轻的前任村干部，因为在村民委员会和村党支部选举中落选。他们虽然已经从村民委员会和村党支部中退下来，不再承担村里的相关职务，但是在村中仍然具有一定的威望和影响。

3. 后备村干部

村中还有一些素质好、潜力大的后备村干部，他们往往年纪较轻，思想较先进，容易接受新鲜事物，是村中不可忽视的群体。

二 经济分层

因为鸥浦村没有工业，农民是鸥浦村最主要的社会成员，他们长期以来被束缚在黑土地上，以农业作为自己的生活之本，所有的生活来源全部依托于土地。在鸥浦村，农民群体可以分成以下几个阶层。

1. 经营型农民

这类农民在鸥浦村主要是指两户靠经营零售店发家致富的村民，他们眼界开阔，敢想敢干，是率先走向致富道路的一部分人。

2. 职业型农民

这种类型的农民是指户籍在鸥浦村，但是有固定的职业，以其职业收入作为主要生活来源的农民，例如教师和医生。鸥浦村这种类型的农民有 1 位，是乡小学的教师。除了农业收入外，每月还有其他的收入，其生活状况要比普通的村民好一点。

3. 雇佣型农民

这类农民是指离土不离乡的农民，他们把外出务工取得的经济收入作为生活的主要来源，但是他们的户口并没有随之迁出，仍然是鸥浦村的一分子，享有鸥浦村村民的所有政治、经济权利。在鸥浦乡边防派出所，武警同志称这部分农户为户在人不在，或者为空户。一位村民为我们算了这样一笔账：外出打工想要多挣点儿就要去哈尔滨、大庆这些大城市，每天工资是 130 ~ 150 元，可是干活儿累了要吃点儿好的，再抽上几口烟，一天的工资所剩无几，回趟家来回车费就要 400 元左右，家里有地又不能都扔给女人、孩子，所以一年到头总要回来几趟吧？这样算下来，出去打工一年到头挣不了几个钱，还折腾。所以，村里外出务工人员较少，即使有，也是家里地少、生活困难的低保户。

4. 农业型农民

这部分农民是指依靠农业作为主要生活来源的农民。在鸥浦村，农业和土地是村民的根本。鸥浦村的农业型农民也分为两个阶层，一部分村民有一定的经济基础，思想观念转变较快，在政府的扶贫政策支持下发展畜牧业和渔业，基本上实现了脱贫致富。另一部分则完全依靠传统农业生活，家中地多或是承包土地多的村民收入很好，但是

村里田间并没有通灌溉管道，收成完全靠自然条件的好坏。鸥浦村地处北部，属于亚寒带，冬季漫长，雪花落地后，一直到来年 4 月才开始融化，村民们说春季播种之后基本就靠山上的雪水灌溉田地了，夏季灌溉基本靠雨水，所以有时候夏季干旱，农民们忙碌一年，却连种子、化肥这些成本都收不回来。而家中土地较少、身体不好的农户受体力、知识水平以及经济能力的限制只能种植传统的农作物——黄豆，所得收成也基本上是自家食用，很少有剩余。

5. 无地农民

村里有部分农民没有土地，这部分村民是 1984 年村里土地承包之后搬来的。1984 年村里组织第一次土地承包，年限为 30 年；2003 年村里组织第二轮土地承包，当时所有承包土地的农民均与村委会续签了土地合同。这就导致了 1984 年以后搬迁到鸥浦村的村民们一直都处于无地状态。为了维持生计，他们往往选择渔业和采摘。鸥浦村三面环水，打鱼在鸥浦村也是一项比较重要的收入来源，有的渔民一年的收入也有 1 万多元，因为位于大兴安岭林海深处，村民们在采摘季节都会上山摘木耳、蘑菇等。

第三节　家庭

一　家族

鸥浦村是一个中国东北部边疆的移民村落，相对于内地的村落而言，村民的家族观念要淡化得多，这种观念与本地分家的习俗也有一定关系。在鸥浦村，不同年龄段的村民分家的习惯不同，一般父母 70～80 岁的人家，父母给兄弟几个分家并不是等所有的儿子都长大成家的时候进行。长子长大结婚后，可与父母同住。但是当次子结婚后，长子一般都要搬出。而三子结婚后，次子也要搬出，最小的儿子通常和父母长期同住，并承担赡养父母的主要责任。但是父母 50～60 岁的人家，无论有几个儿子，一般结婚后都要分家，父母独自居住，甚至有的儿子还没有成家，也搬出去独立居住。兄弟们各人过各人的日子，只有在逢年过节的时候才有一定的往来，几经传承以后，家族的观念也就荡然无存。

二　家庭

（一）家庭类型

家庭类型是指家庭存在的各种方式或模式。目前，使用比较广泛的分类是以家庭内部成员的结构为标准划分的，分为核心家庭、主干家庭、单系家庭。

核心家庭，又称作基本家庭或自然家庭，是由一对夫妻及其未婚子女组成的家庭。子女既指有血缘关系的，也包括正式收养的。根据鸥浦村的户口资料统计，核心家庭是鸥浦村最主要的家庭构成形式。在鸥浦村 160 户常住村民中有 117 户属于核心家庭，占全部户数的 73.1%。近些年由于社会经济的发展，鸥浦村的核心家庭呈增长趋势。鸥浦村关于分家的习俗是，长子结婚后，如果家庭经济条件较好，而且次子也已长大，即将结婚，就会让长子搬出单过，一个新的核心家庭就产生了。在鸥浦村极少有家庭因为经济原因而让儿子长期与自己合

住，但是父母年老体衰，不能独立生活的一般还会选择与儿子同住。另外，土地承包责任制的实行也是核心家庭诞生的一个成因，大部分男子结婚后为了获得属于自己的宅地和耕地而另立门户。村民们也认同核心家庭比较适合他们现在的生活状况，家中儿媳太多，儿媳之间及儿媳与婆婆之间会发生矛盾，影响家庭和睦；家里人口太多在生活上也会产生诸多不便，因而核心家庭一直是鸥浦村的主要家庭形式。

主干家庭，是指由核心家庭成员与其他亲属组成的家庭，一般为一对夫妻与父母及其未婚子女组成的家庭。在鸥浦村 160 户常住村民中有 8 户属于主干家庭，占全部户数的 5%。其中有 6 户父母 70 多岁，已经丧失劳动能力，和小儿子同住，户主为小儿子；1 户母亲去世，父亲 81 岁，2010 年得过脑血栓，现在虽然康复，但是已经丧失了劳动能力，和大女儿同住，户主为老人的女婿；1 户是村里的养羊大户，父亲只有 50 多岁，出于养羊的考虑，与已经结婚生子的小儿子同住，户主为父亲。

单系家庭，是指单独一个人生活的家庭，因离异或丧偶、独身等多种原因形成。在鸥浦村共有 15 户单系家庭，10 户是由于儿子与父母分户单过、配偶过世而形成，4 户是因独身形成，1 户是外来户。

（二）家庭规模及居住模式

家庭规模是指组成家庭的人口数量。我们对鸥浦村常住 160 户村民的家庭规模进行了调查，调查结果基本可以代表鸥浦村家庭规模的现状（见表 4 - 3）。

表 4 - 3 鸥浦村家庭规模统计

家庭规模（人）	1	2	3	4	5
户数	15	56	52	31	6
比例（%）	9.4	35	32.5	19.4	3.7

此表中由 1 人组成的家庭为 15 户，14 户为单身男性，1 户为单身女性，其中有 3 户无儿无女的五保户。由 2 人组成的家庭为 56 户，均为老人与幼子分家单过，家中只有老两口的核心家庭，或者年轻人刚刚结婚，还没有孩子的核心家庭。3 人家庭都是一对老年夫妇同他们尚未结婚的幼子共同生活，或者年轻夫妇同未成年的独生子女共同生活的核心家庭。4 人家庭都是家中有两个孩子的核心家庭。5 人家庭都是三世同堂的主干家庭。受传统思想影响，鸥浦村以男性为尊，因而家庭在居住模式上都是从夫居，没有从妻居和分居的情况出现。子女出生后也都沿用父亲的姓氏，没有妇女提出让孩子沿用自己的姓氏的要求。

（三）家庭关系

家庭关系通常表现为家庭成员之间的互动行为，既包括物质方面，也包括精神方面。从人际关系的角度看，这种互动又包括不同家庭角色之间的联系。

1. 家庭权威

（1）父权。受传统思想的影响，鸥浦村男女主人在 60 岁以上的家庭当中，以男性为尊，在一家之中父权至上。家里生产生活、大大小小的各种事项都由男性做主，他是绝对家长，对家里的各种事项有决定权，地位最高。在日常生活中，所属土地的使用方法、家庭经济大的支出、家

畜的购买与出售、家用农机具和家具的购买与使用等重大事情一般都由丈夫决定。但是近年来，受媒体宣传的影响，再加上村里外出务工的年轻人增多，他们在打工的过程中开阔了眼界，增长了见识，回到村里后，对父辈的管束、规矩不再一味地服从，而是向父权发出了挑战。在对家务事的决定上，他们倾向于说服父亲听从自己的想法，在说服无效的情况下，由于有经济上的优势，他们往往自行做主。有些比较开明的家庭的家长则已经认识到自己的能力和学识远不如孩子，主动让权给子女，让子女放手去做，自己只起参谋作用。

（2）妻权。在鸥浦村，男女主人在 20 岁到 60 岁之间的家庭当中，妻子在家庭中具有一定的地位，但是这种权力仅仅局限在家庭的内部事务当中。如果是关于家庭重大开支、家畜的购买与出售、家用农机具的购买与使用等重大事情，一般都由丈夫决定。

2. 家庭分工

鸥浦村一直延续着中国农村"男主外，女主内"的分工模式。成年男子在家庭中是主要劳动力，田里的活主要靠男人去做，因为现在种地、铲地、收割基本上都是机械化，需要的人工劳动很少，只有在铲地过后，需要拔草的时候，女人才下地帮忙。女人平时主要在家照顾孩子、做家务、喂鸡鸭鹅狗等。

3. 家庭成员关系

家庭和睦与否是一个家庭是否幸福的关键所在，正所谓"家和万事兴"。家庭成员的关系一般有夫妻关系、父母与子女关系、公婆与子女的关系等。

（1）夫妻关系。夫妻关系是家庭关系中最主要的关系，是家庭得以维持存在的基础。受传统文化、生产与生活环境的影响，鸥浦村年龄在 60 岁以上的夫妻，他们的关系是建立在对丈夫的尊敬与依靠的基础之上的。丈夫是家庭的决策者，有绝对的权威。丈夫的这种权力和地位具体体现在家庭内部分工、继承权和处理家庭与社会的关系等方面。作为妻子，对丈夫只有服从和忍受。但是 60 岁以下，特别是年轻的夫妻，他们的关系则是妻子在家中处于主导地位，家庭中的财政大权由妻子掌管，在家庭的日常生活中，在决定家庭的主要开支、子女的婚姻等重大问题上，妻子有一定的决定权。

（2）父母与子女的关系。生养孩子是父母的责任，赡养父母是儿女的义务，父母与子女之间的关系就是建立在这种世代相传的共识基础之上的。在孩子处于幼年、青少年的时候，母亲承担着照顾孩子的主要任务，不仅要让孩子吃饱穿暖，还要督促孩子学习，并且传授给孩子一些日常生活常识、习俗和礼节礼仪等。在孩子长大成人以后，则受父亲的影响较多，他从敬畏父亲到模仿父亲，向父亲学习基本的生活、生产经验以及为人处世的道理等。

（3）公婆与儿媳的关系。在农村社会中，公婆与儿媳的关系是最为敏感的一种关系。过去，媳妇娶进家后，便成为家务劳动的主要承担者，婆婆就由家务的承担者变为家务的指挥者，儿媳对婆婆只能顺从，不能忤逆，否则就会被指责为不孝，也会招来丈夫的打骂。现在因为村里面女孩子越来越少，且大多为独生女，在娘家时比较娇惯，嫁到婆家后各种习惯都要改变，公婆与儿媳之间往往会产生矛盾。不过现在结婚后，新婚夫妇一般都单独过日子，所以同以往相比，公婆与儿媳的关系要好得多。

（四）家庭财产继承关系

前面已经介绍过，在鸥浦村，分家后，最小的儿子通常和父母长期同住，并要承担赡养父母的主要责任。因而在财产继承的问题上，幼子享有的特权比较多。这实际上是北方少数民族的分家方式，但是移民而来的汉族人也逐渐接受了这一方式。一般情况下，女孩是没有继承权的，但是如果家庭的经济条件不错，女孩在照顾老人上有突出贡献，老人执意要分给女儿一定财产的话，其兄弟们也不会有异议。

第四节　婚姻与家属关系

一　婚姻

在鸥浦村，每个男女青年的婚姻问题，特别是男青年的婚姻问题都将成为家庭或者家庭网络共同关心的头等大事。每个父母或者长辈都把子女婚姻问题的解决看成自己应尽的义务与责任。

（一）婚姻的缔结

鸥浦村青年婚姻的缔结主要有两种方式：一是经人介绍；二是自由恋爱。

（二）择偶条件

婚姻是人生的一件大事，婚姻的好坏决定着家庭是否和睦、幸福，因而该村村民在给孩子选择配偶的时候是非常谨慎的。就男性而言，家里人都想给他找一个温柔贤惠、勤劳孝顺的女孩为妻，当然也会考虑对方的家庭背景，最好是门当户对的人家。人们一般不会选择双亲身体不健康或家里有很大拖累的女孩为妻，怕妻子将来"生外心"，把自家的钱用在娘家人身上。女性择偶首先看重的是对方的家庭条件，几乎每户有女孩的人家都希望给孩子找个经济条件好一点的婆家，一是孩子能过上好日子，不会受苦；二是虽然现在不讲究给彩礼，但是孩子置办东西的时候家庭条件好的婆家也能多给一点，让孩子买得顺畅。其次是男方的人品，是不是踏实可靠，脾气好不好，有没有什么坏习惯等。当然男方的身体状况也是女方家考虑的重要条件之一，没有人家会把孩子许配给残疾、常年卧病在床的男子。

(三) 婚姻圈

由于鸥浦村村民选择联姻的对象首先考虑的是要对对方"知根知底"，因而村民希望就近给孩子找对象，最好是本村、本乡和附近的十八站乡、白银纳乡，如果没有合适的，才扩大范围。嫁到外村的女孩不是由以前从村子嫁出去的女孩从中牵线，就是由嫁到本村的女孩从中牵线。近几年，因为信息的畅通，越来越多的年轻人向往村外的生活，所以男青年初中毕业后一般要进城打几年工，当他们返回村里时，往往也会带着女朋友回家，先订婚，后结婚。总体来说，村里年轻人的婚姻多以相亲为开端。在调查中，我们接触了一家在村子里开小卖店的年轻夫妻，他们于2012年10月完婚，女方娘家是十八站的，她觉得这种相亲方式挺好，也很庆幸自己遇到了一个对她好的人。在描述

自己丈夫的时候，她说："他除了脾气有点儿倔，哪儿都好，反正跟他在家开店过小日子的生活我挺喜欢的。"言语中透露出对现在生活的享受以及对丈夫的欣赏。

鸥浦村男女青年对象，无论是自由恋爱，还是经人介绍（以经人介绍者为多），男的年龄一般都在 20～23 岁，女青年则在 18～21 岁。他们认为如果"下手晚了"，好的都被"挑"走了，因此，早订婚、早结婚成为村中的一种普遍现象。

（四）婚姻的缔结与变动

1. 婚姻的缔结

在鸥浦村的年轻夫妇中，通过自由恋爱而缔结婚姻的多一些，他们有的是通过亲戚朋友介绍认识的，有的是自己的同学朋友。双方通过交流认可，两家的婚事基本就定下来了。在早些年，婚事定下来之后，男方开始准备聘礼（村民们称之为"彩礼"），但是，在采访中我们了解到，现在村子里已经不需要男方出彩礼钱了。现在大家约定俗成的方法是：婚事定下来以后，男方家里会出 15 万元左右（这个数目是在调查了村子里一般家庭之后得出的平均数）给两个孩子当作置办结婚物品的钱。在鸥浦村，盖一栋砖房的造价为 10 万～12 万元，政府从 2013 年起补贴 3 万元，之前一直是 2 万元，而且现在政府禁止盖土木房子。所以，男方家里给的十几万元也包括让孩子自己决定是不是要盖新房子。女方家里也会适当地拿出钱来给两个孩子置办东西，女方家里条件好的就多出点儿，差的就少出点儿，村民们表示对于女方娘家出钱多少并没有太大的意见。随着时代的发展，鸥浦村虽然地处偏远边疆，但是人们的观念并没有停留在过去，用村民的话说，

"只要孩子们过得好，钱多钱少的不用太计较，反正最后都是两个孩子自己花，自己过日子"。

男女双方一旦确定婚姻关系，都要按俗礼举行订婚仪式，有的甚至要办两次，叫串小门、大门。订婚期间要过彩礼，过彩礼后要当即"改口"，男女双方都要称对方父母为爸爸、妈妈，这个过程一般只有几个月。到此时，不少男女青年在心理上已经认为他们是夫妻了。之后双方会共同选一个良辰吉日，举行世俗婚礼仪式，往往这时候双方还没有达到法定的结婚年龄，不能合法登记结婚，但是在村里人的心目中，这种世俗婚礼已经等同于正式的婚姻，往往是孩子出生后，结婚证还没有办理。我们在呼玛市民政局婚姻登记处了解到，很多人是到了孩子要上小学了，需要户口，才来办理结婚登记手续，以给孩子上户口。

2. 婚姻的变动

（1）离婚。鸥浦村之前很少发生离婚现象，近年来才出现，但也不多，全村有二三起离婚事件。不过，从整体上来说，还是呈现增多的趋势，而且在这些离婚事件中，主要以青年夫妇为主，一般说来，就是30～40岁的夫妇离婚的多。这些青年人说，当初自己太年轻、冲动，再加上父母盼儿女早日成家，要么通过别人介绍，要么就自己在外打工恋爱，结果都是草率行事，采取闪电式结婚，相互之间缺少必要的了解与沟通，婚姻根基不牢。待到婚后矛盾频起，有的丈夫酗酒后实施家庭暴力，有的夫妇一方或双方因有婚外情而导致离婚。

（2）再婚。村中再婚的现象也有发生，但是往往双方并不考虑登记的问题，认为再婚就是搭伙过日子，直到有了孩子，才想着登记。如果婚姻出现了裂痕，女方总是比

较吃亏。

（五） 鸥浦村的婚姻问题

1. 男青年娶媳妇困难

在鸥浦村，有一个现象是非常普遍的，即男青年娶媳妇困难。分析其原因主要有如下几点。

（1）村里男女出生比例不协调，女孩出生比逐年下降。在当今的中国，无论是城市还是农村，都存在男孩的出生比例高于女孩的现象，在鸥浦村，这种情况更为严重。这主要是受道德、经济、文化因素的影响。村民们受到数千年来陈旧的封建思想意识、陈旧的人口和婚姻观念、陈旧的子孙延续传统观念的影响，生男孩的思想还很强烈，传宗接代的需要决定女孩地位的低下和女孩比例较少；鸥浦村地理位置不优越，交通不便，生产条件差，劳动强度大，增加男劳动力成为必然的需要；在鸥浦村人的观念当中，家庭养老仍然是村里养老的主要形式，而养老问题必须依靠儿子来解决。这些都决定了生男孩的观念在鸥浦村短时间内不可能消失。

（2）农村女青年的流出量大。改革开放以来，随着家庭联产责任制的实行，鸥浦村的农民有了生产的自主权和对自己劳动的自主支配权。且随着国家对农村的人身自由的限制放松、户籍制度的松动和城市用工制度的改革，再加之农业生产实行机械化，解放出农村剩余劳动力，大量的鸥浦村青年流入了城市，成为城市的建设者。但由于户口制度、对农民的其他歧视政策和男性传统意义上的赡养老人的义务和责任，鸥浦村的男性青年不得不在一定年龄段回到村里。也就是说，进城的男青年只是城市中暂时借用的强壮劳动力，干着脏、苦、累的工作，通过辛勤劳动赚取微薄的收入，而最后都会回到农村去或是被"召回"履行他们对年老父母的赡养义务或是因为政策性制度被赶出城市。而女青年则多会选择与城里的男青年结婚，以婚姻的形式留在城里。我们在鸥浦村的邻村怀柔村参加了一场婚礼，与我同桌吃饭的两位姐姐都是嫁到呼玛县城的怀柔村姑娘，一位在城里开装修店，另一位在政府部门上班。她们说："像我们这些外嫁的姑娘命运都不是很好，条件好的城里男孩子不会找我们的，只有一些条件不好的人才会选择我们做妻子，我们有今天的地位也完全靠自己的努力。"

2. 结婚费用逐年增多

调查中，我们发现很多家庭因子女结婚而负债累累。拿一个普普通通的、经济来源主要靠种地的家庭来说，儿子娶一个媳妇盖 3 间砖房就要 10 万元，也就是说，在农村如果没有 10 万元以上是很难娶到媳妇的，而且趋势是越来越涨，价码越来越高。村民们认为导致这种现象的主要原因有两个：一是物价上涨；二是村里的姑娘越来越少。与男方家庭相比，女方家庭负担上升幅度不大（一般在 1 万元以上），是 10 年前的 2 至 3 倍。由于传统观念的影响，婚姻历来被当作整个家庭的事，而非当事人的事，因此结婚费用由家庭承担，而且父母也认为这是对子女应尽的义务。虽说近些年村民收入增加，但结婚费用的飞涨速度远远超过了农村经济发展的速度。一般农户积攒 10 万元至少要十几年，可以说是父母的全部积蓄，个别户还要借上几万元的外债。这样，如果家里有一个未婚的儿子，父母的心理上或精神上将会有很大的压力，尤其是经济上的负担。一

些家庭对子女的婚姻问题望而却步，可是又不能止步，甚至有些父母背负沉重的债务为子女解决婚姻问题。

二 亲属

（一）亲属称谓

亲属称谓是一套以婚姻家庭为内容的称谓系统，体现了亲属间的各种关系以及亲属的亲疏远近。

1. 直系长辈

鸥浦村村民对祖父一般称"爷爷"，祖母称"奶奶"。对祖父的兄长、弟弟称"大爷""小爷爷""老爷"，对祖父的姐姐、妹妹称"姑奶""老姑奶奶"。对和祖父同辈的其他男性称"爷爷"，对和祖父同辈的其他女性称"姑奶"。对父亲称"爸爸""爹"（一般山东人如此称呼），对母亲称"妈妈""娘"（一般山东人如此称呼）。对父亲的哥哥称"大爷"（"爷"为轻声），对父亲的弟弟称"叔""老叔"，对父亲兄弟的妻子称"大娘""大妈"（一般辽宁人如此称呼）、"婶儿"。对父亲的姐姐、妹妹称"姑"，对父亲姐妹的丈夫称"姑夫"。对和父亲同辈的其他男性称"叔""大爷"（"爷"为轻声），对和父亲同辈的其他女性称"姑"。儿媳对公婆当面称"妈""爸"，对外人则称"老婆婆""老公公"。

2. 旁系长辈

鸥浦村村民对祖母的哥哥、弟弟统称"舅爷"，对祖母的姐姐、妹妹称"姨奶"。对外祖父称"姥爷"，对外祖父的哥哥、弟弟称"姥爷"。对外祖母称"姥姥"，对外祖父的姐姐、妹妹也称"姨姥"。对和外祖父同辈的其他男性则统称"姥爷",对和外祖母同辈的其他女性则统称"姥姥"。对母亲的哥哥、弟弟称"舅",对母亲兄弟的妻子称"舅妈""舅母"。对母亲的姐姐、妹妹称"姨",对母亲姐妹的丈夫称"姨父"。对和母亲同辈的其他男性称"舅",对和母亲同辈的其他女性称"姨"。对岳父岳母当面称"爸""妈",对外人称"老丈人""老丈母娘"。

3. 同辈

鸥浦村夫妻之间妻子称丈夫为"掌柜的""当家的""俺家那口子"。丈夫称妻子为"媳妇""老婆""家里的",有的也称"爱人"。妻子对丈夫的哥哥,当面称"哥",对外人则称"大伯哥"。对丈夫的弟弟,当面称"弟"或直呼其名,对外人则称"小叔子"。对丈夫的姐姐,当面称"姐",对外人则称"大姑姐"。对丈夫的妹妹,当面称"妹"或直呼其名,对外人则称"小姑子"。丈夫对妻子的哥,当面称"哥",对外人则称"大舅哥"。对妻子的弟弟,当面称"弟"或直呼其名,对外人则称"小舅子"。对妻子的姐姐,当面称"姐",对外人则称"大姨子"。对妻子的妹妹,当面称"妹"或直呼其名,对外人则称"小姨子"。

4. 晚辈

鸥浦村村民叫自己的儿子多叫其名,对外人则称为"我儿子",叫自己的女儿为"我姑娘",叫自己的儿媳为"儿媳妇"。称丈夫兄弟的孩子为"侄子""侄女",称丈夫姐妹的孩子为"外甥""外甥女"。称妻子兄弟的孩子也为"侄子""侄女",称妻子姐妹的孩子也为"外甥""外甥女"。

(二) 亲属分布及亲属观念

鸥浦村村民最初是清末闯关东而来的移民,现在的村

民主要是 20 世纪 50 ~ 60 年代的国家政策性移民,村里王姓占了大多数,他们多为 50 年代山东修水库时被移民到这里的,他们的直系亲属基本都在村内。村民姻亲的分布也多在本村以及邻近的几个村落,远一点的在十八站乡、白银纳乡。村民很看重亲属关系,亲戚间的往来紧密,逢年过节大家走亲戚串朋友;谁家有事的时候,都会主动帮忙。在春种、秋收的农忙时节,家里男人不在、女人忙不过来的时候,妯娌间、亲戚间也都会互相帮忙。

第五节　社会礼仪

一　婚姻习俗

(一)定亲

鸥浦村的男女青年一般是自由恋爱,也有经媒人或亲朋好友介绍的。男女青年双方要相处一段时间,以便沟通感情,彼此相互了解。条件成熟后,男女双方家长互相宴请对方家长和媒人吃饭,俗称会亲家,也称"端盅"或"认亲",实为正式订婚。这时就要定下良辰吉日,双方各自做结婚的准备工作。

(二)婚礼

"端盅"订婚后,男女双方准备结婚用品,男方要负责修盖房屋,给女方奶水钱或衣物、三金等礼物,置买组合柜、大衣柜、写字台、单双人沙发、沙发床等家具和电视机、洗衣机、电冰箱等家用电器。结婚用的软缎被褥,起码男女各两套,男方多者达四套;穿的各式应季服装和皮毛制品，窗帘、床罩及各种化妆、装饰品等，都要有准备。婚期选在周末两天或"五一"、"十一"、元旦、春节等节日和每年农历腊月内的双日为多。结婚形式有两种，一是自家操办，二是两人旅行，但以自家操办的为多。婚期的前一天，女方会把陪送的物品送至新房中，男方则将各式样的双喜字贴在门窗上，双方推选人把洞房摆设布置一新。

　　自家操办的，结婚当天，男方家里张灯结彩，门窗上贴红双喜字和对联，亲朋好友登门祝贺，赠送礼物或礼金。在凌晨五六点钟，新郎选定男傧相及男女为奇数的接亲人，由能说会道的长辈领队，带着系有红布条的 4 斤肋条猪肉（这块肉必须有骨头有肉，骨肉相连，叫作"离娘肉"）、4 斤粉条、4 棵大葱、4 瓶酒等四合礼。前些年接亲都是用马爬犁，先在村子里绕一圈，再出村接亲，现在都是用红色轿车前去迎娶新娘。车头上挂着大红花，有的还缀以红色布幔。新娘子头一天要到白银纳盘头、化妆、租婚纱。接亲车到女家后，新郎经过递送小红包（一般为 2 块钱）方能开门入室。女家备有烟、茶、糖、酒和多样罐头、糕点招待客人。之后，新郎喂新娘吃鸡蛋，给新娘行礼、穿鞋、抱或背下炕，向父母行礼、称呼、告别，长者随之给小红包，谓之"改口钱"。并将新郎所带四样食品分开，留下一半，再带走一半，是"离娘肉"之说。临走前，婆家人要在娘家偷斧子，意为"怀福"；拿筷子，意为"快生"。女方送亲男女也必为奇数，两家接送者之和成双，以示新人成双成对。娘家的父母不参加结婚典礼，婆家要给娘家送一桌酒席。接亲车队出发后，接、送亲车辆要始终向里拐弯，从出发至返回的起线，要成一个不规则的圆周形，表示新婚夫妇的圆满和新娘与婆家的一心。有的还将水入瓶

漫洒一道，其意为新婚之始要如细流之水，也表示两个亲家之间能常常走动。

车辆回到男方家时，燃放鞭炮，众人围观迎接，播放录音乐曲，近年来也有请乐队的，新郎与新娘手拉手由接送者送进房内，如女方陪送之物有亲人随带，在进门时由男方接亲人接过，放在新房的适当位置。稍事休息后，一般在九点钟前举行结婚典礼。典礼时，新郎新娘由男女傧相陪伴，司仪主持，新郎的父母、证婚人、介绍人、村里的主要人物在桌前就座。

仪式顺序为：录音机播放或乐队演奏欢快的乐曲，司仪开场白，同辈小叔子们用事先准备好的五谷杂粮打新娘，证婚人宣读结婚证书，新婚夫妇向男方父母行礼、称呼，长者给新娘"改口钱"，拜宾客，村主任或书记致贺词，来宾致贺词，男女两家代表勉励，新婚夫妇互拜、交换礼物，最后由男女傧相引新婚夫妇进入洞房。整个典礼结束。

典礼结束后，新郎家以酒宴招待宾客，菜要双数，娘家亲戚坐的桌上要多两道菜。宴席中间，由司仪带领新婚夫妇逐桌敬酒。席散后，送走来宾和送亲者（也称娘家人）。男女双方的迎、送亲之人可以在两家互相偷拿一些杯、碟、茶具之类的小东西，叫"偷亲"，取其"投亲"之意。宴席结束，客人都走后，小伙子和姑娘们前去闹洞房。

结婚前几天，家族近亲、知己、故交和来往情投等人，一定要送些礼品或钱，以示贺喜。之前，鸥浦村里结婚大多送衣服、针织品、床上用品等，如今基本上送现金，根据关系远近多少不一，少则50至100元，多则200元，乃至500元以上。

（三）回门

女方家住本地的，婚后第三日，新婚夫妇回娘家，俗称"回门"，女方趁此机会设宴答谢贺喜的故交宾朋。路近的要赶在当天太阳下山之前回来，路远的第二天回来。家不在本地的，到年节或有机会再回去访亲。

若是旅行结婚，就没有以上那些烦琐程序，新婚夫妇到外地旅游返回即为结婚，其中也有设几桌宴席的，向亲朋故友致谢。

二　丧葬习俗

死亡男女老人，一般是临危时给其穿上寿衣，鞋帽齐整，打扮成出远门的样子。寿衣的件数和质地取决于家庭贫富，一般为 5 件或 7 件。断气后移至临时搭起的板床上停放，开光盖天（开光即由孝子用油纸擦脸，盖天即盖棺材盖）。

丧主即跪于正房西侧下，手执扁担或铁饭勺指向西南，并呼喊死者的称呼"ＸＸ奔向西南大道"。然后晚辈人披麻穿孝服，头戴白布孝巾，将死者停上临时搭设的草铺上，双手各攥打狗棒（用白面做的小棒棰），头前置香案供桌，上摆供品、焚香，子孙守舍不离。棺木选用兴安落叶松木制作，当天或次日装棺入殓。未婚者死后，用厚木板制简易棺木，俗称"狗碰"，不刷油漆，放入山中不埋土、不立碑。

灵柩放在室外搭设的席棚下。灵棚门朝南或朝西，棺居中安放，两边是亲友送的挽联、挽帐与花圈，白天和夜间，众人轮班守灵，子女接待治丧者。家属男女均穿长白

衫孝服，男的前后有开襟，腰系长带，女长衫不开襟，包头白布有孝带。之后到村外十字路口去烧纸扎的车、轿、人、马和纸钱。全家在纸扎的牌子前祭奠后烧掉，或在室外灶前、烟筒下烧纸钱，称为死者在"望乡台"上回望子孙与家乡。

停灵守丧时间一般为3天，而后土葬。早年遗留的是人抬灵柩送葬，后来改为汽车或马车拉运，也有的用木制大爬犁载着灵柩，用拖拉机牵引到墓地。过去人用大绳吊棺下葬入墓，现在用吊车把灵柩装在汽车上运往墓地安葬。

安葬死者，家属先要选好墓地，然后再请人到墓地去选址。选址的原则是：头枕高山，脚踏大地，两厢开阔，达到满意。

出丧一般在凌晨，家人披麻戴孝，长子或长孙扛幡在灵车上，重孝子男先女后送至茔地安葬。参加送葬者须在中午12点前离开墓地，离开时，送葬的人必须喝一口死者家人事先带去的白酒，吃两块饼干或糖块。返回后，死者的家人在大门口准备一盆水，参加送葬的人须先洗手，方可进入室内。死者家属多在葬后宴请酬谢送葬亲友，上菜有单双分，若一位老人尚在，菜为单数；若两位老人均已去世，则上双数。

起灵前，由司事者主持，向死者举行简单的悼念仪式。埋葬时墓前竖立墓碑，上书死者姓名、籍贯与生卒年月。葬后丧主代表亲属向送葬者致谢，故者的亲友、街坊邻居多携带黑布挽幛、黄粗纸前来烧纸祭奠，也有送钱以表扶持。钱数少者30元、多则100元，交往密切者则更多。丧主一般是葬后以宴席款待表示答谢。

入土后第三天要再到茔地圆坟添土祭祀，向故者烧纸，祈祷安康，俗称"圆坟"。从死者故去之日算起，每七天为一个"期"，逢一、二、三、五、七"期"之日，要到坟前烧纸祭祀，称"烧七"。烧纸的种类，一为软质黄纸，也称黄表；一为印有暗色简单图案的长方形纸片，称为纸币；还有用一种涂有金属粉末，有金、银两种色的叫作"箔"的方形草纸，折叠成的"元宝"与"锞子"。三者被统称为阴曹地府的流通货币。"烧七"之日，还有为死者焚烧的纸扎的房子、车马和纸糊的衣服、鞋帽等纸制品，供死者享用。

子女与亲友在死者百天之时，送花圈、纸车马，若死者为女，还另扎纸牛（意为牛可替喝脏水），送至坟前祭祀后烧掉。一周年上坟前烧纸，称烧周年。三周年时要去圆坟添土，杀猪宰羊祭奠亡灵，招待亲朋。平时在清明节、农历七月十五日、春节前夕上坟烧纸。

以上是鸥浦村惯常的丧葬习俗，但是从2007年开始，为减少林木资源浪费，有效保护土地资源和生态环境，改革旧的丧葬习俗，倡导文明节俭的丧葬新风，呼玛县实行了殡葬改革。规定所有死人必须火葬，不允许有新的坟头出现，殡葬改革向几千年传统的土葬发起了挑战。鸥浦乡政府与鸥浦村签订了责任状，明确了村两委的责任，村两委发现死亡人员后，必须全程监控并及时上报乡政府，发现有土葬的，追究村责任人和死者家人责任，并不论土葬多久，一经发现立即改为火葬，不分家属是谁，不讲客观条件。村宣传员每年接受2次，每次不少于2天的培训。同时县里对村里的五保户、低保对象、享受"三属"（烈属、因公牺牲的军人家属、病故军人家属）定期抚恤的人员实行尸体火化费、运尸费财政全额补贴。现在村民去世之后，

家属都会主动向县里报告，等火葬场的车来运尸，尸体火化之后会在家里放三天供亲人告别。按照村里的习俗放三天，分为大三天和小三天，大三天是指白天去世的人，小三天是指晚上去世的人。对于白天和晚上的界限，一般村民们按当时天是否已经全黑算，没有特定的时间界限。放三天之后下葬，这之后的习俗与之前所描述的传统习俗是一样的。

三　人生礼仪

（一）出生

小孩出生后，家里要挂上红布条，让村里人知道家里有小孩出生。据村里老人讲，这一习俗是因为以前当地土匪较多，如果挂上红布条，土匪就不来这家抢东西了。孩子的父亲要买喜糖分给亲朋好友，称作道喜。村民要过 7 天才能去看孩子，去的时候不能带钥匙，据说会将妈妈的奶水带走。

（二）满月和百岁

满月当天，姥姥家会来人，一般都是舅舅将母子接走，称作"挪臊窝"，据说这是河北、山东老家的习俗。百天要办酒席款待亲朋好友，同时要为小孩照百天相。

（三）寿庆

寿庆只限于自家，仪式从简，由小辈买回寿糕、寿面，大家欢聚一堂，照张"合家欢"（近年也有录像的），即毕。

70 岁以上大寿比较隆重，寿庆前通知亲朋，告之祝寿日期，前来祝寿的亲朋均带寿字或象征长寿的吉祥礼品，向寿星拜寿，有躬礼、作揖、行礼等，也有赋诗、作画、送对联等方式。近年来，也有以歌舞祝寿的。

四　节日礼俗

鸥浦村的村民多来自东北、华北各省，岁时风俗各有不同，但多以东北风俗为主。

（一）春节

从腊月二十三日（俗称"小年"）开始准备过年，各家就杀猪宰羊，打扫卫生，粉刷墙壁，制作新衣，置年货。家家都蒸年干粮，包冻饺子。过年给长者送礼的均在除夕前送完，如有该送忘记的，可在除夕上午送去。

农历十二月三十日（逢小月二十九日），俗称"年三十"，家家户户贴对联、挂喜签、上门神、请灶君、立灯笼杆，晚上点香烛、挂灯笼（至正月末）。亲人团圆聚餐，晚饭一般都很丰盛，大人孩子都要饮酒，不能饮者，以饮料代替。饭后看电视或做各种娱乐活动。晚上 11～12 时，居民开始燃放烟花爆竹"接财神"，吃年夜饭（均以水饺为主食），道年喜，辞旧岁，迎新春。饭后，晚辈给长辈叩头辞岁，长辈赐赠礼物或钱币给晚辈，称"压岁钱"，家庭成员相互拜年。随着电视机进入居民家庭，举家老少欢聚一堂，在除夕夜里观看《春节联欢晚会》。下半夜有的睡觉，有的仍坐一起游戏，以麻将、扑克为主。多数人家彻夜不眠，欢庆节日至天明。从正月初一至初三，亲属、朋友间互相拜年祝贺，也向长辈老人叩头，长者给小孩压岁钱，青年夫妻回娘家。与此同时，要拜家谱，供财神，上香摆供。

初五俗称"破五",家家还要吃饺子。

(二) 元宵节

农历正月十五为元宵节。这一天,家家户户制作彩灯,晚上放烟火,晚饭一般都吃元宵,召集亲朋好友,烹饪佳肴聚餐,节日气氛很浓。老年人和未成年人去冰上或雪地上打滚,说一年不肚子疼。此节过后,春节迹象逐渐消失。

正月十六,传说是黑日子,满族、达斡尔族等民族盛行不分长幼互抹黑脸的习俗,认为不抹点黑,一年不吉利。

正月间每一天都是节日,把鸡鸭鹅狗、猪马牛羊、五谷杂粮、各路神仙和人等都排有一天,若排列它的当天是好天气,它就平安无灾;若遇天气阴、云、风、雨(雪),就认为不太平或不丰收。

(三) 二月二

农历二月初二,俗称"龙抬头",就是冬眠类动物开始抬头蠕动了。鸥浦村居民有吃猪头肉、爪的习俗。男的,不管大人、小孩都要理发,俗称"剃龙头",图吉利,但其他地方不能动刀动剪,以免有伤龙头。各家门前用小灰撒灰囤,预祝丰收和囤有余粮。

(四) 清明节

公历4月5日左右为清明节,清明节亦称"寒食节"。

鸥浦村家家户户要到亲人墓地烧香祈祷,焚烧纸钱,祭扫悼念。每逢此节,驻军部队和学校组织列队前往烈士墓敬献花圈,祭扫烈士墓和悼念为开发建设、保卫边疆而牺牲的烈士们,进行爱国主义教育。近年来由于森林防火的需要，一般在清明节期间不允许上坟烧纸，只是祭扫坟墓。

（五）端午节

农历五月初五端午节，俗称"五月节"，是历史广为记载的屈原投汨罗江而死的纪念节日。这天，人们大都起得很早，到村外踩露水，在日出前用露水洗脸；折来鲜树枝和艾蒿插在屋檐下、窗户上，驱逐邪气或晾干搁置备用；挂上用五色彩纸折的各式各样的葫芦；给未成年人手腕、颈上系五色线缝制的香草荷包。据传，这些都有避邪、消灾、驱虫的作用。早饭以鸡蛋和粽子为主。

（六）鬼节

农历七月十五是鬼节，大部分人到自家故者坟前或十字路口送烧纸钱或上供祭祀。

（七）中秋节

农历八月十五日为中秋节，鸥浦村村民视此节为团圆节或丰收节，有吃月饼、吃水果的习俗。晚饭后，在院内放上餐桌，家人围桌而坐，吃月饼及各种水果，共同赏月。这一天，也有母亲到姑娘家探望的习俗。

另外，还有"立春"吃春饼、"立秋"吃饺子等四季节令交替的传统节日。新时期节庆日有"三八"妇女节、"五一"劳动节、"五四"青年节、"八一"建军节、"九十"教师节、"十一"国庆节、元旦等。旧时农历节日甚多，大部分被鸥浦村人流传至今，成为居家欢乐、改善伙食的日子。

五　生活禁忌

随着时代发展变化，鸥浦村人的生活禁忌多数逐渐消失，少数延续至今。

人死了禁说"死"，要说"老了"。办喜事不能讲丧事，办丧事不能讲喜事。过年忌说不吉利的话，遇有犯忌的话要婉转说。比如，碗碰碎了要说"岁岁平安"；煮饺子破了，禁说"破"要说"挣"；蒸馒头裂了，禁说"裂"要说"笑"等。

婚嫁择日忌单日，如果是双年双月双日，又是星期日，则认为是上等吉日。姑娘结婚后回娘家，忌和丈夫同床共寝，已婚女子忌在娘家生孩子。

宴请宾客，菜要成双，忌出单数，有"一菜待鳖，两菜待戚"之说。办丧事做菜数忌双数。

非正常死亡，如吊死、摔死、枪打死、车撞死等称"横死"，禁入祖坟，要埋在乱死岗。因病少亡者，亦禁入坟地，要埋在坟地边缘。未婚女子夭亡，禁用有底棺木入葬，因无底棺木无法盛尸，便将棺底钻成不等数的孔，以代无底之棺埋葬。

怀孕妇女称"四眼人"，禁看水井，禁看酱缸。

老年人禁忌小孩用手指点彩虹，说小孩要烂指头。

禁双脚站在门坎上，说小孩双脚站门坎上不长个子；大人双脚站门坎，一是不礼貌，二是对长者不尊。

禁男孩吃鸡头、鸡爪，说吃鸡头，长大娶媳妇要下雨；吃鸡爪，以后上学不会写字。小孩禁吃猪尾巴，吃了晚上"怕后"。

家里有老年人去世，三年内春节禁贴对联，家里人禁出门拜年。

过年禁向外扫除和倒垃圾。扫炕要从外边向里扫，将扫的东西堆在炕里一角，扫地也一样。

私人建宅忌说不吉利话，忌犯太岁。

女人生小孩，门上挂红布条，忌生人进入产房，一个月内忌往外借东西，说往外借东西会将奶带走。

借出药罐子，禁忌送还，要由主人来取，说送还会将病带来。

结婚典礼忌在下午举行。

采伐工人禁坐树墩子，说树墩是山神爷的座位，坐了会不吉利。采伐禁采孤树，说孤树是山神的拐杖。

乘车乘船禁说"翻"字。

打鱼禁女人上船，说女人上船会鱼走船翻。

在船上吃鱼，禁煎、炒、烹、炸，只准炖鱼。用餐后，筷子不能放在碗上，这样会翻船，不吉利。

第五章　村民生活

第一节　生活状况

一般说来，村民的生活状况是村民社会、经济状况的综合反映。目前处于转型期的鸥浦村，其村民的衣食住行都发生了巨大的变化，而且随着村民贫富差距的不断扩大，村民的居住条件、生活设施、生活用品、饮食状况都产生了巨大的差距。

一　居住情况

1. 居住条件

鸥浦村地处大兴安岭林区，在20世纪80年代之前，这里多的是木材，居民住宅以"木刻楞""板夹泥"的土木结构的简易房舍居多。课题组在2008年调研的时候，村里还大多是土木结构的，只有几座砖瓦结构房屋。2013年，课题组再一次调研的时候，鸥浦村的住宅有了大的变化，在国家新农村建设政策推动下，鸥浦村逐渐在兴建砖瓦房。

鸥浦村一般人家的住房有正房、厢房，有板障院墙或木杆栅栏，庭院宽敞，内竖一根似旗杆的"晾鱼竿"。民宅一般三屋一厨或二屋一厨（见图5-1）。厨房用来做饭，当地人称作"外屋地";正房住人;厢房住人或做仓房之用。屋房呈"介"字形,室内西屋为上,东屋为下,住人的屋北南西三面有炕,西炕为贵,墙上是供神之处。来客可住西炕,北炕为大,长辈入住,南炕为小,晚辈入住,婴幼儿睡在特制的吊在房梁上的摇篮(摇车)内。现在人口少了,很多人家就只有南炕,一家刚结婚的新房连炕都没有,放了一张城里人用的床。

图 5-1 农家小院

原来家家厨房内都有手压式水井,现在都吃自来水了。室内有火墙或土暖气和落叶松木地板,居民烧材主要是木柈。2008 年,整个大兴安岭地区开始实行"以煤代木"工程。鸥浦村用的是从鸥浦露天煤矿运来的煤,据村民介绍,鸥浦煤运到白银纳一吨 150 块,运到鸥浦一吨 160 块。村里的住宅都从中间打火墙,南北向的,两边全热,比较省火,即使这样,一户一年平均下来也要用 5 吨煤,好在只要有户

口的村民每人每年地区给补贴 50 元，县里给补贴 50 元。鸥
浦村家家户户的大门上都钉着一个牌子，上面写着户主的
姓名、树种、数量。村里人说这就是统计各家的烧材，以
便于乡里发放补贴。居民开始逐渐以木桦为引柴，以烧煤
为主。2011 年，鸥浦村通上了国电，少数村民开始使用电
饭锅、电炒锅来做饭炒菜，因为液化气灌气比较不便，所
以现在城里人常用的液化气在鸥浦村基本上没有使用。图
5－2 为鸥浦村村民家中的厨房。

图 5－2　村民家中的厨房

2. 生活设施

水。2005 年以前，村民用水都从自家厨房内挖的手摇
井内压水，因为是浅水层的水，水质非常不好。2009 年由
县里出资，再加上村民自筹一部分资金，村里集体安上了
自来水，非常方便，水质也比以前好多了。

电。鸥浦村村民在最初的时候都是用煤油灯照明，20

世纪 70 年代，知青在的时候安装发电机，架输电网，建起小电厂，但是当知青走后，发电厂停止了发电，村民就用柴油来发电。2011 年之前，村里专门请电工负责发电，每个月给几百块钱的工资，每天晚上从 7 点到 10 点发电，只有过年的时候，整晚上给电，当时一家一个月交 40 块钱电费。2011 年，呼玛县给村里拨款，村民每户又交了些钱，通上了长电，这是村民这几年中最高兴的事情。没通电之前，边防派出所为解决用电问题，利用太阳能发电；山上的边防连队同村民一样，也是用柴油机带动发电机发电，不同的是他们有自己的发电机。但是，因为这里属于林区，防火期①树枝容易将电线砸断，从而发生火灾，为防止这种现象的发生，会出现经常断电的情况。

暖。村民冬天取暖都是用火炕和火炉。条件差一点的家庭只有火炕，条件好一点的家庭除每个屋子都有火炕外，还增设了火炉。火炕是和房屋连在一起的，在鸥浦村，每个住人的屋子的侧面或窗子底下都有一个 20 厘米左右的黑色方形洞口，这就是火炕的烧火处。每年冬天，村民都要把柴火、煤炭放进去烧炕，这样村民晚上就能躺在热乎的炕上，屋子里也会暖和。

通信设施。20 世纪 50 年代末，鸥浦村就有了电话，当时村里只有一台黑色手摇电话。到了 90 年代末，鸥浦村开通了自动电话业务，村里少数人家安上了电话。进入 21 世纪，村里外出务工的人多了，为了能跟家里保持联系，很多村民家安上了电话。近几年，随着移动通信公司在鸥浦乡安装了信号发射塔架，村里的手机也多了起来，年轻人

---

① 每年 3 月 15 日 ~ 7 月 15 日为春防，9 月 15 日 ~ 11 月 15 日为秋防。

几乎人手一部。但是因为 2011 年之前村里没有长电，村民们手机充电很困难，自发电电压不稳，充电总是不满，有些村民买了电话也没法用；通了长电后，他们就可以随意地充电，足不出户就能和在外打工的家人通话。

二 饮食

鸥浦村受地理、气候等自然条件的影响，又加上鸥浦村村民主要是关内山东移民后代，居民一年四季的主要食品是白面，大米、玉米、小米次之，仅为调剂食品。黄豆、绿豆等杂粮均加工成豆腐、豆芽食用；食油以豆油、猪油为主，蔬菜以白菜、马铃薯、红萝卜、青萝卜、南瓜、角瓜、黄瓜、甘蓝、辣椒、茄子、番茄、豆角、葱、蒜、芹菜、韭菜、香菜、菠菜等为主；其他副食品主要是猪、牛、羊和野生动物肉。鱼类主要是淡水鱼，尤以冷水淡水鱼最受欢迎。因为是沿江村的缘故，这里的人们常年吃鱼，夏天是捕鱼的好季节，天还未亮，村民就去江边打鱼了。收获丰厚时就将吃不完的鱼晒成鱼干，将鱼或放在院子里，或挂在高高的鱼竿上，省去了苍蝇的侵扰。

鸥浦村农民农忙时一日三餐，农闲时一日两餐。早晨一般人家食粥、馒头和各种腌渍的小菜，中午、晚上吃炖菜、馒头或大米饭。春季喜欢吃青菜蘸大酱，冬季则喜欢吃酸菜、猪肉炖粉条、羊肉涮火锅。当地人还喜欢吃野菜，有蒲公英、蕨菜、黄花菜和蘑菇、黑木耳等食用菌类。每逢节日改善伙食，有客来以酒待客，酒以中档白酒和啤酒为主，且啤酒的度数较大，喝多了容易上头，外地人平时如果能喝三瓶啤酒，到了鸥浦喝一瓶就会开始发晕。

　　夏季，村民很少买菜，每家每户的篱笆院就是自己家的菜园子，油豆角、西红柿、茄子、倭瓜等点缀着各家的庭院，村民自己家种的都是不施化肥、不喷农药的天然绿色蔬菜。冬季漫长，鸥浦村民为了能吃上青菜，每家每户会挖地窖储存一些自己家种的萝卜、白菜、土豆等蔬菜。村民的地窖分两种，一种是因天冷在屋内挖的，一种是在院子里的。我们在一户村民家中看到了屋内的地窖（见图5-3），谁也想不到光滑的地板下竟有一个长方形的地窖，地窖内储存着白萝卜和土豆，且放着一把供人上下的梯子，窖在地面上的开口不是很大，但窖内空间很大，整个地窖呈上窄下宽状。另外，村民自己养的猪不喂买来的饲料，全喂自己家的粮食；家家养小笨鸡，饲料就是地里的杂草、玉米等。每到11月或年末，便是村里杀猪的季节，有的农户杀了猪，肉吃不完就会卖给村里人，那时的场景热闹非凡。

图5-3　屋里的地窖

三　服饰

改革开放初期，鸥浦村的居民多穿的确良、涤纶等化纤织品制成的衣服，穿着样式较为单调。近年来，随着人们生活水平的提高，服装款式也不断更新，男穿西装革履，女穿色彩鲜艳的衫裙，足蹬高跟鞋、皮鞋、靴子者很普遍，牛仔裤、连衣裙、运动服在青年中十分流行。

1. 发型

改革开放前，鸥浦村的男人冬季大都留分头，夏季剃光头或平头；年纪大的女人梳发髻，年纪轻的编辫子。改革开放后，随着人们对美的追求，发型变化较大，男人开始留长发、大鬓角。女人发式因年龄之别变化也大，主要发型是短发、齐肩发、单长辫、双长辫、披肩发和各式染发、烫发等。

2. 服装鞋帽

20世纪50~60年代，鸥浦村冬春季气候寒冷，御寒衣服不分男女均穿棉袄、棉裤加外罩和皮大衣，头戴皮帽，脚穿棉胶鞋套毡袜或大头鞋。夏秋季穿便服、中山装以及各式夹衣，颜色一般以蓝、黑为主。中共十一届三中全会以来，随着人民生活水平的提高，服装流行的样式、质地、色泽等均在变化，西装、港式服装以及筒裤、牛仔裤、体形裤、羽绒服、羊毛衫、皮夹克衫、长短毛呢大衣、各式女裙、女服流行，质地由棉布、化纤发展到丝绸、呢绒、毛料和一些进口面料。御寒冬装一般内穿毛衣、羊毛衫，套西服、中山装、便装，外穿呢子大衣、羽绒服或皮夹克等。

来到今天的鸥浦村，村民的穿着很随意，宽松的衣裤适合这个农忙的时节，迷彩服作为一种劳动服被村民广泛接受（见图 5-4）。笔者曾在一户村民家中做客，虽然女主人穿着磨旧了的牛仔裤和农田鞋，可身上这件衣服显得很新，衣服上的牡丹花很喜庆。

图 5-4　穿迷彩服的鸥浦村人

3. 饰品

"文化大革命"期间，男女老少均佩戴毛主席像章。80年代以前，女人主要佩戴发夹、发卡，多数为年轻人，也有少数老年人佩戴簪子，头饰品种比较少。改革开放后，头饰的样式和品种逐渐增多，主要有发夹、发卡、头花、发球、发套、发带等。这一时期，金银首饰开始流行，如今金戒指、金耳环、金项链是村里结婚必不可少的装饰品。

四　家居生活

1. 传统生活方式

（1）农忙

以前村里农业机械化程度不高，农忙的时候，村民中每家的主要劳动力都要在家春播、秋收，即使外出打工也要回来，否则遇上连雨天，庄稼烂在地里，一年的辛劳就全都白费了。这时候女人、孩子都要下地，学校也要放假，因为老师们也都有地，也需要秋收。当地纬度较高，天亮早，所以一家人3点多钟就下地，晚上天黑才回家。村民一般吃两顿饭，上午一顿带到地头，干活干累了才吃；晚上回家女人就要张罗着做饭、喂牲口，男人则收拾第二天下地用的工具。

（2）农闲

因为当地庄稼的生长期比较短，村民农闲的时间比别处的要多，村民往往相互走动走动。然而靠山吃山，靠水吃水，勤快人家夏秋时节就会去采山、打鱼，冬天上山里倒木头，挣点零花钱。比较懒的就猫冬了，男人们喝酒、打扑克、打麻将，女人们闲串门子、东家长西家短地聊天或带孩子。

（3）节日

过去，村里无论大人孩子都喜欢过节，因为只有过节的时候才会吃到点好的。家庭条件好点的会在过年的时候给小孩买件新衣服，即使不买新衣服，村民也会穿上自己最好的衣服，挨家挨户拜年。女人们在家里杀鸡宰鹅，做一顿全年最丰盛的饭菜。这一天，村里通电到12点，老人、孩子可以看电视，12点一过就睡觉，精力旺盛的年轻人还要点着蜡烛、打着手电到各家串门玩闹。

2. 现代生活方式

（1）农忙

近几年，鸥浦村的农忙时节同以往有了不同。因为村里的青壮年外出打工，有些在农忙的时候能够赶回来，就会给家里人带些他们没有见过的吃食、衣物；如果家里的主要劳动力不能回来，村民就会自发地组成互助组，互相帮忙，今天收你家，明天收他家，干活在一起，吃饭也在一起。2008年，村里联合收割机数量极少。2013年，村里的大户买了联合收割机（见图5-5），虽然村民们同样花租金收割庄稼，但是使用起来方便多了。

图5-5　崭新的农机具

（2）农闲

对鸥浦村人来说，农闲的时候就是外出务工挣钱的时候。这时村里只剩下老幼妇孺，他们在夏秋时节还是要采山的，只不过因为有了长电，白天、黑天都可以看电视了。

（3）节日

现在鸥浦村过节同以往最大的不同是不必受电的限制，因为通了长电，人们想看电视到几点就到几点，年轻人还可以唱歌、跳舞，鸥浦村过节就更热闹了。

第二节　经济生活

一　村民收入

（一）收入构成

1. 基本收入

村民的基本收入是指从事农业生产获得的收入，主要包括卖黄豆、马铃薯、木耳等农林产品的收入和卖牛、羊等牲畜的收入。生产的小麦一般是自家食用，很少外卖。马铃薯的产量较高，村民在留够自家食用的情况下会把大的、好的拣出来卖掉。每年秋季，村里的青年男女采山，将采来的都柿、蘑菇、木耳卖给收购的人，一年能有 2000～7000 元的收入。

2. 工资性收入

村民的工资性收入包括村干部的工资和村民外出打工的收入等。村委会主任、村支书工资逐年上涨，2013 年初，据村主任说他们的年工资是 9600 元，村文书每年 7200 元，妇女主任每年 2400 元（误工补贴），这些工资都是年底一次性支付。村民外出务工的工资每月在 500～2000 元，从事的工种不同，工资不同。村民外出务工的时间长短不同，所得的年收入也不同。

3. 转移性财产收入

这部分收入主要是指出租土地的收入、国家给的农业补贴、嫁女儿的彩礼收入以及遗产继承等。土地租用的价格根据土地好坏及用途而定，为 300～800 元不等。

儿子成家之后，两位老人就会考虑与孩子分家的问题，分家不仅是分开住那么简单，一般会将家里的耕地平均分给几个儿子，只不过原来记在父母名下的土地，要到乡政府办理流转手续。

有的老人去世后，通常会将财产平分给儿子们，如果儿子们不反对，老人的姑娘也能分到财产；有的家庭为了照顾家庭困难的兄弟或姐妹，甚至会将全部动产分给困难的这家。村里嫁姑娘，不仅不要男方的彩礼，反而会给姑娘几万元作为嫁妆，让他们好好过日子。课题组采访了一对刚结婚的年轻夫妇，他们俩结婚时，男方父母给了儿子16万元，分给了他们一半的耕地，并将自己经营的超市也给了儿子，女方父母也给了几万元，这些钱由新婚夫妻两人共同支配。

4. 家庭经营收入

这部分收入主要是指村民经营商店、饭店挣得的利润，还有的村民以养殖木耳、养蜜蜂为业。

（二）收入情况

鸥浦村村民的收入大致由以上几部分组成，但每个家庭的经济情况不同，收入的构成也有所不同。耕地较多的家庭、养殖大户及开饭店的家庭一般收入很高，这部分人有的已经在县城里买了房；拥有土地数量中等的家庭属于中等收入家庭，能解决温饱，供得起孩子念书；而1984年后移民过来的无地或少地农民属于低等收入家庭，这部分村民只能解决温饱问题，经不起任何稍大点儿的病或灾，这样的家庭在鸥浦村还是不少的。

在村主任王笃平的带领下，调查组在各个收入阶层的村民中随机抽取了几户进行走访，现将他们的收入状况介

绍如下。

1. 高收入家庭

（1）这是一家耕地很多且兼营超市的农户。该家庭夫妻俩30多岁，下有两个年龄分别为15岁和8岁在县里上学的孩子，家里拥有耕地25垧左右（近400亩），还有一家小型超市。走访时，正有顾客在买东西，看起来生意不错。店主人不愿意告知每年种地的真实收入，只说每年能卖10多万元，其实不然。据其他村民说，一垧地每年大概能收入8000元，如此算来，这家光土地的收入就将近20万元。店主人告诉我们，她的超市每天能卖出200多元的商品。耕地收入，加上经营超市的收入，这家农户一年能收入20多万元。

（2）这是一个养殖户。该家庭有土地2垧、羊300头，年收入在20万元左右，只不过收入不稳定，风险很大。

2. 中等收入家庭

（1）这是一家夫妻俩年龄为50岁的家庭，主要以种地为生。家里有俩姑娘，都已嫁人，大姑娘小时候发烧得脑膜炎留下了后遗症，有点儿偏瘫。这家人有土地5垧（75亩），户主说赶上好年头，1垧地种黄豆能收入40袋，8000多块钱。照他们说的，这家人每年能收入4万元左右。

（2）这家人有6垧地，农闲时打鱼。每年耕地能收入近5万元，捕鱼能收入1万元左右，一年下来能收入6万元左右，除去消费，每年能净剩近3万元。

3. 低等收入家庭

据村主任反映，村里的困难户还是挺多的，走访这些困难户的时候，感触颇深，同情与怜悯油然而生，眼泪在眼眶里打转，我们看到了边境农村生活在最底层的村民是何等不易。

其中一户人家，夫妻俩有 50 多岁，下有两个儿子，房子是裂缝的、看着要坍塌的土房，面积不大。大儿子 30 岁，眼睛看不见且有点儿智障；小儿子 27 岁，至今单身，在外地打工挣钱。女主人得了头上的病，到外地看病去了。家里一共有 2 垧地，每年种地烧油 1700 元，买化肥需要 2000 多元，一年能净赚五六千元。

（三）收入特点

根据村民的收入构成和收入情况以及对村民进行访谈的情况看，该村村民收入情况有以下几个特点。

第一，大多数村民以种植业的收入作为自己的主要经济来源。

第二，畜牧业收入增加。随着政府畜牧业扶贫项目的拉动和村民思想认识的提高，畜牧业在鸥浦村有了良好的发展趋势，成为村民脱贫致富的重要手段。

第三，农民外出打工等工资性收入的增长支撑了农民收入的增加。随着外出打工村民的打工经验的积累以及政府各方面的扶持和帮助，外出打工的村民在经济、卫生、基本权利等方面都有了基本保证。打工经验的积累和劳动技能、技术水平的提高为村民找到更好的工作奠定了基础，收入水平有所提高。

第四，村民的收入差距迅速扩大。家中土地多或是租种土地多的村民收入很乐观，土地少的村民收入微薄，仅够年吃年用。

二　生活消费

生产是为了消费，而消费水平受到收入水平的制约，

鸥浦村的困难户还是不少的，鸥浦村村民普遍较低的收入水平限制了其消费水平。近年来，村民的收入略有增长，其生活消费也随之发生了一系列变化。

1. 生活消费支出

村民的生活消费支出主要包括食品、衣着以及住房等，村民用于生活的消费呈上升趋势。村民在饮食上由注重吃饱向吃好方向发展，由简单、粗淡的低水平向营养、精细的高水平转变。村民在饮食上不再局限于自家田里、庭院所种的粮食、蔬菜，有了可支配收入的他们开始购买各种食品、蔬菜。村民用于衣着的消费也呈上涨趋势，外出打工的他们已经认识到了着装的重要性，衣着消费由廉价低档的服装向中高档的优质服装转变。住房是村民最大的生活消费，很多靠打工致富的村民在建房后又"返贫"。如今，鸥浦村的土房依然占绝大多数，有的新婚夫妇的婚房甚至还是木质结构的。盖砖房消费太高，盖一处面积不大的砖房至少得用 3 万块砖，这些砖需要从呼玛县城拉过来，加上运费，每块砖得花 1 元左右，再加上劳工费、水泥、沙子、地板、装修、取暖设备等，建一处普通的平房就要花上十几万元。

2. 家庭设备

村民很少购置家庭设备，很多村民家里的用具、电器都是结婚时购置的，此后便很少再购买家庭用品。青年人在购买家具和家用电器时多选择实用、高档、现代化的产品。因为村里刚通了国电不久，有洗衣机和冰箱的人家很少。大多数家庭还是自己砌的烧煤或木柴的炉子，用电磁炉的不多，使用煤气罐的根本就没有。

3. 医疗保健

村民用于医疗保健的消费不高,村民生病很少就医,"小病扛,大病拖",只有在得急性病、大病的时候才去医院。实行新型农村合作医疗后,村民的就医观念有所改观,平时一得了感冒发烧等小病就会到设在村里的乡卫生院(见图5-6)就诊。因为交通不便,卫生院的药都是在网上订购,由生产厂家配送过来,药价很低,例如一盒阿司匹林片才1.7元。其他的常用药也都就1元多,稍微贵点儿的药有5元左右的,也有9元多的,一般不会超过10元(见表5-1)。鸥浦村的村民们都参加了新农村合作医疗,每人每年需交70元,政府会帮他们交上剩下的20元,住院的报销比例是90%。

但是,卫生院的医疗条件较差,医院的医疗设备只有"老三样",即体温计、听诊器、血压计,且只有3个医生。鸥浦村的常见病有大骨节、风湿、脑梗、冠心病、糖尿病、肝病等,村民们如果得了这些大病,会选择去塔河、呼玛、加格达奇等地就医,外出就医的医药费报销比例是很低的,且需要烦琐的证明和手续,就诊的医院还得是定点医院,这会花掉他们多年的积蓄,有的甚至负债。

表5-1　鸥浦乡卫生院所售药品名称及单价

单位:元

药品名称	单价	药品名称	单价	药品名称	单价	药品名称	单价
头孢曲松钠	1.13	甘草片	4.88	卡托普利片	2.80	先锋四号	3.23
克林霉素	1.78	生脉饮	3.89	地塞米松片	1.46	阿司匹林片	1.70
利巴韦林	0.09	三金片	23.01	布洛芬片	1.34	法莫替丁	1.50
甲硝唑	1.4	蛇胆川贝液	2.20	鼻炎康片	6.61	乳酶生尼	1.26

药品名称	单价	药品名称	单价	药品名称	单价	药品名称	单价
舒血宁	2.96	普乐安片	4.80	阿昔洛韦片	2.02	雷尼替丁	1.18
血塞通	1.36	复方丹参片	1.60	氨加黄敏片	1.50	氨溴索	12.77
清开灵	1.66	冠心苏合丸	3.80	硝苯地平	0.69	VD₂丸	4.00
阿托品	0.25	妇科千金片	24.61	诺氟沙星	2.23	天麻素	9.80

图 5-6　鸥浦乡卫生院

4. 交通和通信

村民用于交通和通信的费用相对较高。由于村里的青壮年大多农忙务农，农闲外出打工，因而村民花费在交通上的费用非常高，少则几百元，多则上千元。为了能及时地和家里人取得联系，大多数外出务工的村民都购置了手机。由于留在家里的多为妇女、老人、小孩，因而家里有什么事情，双方都是通过电话、手机商量，因此通信费用成了村民一笔不小的开支。

5. 文教

根据《国务院关于进一步加强农村教育工作的决定》，鸥浦村村民子弟上中、小学几乎不用承担任何费用。按理说小学、初中免学费，村民的教育支出应该会减少，可是鸥浦村民的教育支出情况却恰恰相反，这还得从并校说起。鸥浦乡为实现教育资源的优化配置，将各村的小学都裁撤了，坐落于鸥浦村的中心学校（见图 5-7）成为全乡唯一的小学。但是，调研的时候发现，学校里如今只有一年级、二年级的两名小学生，与幼儿班的学生加在一块才 20 人，目前学校的老师都比学生多。据村民介绍，因为鸥浦乡村与村之间距离太远，少则几十公里，多则上百公里，裁撤各村小学是很不明智的做法。鸥浦村地处偏僻一隅，文化素质较高的老师又都不愿意来，如今国家其他地区的小学已经开设了英语课，而鸥浦小学却没有英语老师。并校、师资力量差是村民们选择将孩子送到县里上学的主要原因。孩子的年龄都比较小，还没有自理能力，一般都需要妈妈或爷爷、奶奶到县里租房陪读，有条件的家庭会在城里买房住。不陪读的家庭则选择将孩子寄宿在别人家里，每个月交给人家伙食费和住宿费。如此一来，每年每家光租房子的钱就得花 8000 元左右，再加上吃和住以及孩子的补课费①，一个孩子每年得花费最少 2 万元。此外，孩子在县里上学，父母对其管教不严，辍学的不少，造成人才的浪费。中心校的老师反映，现在一个孩子一年的教育支出比一个大学生一年的花费都要高，这也是目前鸥浦村独生子女较

---

① 据当地村民介绍，现在孩子补课成风，几乎每天都得补课，不补课是很不正常的事。有些人认为现在师德败坏，老师课堂上不讲，课下让孩子补课。

多的原因之一。

图 5 - 7　鸥浦乡中心学校

如果谁家的孩子考上高中，其花费就会成为家里的巨大负担，学杂费、书费、资料费、住宿费、生活费，每年要花费近万元。如果孩子考上中专、大专、大学，那每年用于供孩子读书的花销就得上万元。

第三节　文化

一　宗教

在鸥浦村中，有部分村民信奉基督教，现有基督教徒 8人（7 女 1 男），入教时间多为 2000 年初（见表 5 - 2）。这种教会被当地称为家庭教会，村民们也称之为哭喊教，因为他们在祈祷忏悔的时候，往往连哭带喊。他们一般都是固定在教徒的家中聚会，每周集中活动 2~3 次，内容主要是宣传教规、教法，读圣经，唱"赞美诗"，组织祈祷上天保佑、降福与忏悔活动。参加基督教活动的人大多数是文化水平不高、年迈体弱的老年人和一些家庭妇女。笔者在村子走访时偶遇了刚刚参加完聚会的两位教徒，两位大姐很热情，在她们看来，这种聚会除了忏悔之外，更像是串串门和朋友聚一聚，"毕竟这么长的时间待在家里没事儿干，就当找个事儿做做了"。村中的教会组织结构很松散，人员流动也较大，农忙时节就很少聚会了。

表 5-2　鸥浦村基督教徒明细

姓　　名	性别	出生日期	文化程度	入教年份
王荷新	女	1972.11.08	初中	2001
谭志敏	女	1964.12.07	小学	2002
孙玉英	女	1970.04.15	初中	2002
孙秀菊	女	1960.06.09	小学	2003
班立琴	女	1948.11.12	小学	2002
吴德珍	女	1941.08.24	无文化	2002
云洪波	女	1960.02.20	高中	2002
于金香	男	1935.08.09	小学	2001

二　方言

鸥浦村村民绝大多数是祖辈闯关东而来的汉族人，村民交往中通用汉语，操普通话，但是 50 岁以上的有些人说的是山东或河南口音，操汉语普通话的口语字音不流畅、不标准。因为靠近白银纳鄂伦春民族乡和黑龙江对岸的俄罗斯，所以村民的日常用语中也融入了其他少数民族语言的词汇，汉语词汇中也增加了不少其他民族词汇。诸如鄂伦春语的"阿拉凯"（酒）；朝鲜语的"倒目"（同志）；俄语的"安巴拉"（仓库）、"别拉搭"（火炉子）、"维得罗"（小水桶）、"邦克"（方水桶）、"马神针"（缝纫机）、"割地马神"（收割机）等，都被当地群众袭用。

卧卧：指让牛马往右走。

月月：指让牛马往左走。

灰灰：呼马声。

少少：呼牛马往后退的意思。

吁吁：让牛马站住。

黑瞎子：指黑熊。

张三：指狼。

撮罗子：鄂伦春人简易居住宅处，也指临时帐篷。

上流：用水冲沙子。

扒毛：指采金前剥离无金沙土。

摇籤子：籤子指采金工具，摇籤子即将杂质在水中摇出去。

拉帮套：指男人帮有妻室的人家劳动并生活在一起。

胡扯：胡说。

马什：俄语音译指缝纫机。

喂的锣：俄语音译指小水桶。

搬克：俄语音译，指水桶。

老毛子：指俄罗斯人。

茅楼：指厕所。

手闷子：指棉手套。

干哈：干啥，干吗。

布拉吉：俄语音译，指连衣裙。

棉兀拉：棉胶鞋。

拉跨：不行了。

秃脑亮：光头。

样子：可燃烧的木柴。

归楞：把原木堆放在一起。

各应：讨厌。

斜虎：挺厉害。

寒碜：难看，丢脸。

地火龙：在室内地面上，用砖砌成烟道取暖。

咋的了：怎么了。

那疙瘩：那里。

嘛达山：在山里迷路。

大车店：旅店。

乱套：无秩序。

明子：樟松树上的油包，可用于点火。

抹不开：不好意思。

跑肚：拉肚子。

玄乎：吹嘘夸张。

蔫了吧唧：太老实。

牛样子：牛拉车架在牛背上的木具。

磨磨唧唧：没完没了。

雀蒙眼：夜盲症。

咋咋呼：吵架，炫耀。

敲猪：阉猪。

打场：脱麦。

唠嗑：聊天。

卜留克：菜名。

忌讳：醋。

魔怔：精神失常。

倒大木：上山伐运原木。

鱼亮子：捕鱼工具。

沙楞：动作迅速。

麻爪了：没有办法了。

糊弄：欺骗。

悬乎：夸大其词。

牙碜：食物中掺杂沙子。

溜达：散步，闲走。

老板子：赶马车的轶。

老敥：傻瓜。

地营子：野外种地居住点。

闹腾：吵闹。

腻歪：腻烦。

抬杠：无理争辩。

备不住：说不定或许的意思。

牙狗：雄狗。

看青：晚上看守庄稼。

造一阵子：做事挺有能耐。

抓瞎：手足无措。

别列大：俄语音译，炉子。

嘎么那：小草垛子，草的计量单位。

俺拨拉：俄语音译，仓房的意思。

列巴：俄语音译，面包的意思。

康拜因：俄语音译，收割机。

三 谚语

在鸥浦村流行的谚语是鸥浦村村民社会生活、生产经验的认识和总结。

（一）时令农谚篇

农谚是我国劳动人民从长期的生产斗争中提炼出来的对日、月、星、辰、风、雨、雷、电、雾、露、冰、霜等自然现象变化规律的经验总结。流传于鸥浦村的时令农谚，大部分由华北、东北地区流入，其误差较大。

清明早，小满迟，谷雨种麦正当时。

天上鲤鱼斑，明日晒谷不用翻。

伏前萝卜伏后菜，过了大暑晒干菜。

腊七腊八冻掉下巴。

三九四九棒打不走。

五九六九绕着走。

七九河开河不开。

八九雁来雁不来。

春打六九头，穷人不犯愁。

春打六九尾，穷人伸了腿。

九里不冷，伏里不热。

七月暖，八月温，九月有个小阳春。

早穿棉，午穿纱，四季衣服床头挂。

上钩风，下钩雨。

冷生雨，热生风。

满天星，明日晴。

瓦块云，晒死人。

云打架，雨水下。

山罩雨，河罩晴。

东虹日头，西虹雨。

风响雷鸣，雹子阵。

天上钩钩云，地上雨淋淋。

早霞不出门，晚霞行千里。

早上朵朵云，午后晒死人。

早看天边黄，一定有大风。

严霜出烈日，近日好天气。

早晨浮云走，晌午晒得欢。

南风多雾气，北风多严霜。

夏雨连夜倾，不久便天晴。

南闪头门开，北闪雨就来。

（二）防火篇

饭可一日不吃，火不可一时不防。

防时多流汗，火灾少危险。

五月大风天，烟囱不冒烟。
春季热烘烘，山里有火情。

预防不彻底，灾后悔不及。
看好易燃危险物，确保千家
与万户。

五月大风叫，山火要来到。
时时防火，夜夜防盗。

柈子垛满城，着火要连营。
家有柈子墙，失火要上房。

（三）规劝立志篇

一日练艺一日功，一日不练手脚生。

一天学会一招，十天练会
一套。

一等二看三落空，一想二干三成功。

听过不如见过，见过不如
做过。

做人不说两面话，人前不讨两面光。

不怕慢，就怕站，站一站，
二里半。

刀越磨越亮，人越练越壮。
好事一做到底，坏事一次莫为。
黄金丢失可再得，名誉扫地难挽回。
人无修养没有德，树不修剪难成木。
与其修饰面容，不如修饰德行。
宁可穷而有志，不可富而失节。

救人救活，救火救灭。
打人不打脸，骂人不揭短。
严师出高徒，将门出虎子。
雁过留声，人过留名。
学无止境，路无尽头。
严是爱宠是害，不管不教要
变坏。

损坏你名声的不是别人的谗言，而是

有志不在年高，无志空活
百岁。

你自己的行为。

忍得一时之气，免得百日
忧愤。

（四）生活事理篇

啥种子长啥苗，啥葫芦做啥瓢。
打骡子马也惊，扯耳朵腮也痛。

枪扎一条线，棍打一大片。
行家一落腿，便知深和浅。

人有旦夕祸福，天有昼夜阴晴。

不做亏心之事，半夜敲门心不惊。

画龙画皮难画骨，知人知面不知心。

远水难救近火，远亲不如近邻。

渴时一滴如甘露，醉时添杯不如无。

妻贤夫祸少，子孝父必安。

结有德之人，绝无义之友。

家贫知孝子，国乱显忠臣。

不怕没好事，就怕没好人。

众人拾柴火焰高。

打死犟嘴的，淹死会水的。

好朋友千个不够，仇人一个也多。

多个朋友多条路，多个仇人多堵墙。

儿不嫌母丑，狗不嫌家贫。

家贫出孝子，富贵小儿骄。

出头的椽子先烂。

（五）时政篇

大河有水小河满，国家强盛民也富。

天大地大不如党的恩情大，千好万好不如社会主义好。

葵花随着太阳转，人民跟着共产党走。

吃水不忘挖井人，幸福不忘共产党。

对敌人的慈悲就是对人民的残忍。

宁为玉碎，不为瓦全。

无农不稳，不工不富。

（六）事理篇

有理走遍天下，无理寸步难行。

水流千遭归大海，树叶落到树根下。

树大招风。

青草只是一夏之盛，苍松可是四季常青。（鄂伦春族）

远记山、近记树，顺着河走有住户。

上山找老头，劈柴找小头。

牛吃青草鸭吃谷，各有各的福。

针鼻大的窟窿能透过斗大的风。

站着跳不高，蹲着望不远。

四　儿童游戏

　　鸥浦村的孩子现在越来越少了，孩子们的游戏是几代人传下来的，如玩泥巴、跳格子、跳皮筋、打水漂。玩泥巴就是用水将泥和匀，捏成各种人物器具，相当于城里孩子玩的橡皮泥。或者两个孩子各拿一块泥巴，做成碗状，用力向地上摔，如果出现窟窿，对方要补给同样大小的泥巴，直到一方的泥巴完全没了游戏即告结束。跳格子是用石灰块在空地上画出两个田字格，每个田字格后面画半个圆，半圆是自己的后方，田字格是前方，两个孩子单腿跳，以攻入对方的半圆为胜。跳皮筋一般都是用废旧汽车的轮胎剪成细绳的状态，两个孩子各拽一端，另外一个孩子在上做各种动作。打水漂是因为村里有很多水泡，孩子们经常把小石子往水泡里扔，称之为"打水漂"，以投掷最远者为胜。

后　记

　　2008 年阴雨绵绵的时节，我首次带领两名研究生踏上了北上大兴安岭的列车，几经辗转来到了北依黑龙江的黑龙江省大兴安岭地区呼玛县鸥浦乡鸥浦村。在之后的几年里，又连续多次来到这里。虽然在来之前已经做了一些思想上的准备，但是到了村里之后，村子的闭塞与落后，村民的淳朴与善良仍是超出了我的想象，而村里简单、粗糙的饮食更是让我们的肠胃经历了一番磨难，从而使我对这个林海深处的北疆小村有了更具体深切的了解。

　　作为一名习惯于在书斋中搜集资料的史学工作者，从事这样的一项调研活动对我来说是首次，也是一个全新的挑战。如何同县乡村的干部们接触，如何同村民沟通，更是一项崭新的课题。

　　要感谢黑龙江大学历史文化旅游学院院长——段光达教授。作为课题组的负责人与组织者，段光达教授对课题的把握、研究框架的设计提供了指导性的思路，对我们的调查、研究工作提出了许多具有指导意义的意见和建议。他多次召开工作协调会，及时了解我们的工作进展，对我们的工作给予了中肯的评价和鼓励，并提供了一系列的支持和帮助。在这种支持和鼓励下，我们不辱使命，按期完成了书稿的写作。

感谢大兴安岭地委宣传部长刘杰、陆科长，呼玛县宣传部部长张橄文，副部长周长平、赵杰，工作人员刘丽、王国辉，感谢鸥浦乡乡长庄永彬，副乡长申永平、魏亚庆及全体工作人员，是他们为我们的调查工作提供了诸多便利条件。感谢鸥浦村村支书、村主任，在村里做调查的时候，他们积极配合，给予了我们很多照顾。感谢鸥浦村全体村民，他们对我们的多次到访和冗长的问卷调查给予了包容、理解和支持，他们的热情与配合使调查工作能够顺利开展。

感谢黑龙江大学历史文化旅游学院的研究生王晓琳、王阳，是她们陪同我们来到条件极为艰苦的村子里进行调研；感谢研究生姚敏、许虹，是她们在调研数据缺乏的时候，再次到村子里收集数据。正是有了她们的辛勤努力，才有了今天的这部书稿。

最后，衷心祝愿通上国电的鸥浦村能够在未来得到较大的发展，鸥浦村的村民能够过上富足、幸福的安康生活！相信鸥浦村的明天会更好！

魏影

2013 年 4 月于黑龙江大学

图书在版编目（CIP）数据

界江边上小山村：黑龙江省大兴安岭地区呼玛县鸥
浦乡鸥浦村调查报告/魏影著.--北京：社会科学文
献出版社，2018.6
（当代中国边疆·民族地区典型百村调查.黑龙江卷
.第三辑）
ISBN 978 - 7 - 5201 - 1496 - 7

Ⅰ.①界⋯ Ⅱ.①魏⋯ Ⅲ.①农村调查 -调查报告 -
呼玛县 Ⅳ.①D668

中国版本图书馆 CIP 数据核字（2017）第 240113 号

当代中国边疆·民族地区典型百村调查:黑龙江卷（第三辑）
界江边上小山村
—— 黑龙江省大兴安岭地区呼玛县鸥浦乡鸥浦村调查报告

著　　者 / 魏　影

出 版 人 / 谢寿光
项目统筹 / 宋月华　范　迎
责任编辑 / 范　迎　马甜甜

出　　版 / 社会科学文献出版社·人文分社（010）59367215
　　　　　　地址：北京市北三环中路甲 29 号院华龙大厦　邮编：100029
　　　　　　网址：www.ssap.com.cn
发　　行 / 市场营销中心（010）59367081　59367018
印　　装 / 三河市龙林印务有限公司

规　　格 / 开　本：889mm×1194mm　1/32
　　　　　　印　张：7.75　字　数：170 千字
版　　次 / 2018 年 6 月第 1 版　2018 年 6 月第 1 次印刷
书　　号 / ISBN 978 - 7 - 5201 - 1496 - 7
定　　价 / 149.00 元（共 3 册）

本书如有印装质量问题，请与读者服务中心（010 -59367028）联系

▲ 版权所有 翻印必究

主　编　厉　声

副主编　李　方（常务）　李国强

编委会成员（按姓氏笔画排列）

于　永　于逢春　马品彦　方　铁　王利文　厉　声　冯建勇
毕奥男　许建英　孙宏年　孙振玉　李　方　李国强　张永攀
周建新　孟　楠　段光达　倪邦贵　高　月　崔振东　翟国强

中国社会科学院中国边疆研究所　**厉声　主编**

当代中国边疆·民族地区典型百村调查：**黑龙江卷（第三辑）**

分卷主编：**段光达　吕文利**

中国社会科学院中国边疆研究所 厉 声 主编

当代中国边疆·民族地区典型百村调查：黑龙江卷（第三辑）

■ 段光达 谢德宝◎著

黑水环绕是边城

——黑龙江省塔河县开库康乡开库康村调查报告

社会科学文献出版社
SOCIAL SCIENCES ACADEMIC PRESS (CHINA)

总 序

　　深入实际、开展国情调研，是中国社会科学院肩负的重要科研任务，也是中国社会科学院履行好党中央、国务院赋予的"思想库""智囊团"职能的重要方式。中国边疆省区占国土面积的60%以上，边疆区情及当地的民族社会调研（边疆调研）是中国国情调研的重要组成部分。正如一位边疆工作者所说：不了解少数民族，就不了解中华民族；不了解边疆，就不了解中国。1983年中国社会科学院中国边疆史地研究中心建立后，特别是1990年以来，一直将边疆调研作为学科研究的重点之一。

　　2004年，中国边疆史地研究中心承担国家哲学与社会科学基金特别项目"新疆历史与现状综合研究"（简称"新疆项目"）。2006年，中国边疆史地研究中心牵头，立项开展"当代中国边疆·民族地区典型百村调查"（简称"百村调查"），作为此特别项目的子课题。"百村调查"以新疆为重点，在新疆、西藏、内蒙、宁夏、广西5个民族自治区和云南、吉林、黑龙江3省基层地区同时开展，共调查100个边疆基层村落。调查工作在"新疆项目"领导小组和专家委员会指导下，由"百村调查"

专家委员会暨编委会组织实施。在中国边疆史地研究中心主持拟定的调查大纲框架下，挖掘每个省区的优势，体现各自的特色。

本项目的实施得到了边疆地区各级地方党政部门的支持。首先，调查工作注意与地方党政部门的相关工作衔接、听取意见，在实施调查之前，主动向各级党政部门汇报情况，听取指示和意见。其次，调查组主动让各级党政部门了解调研的全过程，在调研过程中出现问题时及时向相关党政部门请示。再次，调研阶段成果和最终成果的副本同时提供给地方党政部门参考。

"百村调查"的调研主题是：改革开放30年来中国边疆基层村落的民族社会和经济发展的历史与现状。具体内容包括：乡村概况、基层组织、经济发展、社会生活、民族、宗教、文教卫生、民俗风情等。项目调研的时间是：2007~2008年（资料下限至2007年底或适当延长）。

"百村调查"的调研对象为：100个具有典型意义与特色的中国边疆基层村落。课题以基层乡、村两级为调查基点，大致每个省区选择2个地州，每个地州选择1~2个县，每个县选择2个乡，每个乡选择2个村。新疆共调查22个村，其他地区均为13个村（辽宁、吉林、黑龙江以东北边疆为单元，共调查13个村）。调查点的选择要求有3点。

（1）本地区社会稳定与经济发展中具有典型意义的基层乡和村。

（2）存在边疆现实政治、社会或经济发展的热点、难点问题。

（3）与 20 世纪 50 年代全国边疆民族调查能有一定的衔接。

"百村调查"采取学术调查与现实政治相结合的方法，以社会人类学入村入户调研方法为主，同时关注现实政治、社会与经济发展中的热点、难点问题。一般共性调查与专题专访调查相结合，在一般综合性调查的基础上，选择好专访或专题调研的"切入点"，总结经验与完善不足相结合，在总结各项工作经验的同时，善于发现问题和提出解决问题的对策与建议。调研注重入户访谈和小范围座谈的专访调查。在一般性问卷和统计资料收集的基础上，注重对基层干部、群众典型、教师、宗教人士等特定人员的专题访谈，倾听和收集他们对基层社会稳定与经济发展的看法、意见和建议，形成能说明问题的专访或专题调研报告。

"百村调查"的成果形式分为调查综合报告与专题报告两大类。

（1）调查综合报告：依据大纲规定，撰写有关乡村经济社会等发展状况的综合报告，课题结项后分期公开出版。专题报告及调查资料可以公开发表的，在篇幅允许的情况下，作为附录附在综合报告末尾。

（2）专题报告：内容较敏感、不适宜公开出版的专题报告，集成《专题报告集》，内部刊印。

"百村调查"主编　厉声　谨识
2009 年 8 月 25 日

目　录
CONTENTS

图目录
FIGURE CONTENTS

表目录
TABLE CONTENTS

序　言
FOREWORD

一

　　黑龙江省是我国位置最北、最东，纬度最高的省份，最北端为北纬 53°33′，最东端为东经 135°5′，南北相距 1120 公里，东西长 930 公里。黑龙江省北部、东部隔黑龙江、乌苏里江与俄罗斯相邻，水陆边界约 3575 公里，西部与内蒙古自治区毗邻，南部与吉林省接壤，总面积 45.46 万平方公里，占全国总面积的 4.8%，居第 6 位。

　　黑龙江省属温带大陆性季风气候，四季分明，全省年平均气温在 -5℃ ~ 5℃，降水充沛，大部分地区属半湿润区，平原多为草原湿地，山区多为针叶林和针阔混交林。山地和台地占全省面积的 72%，平原占 28%，耕地面积 11.78 万平方公里，约占全国耕地面积的 9%，居全国第 1 位。松嫩平原和三江平原是两大著名商品粮产区，号称 "北大仓"。全省拥有丰富的自然资源，动植物种类繁多，已查明的 131 种矿产资源中，已探明储量的有 74 种，居全国首位的有石油、石墨、钾长石等 8 种。黑龙江省下辖 12 个地级市和 1 个地区，黑龙江还是多民族聚居的省份，有赫哲、鄂伦春、达斡尔等 11 个世居少数民族。

　　黑龙江地区历史悠久，1996 年哈尔滨市阿城区交界镇石

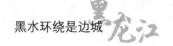

灰场洞穴遗址发现距今 17.5 万年的人类活动遗迹。其后的旧石器时代遗址和新石器时代遗址在黑龙江有着广泛的分布，较为典型的有哈尔滨阎家岗遗址、齐齐哈尔昂昂溪遗址、饶河小南山遗址和密山新开流遗址等。肇源县白金宝遗址（距今约 3200 年）则是黑龙江地区进入金属时代的标志，在此前后，黑龙江地区形成了东胡、濊貊和肃慎三大古族系。其中，东胡族系的后裔鲜卑、契丹、蒙古和肃慎族系的后裔靺鞨、女真、满族先后建立了中国历史上的北魏（386～543 年）、辽（916～1125 年）、金（1115～1234 年）、元（1271～1368 年）、清（1644～1911 年）等封建王朝和地方政权渤海国（698～926 年）。被称为"海东盛国"的渤海，其疆域西起松花江与嫩江交会处以西，东至日本海，北达黑龙江下游，南到朝鲜半岛，下辖 5 京、15 府、62 州、130 余县。女真人建立的金朝于 1127 年灭亡北宋，将徽、钦二帝掠至五国头城（现黑龙江省依安县境内），留下了"坐井观天"的佳话。1153 年，金朝把首都上京会宁府迁至燕京（现北京市宣武区），改称"中都"，是为中国封建王朝正式在北京建都的启始。这些少数民族建立的封建王朝和地方政权或占领中国的半壁江山，或君临全国，对中国古代社会的民族融合、经济发展和文化交流起到了重要的促进和推动作用，为统一的多民族国家的形成做出了重要的贡献。

近代以来，黑龙江地区又是中华民族抗击外侮的前线。1685 年，反击沙俄侵略的"雅克萨之战"大获全胜；义和团运动中，黑龙江再次响起"抗俄、拒俄"的枪炮声；"九一八"事变后，马占山将军领导的"江桥抗战"打响了抗日的第一枪；中国共产党领导的东北抗日联军在白山黑水与野蛮的日本侵略者进行了极为艰苦惨烈的浴血抗战，杨

靖宇、赵尚志、赵一曼和"八女投江"等宁死不屈的英雄壮举至今仍被人们深切地缅怀和传诵。

1946 年，黑龙江成为全国解放最早的省份。在中国共产党的领导下，黑龙江人民配合解放军在林海雪原迅速剿灭了沉疴顽匪，建立了"巩固的东北根据地"，并最早掀起了彻底消除封建经济基础的"暴风骤雨"——土地改革，为支援解放战争提供了大量的人力和物力，为新民主主义革命的胜利做出了重要的贡献。新中国成立后，黑龙江省成为全国著名的重工业基地之一，有着国内最大的油田、最大的林区和由十万专业官兵和百万知识青年辛勤建设起来的最大的商品粮生产基地。

改革开放以后，黑龙江省社会经济发展和人民的生活水平有了很大提高，尤其是农民的生活发生了巨大变化。但我国的地区发展很不平衡，与内地相比，边疆民族地区在社会经济发展等很多方面还有差距。黑龙江省是我国的农业大省、资源大省、边境大省，通过对黑龙江省选点村落的调查和研究，可提供非常具有参考价值的资料和数据，且可达到以下几个方面的目的：一是全面地了解黑龙江省边疆地区农村经济社会发展的现状；二是对现阶段黑龙江省边疆地区历史沿革和经济社会发展现状做一次客观的描述和记录；三是通过对现状的调查，找出当前黑龙江省边疆地区存在的普遍的、突出的问题；四是针对存在的问题，提出加快黑龙江省边疆地区建设发展的办法和建议；五是以小见大，力争通过本项目调查，对全国边疆地区经济社会发展进行思考并提出可行性建议。

二

根据总体课题的设计，本次调查在沿黑龙江这条世界

上最长界江的右岸少数民族聚居的边境地区选择了 7 个较为典型的村落，从黑龙江源头的洛古河村，到黑瞎子岛毗邻的小河子村，空间跨度 3000 多公里。调查内容涉及所调查村的历史沿革、基层组织、经济建设、社会发展、村民社会生活、教育、医疗等情况，尽可能全面地反映所调查村的全貌和存在的问题。

本次调研主要以社会学调查方法为主，同时结合人类学和历史学的分析、归纳和演绎等方法的运用，在对调查得来的第一手资料，以及相关资料、数据的收集和整理的基础上，进行全面深入的分析和研究，最终形成本课题的研究成果。

本课题在调研中注重与地方政府有关部门和乡镇、村级干部的联系，广泛听取不同层面的意见；注重深入百姓家中，倾听来自基层群众的心声；注重各调研小组的互相学习和交流，取长补短。同时，本课题还对沿黑龙江边界地区现存的历史遗存和非物质文化遗产状况及分布进行了系统的考察记录。调研获得的资料主要包括新发现的各种原始资料，如各级各类政府文件、统计资料、访谈记录、民间书信、讲演稿、民间艺术品、大量的图片资料、影音资料等，为该地区今后的深入研究提供了较为充分、详实，且十分难得的第一手资料。经过为期两年多的努力，全体课题组成员较为圆满地完成了项目所预设的目标。

必须提出，本课题在调研与写作过程中，始终得到了中国社会科学院中国边疆史地研究中心主任、国家社科基金特别项目"当代中国边疆·民族地区典型百村调查"主持人厉声研究员和中国边疆史地研究中心主任助理于逢春研究员的大力支持与帮助。在我们调研期间，厉声和于逢

春两位先生不仅对大纲的设计、村落的选择、初稿的审读等多方面都给予精心的指教，还多次亲临黑龙江指导工作。于先生由于主持其他项目，特委托曾跟随于先生亲临黑龙江的边疆史地研究中心副研究员吕文利博士专门负责本调查项目的联络、审稿与修改等事宜，确保了调研工作得以顺利完成，在此我们表示诚挚的感谢！

本课题得以顺利完成，应该感谢相关地市、县及其所属乡镇各级党组织和政府在我们调研考察过程中给予的大力支持和帮助。感谢本丛书的副主编、中国社会科学院中国边疆史地研究中心李方研究员，正是她基于对国家边疆文化建设事业的忠诚与执着，对我们的调研成果提出了宝贵的修改建议，才使本书得以出版问世。感谢参与调研考察工作的黑龙江大学历史文化旅游学院的老师和研究生。在承担繁重的教学科研和学习任务的同时，他们克服了重重困难，牺牲了宝贵的休息时间，利用寒暑假多次往返于学校与黑龙江边。他们在考察调研中表现出来的对祖国边疆文化事业的热爱和高尚的职业操守，可亲可敬，可歌可泣。

段光达　吕文利

2012 年 4 月 1 日

第一章 概况与村史

第一节 概况

一 所在县乡概况

（一）塔河县概况

塔河县位于黑龙江省西北部，地处大兴安岭伊勒呼里山北麓，黑龙江上游右岸，地理坐标为北纬 52°09′～52°23′，东经 123°19′～125°48′。西与黑龙江省漠河县相邻，南与大兴安岭地区新林区、呼中区接壤，东与呼玛县毗邻，北隔黑龙江与俄罗斯相望。边境线总长 171 公里，总面积为14420 平方公里。县城塔河镇距呼玛县城 214 公里，距漠河县城西林吉镇 240 公里，距大兴安岭地区行政公署所在地加格达奇 262 公里，距省城哈尔滨市 997 公里。全县行政区划分为 3 镇 3 乡，分别是塔河镇、盘古镇、瓦拉干镇、依西肯乡、开库康乡、十八站鄂伦春民族乡。全县有 7 个林场，4个贮木场，2 个森林经营管护所，11 个行政村。截至 2010年，全县总人口 10.1 万人，非农业人口占总人口的 95% 以上。塔河镇内人口近 6 万人，全县现有劳动力近 3 万人，占总人口的 30%；新增劳动力年均 500 人左右，占劳动力总人数的 1.7%。塔河县有汉、满、回、蒙古、藏、朝鲜、达斡尔、鄂温克、鄂伦春、苗、彝、壮、布依、俄罗斯、锡伯等 15 个民族，以汉族为主体，少数民族占总人口的 4.4%，人口密度为每平方公里 7.1 人。

塔河县是祖国北部的边疆城市，有丰富的旅游资源。山水秀丽的黑龙江、久负盛名的十八站古遗址和鄂伦春族风情及北极光、夏至白夜等自然景观，每年都吸引了大批游客前来旅游观光。

1. 历史概况

塔河县名源于驻地塔河镇名。"塔河"，当地鄂伦春人称"小故其固"，意为"小河"。塔河县历史悠久，该地域早在原始旧石器时代晚期就有人类活动。商周以前为肃慎部，两汉三国为东胡属乌桓，晋属挹娄北境，后魏北齐为豆莫娄，隋唐五代辽金属室韦地，元为斡赤斤分地，后属开元路，明属奴儿干都司塔哈卫，清为"索伦"部游猎之地，为瑷珲副都统辖地，地置呼玛、漠河厅，隶属瑷珲兵备道。民国时期为漠河、鸥浦两县所辖，东北解放后属呼玛县。1954 年进行森林调查时，因此地位于塔河口，定名为"塔河"。1955 年，大兴安岭北坡开发建设，成立呼玛林管区和开库康林管区。1960 年 8 月，黑龙江省人民委员会批准设立塔河镇，同年呼玛林业局迁至十八站改为呼南林业局。1961 年，呼南林业局改为富饶林业局。大兴安岭北部开发建设下马后，1964 年，在富饶林业局的基础上，成立东北林业总局塔河办事处。同年 8 月，国务院批准设立大兴安岭特区，下设松岭、新林、呼中、塔河 4 个区，为县级单位，实行政企合一。塔河区人民委员会驻塔河镇。1965年，大兴安岭大规模开发建设后，塔河区（林业公司）成立，隶属大兴安岭特区。1967年12月20日，塔河区革命委员会成立。1981年5月14日经国务院批准，将塔河区和呼玛县中部的开库康、依西肯、十八站3个公社合并，设置塔河县，实行"政企合一"体制（县政府与林业局合署）；8月19日成立塔河县人民政府，县政府驻地塔河镇，隶属大兴安岭地区管辖。

2. 自然条件概况

塔河县地处北温带，属寒温带大陆性气候，由于受大陆和海洋高、低压及季风交替的影响，气候变化显著，冬季漫长、干燥而寒冷，夏季短促而湿热，春季多大风而少雨，秋季降温急，霜冻来得早，塔河县年平均气温 -2.4℃，气温最大年较差47.2℃，极端最高气温37.2℃（1992年），极端最低气温 -45.8℃（1980年），平均无霜期98天，年平均降水量463.2毫米，主要集中在7月、8月，年日照时数2015~2865小时，≥10℃有效积温1276℃~1969℃。

塔河县境内地势呈中部高、两侧低，西高东低的地势。境内地形复杂，植被类型多，分布着不同的土壤，以森林和草甸土为主。境内山峦起伏，群山叠嶂，白卡鲁山绵延在漠河、塔河、呼中交汇之处，海拔1397米。西罗尔奇山岭横贯中部，蒙克山为其主峰，海拔937米。境内河流纵横，均属黑龙江水系，呼玛河流经境内150公里，盘古河是境内最长的一条河流，全长220公里。

塔河县森林资源得天独厚，境内林木茂密、树种丰富，森林覆盖率为81%，蓄积量5340万立方米，主要树种有樟子松、落叶松、白桦、杨树等10余种。截至2006年末，该

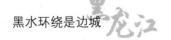

县已累计为国家生产木材 2000 万立方米，其中商品材 1700 万立方米。目前，年核定木材生产规模为 22.2 万立方米。矿产资源分布集中、蕴藏量极大，主要有岩金、砂金、黄铜、磁铁、麦饭石、膨润土等 20 余种。水资源充沛，河网密布、水量充足，有大小河流 240 多条，河流总长度 4654 公里，年径流量 230.4 亿立方米。野生动植物资源种类繁多，榛鸡、雪兔、驼鹿、黑熊、猴头、木耳、蘑菇、蓝莓、雅格达、黄芪、贝母、党参等多种东北特产数不胜数，肉肥味美的冷水鱼类如鲤鱼、哲罗、细鳞鱼、大马哈鱼等更是久负盛名。

3. 经济概况

全县以森工采运业为主。该县森林资源丰富，发展环境良好，吸引了许多外地企业来投资建厂，逐步形成了以木材生产为龙头，以木材加工、林机修造、特色畜牧养殖、矿业开发、农产品加工为重点，建材生产、食品、野生浆果加工等多种产业协调发展的经济格局。

新中国成立以前，由于耕作技术落后，经营粗放，粮食产量低。土地改革以后，经过互助组合作社，粮食产量逐年上升。1958 年实行人民公社化，在"大跃进"运动的推动下，盲目发展，急于求成，农业生产一度下降。"文化大革命"期间，农业生产大搞"一平二调"，社员劳动"大帮哄"，分配出现"大锅饭"，农村经济受到严重影响。1982 年，农村全面实行以集体所有制为基础的家庭联产承包责任制，分配形式有了重大改革，充分调动了农民生产的积极性。1985 年，进一步深化改革农村经济，向农业商品化经济迈进，以农、林、牧、副、渔并举，实行农、工、商、运、建等各种经济形式，推行镇办、乡办、村办、联产办、个体办等经营方式，促进农村商品经济的发展。截至 2011 年底，全县土地播种面积 6.4 万亩，全县粮食总产量达 6080 吨，农业总产值实现 3.5 亿元。

塔河县境内的商业活动出现较早，随着采金业的兴起，清朝时期逐渐发展起各家商铺，实行易货交易。中华人民共和国成立后，在开库康、依西肯、十八站 3 乡成立供销合作社。1958 年，大兴安岭开发建设初期，各林业局设立商业网点，解决职工日常生活用品供应。1965 年，大兴安岭全面开发建设后，塔河建立起比较完整、系统的商业供销体系。1978 年，商品流通领域经济体制改革后，形成了国营、集体、个体、集市贸易和企业自销并存的多种渠道、多种形式的经营方式，出现了市场繁荣、购销两旺的局面。

4. 社会事业

随着塔河县各项经济建设的发展，交通、电信、教育、科技、文化、卫生、体育等事业也得到快速的发展。塔河县铁路交通有嫩林线、塔韩线；公路交通有三塔公路、黑漠公路、加塔公路、塔樟公路；水路有黑龙江水上交通航线。塔河县的陆路交通成为大兴安岭北部交通枢纽。2011 年底，塔河县共有各级教育机构 20 所，其中小学 12 所、独立初中 4 所、高中 1 所、职业技术学校 1 所、教师进修学校 1 所、公办幼儿园 1 所。全县学生总数为 7362 名，其中在园幼儿 159 人，小学生 3004 人，初中生 2762 人，高中生 1437 人。全县共有教职工 1067 人，其中幼儿园 33 人，小学 536 人，中学 432 人，职校 66 人。专任教师 926 人，其中幼儿园 18 人，小学 523 人，中学 331 人，职校 54 人。全县入学率、巩固率、普及率均达到教育部颁布的标准，已

经通过黑龙江省教育厅验收，完成了"双高普九"任务。全县现有医院 3 座，卫生院、所 45 个，县级医院能实施各类常规手术，各基层医疗机构同时负责该区域的食品卫生、地方病、传染病防治、计划免疫、妇幼保健等项工作。文化、体育活动蓬勃发展，各乡镇广泛开展多样的小型文体竞赛娱乐活动。

1987 年，发生了特大"五六"森林火灾，盘中、马林两个林场居民区被烧为灰烬。灾后，党中央、国务院提出 2 年完成"恢复生产、重建家园"，3 年完成"抢采抢运烧死木"，10 年"恢复森林资源"的计划。经过全县人民的努力，被烧毁的两个林场当年就完成了复建任务，到 1990 年全面完成烧死木的抢采抢运任务。1991 年 7 月 1 日，塔河县遭受百年未遇的特大洪水的袭击，塔河镇有 70% 的居民受灾，冲毁、冲坏房屋 7 万多平方米，全县人民在县委的领导下，按照"抗灾救灾，重建家园"的指示精神，1992 年完成了复建任务，新建 1 处居民住宅区。"五六"大火和"七一"水灾以后，县委、县政府认真加强森林资源的保护和培育，促进森林资源的发展和利用，调整产业结构和市场布局，发挥主导产业的优势，全面发展多种经营和支柱产业，强化管理，挖掘潜力，提高综合经济效益和社会效益，促进了全县政治、经济和文化的发展，使全县社会稳定，人民安居乐业。

塔河的开发建设者，不仅创造了丰厚的物质财富，还留下了突破高寒禁区的"大兴安岭精神"。塔河县人民继承和发扬了大兴安岭精神，努力奋斗，勤于奉献，为家乡的发展和建设贡献力量。一个美丽富庶、繁荣兴旺的边疆新城——塔河，像一颗翠绿的明珠，在千里林海中熠熠闪光，这正是几代塔河人的梦想，他们正为此不断地奋斗着。[①]

（二）开库康乡概况

开库康乡位于塔河县东北部黑龙江上游右岸，盘古河、西尔根气河下游，地处东经 124°48′～124°49′，北纬 53°7′～53°8′，素称"上三乡"。开库康乡西北与漠河县兴安镇毗连，东南部与塔河县依西肯乡相邻，西南部与漠河县图强镇接壤，北隔黑龙江主航道与俄罗斯相望。上自谢尼康河、下至安罗卡，国境线长 109 公里，总面积为 1943.6 平方公里。全乡现共辖开库康村、马伦村 2 个自然行政村。政府驻地开库康村，距县城所在地110 公里。

1. 历史概况

开库康乡的乡名语种、语意不详，疑为俄罗斯语，也有人说是鄂伦春语，也有人认为是"树"的意思。1909 年（清宣统元年）设开库康卡伦，当时隶属漠河总卡官，属黑河府境内；1917 年改隶漠河县管辖；东北沦陷后，隶属鸥浦保；1945 年日本侵略者投降后成立开库康维持会；1947年 3 月并入呼玛县；1949 年建立开库康村，隶属鸥浦区管辖；1956 年设置开库康乡；1958 年并入额木尔人民公社；1961 年从额木尔人民公社划出，设置开库康人民公社；1981 年划归塔河县管辖；1984 年改为开库康乡。

2. 自然概况

全乡地势西高东低，地形为西北至东南呈横放的长茄

---

① 上述内容根据塔河县各政府部门提供的材料及《塔河县志》整理而成。

子状。境内主要山脉为王苏山、平顶山、勾鱼岭等，最高山峰 672.4 米。主要河流西部有发源于白卡鲁山的盘古河，境内流长 20 余公里；东南部有发源于蒙克山的大西尔根气河，境内流长约 70 公里，两河均在本境内向东注入黑龙江。全乡地处寒温带，属大陆性季风气候，夏季最高温度 32 度，冬季最低温度 –43 度，无霜期 85 天，全年平均降水量 460 毫米。

3. 经济概况

全乡耕地面积 11800 亩，主要种植小麦、大豆、马铃薯等作物，养殖业以鹿、牛、猪为主，畜牧业以鹿、牛、猪和家禽饲养为主，目前畜牧业产值占全乡总产值的 60% 以上。该乡有养殖园区 1 个，占地面积 3 万平方米；养殖大户 17 户，养殖协会 2 个，经纪人 6 人。大型水利工程有护岸堤 3 公里，防洪堤 10 公里。乡镇企业有年发电量 6 万千瓦时的发电厂，4 个饲料加工厂和木耳菌养殖场。境内有草原面积 40 万亩，可利用面积 4 万亩，其中天然草场 3 万亩，天然放牧场 1 万。在经济发展上，开库康乡坚持以科学发展观为指导，抓住新农村建设的契机，立足耕地、水草、界江优势，大力发展生态高效农业，进一步调整优化了种植结构，引导农民扩大市场有需求、比较效益高的高效经济作物生产，逐步形成"一乡一业、一村一品"的种植格局。大力发展订单农业，积极协调加工企业与农户之间建立稳定的供求和利益联结关系，带动农户扩大大麦、豆、薯等作物种植规模，使农户真正成为企业的原料基地，实现互利双赢。同时，各村还针对畜牧业发展需求，扩大青贮玉米、饲草饲料种植面积，加快了种植业结构调整；积极推进劳动力转移，非农工资性收入已成为农民增收的另一主要渠道；发展山产品采摘业，组织农民在农闲时进山采集山产品和中草药，增加了农民收入。大力发展畜牧业，一是坚持市场牵动，积极扶持养殖户扩大饲养规模，带动猪、牛、鸡发展；二是坚持政策促动，继续制定、争取和完善畜牧业发展优惠政策，进一步营造宽松优越的发展环境，鼓励扶持畜牧业快速发展；三是坚持科技推动，进一步完善技术推广服务体系，大力推广优良品种，扩大良种覆盖面，切实强化防疫灭病体系建设，深入开展动物强制免疫、疫病检疫净化工作，强制免疫注射密度达到100%，保证了畜产品公共安全。

4. 社会事业

乡境内有一条长为67.7公里的通乡公路，为四级水泥路面。嫩漠公路、绣马公路、盘沿公路，共长达150公里，全部为砂石路。该乡有大小型农机具320台套，机电井10眼，农田灌溉率达25%，农民住房砖瓦化率达21%。全乡电话实现了程控直拨。乡直属单位有农机站、经管站、畜牧兽医站、乡中心校、卫生院、文化广播站、水利水产站、发电厂、招待所（见图1-1）等。驻扎单位有派出所、武警工作站、边防驻军、邮电所、电信所等。其中，有小学1所，面积1500平方米；有卫生院1处，农村医疗站3个；有线电视台1个；有村办公室2处，面积230平方米；有综合文化活动室1处，建筑面积100平方米。乡政府有职工38人，其中科级干部7人、一般干部21人、工人10人；有党员84人。乡班子先后获得"地级先进党委""地级平安乡镇""地级生态乡""县级六好党委""县级党建先进单位""县级农业先进集体""县级发展畜牧业先进单位""县级精神文明建设突出贡献单位"等荣誉称号。现有大兴安岭级五好家庭 2 户，乡级五好家庭 15 户。

图 1-1　开库康乡招待所（2012 年 6 月　作者摄）

在新农村建设上，开库康乡重点对水、电、路、医疗、教育、通信加强了建设，完成了四级白色通乡公路、马伦村向阳屯 2.5 公里以堤代路工程、沿江至马伦村 17.8 公里的通村公路、1.2 公里的村内主要道路硬化；完成了饮水改造工程；完成了学校维修，达到地、县级合格学校；乡卫生院和计划生育服务站已完成维修和改造，增添了设备；广播电视和通信网络覆盖全乡；加强了乡村四旁绿化和环境治理（垃圾及时清运、污水通过明渠暗沟排放、柴草垛出村、厕所干净、庭院整洁）等活动；加大了资金投入，制定了规章制度，成立了城管大队，确定了保洁人员等，村容村貌得到较大改善；新建了小麦和大豆加工厂、风力发电站等项目。①

——————————

①　以上材料由开库康乡政府提供。

二 开库康村四至与交通

1. 村庄四至

开库康乡开库康村位于塔河县北 110 公里处，北部与东部为黑龙江所环绕，中俄两国以黑龙江中心线隔江相望，西部为开库康河，南部倚靠大兴安岭山脉王苏山，西北方 75 公里处为开库康乡马伦村（马伦村正是"黄金之路"的重要节点），西南方 25 公里处为二十二站林场。

2. 黄金之路与二十二站

1887 年，李金镛携兵从墨尔根城（即黑龙江省嫩江县城）出发，沿着清代康熙二十四年（公元 1685 年）开辟的通往雅克萨（今漠河县兴安镇古城岛）兵站的羊肠小道，从二十五站沿着额木尔河逆流而上，辟出 8 站，到达漠河的老金沟和洛古河。至此三十三站全部开辟完成。三十三站近两千里之遥，成就了著名的"黄金之路"。

古驿路上的二十二站就在现今的二十二站林场施业区内。二十二站林场的位置十分独特，它的独特，并不是因为它本身，而是因为它上下的两个邻居，二十一站和二十三站东北部黑龙江边的马伦村。二十一站是历史上著名的"金沟"，据当地人说，直到 20 世纪 80 年代，这里仍然有大规模的采金活动；而马伦村，在 100 多年以前则是黑龙江上的水路要冲。二十二站，正好处在这段 S 形路线的中间部分，实为咽喉重地。

3. 交通

开库康村位于大兴安岭地区，临黑龙江而建，背靠大兴安岭山脉，交通极为不便。横亘绵延的大兴安岭曾被著名历史学家翦伯赞风趣地比作"中国历史上的一个幽静的

11

后院"。从先秦时期开始，东胡、室韦、鲜卑、契丹、蒙古等少数民族就在它广袤的地域间繁衍生息。在漫漫的历史长河中，大兴安岭几乎与世隔绝，重重叠叠的山岭和茂密的原始森林构成了天然的障壁，使世代生活在那里的鄂伦春、鄂温克等少数民族人民长期与世隔绝，以狩猎为业，过着原始生活。1955 年以前，大兴安岭地区还是一片浩瀚的原始森林，仅有伪满遗留下来的几条简易公路和羊肠小道。随着国家开发大兴安岭林区，大兴安岭的公路建设开始发展起来，塔河县的公路建设也从那时候起驶入了快车道。截至 2011 年底，开库康村内仍只有一条公路与外界相连，该条公路为 2007 年建成的瓦开公路，瓦开公路与黑漠公路和加漠公路相连。开库康村现有每日一趟的客车去往塔河，客车早晨 6 点钟发车，大约 3 小时到达，车费每人27 元，行李等物品按大小收费，大的 7 元，小的 5 元。如果赶上过年过节就多发一台车，下午 2 点钟从塔河往回返。整个塔河至开库康的客运线路被塔河县车主吴佩彦承包。如果村民有急事须去塔河，可以打车。村里共有两台出租车，一台是捷达，一台是吉普车，车费原来为 150 元，随着2009 年 12 月柴油价格上涨，打车费涨到了 180 元。开库康乡各屯之间相距甚远，开库康村和马伦村相距 75 公里。村屯之间无高等级公路，农副产品流通不畅，农民只能在家里等待外来客商收购，而往往外来客商给出的产品价格要远远低于一般的收购平均价，严重制约了经济的发展。

4. 水土流失

开库康村三面环水，长期的森林采伐和农业生产活动造成的水土流失现象相当严重。黑龙江开库康江段的土地属森林草甸土类型，土层表面为一米左右的黑土，黑土下面为细沙和石块组成的含沙层，当土壤表面的黑土层遭到破坏后，下层的细沙很容易被水冲刷，因此水土流失现象十分严重。开库康村的上地营子居民点就建在黑龙江岸边，由于长期的水土流失，其村庄和房屋已经大半被江水淹没，当地村民不得已整体搬迁至开库康村居住。众所周知，中俄两国以黑龙江主航道中心线为分界线，由于水土流失，江岸不断向中方一侧推进，无形中我国每年都损失大量的国土。黑龙江上的中方 18 座岛屿同样经历着水土的冲刷，如果水土流失的现象得不到有效控制，那么几十年以后，这些岛屿恐怕就要跑到俄方一侧了。黑龙江开库康江段岛屿分布情况如表 1－1 所示。

表 1－1　黑龙江开库康江段岛屿分布

单位：平方公里

中　　方		俄　　方	
岛屿名称	面积	岛屿名称	面积
马伦岛下岛	2.793	乌瓦利内岛	1.936
车地营子浅滩岛	0.970	帕夫洛夫斯基岛	0.572
盘古河口群岛	1.389	特缅斯基岛	9.425
王文堂小沟岛	0.475	谢戈列夫斯基岛	1.690
上三股流群岛	3.200	布尔加林斯基岛	4.890
上地营子浅滩上岛	0.025	佩列梅金斯基岛	2.199
小河口岛	0.018	叶里尼奇内岛	0.100
开库康浅滩上岛	0.050	科佩特内岛	0.122
开库康西滩	0.018	戈列雷（苏霍伊）岛	0.137
开库康浅滩岛	0.021	戈列雷（帕罗霍斯基）岛	0.933
开库康东滩	0.007	别祖辛斯基岛	0.665
开库康小河岛	0.400	—	—

续表

| 中　方 | | 俄　方 | |
岛屿名称	面积	岛屿名称	面积
开库康小河下岛	0.288	—	—
下鱼亮子岛	0.660	—	—
打鱼队下岛	0.175	—	—
阎王店上岛	0.050	—	—
阎王店岛	3.616	—	—
西尔根气河呼岛	2.859	—	—

资料来源：该表格根据《塔河县志》和开库康村提供材料整理而成。

三　开库康村商业布点

至 2011 年底，开库康村有杂货店、粮食加工厂、饭店、理发店、化肥销售铺、摩托车修理铺、电焊铺、裁缝铺等个体工商户共计 21 家（见表 1 - 2）。

表 1 - 2　2012 年开库康村街道商户类型及数量

单位：家

杂货店	粮食加工厂	饭店	摩托车修理铺	理发店	化肥销售铺	电焊铺	裁缝铺	总计
7	2	3	1	2	1	3	2	21

开库康村商业布点主要集中于繁荣街上。沿街有两家旅饭店（见图 1 - 2），旅饭店并没有招牌，因为流动性小，来吃饭的大都是乡里和村里的熟人，外来的游客和公务出差的人极少，旅饭店的规模也比较小，一般只在客厅里摆放一张或两张桌子，菜品也是根据当天的情况，基本上是有什么吃什么。菜品以江鱼、东北地方菜为主，其中一家还能做烧烤。餐厅后面便是简单的客房，一般一间房内有

两张床，有电视机等简单的生活设施，厕所全部为室外厕所。

图1-2　开库康村旅饭店（2012年6月　作者摄）

繁荣街上还有两家理发店，其中一家的马师傅已经70多岁了，其理发的手艺相当纯熟，理发工具为推子和剃刀，并不用现在流行的剪刀。一些上了岁数的老人都愿意到马师傅这里来理发，因为理了几十年都已经习惯了。

繁荣街上还有四家经营日杂百货兼营副食品的商店，其中较大规模的综合商店的经营品种主要有烟酒糖茶、日常百货、五金、儿童用品、副食等。其店主张女士是哈尔滨市呼兰县人，来开库康开商店已经3年了。在交谈过程中，张女士说刚来的时候商店效益还是挺好的，但是这两年效益很差，购买力旺盛的年轻村民大部分都出去打工了，还有一些家庭举家迁到塔河县或者外地，孩子上学，大人打工，种种因素导致当地购买力急剧下降。张女士说今年过完年她就准备离开开库康，回老家继续开商店。

开库康村因地处边远山区，村落距离较远，人口稀薄，难以形成集市。7户零售商户以供销社较为突出，经营种类齐全，日杂、副食、布匹、鞋帽、五金、农机等，年收入纯利润在4万至5万元。店主王长山系原供销社主任，是山东省梁山县水库移民，县供销联社于1990年将供销社发包给他。其他6家零售商店效益也好坏不一，其中靠近部队驻地的一家效益较好，经常有战士定期进行采购。由于长期不通国电和交通不便，商店均没有冰箱等冷冻设备，不售卖冷饮、冷冻食品，居民对食品保质期也十分重视，买东西之前总要看看过没过期。零售商店顾客最多的时间为早上5点到7点，晚上5点到9点，店门开关时间主要依当地居民的作息时间而定。居民农忙时节总是早出晚归，农闲时还要下江打鱼，上山采摘蓝莓、雅格达、蘑菇、木耳等山产品，冬天还要上山清林。辛劳了一天的人们满载而归时，总是要到商店买点啤酒、食品来犒劳一下自己。商店经营的另外一个特点就是香烟不仅品种单一，而且销量极小。询问了许多当地人，大家的回答基本上是一致的，那就是自从1987年发生森林大火以后，县乡村对防火工作抓得特别严，村民们也经常在森林和农田中劳作，因此吸烟的人特别少。图1-3和图1-4分别为开库康乡的油坊和面粉加工厂。

图 1 - 3　油坊（2012 年 6 月　作者摄）

图 1 - 4　面粉加工厂（2012 年 6 月　作者摄）

第二节 村史

一 沿革

开库康地区早在原始社会旧石器时代晚期就有人类活动。商周以前为肃慎部,两汉三国为东胡属乌桓,晋属挹娄北境,后魏北齐为豆莫娄,隋唐五代辽金属室韦地,元为斡赤斤分地,后属开元路,明属奴儿干都司塔哈卫,清为索伦部游猎之地。

人民公社时期,开库康公社是呼玛县 14 个人民公社之一,下有 3 个生产大队,分别为开库康公社第一生产大队、开库康公社宏图大队、开库康公社上地营子大队。1981 年,呼玛县析置漠河县和塔河县,将开库康、依西肯、十八站等 8 个公社 17 个生产大队划给塔河县。1982 年 12 月第五届全国人民代表大会第五次会议将"人民公社"改为"乡、民族乡","人民公社管理委员会"改为"乡、民族乡人民政府","生产大队"改为"村"。1984 年,开库康第一生产大队与宏图大队合并为开库康村,上地营子大队变为上地营子村。当时开库康乡包括开库康村、上地营子村、马伦村和向阳村 4 个自然行政村。2000 年,根据中央撤乡并村的文件精神,把上地营子村并到开库康村,向阳村并到马伦村,各项工作归乡政府统一指导。

二 关于村庄标志物的传说

黑龙江流经开库康江段有着特殊的地理特质,表现为沿江中方一侧的群山陡峭,峭壁林立,如一把把钢刀直立插入水面。这里有一座山叫黑龙山，在黑龙山上有一个洞，当地人称这个洞为"黑龙洞"。在黑龙山 602 航标的下面有一处山崖大裂缝，像是被什么东西劈过而形成的，据当地老人说这是黑龙与白龙搏斗时留下的痕迹，是白龙摆尾扫到了这里。黑龙江和黑龙洞成了开库康乡的标志物，黑龙江和黑龙洞的传说在当地广泛流传。

黑龙洞与黑龙庙的传说

相传很久很久以前，黑龙江的名字并不叫黑龙江，叫白龙江。江里住着一条白龙，据说在大禹治水的时候，许多性情凶恶的龙都被制伏了，而它却逃到这里，常使江水泛滥，冲毁房屋，淹没五谷，家畜野兽命丧汪洋；东西几千里，两岸少人烟，只有少数跑船的船夫们，或者在江边搭个窝棚，或者干脆就睡在江边的山洞里，临时居住着。后来怎被叫作黑龙江的呢？这话说起来可就长了。

有一年夏天，在山东胶州湾一带，一姓李的住家，是兄妹二人过日子。这天哥哥出了远门，妹妹李姐到海边洗衣裳，因为天气炎热，她洗完衣裳便到水里洗了一个澡，洗完之后，感到腹中有些疼痛，忙收起衣服，回到家中。

不料从这以后，李姐的腹部一天天地凸起来，既不敢对外人去讲，又不能再出家门，只好整天呆在家里。说着，到了第二年的春天。这夜，天上阴云滚滚，窗外雨如瓢泼，李姐分娩了。可是她生下来的不是个娃儿，而是条小黑龙。起初李姐很害怕，但天下的母亲，没有不爱自己生下来的孩子的，所以李姐渐渐地想试着给小黑龙喂奶吃。不料小黑龙的嘴非常有劲，吮得母亲晕了过去，当李姐苏醒过来，小黑龙却不见了。后来小黑龙每天晚间都回来吃奶，饱了

便出去。虽然母亲乳儿有些苦楚，但仍是照样每夜都给小黑龙一顿奶吃。

一晃几个月过去了。李姐的哥哥出门回来，李姐把生下小黑龙的事前前后后对他说了一遍。哥哥听完，一言没发，走出房去，找块磨石，蹲在后院偷偷地磨着菜刀……天黑了，小黑龙又回来找娘吃奶，他娘又被吮得晕了过去，就在这时，小黑龙的舅舅抽冷着闯进屋来，掀开被照着小黑龙就是一菜刀，菜刀落下，屋里忽然闪了一道火光，咔嚓打了一个响雷，等李姐的哥哥提刀追出门外，小黑龙早就没影了。母亲被惊醒之后，点起灯来一看，炕沿底下落着一条被砍掉的龙尾，不由心酸，哭泣起来。

事情传到外面，因为小黑龙没有父亲，便随着母亲姓李，又没有名字，被舅舅砍断了尾巴，所以乡里人给他起个绰号叫"秃尾巴老李"。"秃尾巴老李"自从被舅舅砍了一刀后再也没回家来，好久好久没有消息。

又是一年的春天，在现在的黑龙江边的黑龙山上住着个老船夫，眼看天快黑了，蹲在山洞前做饭，忽听身后有人问："老大爷，讨个麻烦，我在你这借个宿行不行？"

老船夫回头一看，是个上下穿着一身青衣的小伙，胖达达的身腰，密茸茸的头发，宽棱棱的额角，黑黝黝的脸膛，厚敦敦的嘴唇，浓眉大眼怪招人爱的。

"住下吧。这里前不沾村，后不着店，先到洞里歇歇脚，等会儿饭好一块吃点。咳，出门呀，没有带着锅碗瓢盆走道的……"老船夫念念叨叨，太阳落下山去。

这夜，两个人谈得挺投缘。第二天清早，黑小伙要出去办点事，老船夫约他晚间还到山洞来住，小伙答应一声，顺着江沿向东大崖子走去。

说也奇怪，本是个亮晴的天，小伙走后不多时，就见东大崖子顶上，阴云滚滚，时黑时白，霹雳闪电，接连不停。按说一会定要刮来狂风暴雨，所以老船夫没去行船，站在山洞前，不时地观测天象。可是日头偏西了，那团阴云还是原地不动地滚着，滚着滚着，忽然一股白云降落水面，渐渐地黑云也散去了。

日近黄昏，老船夫忙点起火来。一边做着饭一边想：这黑小伙子真能吃呀，昨天我准备了三天的饭，叫他一顿给吃光了，今天他去的地方雨又大，回来不得饱饭吃怎能行？掂量掂量口袋里的米，有昨天的两倍，索性一下都倒在锅里。

天快黑了，那黑小伙回到山洞来，老船夫一见便问："叫雨淋了吧？"小伙说："没有，走路急点，出了身汗水。"老船夫把饭菜端上来，二人开始用饭。没曾想，足够五六天吃的饭，叫小伙一顿又给吃光了。晚间倒在炕上，老船夫听小伙打了个"咳"声，长长地叹了口气。

老船夫问："你是不是愁没吃的啦？不要紧，明天我摆船到下边去买，别为吃咱两顿饭就见外了，谁出门也不能背着米口袋呀！"

小伙说："可是一饥容易解，百饱最难求哇！"

"那也用不着发愁，这江沿住着的多是山东老乡，求到哪个，也不能叫咱们两个饿着！"

小伙一听这话，咯咯地笑了，笑得山洞都颤颤有声。过了一会，老船夫似睡非睡的，就听小伙对他说："我是一条黑龙，家住在山东，因为被舅舅砍掉尾巴，乡里人管我叫秃尾巴老李。从离开娘怀，再也没有回家，一直住在东海，常常听到北方有哭声，今年寻着哭声找来。原是这江

21

里的白龙作怪，年年发水闹灾。我想把白龙赶走，今天在东大崖子上打了一仗，白龙被我打败，潜在水中，约我明日正晌午时，在江里再战。可是白龙家在这里，打饿了有吃的，我是从远乡来，打饿了没吃的，饿着肚子怕打不败他。可叹我走之后，这沿江两岸又要连年受灾……"

"这可怎么办好呢？"老船夫问。

"就得求你来帮助我。"黑小伙说，"等明天正晌午时，我跟白龙交战，你站在东大崖子顶上，见江里黑水翻上来，那是我在上边，你就往江里扔吃的；若是白水翻上来，那是白龙在上边，你就往江里扔石头，这样我就可以把白龙赶走。"

老船夫听到这里忽地坐起来，刚想说："好吧，你尽管放心！"猛一抬头，红日上窗，转身再看看小伙，不知什么时候不见了。老船夫迟迟疑疑地走出山洞，就见邻近一些伐木工人，三个一群，五个一伙，有的蹲在山洞跟前，有的站在江边，都纷纷地讲着，每人昨晚上都做了个像老船夫那样的梦。互相对证起来，一点都不差。于是大家集合一起说："秃尾巴老李给人们除害来了，他有仁德之心，咱怎能不见义勇为？龙向老乡求助，更是刻不容迟。"人们便把所有的白面都做成了馒头，又弄了许多石头和石灰，整制齐备，日头也快到午时了，大家背的背，扛的扛，挑的挑，呼呼啦啦地奔东大崖子顶上跑来。

东大崖子是江边最高的一个山头，靠水的那面像刀劈的一般陡，直下江底。这儿的水最深，深得摸不到底；流又最急，急得扔下根鹅毛都被漩涡卷下去。不管是行船或放排木，都不敢靠近崖边，一靠崖边，便被水卷没。

天上一朵云彩也没有，人们到了东大崖子顶上，日影也正南正北了。就见江面从西向东来一股黑水，又见从东向西起了一股白水，两股水遇在一起就打起漩来。漩呀，漩呀，越漩越急，猛听"呜隆"一声，江面突起一座水柱，不消说有多大多高了，把崖上的石头都震得滚到水里。接着江水翻滚起来，恶浪拍打着两岸，水珠时时都能飞溅到高崖顶上。大家看着看着，忽然江面黑水翻上来，人们急忙把成筐箩的馒头扬下去，高呼："秃尾巴老李，我们早就来了！给你助威助战。"一会儿又见白水翻上来，人们便把一抬筐一抬筐的石头投下去，且打且骂："凶恶的白龙，娘的快滚！"如此反复好多次，水上忽然腾起一股白色云烟，散着一些蒙蒙雾气，向五大连池飘去。再望望江面，恶浪不起，黑湛湛的江水，平平静静地向东流着。

日影偏西，人们得意洋洋地回到山洞、窝棚，收拾收拾斧锯，第二天又到山上去干活。可是这夜，那小伙并未到老船夫的窝山洞来。清早，老船夫扛把镐头想去刨块菜地，一出窝棚，见黑小伙在门口站着，没等老头开口，他笑着问："想到哪去呀？""噢，到南山刨块菜地……""你歇歇吧，我去刨，一会儿就完。"黑小伙子说着，把老船夫推进山洞里转身就走了。

老头坐在山洞里装了袋烟，一想不行，他没拿镐头怎么刨地？还得给他送镐头去。老头扛着镐头奔南山走来，还离山场挺远呢，就瞅那儿泥土纷飞，一搂多粗的大树，一根接一根地往下倒。老头纳闷：这是怎么啦？慢慢走近一看，原来有条黑龙用犄角把大树一棵棵连根撅掉。再仔细一看，这条黑龙果然没有尾巴，不用说就知是他了。老头并没惊动就回来了。

不一会儿，那小伙也回来了。向老头说道："菜地刨出

来啦。""哼，我怎能种得了那么大一片呀！""怎么，我刨地你看见啦？""可不，我刚从那回来。"

"好吧，既然你已经知道我了，我就不再来啦。那块地你种点菜，剩下的留给大伙种庄稼，告诉乡亲们，尽管放心，我来管辖这条江水，水不会再泛滥成灾了。日后大家有何为难遭灾，只要言语一声，我就能帮助。"黑小伙说完就不见了。

从此，人们便给这条江取名叫作黑龙江。直到现在，黑龙江上还留着一种乡规：每当开船的时候，艄公先祭拜黑龙。据说这样，不管遇到什么风浪，都会保平安无事的。据说在抗日战争时期，有一艘日本军舰沿黑龙江行驶到开库康江段，没有听从当地人的劝阻，没有下船祭拜，结果就在黑龙洞江段附近船沉人亡。

当地人为了纪念黑龙，便把东大崖子改叫黑龙山，黑龙住过的山洞叫作黑龙洞，据说当年黑龙山上还有个黑龙庙，香火极为旺盛，后来被人为损坏了。

三　家族姓氏

开库康村共有 206 户人家，有姓氏周、孙、张、金、赵、韩、刘、于、田、陈、李、翟、陆、王、沈、杨、郝、高、甄、邵、潘、叶、梅、钱、吴、冯、都、何、肖、崔、谭、姚、徐、姜、宋、马、吕、谷、汤、曲、魏、母、付共 43 个，其中沈姓 15 户，占全村户数的 7.3%，是开库康村人数最多的家族。据家族最长者沈少勤介绍，他老家在山东省，由于兄弟姐妹众多，家中仅有几亩薄田，维持温饱都成问题，要是赶上黄河泛滥等天灾人祸，那只有逃难挨饿的份了。都说北大荒日子好过，"有的是地、有的是粮"。于是，1956年他便带着3个儿子1个女儿到北大荒"闯关东"来到了开库康。他到开库康落脚以后，其他的沈姓亲戚朋友陆续追随他的脚步逐步搬迁到开库康，沈姓逐渐成为开库康村数量最多的家族。村内其他的各姓有很大一部分来自山东、山西、河南、河北一带，还有很多是最近几年从黑龙江省内和周边内蒙古、辽宁、吉林等地搬迁来到开库康的。

第二章　基层组织

第一节　开库康村基本情况

开库康村位于塔河县东北部，距县城 112 公里处，是塔河县开库康乡两个自然行政村之一，为乡政府驻地。开库康村西接黑龙江上游本乡的马伦村，北、东临黑龙江与俄罗斯隔江相望，东接黑龙江下游塔河县的依西肯乡，南接瓦拉干镇。全村具有农业户口的为 206 户，另外还有 11 户没有户口，在开库康村谋生。有农业户口的人数为 1234 人，劳动力有 430 人（由于打工、求学等原因，该处户口和人数与派出所提供的数据有较大差距，本书数据以实际调查数据为准）。该村有耕地 9000 亩，草原 3 万亩，宜牧草原 1 万亩，水田 7000 亩。2011 年人均收入 4154 元。

开库康村农业以种植大豆、小麦、马铃薯等作物为主。2011 年，全村种植小麦 2800 亩，大豆 4700 亩，马铃薯 1200 亩，经济作物大豆的种植面积有较大幅度的增长。全村有养殖园区 1 个，占地面积 3 万平方米，养殖大户 12 户，养殖协会 2 个，经纪人 5 人。全村现养马 125 匹，牛 63 头，羊 851 只，猪 298 头，鹿 312 只，家禽 5900 只。开库康村最新道路情况如表 2 - 1 所示：

表 2 - 1　开库康村最新道路情况

单位：公里

村别	村级公路	长度	生产道路	长度	田间道路	长度
开库康村	1 条	13	3 条	10.5	35 条	38

2011 年全村外出务工 269 人，劳务经济总收入 390 万元，人均收入 1.45 万元。村有办公室 1 处，面积 120 平方米。开库康村有大小型农机具 260 台套，机电井 10 眼，农田灌溉率 25%。农民住房砖瓦化率 19%，自来水入户率 42%，电话入户率 93%，有线电视入户率 75%。村有党员 32 人，村班子 2003 年曾被评为县级 "五好党支部"。开库康村现有地级五好家庭 2 户，乡级五好家庭 10 户。

第二节　开库康村村组织

一　村民委员会

村民委员会是中国共产党在农村的基层组织，是村民自我管理、自我教育、自我服务的群众性自治组织，实行民主选举、民主决策、民主管理、民主监督。村民委员会负责管理本村的公共事务和公益事业，负责调解民间纠纷，协助维护社会治安，向上级政府反映村民的意见、要求和提出建议。

（一）村部建设

开库康村村民委员会所在地位于原开库康村中心，整个

院落坐西朝东。村委员会成立后村部有过变革，原开库康村部为3间木刻楞房，现为砖木结构房屋一处，建筑面积为100平方米。有一块面积为200平方米的活动场地，为水泥地面，是乡政府修瓦开公路时修建。村委会房屋为2006年新建，资金一部分来自县委组织部提供的6万元，一部分来自于村里投资的近2万元。村委会里有集党员活动、农民培训和文化活动为一体的多功能活动室。办公室为30平方米，计划生育妇女办公室20平方米，走廊8平方米。县委组织部为多功能活动室配备了VCD。县水务局2006年把开库康村列为帮扶对象，为村里采购了10套办公桌椅和一些书刊。

（二）村委会沿革

1981年，国务院批准建立漠河、塔河两县，将原呼玛县十八站、依西肯、开库康3个公社行政区和原塔河区合并划为塔河县。当时，开库康村有开库康公社第一生产大队、开库康公社宏图大队、开库康公社上地营子大队。1983年，根据国务院通知，全国恢复乡、村建制。1984年，开库康公社变为开库康乡，改开库康第一生产大队与宏图大队为开库康村。现下设3个村民小组，村民委员会成员包括主任、会计（兼委员）、妇女主任（兼委员）。开库康村历届村民委员会沿革情况如表2-2所示。

表2-2　开库康村历届村民委员会沿革

届　数	选举时间	当选人姓名	职　务
第一届	1985年2月至3月	陈垚君	主　任
		王友庆	会　计
		张立英	妇女主任

届　数	选举时间	当选人姓名	职　务
第二届	1988 年 2 月至 3 月	隋松德	主　任
		王友庆	会　计
		马迎春	妇女主任
第三届	1991 年 2 月至 3 月	刘国军	主　任
		张桂华	会　计
		马迎春	妇女主任
第四届	1994 年 2 月至 3 月	付占山	主　任
		张桂华	会　计
		马迎春	妇女主任
第五届	1997 年 2 月至 3 月（2000 年因并村未变动）	宋树生	主　任
		张桂华	会　计
		马迎春	妇女主任
第六届	2003 年 10 月	宋树生	主　任
		吕清学	会　计
		王秀霞	妇女主任
第七届	2006 年 10 月	刘国军	主　任
		吕清学	会　计
		王秀霞	妇女主任
第八届	2008 年 10 月	张洪伟	主　任
		吕清学	会　计
		王秀霞	妇女主任

（三）村委会基本情况

1. 构成

开库康村村民委员会现有成员 3 人：主任 1 人，会计兼委员 1 人，妇女主任兼委员 1 人。其中，男性 2 人，占总人数的 66%，女性 1 人，占总人数的 34%；3 人平均年龄 44 岁；高中文化 1 人，初中文化 2 人；党员 2 人（见表 2 - 3）。村委会下辖 3 个村民小组，各设组长 1 人。

表 2 - 3 开库康村第八届（现届）村民委员人员构成情况

姓名	职务	性别	出生年月	文化程度	政治面貌
张洪伟	主 任	男	1971.6	初中	群 众
吕清学	会 计	男	1952.4	高中	党 员
王秀霞	妇女主任	女	1965.6	高中	党 员

2. 分工

村委会主任主管村委会工作，分管农业、治安、调解、民政、招商引资、财务等工作。

会计主管出纳、统计、民兵、档案、会议记录等工作。

妇女主任主管妇女、计划生育、合作医疗、文教卫生等工作。

3. 待遇

村两委成员中，村党支部书记、村主任、会计的工资由县财政发拨转移支付，其中村党支部书记、村主任每人每年 4200 元，妇女主任每年 1000 元，其他工作人员按工作误工补助发放。村民小组长也参照以上规定执行，所有补助年底一次性发放。

4. 经费

村委会经费来源于乡财政转移支付，每年有 4 万元补贴，主要用于人员开支。其中书记、主任、会计每年每人 4200 元，计划生育员每年 1000 元，日误工费 15 元，还有办公用品费、差旅费、五保户供养费等。

5. 组织机构

开库康村村民委员会下设 1 个理财小组和 1 个村务公开

监督小组，各设组长 1 人。理财小组组长李连会，成员包括张桂香和李凤荣，共 3 人。徐跃忠任村务公开监督小组组长，组员有王立学、于得仁和张维峰，共 4 人。

二 开库康村党团妇女组织

（一）开库康村党支部

1. 构成

截至 2011 年底，开库康村党支部共有党员 32 人，其中女性 5 人，男性 27 人，长期在外务工 4 人。2011 年底，接受入党积极分子 2 名。32 名党员中，小学文化及文盲 9 人，初中文化 14 人，高中 9 人。

2. 活动

（1）每个月不定期召集、组织委员进行学习，主要内容有：学习楷模，学习国家对农村、农民的相关政策，并且研讨村里大事等。

（2）每季度召开一次党员大会，主要事项：发展党员和传达上级有关文件精神，以及重大亟待解决的事宜。

（3）根据乡党委文件精神，发挥党员的先锋模范作用，组织有能力的党员进行"一帮一"活动。对那些生产生活有困难的农户进行帮扶，为群众解决困境和难点问题。

（4）在 2007 年，开库康村党支部对党员进行设岗定责、因岗设人，下设了 10 个岗位，分别是：社会治安维护岗、村规民约监督执行岗、村务财务公开监督岗、科技示范岗、勤劳致富岗、信息咨询服务岗、政策宣传岗、民意收集岗、文明新风岗、环境卫生岗。

3. 开库康村党支部书记——徐跃忠

徐跃忠是开库康村的党支部书记，男，1961 年 8 月 20

日出生于黑龙江省呼兰县许堡公社徐花大队。1977年,全家搬迁到呼玛县开库康公社宏图大队。1980年在生产队机耕组任核算员。1981年任社办企业出纳兼保管员工作。1983年实行家庭联产承包责任制,社办解体。1985年任开库康村文书兼团支部书记。1988年到1990年任村委会副主任,负责机耕队工作。1991年任开库康乡上地营子村党支部书记工作。1996年春回开库康村务农。2002年12月,因撤乡并村,通过选举任开库康村及上地营子村并村(即开库康村)支部书记工作至今。

徐跃忠在支部书记任上一干就是十来年,他根据本村的实际情况,建立健全村里各项工作制度,整顿档案及财务收支工作,坚决杜绝多吃多占的不良行为,从自身做起,树立了良好的干部形象。平日里,村里无论大事小事,徐跃忠都广泛征求村民意见,召开村民代表会议进行决策。发放救济粮、确定低保户名额及其他村中要事,都要组织村委会成员进行初步研究讨论,再由村民代表大会酝酿并最终决议。

为发展村经济,徐跃忠积极领导村民进行农业种植结构调整,鼓励村民种植经济作物。2006年春,他调进马铃薯品种(早大白),向十多户种植户进行发放种植,当年就获得了可观效益,得到村民的认可。他还同班子成员一道引进了马铃薯基地建设项目,并建成了订单农业,可为村民增收10余万元。徐跃忠看到农民光靠种地是富不起来的,他就联系县、乡两级,联系好项目,向外输出剩余劳动力。在春耕生产中,徐跃忠及早替大家组织联系农用油、化肥、种子等农用物资,做好备耕备产工作。谁家有困难,他顾不上自己,先帮助他人解决困难。有村民因上年歉收而缺少籽种，徐跃忠听到这件事，及时到县农委帮助联系籽种，解决了他们的燃眉之急。

开库康村地处偏僻，没有国电，全村用电全靠自己发电，由于机器老化，时常出现故障，且发出的电压低，也影响了村中家用电器的寿命。徐跃忠把这件事当作大事来抓，为了向上级争取发电机，他经常睡不好、吃不好。当把发电机拉到屯里、把用电线路接好、把发电机启动，屯里点亮光明时，老百姓沸腾了，那场面比过年还热闹。电解决了，为了丰富百姓的文化生活，他又多次到乡政府争取项目，为村里安装了电视接收设备，为每家每户接上了线，百姓也都看上了电视。开库康村的道路虽然是土路，却非常整洁，为了大家有一个好的生活环境，在他的号召下，在农闲之余，大家将村里的垃圾杂物清理得干干净净。徐跃忠经常把屯里的事当作自家的事来办，把自家的东西当成屯里的东西让大家用。他家的农用四轮拖拉机，经常义务为大家服务，谁家用车只要和他说一声，他从来没有说过"不行"两个字，哪怕耽误了自己的事。

开库康村坐落于大兴安岭山区，每到春季防火期，防火任务十分紧张。无论何时何地发现火情，徐跃忠书记都会及时带领村支部组织人力进行扑救。2004年3月骆驼脖子出现火情，徐跃忠带领十几个村民党员前去救火，一去就是半个月，住在露天地，干吃方便面。

4. 开库康村五好党支部建设

开库康乡开库康村党支部以调整村经济结构为主线，以提高全体村民生活水平、增加收入、创建五好先锋党支部为目标，在充分发挥和利用现有条件和优势的前提下，按照乡党委、政府"依托搭船调结构、围绕三五促发展"

的总体思路，大力发展村经济。

要致富、要发展，首先必须自身强，有致富的能力，有带领全村致富的本领。为此，村班子制定了学习日，班子成员必须参加乡办的科技学习班，通过学习，每人掌握1～2门实用科学技术，使其政策观念和驾驭市场经济的本领得到增强。党支部始终把吸收优秀青年、优秀致富带头人、种地养殖能手作为发展党员的首选，其中每名党员基本都有初中以上的文化学历，都具有1～2项致富的新技术，都能有带领全村人共同致富的决心，都能积极、认真地贯彻和领会党的各项方针、政策。老党员作为宣传员，青年党员作为排头兵，领着全村人在致富的新路上勇往直前。一个朝气蓬勃、蒸蒸日上的党员队伍正展现在全村人的面前。

近年来，随着粮食价格的放开，出现了粮食增产不增收的现象，发展常规农业已基本上没有什么效益可言，边境村发展常规农业更无任何优势。如何进一步拓宽农民的致富新门路，如何进一步增加农民的收入成为村党支部的头等大事。思路决定出路，没有思路创新，就不可能开创农村工作新局面。因此，这个支部积极解放思想，转变观念，针对一些农民存在的小农经济意识、等靠要思想严重、不思发展等问题，积极在农民中开展了一系列"解放思想、更新观念"的教育活动，以乡里举办的各种科技培训班、业余学校、县"三下乡"活动为契机，广泛宣传结构调整的重要性和必要性，牢固树立大农业思想，树立市场观、效益观、风险观。通过宣传教育，广大农民充分认识到发展特色农业的意义，逐步走上发展五种经济——鹿经济、猪经济、牛经济、劳务经济、马铃薯经济的路子。

党支部积极努力，通过扶持养殖大户，实行政府搭台、民间资本唱戏的组织构架，逐步形成"协会＋农户＋市场"的产业链条。一是抓牛经济。改善牛的品种，引进优质种牛，进一步改变饲养方式，提高科学饲养水平，缩短饲养周期，扩大饲料的种植面积，搞好架子牛育肥。党员刘国军是这个村的养牛带头人，目前他家的牛已发展到40多头，同时收购架子牛育肥，然后销售。他还无偿为其他养殖户提供养殖技术。二是抓好猪经济。突出农村绿色肉猪的特色，引进瘦肉型种猪，改良品种，进行科学饲养，提高商品的科技含量。针对目前市场育肥猪少的情况，经过积极向乡里争取，争取到了在开库康村建立一个仔猪产业链基地的项目，此项目正在建设当中。三是抓好鹿经济。建立养鹿联合体，充分挖掘山区得天独厚的自然资源，扩大养殖规模。在养鹿的过程中，村党支部为自发产生的有代表性的大户有计划、有目的地争取资金和技术扶持。在村党支部的支持下，在养殖大户的带动下，目前全村农民养鹿积极性高涨。

结合开库康村适合发展绿色和无公害食品的自然条件，为了继续坚持打绿色牌，走特色路的战略，继续优化种植业结构，合理调整粮经饲的比例，党支部带领全体村民压缩粮食作物种植面积，扩大经济作物、饲草和饲料作物的种植面积，落实好各项技术措施，切实在优化品质、提高单产、增加效益、提高竞争力上取得实效。一是抓马铃薯经济。扩大种植面积，改善马铃薯品种，种植高淀粉、早熟品种。2010年已引进种薯一万多斤。二是积极实施大豆发展计划。建立高油大豆示范区，积极利用节水灌溉工程，确保大豆的产量。三是扩大饲草饲料作物的种植

面积，2010 年全村种植 500 亩，为畜牧业发展提供了更好的服务。

村党支部始终以全村村民的利益为工作的根本出发点，扎扎实实为百姓办了许多好事、实事，现在找支部闹事的少了，咨询致富信息的多了；同事之间攀比的少了，为百姓谋发展的多了；遇到困难退缩的少了，想事做事的人多了。人民齐夸支部建设规范了，制度不再是空话了，清水衙门不再难进了，拍手称快的多了。

村党支部始终把学习放在第一位，既学习种养殖新技术，又认真学习和领会中央和地方的有关文件精神，认真做好八部两册的记载工作，做到次次学习有记录，次次学习有讨论。每逢重大节日，支部总是积极组织广大群众表演节目来纪念，如五一、七一、十一等，表演的节目更是丰富多彩，如相声、小品、歌舞等，不仅丰富了群众的业余文化生活，也拉近了邻里之间的感情，真正做到物质文明要进步，精神文明要高涨，永远做一个物质和精神共同进步的人。切实把三个文明一起抓，更要抓好、抓细、抓牢。村党支部也先后荣获地、县级农村先进党支部荣誉称号。

5. 规章制度

预备党员和入党积极分子培养考察制度

（1）申请人被批准为预备党员后，党支部应及时通知本人。告诉其入党的时间、预备期应注意的问题、党的生活制度、交纳党费的规定等，并将其编入所在单位的党支部，分给他们一定工作，让他们在工作中得到锻炼和提高。

（2）支部对预备党员在预备期间的表现要认真进行考察，半年做一次鉴定。

（3）预备党员每半年至少要向党支部汇报一次工作学习和思想情况，预备期满应主动向党组织提出转正申请，支部要及时进行讨论，办理转正手续，报党委审批。

（4）群众向党支部递交入党申请后，党支部应在一月之内责成专人与其谈话。具备条件的，应在年之内列为入党积极分子。

（5）支部对每位入党积极分子要安排两名正式党员进行培养，组织他们上党课，学习《党章》《准则》和党的基本知识。必要时吸收他们参加党的活动，使他们明确入党动机，不断提高思想觉悟。同时，要认真做好对他们的考察工作，每半年要写实一次，对重点发展对象每季度写实一次，指出其主要优、缺点。

（6）做好入党积极分子的培养工作。除了县委组织部进行的几种培训外，还要参加基层党组织办的培训班，不经培训的一律不得发展。

（7）要建立入党积极分子预备队培养责任制。党委、党支部委员每人必须要培养1~2名群众作为入党积极分子、预备队的培养对象。建立档案，每季度填写一次考察写实，不允许支部出现空白点。

发展党员工作制度

（1）认真贯彻执行"坚持标准、保证质量、改善机构、注重发展"的方针，成熟一个，发展一个。

（2）党支部必须把发展党员工作纳入重要议事日程，经常分析情况、搞好规划。原则上每年发展12名新党员，

培养 2~3 名入党积极分子。不允许出现连续 3 年不发展党员，没有入党积极分子的情况。

（3）党支部书记要对入党积极分子进行马列主义、毛泽东思想、邓小平理论，党的基本路线和党的基本知识的教育，并落实专人进行培养教育。

（4）党支部要严格履行接受新党员手续，并做到手续齐全、材料完备。严禁弄虚作假或搞突击入党。

思想政治工作制度

（1）思想政治工作是经济工作和其他一切工作的生命线，是完成生产和各项工作的基本保证。党的组织、工会、共青团等都要认真贯彻两个文明一起抓的方针。围绕经济建设这个中心，积极地开展思想政治工作。

（2）组织党员干部、职工、群众认真学习马列主义、毛泽东思想、邓小平理论，学习党的路线、方针、政策。教育职工自觉树立正确的世界观和革命的人生观。坚持四项基本原则，反对拜金主义等资产阶级腐朽思想。

（3）坚持思想政治工作和经济工作相结合的原则，把思想政治工作渗透到生产和工作的各个环节，实行一岗双包制，定期检查工作开展情况。

（4）要经常深入职工群众之中，掌握职工的思想活动状态，本着教育人、关心人、爱护人的方法，通过各种行之有效的形式，有方式地做好职工思想政治工作。消除各种矛盾，解决他们工作、生活中的各种实际困难。

"三会一课"制度

（1）支部党员大会一般每月至少召开一次，全年不得少于 4 次。其主要内容是学习上级会议、文件和指示精神，支委会报告工作，接受党员的批评监督，讨论决定应由党员大会讨论决定的重大问题。

（2）支部委员会、党小组会（含不划分党小组的支部）一般每月召开一次，也可根据工作需要随时召开。其主要内容是学习马列主义基本理论，党的基本指示和上级的文件、指示及科学文化知识，研究支部具体工作，开展批评与自我批评，分析党内外同志的思想，做好入党积极分子培养工作及群众工作等。

（3）党课一般每季度上一次，全年不少于 4 次。

（4）连续 6 个月无正当理由不交纳党费，不过组织生活或不完成党组织交给的任务的党员，被认为是自行脱党，支部大会应当决定给这样的党员除名，并报上级党组织批准；对连续 6 个月无正当理由不组织党员过组织生活的支部负责人，予以免职或给予必要的党纪处分。

党员联系群众制度

（1）支部书记、支委成员及党员领导干部都要带头密切联系群众，建立自己的联系网。

（2）每个党员都要联系 3 名以上农户。

（3）要建立党员联系名单，每年整理一次。

（4）联系群众的任务是，向联系对象宣传党的路线、方针、政策，了解群众的思想、工作、生活等情况；做好思想政治工作，力所能及地帮助解决实际困难，倾听群众对党组织的意见和要求；帮助群众提高思想觉悟，更好地发挥党员作用，密切党群关系。

（5）支部要把党员联系群众制度的执行情况作为党员

定期汇报的主要内容之一，每季度向党委汇报一次。

（6）党员联系群众的情况，应做好记录。

党员定岗定责责任区制度

（1）党支部根据每个党员的具体情况进行定岗定责，明确岗位责任。

（2）党员定岗责任人要本着全心全意为人民服务的宗旨，全身心地投入到岗位中去，发挥党员先锋模范作用。

（3）经常与农户联系，及时了解农户的思想和生产情况，悉心听取农户反映的问题并及时向党组织反映。

（4）岗位责任人定期对负责的岗位进行服务一次，服务后向党支部反映服务情况。

（5）党支部对定岗定责工作的好坏进行评定，并登记造册，作为民主评议党员的一项内容。

（6）党支部定期向乡党委汇报定岗定责工作开展情况，乡党委将不定期对党支部和党员进行抽查，并把定岗定责工作情况作为对党支部和党员考核的一项重要内容和评优的主要依据。

党员定岗定责责任人职责

（1）宣传党在农村的各项方针政策，完成岗位任务，同时竭尽所能地帮助农民解决生产生活中遇到的实际困难。

（2）按照岗位职责，定期到农户家中服务，了解思想生活情况。

（3）将所了解的情况和服务内容及取得效果及时向支部反映，并填好岗位活动记录。

（4）责任人每半年对所负责的岗位进行总结，并将总结形成材料上报支部。

党员定岗定责考核标准

（1）岗位责任占 40 分，岗位发挥作用占 60 分，支部每月检查一次，半年初评，年末总评。

（2）得分在 90～100 分为红旗，80～90 分为红星，70～80 分为红花。

（3）每季度由支部通过查看党员定岗定责活动记录，走访党员群众，根据实际情况，由支部和群众代表进行综合打分，考评结果在考评表上公示，并作为党员考核的一项重要内容和评优的主要条件

开库康村党支部换届选举办法

根据《中国共产党章程》和《中国共产党基层组织选举工作暂行条例》及有关规定，为搞好开库康村党支部委员会的换届选举工作，特制定本办法。

（1）按照《党章》规定和乡党委文件要求，开库康村新一届村党支部委员会由本次大会选举产生，选举的组织领导工作由领导小组负责。

（2）选举时，有选举权的到会人数必须超过应到会人数的 4/5，选举方有效，否则，不得进行选举。

（3）大会选举采取无记名投票的方式进行，候选人按姓氏笔画为序排列。正式选举时，当选人的条件是：被选举人得到的赞成票，必须超过实到会有选举权人数的半数以上，选举有效。投票结束后，在监票小组的监督下，由计票人员当众启封票箱，清点票数，在监票人监督下计票，计票结果由监票人向领导小组报告，由领导小组向大会宣

布结果。

（4）由大会统一印制一种选票，即开库康村党支部委员会委员选票，依次投票。选举收回的选票，少于或等于投票人数，选举有效，多于投票人数，选举无效，应重新选举。

（5）选举采用无记名投票方式。会场设1个票箱，不设流动票箱。

（6）填写选票，一律用钢笔、圆珠笔，使用规定的统一符号，字迹要清楚，符号要准确，对候选人可以投赞成票、反对票、弃权票或另选他人。赞成的，在候选人姓名上方的空格栏内划一个"○"；不赞成的，在候选人姓名上方的空格栏内划一个"×"；不划符号的为弃权。投不赞成票的可以另选他人，如果另选他人，请在另选人栏内写上另选人的姓名，并在其姓名上方的空格栏内划一个"○"，不划"○"的视为无效；弃权的，不能另选他人。每张选票所选的人数，等于或少于应选名额的为有效票，多于应选名额的为无效票。

（7）选票由参选党员本人填写并投票。参选人是文盲、残疾或因其他原因不能亲自填写选票的，可以由本人委托信任的非候选人代为填写选票，代写选票不得违背委托人的意志。因故未出席会议的党员不能委托他人代为投票。

（8）按县委要求，本次会议选举产生党支部委员会委员3人。当选人多于当选名额时，以得票多的当选。如遇票数相等不能确定当选人时，应就票数相等的被选举人重新投票，得票多的当选；当选人少于当选名额时，对不足的名额另行选举。

（9）选举设监票人 2 名，计票人 1 人，候选人不能担任监票人、计票人。

（10）本选举办法经党员大会通过后生效。[①]

（二）团组织

开库康村设有团组织机构，团支部书记是李连会，但在实际工作中，团组织有名无实。开库康村只有小学，学生年龄尚小，不具备发展成为团员的基础。学生小学毕业后，直接升入塔河县就读初中，学生直接在学校所属团组织内进行培养和教育；还有一部分学生小学毕业后直接外出打工，也没办理转组织关系手续。因此，团支部建设工作也被搁置。

（三）妇女组织

开库康村的妇女组织是妇女委员会。全国妇联六届二次执委会通过的《农村基层妇女代表会工作条例》中规定：农村基层妇代会设在行政村一级，是妇女联合会在农村的基层组织，是妇联工作和活动的基础，是党的各项方针、政策的直接执行单位，是党和政府联系农村妇女的桥梁与纽带。

1. 开库康村妇委会职责

开库康村妇委会的主要职责包括：向本村妇女宣传国家在农村的各项政策；积极配合乡妇联工作，教育广大妇女遵纪守法，维护妇女儿童的合法权益；向广大妇

---

① 以上开库康村规章制度相关内容是根据笔者在村委会搜集的资料整理而成。

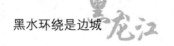

女宣传计划生育政策和妇女卫生保健知识;搞好农业建设、勤劳致富;开展"五好文明家庭"活动,树立文明新风。

开库康村妇委会岗位责任制

(1)紧紧围绕乡党委的中心工作,开展好自己的妇联工作,给党委当好参谋和助手。

(2)坚持维护妇女儿童的合法权益,关心弱势群体,为儿童办好事、办实事,敢为妇女儿童主持公道,伸张正义,做广大妇女儿童的贴心人。

(3)以实施"女性素质工程""家庭文明工程"为载体,不断深化"三八红旗竞赛""五好文明家庭""十星级文明户"等创建活动。

(4)做好妇联各项日常工作,及时、准确上报上级妇联所要求的材料。

(5)积极参加论文、调研报告评选活动,转变工作作风,深入实际调查研究。

2. 开库康村妇联主任王秀霞

王秀霞,女,1965年6月5日出生,毕业于呼玛县三长中学,初中文化程度,1986年嫁到开库康村。

王秀霞性格泼辣能干,进村之后就当上了一名小组长,常常进出于村民家中,了解村民实际需要,并及时把情况反馈到村委会。正是小组长一职,使她接触到了全村妇女,了解了妇女工作。在工作中她意识到,开库康村的妇女工作不被重视,没有把妇女半边天的作用发挥出来。她认为,如果一个村不把妇女的素质提高上去,就谈不上该村的经济发展。因此，王秀霞想把开库康村的妇女工作纳入正轨，因为妇女工作与全村的经济发展密不可分，只有把妇女工作抓好，才能推动开库康村的经济发展与建设。基于此，她就想，既然自己已被百姓认可进入了村委会成为一名小组长，能不能进一步为开库康村的妇女工作贡献更大的力量。经过长时间的深思熟虑，她满怀信心地来竞选村妇女主任一职。

在 2003 年开库康村换届选举中，她果然不负众望，被选为开库康村村委会委员，并担任村妇女主任，主管计划生育、合作医疗、文教卫生工作。在 2006 年和 2008 年的两次换届选举中，王秀霞又相继被选为村妇女主任，并任职至今。在担任开库康村妇女主任期间，她向村里的妇女宣传党和国家在农村的富民政策，发动开库康村妇女搞好粮食生产、多种经营和劳务输出。她积极引导开库康村妇女树立自尊、自强、自信、自立精神；教育村里妇女遵纪守法，维护妇女儿童的合法权益，抵制邪教和落后习俗。她把计划生育工作纳入重中之重，积极配合计划生育部门，大力宣传计划生育政策和妇女卫生知识，鼓励妇女少生和优生优育，反对重男轻女思想。在她辛勤的努力下，开库康村妇女工作有较大起色，特别是计划生育工作表现突出，开库康村多次被县里评为"计划生育先进村"。

第三节　规章制度

一　规章制度

开库康村各项规章制度比较健全。根据笔者的调查，

目前开库康村的规章制度主要体现在行政工作、纪律制度、财政制度、民主评议、村务公开、党团工作、村规民约等领域。具体制度如下：

（一）行政工作、纪律制度

村民会议制度

村民会议成员由本村 18 周岁以上的村民组成。召开村民会议，应当有本村 18 周岁以上村民的过半数参加，或者有本村 2/3 以上的户代表参加，所作决定应当经到会人员的过半数通过。村民会议每年至少召开一次，由村民委员会召集，有 1/10 以上的村民提议或村民委员会认为必要，可以召集村民会议。

村民代表会议制度

村民代表会议讨论决定村民会议授权的事项，由村民代表、村民委员会成员、村民小组组长和驻村的各级人大代表组成。村民代表由每 5 户至 15 户推选 1 人或者各村民小组推选若干人，其中应当有适当数量的妇女代表。多民族聚居的村庄，各民族都应当有代表。村民代表人数不得少于村民代表会议成员的 2/3。村民代表的任期与村民委员会成员的任期相同。有 1/5 以上村民代表会议成员提议或村民委员会认为必要，可以召集村民代表会议。村民代表会议由村民委员会召集，至少每半年召开一次。

村民代表联系户制度

每位村民代表联系若干户，向村民宣传党和国家的有关方针、政策和法规，传达上级会议和村民会议、村民代表会议的有关内容；教育疏导和督促村民自觉履行义务，遵守村民自治章程，搞好两个文明建设；组织村民讨论涉及村民切身利益的事项；了解和反映村民的意见、要求和建议；指导联系户科学种养，开展互帮互助，协调邻里关系等。

村民自治章程

村民自治章程是最重要的民主管理制度，是村干部和村民的行为规范。其主要内容有：规定村民的权利和义务，明确村中各类组织之间的关系和工作程序，以及经济管理、社会治安、村风民俗、婚姻家庭、计划生育等方面的要求。村民自治章程和村规民约不得与宪法、法律、法规和国家政策相抵触。

工作移交制度

在新一届村委会选举产生后 10 日内，原村民委员会应将公章、办公场所、办公用具、集体财务账目、固定资产、工作档案、债权债务及其他遗留问题等，及时移交给新一届村民委员会。移交工作由乡级人民政府负责主持。

（二）财政制度

村民民主理财制度

村民民主理财由村民民主理财小组代表村民进行。村民民主理财小组参与制定本村集体的财务计划和各项财务管理制度，有权检查、审核财务账目及相关的经济活动事

47

项，有权否决不合理开支。当事人对否决有异议的，可以提交村民会议或村民代表会议讨论决定。村民有权对本村集体的财务账目提出质疑，有权委托民主理财小组查阅、审核财务账目，有权要求有关当事人对财务问题作出解释。

财务收支审批制度

财务事项发生时，经手人必须取得有效的原始凭证，注明用途并签字（盖章），交村民民主理财小组审核。审核同意后，由村民民主理财小组组长签字（盖章），报经村党组织、村民委员会负责人审批同意并签字（盖章），由会计人员审核记账。经村民民主理财小组审核确定为不合理财务开支的事项，有关支出由责任人承担。

公章使用和管理制度

村委会应当建立印章使用的审批、登记、备案制度，并纳入村民自治章程或村规民约中。村委会印章要有专人保管，保管人由村党组织、村委会提名，经村民代表会议讨论通过后确定。印章使用的审批人与印章保管人不得为同一人。村党组织书记、村委会主任一般不宜直接保管印章。凡涉及贷款、承包、对外签订合同等重大问题需要使用印章时，经村民会议或村民代表会议讨论同意并经村委会主任签字后方可使用。

村级集体财务审计制度

县、乡两级农村集体资产和财务管理指导部门负责组织对农村集体财务和村干部任期届满或离任时的审计监督工作。审计内容主要包括：财务预决算、财务收支、生产经营、"村改居"和并村过程中集体资产的处置、村内"一事一议"筹资筹劳及使用、新型农村合作医疗、政府发放到村到户的各项补贴资金和物资、上级划拨或接受社会捐赠的资金、物资使用等情况，以及群众要求审计的其他事项。审计结果应及时向村民公布。

（三）村务公开制度

民主评议村干部工作制度

民主评议一般每年进行一次，民主评议对象为村民委员会班子成员、村民小组长以及享受由村民承担误工补贴（工资）的其他村务管理人员。民主评议由乡级党委、政府具体组织，通过村民会议、村民代表会议或与村民座谈等形式进行。评议前，由乡政府提出评议村干部和报酬发放标准的指导性意见；评议时，先由被评议人作述职报告，然后由村民代表在民主评议考核表上评定"好、中、差"等级，统计评定结果并张榜公布。评议结果与村干部的使用和补贴（工资）标准直接挂钩。

村务公开反馈制度

群众对村务公开内容有疑问的，可以口头或书面形式向村务公开监督小组投诉，村务公开监督小组对群众反映的问题，应当及时进行调查，确有内容遗漏或不真实的，应督促村民委员会重新公布，也可以直接向村党组织和村委会询问，村委会应在 10 日内作出答复。

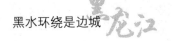

决策责任追究制度

除发生自然灾害等紧急情况外，村民会议或村民代表会议依法形成的决议不得随意更改。如因情况发生变化确须更改的，要通过村民会议或村民代表会议讨论决定。村民会议或村民代表会议讨论决定的事项，要形成书面记录并妥善保存。未经村民会议或村民代表会议讨论决定，任何组织或个人擅自以集体名义借贷，均为无效，村民有权拒绝，造成的损失由责任人承担，构成违纪的给予党纪政纪处分，涉嫌犯罪的移交司法机关依法处理。

村级档案管理制度

村级档案按照集中统一管理的原则，分类归档，专柜存放，专人保管。村委会应当有专人负责详细记录村务公开的时间、内容、承办人和群众提出的意见及给予的答复、处理结果等，年终将有关内容和记录整理归档保存。村级各类档案原则上应长期保存。

(四) 村民教育制度

开库康村村民小组教育培训学习制度

1. 理论学习，每人要记好学习笔记，要切实保证学习质量。

2. 学习要坚持理论联系实际，要注意把学习到的理论知识用到实际工作中去，把学习理论同提高政治素质、理论水平、工作能力和解决实际问题结合起来，并能创造性开展工作。

3. 为了保证学习效果，对无故不参加学习者要进行批评教育，使其提高对学习重要性的认识。

4. 要安排好学习用书和辅导材料。

5. 要加强对理论学习的指导。

开库康村村民小组、村民代表教育请假制度

1. 学习期间，村民小组长请假，必须经村支部书记批准，否则不准外出。

2. 村民小组长有事、有病不请假者，年底扣除部分误工补助。

3. 村民代表有事不能参加学习者，由村精神文明办公室成员负责补课。

（五）村规民约

为提高全体村民自我管理、自我教育、自我约束的能力，促进全村的安定团结和三个文明建设，根据法律、法规和国家有关政策规定，制定本村规民约。

开库康村村规民约

1. 全体村民均有保护耕地的义务。村内任何组织和个人使用土地都应服从本村的统一规划和调整，不得侵占、买卖或者以其他形式非法转让土地。

2. 村民建房必须服从本村规划，并按照规定程序申报，在领取建房许可证后，按批准的地点和面积施工建房。

3. 实行计划生育、提倡晚婚，对非法同居、非法怀孕和计划外生育者，对有谩骂、侮辱、殴打计划生育工作人员等行为者，按有关法律法规和政策严肃处理。

4. 学龄儿童和青少年有依法接受教育的权利和义务，

其法定监护人应保证子女接受九年制义务教育。

5. 本村任何组织和个人一律不准招用 16 周岁以下的人做工，违者责令其限期辞退，情节严重的，报有关部门依法处理。

6. 凡符合服兵役条件的本村村民，都有服兵役的义务，应积极主动参加兵役登记、体检和应征，对逃避服兵役（包括不参加初检、不参加复检和体检合格拒绝服兵役）的村民，按照有关法律和政策规定予以处理，情节严重的，由有关部门依法追究法律责任。

7. 要尊老爱幼，保护老人、妇女、儿童在社会和家庭生活中的合法权益，禁止虐待、遗弃、行害行为。任何人不得剥夺已婚女子的合法继承权。丧偶女子有继承遗产和带户再婚的权利。

8. 父母、继父母、养父母对未成年的子女、继子女和养子女必须依法履行抚养义务。成年子女、继子女、养子女及其配偶，对基本丧失劳动能力或无生活来源的父母、继父母、养父母必须依法履行赡养义务。

9. 村民发生赡养纠纷时，由村调解委员会进行调解，调解不成的，村民委员会支持被赡养人依法向人民法院提起诉讼。

10. 严禁任何单位和个人非法制造、经销、买卖、私藏管制刀具、火枪等凶器和危险物品；严禁吸毒、贩毒。任何人不得以各种借口煽动群众到机关、学校、村民委员会办公地、他人住宅起哄捣乱、闹事、制造事端，不得寻衅滋事，扰乱社会治安秩序。

11. 不得非法搜身、侵入他人住宅和限制他人人身自由，不准诽谤他人和侮辱妇女，邻里之间发生纠纷不得采用威胁、要挟的方法。对殴打他人造成伤害的，应赔偿医药费、误工费等，情节严重的，提请司法机关依法处理。

12. 不偷拿国家、集体、他人财物，不损毁、移动指示标志，不损毁机耕道路、排灌渠道、耕作机械等集体公共设施，不乱砍滥伐树木。

13. 严禁传播淫秽物品，严禁卖淫嫖娼，严禁赌博和小偷小摸，反对迷信活动，严禁利用迷信活动造谣惑众、骗取财物。

14. 积极推行殡葬改革，服从殡葬管理。提倡勤俭节约，反对婚嫁、丧葬大操大办。

15. 违反本村规民约的，除触犯法律由有关部门依法处理外，村民委员会可作出如下处理：

（1）予以批评教育；

（2）写出悔过书，用村广播进行通报；

（3）责令其恢复原状或作价赔偿；

（4）视情况给予经济处罚；

（5）取消享受或者暂缓享受村里的优惠待遇。

16. 凡违反本村规民约要进行处理的，必须在调查核实后，经村民委员会（或村民代表会议）集体讨论、决定，不得擅自处理。

17. 凡被依法处罚或违反本村规民约的农户，在本年度不评先进户、文明户、五好家庭户、遵纪守法户。外来人员在本村居住的参照执行本村规民约。

18. 本村规民约有与国家法律、法规、政策相抵触的，按国家规定执行。

19. 本村规民约自村民会议（村民代表会议）通过之日起施行。

新农村建设村规民约（八要八不要）

一要遵纪守法，履行义务；不要违法乱纪，滋事造事。

二要相信科学，反对迷信；不要听巫信教，崇邪拜教。

三要弘扬美德，尊老爱幼；不要虐待老人，歧视妇女。

四要彼此谦让，互相尊重；不要恶语伤人，以强欺弱。

五要艰苦创业，科技兴农；不要奢侈浪费，愚昧落后。

六要礼貌待人，热情好客；不要污言秽语，懒散焕弱。

七要男女平等，优生优育；不要性别歧视，违反国策。

八要美化环境，爱护公物；不要蚊蝇漫飞，陋习滥行。

二 开库康村 2008 年工作安排（文件实录）

2008 年是全面落实党的"十七大"会议精神的开局之年，同时也是建设社会主义新农村、构建和谐社会的关键一年。各项工作繁多，任务艰巨，做好 2008 年的工作意义重大，影响深远。为此，我们结合新农村建设，以发展特色经济为重点，立足自身优势，打破发展瓶颈，激活生产要素，努力拼搏，务实求新，努力实现我村经济大发展。2008 年我村计划播种面积 8700 亩，预计农业总收入 1006 万元，农民人均收入实现 4417 元，为此我们将做好以下几项工作。

1. 全力以赴抓好春耕生产工作。要进一步提高防灾抗灾能力，及时维修抗旱机井，易涝地块适合播种。不误农时，选择适宜品种进行适地种植；实行种子包衣、药剂播种等措施，顺利完成春耕任务。

2. 调整优化种植结构。要在确保粮食产量的基础上重点扩大特色经济作物种植面积。一要瞄准市场需求，通过组织订单，引导农民种植马铃薯等高效经济作物，了解市场变化，扩大市场需求，逐步形成一村一品种植格局；二要围绕加工企业的需要，抓住时机，积极协调加工企业与农户之间建立稳定的供求关系，带动农户扩大大麦、豆、薯等作物规模，实现互利双赢。

3. 大力发展牧业经济。大力实施牧业强村，坚持主辅换位，采取综合措施，促进畜牧业加快发展。要不断扩大猪、牛、羊、鸡等养殖规模，确保存栏量稳步增长。

4. 做大做强劳务经济和山产品采集工作。去年全村外出劳务人员 215 人，实现收入 278 万元，劳务经济在农民收入中构成比例越来越大，今年要力争取得更大进展。市场对山产品需要越来越大，价格越来越高，已成为增加农民收入的另一渠道。要鼓励农民利用农闲时节进山采集山产品，增加更多的收入。

总之，2008 年是关键的一年，让我们以"三个代表"重要思想为指导，树立和落实科学发展观，深入贯彻落实十七大精神，在乡政府的指导下，团结和带领全村人民奋力拼搏、扎实工作，为实现我村经济大发展而努力奋斗！

第四节　民主法制

一　村民代表大会

开库康村村民代表直接由村民选举产生。每五户推选一名，拥护中国共产党的领导，热爱社会主义，遵纪守法，办事公道，在群众中有一定威信，有发展意识，有一定参政议政能力，年满 18 周岁的本村村民。

村民代表会议制度的形成是根据《黑龙江省村民委员会选举办法》第二十条规定，村民代表由村民按每五户推选一人，共产生村民代表 35 人。凡村里的大事小情、村规民约均由村民代表半数以上通过，才由村委会办理实施。会议召开时间不定期。2009 年开库康村村民代表会议情况如表 2 - 4 所示。

表 2 - 4　开库康村村民代表会议情况（以 2009 年为例）

届次	召开时间	主题内容	结果
8	2009.3	1. 调整种植结构 2. 引进新品种 3. 试种倭瓜	1. 经会议讨论 2. 调换籽种先报名交款，由村委会负责向九三农垦局购买小麦和大麦种子 3. 客商为村民购买种子
8	2009.5	关于筹劳筹资的商议	每人收 10 元钱用于修农田路、卫生费和街道养护
8	2009.5	关于大牲畜管理事宜	每年 5 月 10 日～10 月 10 日大牲畜要围栏圈养
8	2009.7	关于美化环境、开辟绿色通道等新农村建设	发放树苗，每户 10 棵，要保证成活率

二　依法行政

（一）社会治安综合治理

开库康村社会治安综合治理工作以邓小平理论和"三个代表"重要思想为指导，从维护和实现人民群众的根本利益出发，坚持"打防结合，预防为主"的方针，切实增强忧患意识，认真落实中央和省、地、县、乡关于维护稳定的各项工作部署和要求，全力维护社会稳定，依法严厉打击各种刑事犯罪活动，加大社会治安防控体系建设的推进力度，广泛开展"创建平安兴安"活动，为"努力快发展、全面建小康"创造良好的治安环境。

1. 边境管理

开库康村位于中俄边境地区，外来人员与当地居民混杂，边防工作和当地的社会治安工作尤为重要。

边境管理工作是关系到国家安全、地方稳定发展的大事，乡党委、政府抓住"稳定是改革发展的新形势对边防工作的新要求"这条主线，高度重视边境管理工作，召开专门会议，研究贯彻落实上级指示精神，部署全年边境管理工作，制定方案，并成立领导小组，建立军警民联防制度，与边防部队、江上作业人员签订边境管理责任状，每月定期召开过境管理形势分析会和军警民、所站联勤会议，及时沟通信息，确保思想统一，督促"三长"管边有效落实，充分发挥党、政、军、警、民合力治边效能。开库康乡武警工作站和开库康九团一连连部分别如图 2 - 1 和图 2 - 2 所示。开库康村积极配合乡党委、政府落实包村制度。开库康乡党政领导带头包重点村屯，干部包一般村屯，与江上作业人员签订下江作业保证书，使包防责任书签订率达 100% 。乡党委、政府牵头进行联合查边工作，每年查边达 30 多次。

在开库康村成立的乡边防连充分发挥执勤工作职能，及时分析过境情况，科学制定勤务计划，除正常出勤外，还进行夜间潜伏、设卡，有效防止了违边事件的发生。入冬后，边防连还在界江面上插放标志杆，设立警示牌，有

图 2 - 1　开库康乡武警工作站（2012 年 6 月　作者摄）

图 2 - 2　开库康九团一连连部（2012 年 6 月　作者摄）

效防止边民越边事件，同时对违边作业人员进行清理，确保边境的安全稳定。对重点的村屯派出驻勤组，既进行了执勤工作，又进行了宣传教育。

边防派出所也积极采取果断措施，不定期地组织清理整顿工作，对沿江一线私搭乱建的地窝棚、地窖子一律拆除，彻底清理囤积在一线的外来打工人员，杜绝发生因不熟悉国界走向而引发的误越事件。同时加强人口管理，深化走访活动，本着"常住人口要管准，暂住人口要管活，重点人口要管严，外籍人员要管住"的原则，按照底数清、情况明的要求，不断加大实有人口管理力度，特别是加大对外来人员和精呆傻人员清查工作力度，责任区片警每月对边境管理形势进行分析，并形成书面材料报上级部门。派出所加强情报信息建设，积极调整耳目、信息员，对有违边想法的作业人员，民警及时进行跟进教育，及时打消渔民的侥幸心理。在封冻期、流冰期两个禁渔期进行收船上岸工作，集中看管，及时上报边管动态。

2. 禁毒工作

由于开库康村地处中俄边境地区，中俄人员过境相对容易且频繁。开库康村北临黑龙江，气候湿润，而全年降雨量却不多；另外，河滩森林土养分充足，酸性小，适宜罂粟种植，加之开库康村位置偏僻，人口较少，经济发展欠发达，而毒品交易暴利丰厚，这就为毒品种植与交易提供了便利。为此，开库康村把禁毒工作作为稳定社会治安的重要工作，并为禁毒工作制定了详细的工作方案。2006年开库康村禁毒工作方案实录如下：

二○○六年开库康村禁毒工作方案（文件实录）

根据《开库康乡禁毒工作方案》要求，为有效遏制毒品问题在我村的滋长蔓延，维护良好的全村秩序，保障人民群众健康幸福和安居乐业，特制定此方案。

一、指导思想

以党的十六大和十六届三中、四中全会精神及胡锦涛总书记"禁毒工作必须持之以恒，毫不手软"重要批示的要求，全面实践"三个代表"重要思想，坚持"四禁并举"、预防为本、严格执法、综合治理的工作方针，广泛调动村民的积极性，提高禁毒工作的实效，下最大的决心，坚决遏制毒品来源、毒品危害和新吸毒人员的滋生，确保全村社会治安稳定、人民安居乐业，为全面建设和谐社会，促进全村经济快速发展，营造良好的社会环境。

二、任务目标

1. 以禁种铲毒为重点，对易种毒区域进行全面踏查，严防罂粟种子落地，对已发现的罂粟种植地，踏查铲除率必须达到100%。

2. 严厉打击吸贩摇头丸、麻古、K粉等新型毒品的违法犯罪活动。

3. 浓化禁毒宣传氛围，提高全民禁毒意识，集中抓好"6·3"虎门销烟纪念日至"6·26"国际禁毒日期间的宣传教育活动，提高全民禁毒意识和抵制毒品、参与禁毒的自觉性，努力使禁毒宣传教育深入我村、深入农户，人人皆知。

4. 加大禁吸、戒毒工作力度，深入开展"无毒社区""无毒学校""无毒村""无毒家庭"的创建工作，摸清吸毒人员底数、基本情况，落实监控帮教措施，社会上无失控的吸毒人员。

5. 广开情报线索来源，并做到反映快速及时，深控隐藏较深的严重毒品犯罪分子。

三、工作措施

1. 继续抓好禁种工作责任制的落实，加强禁种、铲毒工作。根据我村实际情况，采取集中和分散相结合的踏查，力争做到年内无种毒案件。同时，要广泛开展禁种宣传工作，充分调动群众参与铲毒的积极性。针对我村近几年来外来人口务工较多的实际情况，派出所、村民委要经常深入辖区开展工作，切实将外来人口和暂住人口管住，对外来人口要按照"谁用工谁负责，投靠谁谁负责"的原则，一旦发现外来人口种植罂粟的，要追究用工单位和投靠人的责任。要严把春种关，把禁种同春季防火有机结合起来，在交通要道设立检查站，不仅要重点对入山人员严格审查登记，还要不定点进行巡查，防止种毒人员绕过关卡，严格控制种毒人员种植罂粟，在罂粟开花割浆季节，要不失时机地组织人员进行野外踏查，对发现的罂粟种植地要及时报告，彻底铲除。

2. 要充分认识当前毒品违法犯罪严峻的态势，增强毒情意识和主动进攻意识，根据不同时期毒品犯罪的特点，适时组织统一行动，严厉打击涉毒违法犯罪活动。

3. 浓化禁毒宣传氛围，提高全村禁毒意识，重点加强青少年特别是中小学生的毒品宣传教育，坚持开展禁毒"一堂课"活动，要以文艺演出、秧歌队、板报、标语和永久性标语牌等多形式进行经常性的禁毒宣传教育，使宣传工作贯穿全年。在"6·3"虎门销烟纪念日至"6·26"国际禁毒日期间，开展全方位、多层面的毒品预防宣传教育活动，使禁毒意识深入人心，提高全民抵制毒品，参与禁毒斗争的自觉性。

4. 全力推进创建"无毒村"工作的开展。建立健全创

建"无毒村"工作责任制，广泛深入地开展禁毒宣传工作。

5. 加大禁毒执法工作力度。要不间断地检查医疗部门、个体药店、诊所、旅店等场所。出现涉毒案件，及时上报。

6. 认真抓好吸毒人员列管和帮教戒毒工作，对常住人口、外来人口认真调查摸底，对摸出的吸毒人员，要按照公安部《重点人口管理规定》，全部列为重点人口，建立健全档案，并及时上报，做到底数清、情况明、不漏管、不失控。

四、组织领导

根据禁毒专项斗争的需要，我村成立禁毒工作领导小组，日常工作由禁毒小组负责。

组　长：徐跃忠　张宏伟

副组长：吕清学

成　员：王秀霞　方恒娟　谭海云　张桂香

开库康村禁毒工作领导小组

二〇〇六年三月三十日

3. 帮教工作

帮教工作不仅是单纯的治安问题，也是一个复杂的社会问题。开库康乡党委、政府把帮教工作纳入总体工作之中，组织综合治理有关部门认真做好帮教工作，把"谁主管、谁负责"原则落到实处，真正做到各尽其职，各负其责，一抓到底，抓出成效。开库康村村民于家兄弟刑满释放后，一直无事做，乡党委了解情况后，积极帮助其制定致富路子，根据他们在狱中学到的养兔技术和知识，联系獭兔养殖基地，目前正筹备发展养殖獭兔。村民张建成因盗窃被判刑，释放后无经济来源，生活非常困难，情绪不稳定，派出所知道后定期对其进行思想教育，乡党委、乡政府帮助制定脱贫计划，为其联系活儿、出劳务，使他深受感动，工作表现也非常出色。

（二）民事调解

根据县司法局的要求，为了能够更好地开展人民调解工作，有效化解各种矛盾，开库康乡在 2008 年 4 月 12 日成立了人民调解委员会，来完善调解组织，筑牢化解矛盾纠纷防线。开库康乡还设立了综治办、调解小组和村治保会，落实调解人员，构筑乡、调解村民委、村民小组调解组织"三道防线"，做到抓早、抓小、抓苗头，把矛盾纠纷处理在萌芽状态，化解在基层。开库康村村民甄恩香和邻居发生纠纷，矛盾越闹越大，乡司法员、村调解小组知道后马上上门调解，经过耐心说服，做思想工作，两家握手言欢，和好如初。

（三）信访与集体请愿

开库康乡为杜绝出现上访现象，在做工作之前先考虑后果，工作要做细、做实，比如在确定全乡低保户时，请县人大代表、政协委员、乡人大代表、村民小组长参加，改变了过去的由乡党委会研究决定，避免有盲点出现。自2003 年以来，全乡调解矛盾纠纷 24 起，调解成功率达95.6%，防止民间纠纷转化为刑事案件 4 件 15 人。

2007 年塔河县召开信访工作会议。会议召开后，开库康乡党委和政府高度重视，把它作为当前重要工作提上议事日程，并立即召开了班子会议，传达了县秋防和信访工作会议精神。乡主要领导作了重要讲话，分管领导作了具体安排和部署，会议要求各班子成员要组织各自的分管部门下村入户排查各类矛盾和纠纷，掌握信访动态，努力把

群众上访要求解决的事项解决在基层，力争不出村。随后，开库康乡又召开了干部、职工大会，把当前的信访态势、需要解决的事项、今后需要注意的问题进行了研究、分析和部署，乡直单位和部门从自己的职能出发分析了当前的矛盾纠纷，商讨了解决办法，并落实了办事人员和办结期限。会议要求全乡上下一心，高度重视信访工作，确保在国庆节期间和"十七大"期间实现零上访，从而实现开库康乡2007年度零上访。

三　民族优惠政策

开库康村地处中俄边境，自古便与俄罗斯有较多接触，尤其是十月革命期间更有很多俄罗斯贵族越境逃往塔河县，其中开库康村便有4户俄罗斯移民，其中部分俄罗斯人和汉人通婚并逐渐汉化，在"文革"前，这部分人的民族为俄罗斯族，在"文革"期间被迫害并且被改为汉族。截至2011年底，开库康村现存中俄混血儿共有74户176人，这部分人原居住在开库康乡上地营子村，2001年上地营子村与开库康村统一合并为开库康村。2008年开库康乡政府向黑龙江省民委和塔河县申报，申请成立俄罗斯人口较少民族村，2009年10月已经得到黑龙江省民委的批复，允许其成立俄罗斯人口较少民族村，其民族优惠措施将逐步落实。

关于开库康乡成立俄罗斯人口
较少民族村的请示

塔河县政府：

　　开库康乡位于塔河县东北部黑龙江畔，与俄罗斯隔江相望，2008 年全乡行政总面积 1943.6 平方公里，人口 2161 人，其中俄罗斯血统人口及混血儿计 74 户，176 人。

开库康乡地处中俄边境，早年中俄边境居民经常进行民间往来贸易和民俗交流，致使部分村民与俄罗斯人通婚。新中国成立后，许多俄罗斯人遗留在原呼玛县、现在塔河县开库康乡。在"文革"前，这些人的户籍民族原为俄罗斯族，居住在开库康乡原上地营子村，占全村人口的 45.4%，在 2001 年并村后迁到开库康村居住。"文革"期间因受歧视而被迫改为汉族，改革开放后，他们在社会主义新农村建设中发挥了重要的作用，为开库康乡的经济发展起到了积极推进作用，并成为我乡一个特有的人口较少民族。但他们没有享受到应有的少数民族优惠政策及待遇，这些村民多次到村委会和乡政府咨询并提出要求更改民族成分为俄罗斯族。根据《中华人民共和国村民委员会组织法》第八条规定，现向开库康乡人民政府提出申请，成立俄罗斯人口较少民族村进行村民自治，享受应有的少数民族优惠政策，请县政府给予帮助解决为盼。

第三章　经济发展

第一节　农业

一　农业条件

（一）农业生产自然条件

1. 土壤条件

开库康村位于黑龙江中游南岸地区，属于典型的河谷冲积平原地貌。由于开库康村所处纬度较高，并依邻黑龙江，所以地表广泛分布着棕色针叶林土和河滩森林土。棕色针叶林土是塔河境内分布最广的一种土壤，占全县面积的95％左右。这种土壤适宜落叶松、樟子松、山杨和白桦等树种的生长，故应以培育林木为主，成为重要的用材林培育基地。河滩森林土属于冲积性土质，通透性能强，没有水分过多和潜育作用的不良后果，能够承受经常随水流冲积而来的腐殖质及多种灰分元素，一般情况下肥力较高，适应甜杨、朝鲜柳、落叶松及粮、菜作物的生长。对此类土壤的开发利用必须讲究科学，对河流两岸的近岸部分1公里的土地，可作为水土保持林，以保持水土，防止流失。
图 3 - 1 为开库康村的水土流失情况。

图 3 - 1　开库康村的水土流失（2012 年 6 月　作者摄）

2. 气候条件

开库康村地处大兴安岭北部山区，农作物生长期从 6 月
1 日至 9 月 5 日，生育期为 95 天以内，属于第六积温带。
气候特点是春季多风干燥，夏季多雨、昼夜温差大，秋季
冷凉霜期早，冬季漫长严寒，年平均气温 - 2℃，年大于
10°C 的年积温在 1850℃ ~ 1900℃。年降雨量 300 mm ~
400 mm，无霜期 85 ~ 105 天，对发展农业条件不利。开库
康村处于寒带地区，属于大陆性季风气候。1 月是全年气温
最低的月份，月平均气温 - 25.3℃，年极端最低气温出现在
12 月或 1 月，低于 - 40℃ 的严寒期在 7 天以上。受此气候
影响，开库康村只有早熟作物，如小麦、大豆、马铃薯等
生育期较短的作物。

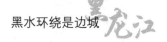
3. 主要自然灾害

开库康村地处塔河县最北部，黑龙江畔，在北极村西南，距北极村 250 多公里。按国家积温带属第六积温带，年积温在 1900°C 左右；同时也属于寒温带地区，年生长期（无霜期）在 90 天左右。春季每年在 5 月下旬至 6 月中旬之间时常有霜冻现象，有时还出现冰雹。秋季来霜早，每年在白露节气到来时，必有霜冻随后而至，十分应时（按时、准时）。可春季却不应时，节气到来，气象温度还远远不能到来。夏季每年 7～8 月是雨季，雨量大时黑龙江水大涨，但洪涝出现不算多。1999 年开库康村修筑一条防洪大坝，江水大时能防止农田受淹，但有时出现内涝。这里的农民春种不敢早，怕小苗出来时被冻死；晚种怕的是来早霜，作物不能成熟。2009 年秋天就是个例子，因早霜，大豆 80% 没有收成，给农民造成很大损失，给农业生产带来巨大的影响。当地人多年来总结了一句顺口溜：长冬无夏，春秋相连；中午穿纱晚穿棉，一年当中 6 月寒。

（二）新中国成立以来土地制度变迁

1. 土地改革

1946 年 6 月，根据中共中央《关于清算、减租及土地问题的指示》精神，依西肯和开库康等地发动群众，为适应土地改革运动的需要，相继建立农会（开始时称"翻身会"）。

1947 年 8 月，根据中共中央东北局发出的《继续完成土地改革，深入群众运动的指示》和《关于挖财宝的指示》精神，各地发动群众，对日伪宪兵、地主、恶霸、警察、特务和汉奸等反坏分子进行清算。

1948 年 2 月，进行土地改革运动，按照党的土地改革政策，没收地主、恶霸的浮财和土地，对引起民愤极大的恶霸、地主进行了镇压，同时还没收一般富农多余的土地和浮财。同年 3 月，土改运动转入划阶级成分阶段。依西肯、开库康两地根据农村人员的经济地位和土地占有情况，划分成雇农、贫农、下中农、中农、富裕中农、小富农、富农、小地主、中地主、大地主等 10 种成分，对于在运动中错斗错划的，随时进行纠偏，落实政策。同时贯彻团结中农的政策，对中农的土地和财产给予保护。阶级成分划定之后，雇农、贫农、下中农划为 3 级 6 等。土地和地主、富农的财产分为 3 级 6 等，按照分类划等合理分配；对贫雇农中的孤儿寡母和军烈属给予适当照顾；中农也适当分给一部分土地、财产；农民人均分得土地 12 亩，分得马匹和部分农具，实现耕者有其田的愿望，农民生产出来的余粮开始向国家交售。

2. 农业生产互助组

1955 年成立互助组，塔河农村的互助合作出现于 1949 年。由于生产资料不足，经济基础薄弱，农民受到了个体经济生产形式的限制。为了发展农业生产，解决单干中贫困农民的困难，走共同富裕的道路，党和政府本着自愿互利、自行插组的原则，引导农民组织起来，成立互助组（当时为临时性互助组）。参加互助组的农民以 1 家 1 户为生产单位，生产资料仍为私有，用换工的形式调动农民生产积极性，解决部分农户因劳动力和畜力不足产生的困难。政府工作人员和解放军指战员把自己食用的原粮献给互助组做籽种，参加从春种到秋收、冬藏的各种农事活动。1950 年初，临时性互助组逐步发展为常年互助组。开

库康地区当时有人口 40 多户，近 300 人，主要农副业生产土地以村民土地为基数。

3. 初级农业生产合作社

1953 年，根据中共中央《关于发展农业生产合作社的决议》精神，本着"自愿互利"的原则，十八站、依西肯、开库康等地开始有计划、有领导地试办农业生产合作社（简称"初级社"）。土地仍归农民私有，由合作社统一经营，各户的牲畜和大农具交合作社统一使用。生产产品归合作社的社员共同所有，在扣除生产开支和缴纳农业税，提取公积金、公益金后，大部分按社员所提供的劳动数量进行分配，小部分按社员土地数量分配。开库康地区每 10 ~ 20 户为一组，有钱出钱，有物出物。

4. 高级农业生产合作社

1956 年，在对农业、手工业、资本主义工商业的社会主义改造高潮中，十八站、依西肯、开库康等地在初级社的基础上创办高级农业合作社（简称"高级社"），合作社贯彻"勤俭办社""民主办社"的方针，实行评工记分，各尽所能，按劳分配，促进了生产力的发展。农民的土地、牲畜、农具作价入社后，农民由个体转为集体，完成了对农业生产资料私有制向社会主义集体所有制的转变。1957 年，农村劳动力人均年收入近 1000 元，生产效益不断提高。

5. 人民公社

1958 年，党中央颁布关于建立农村人民公社问题的决议。同年 9 月，十八站、依西肯、开库康实现了人民公社化，实行政社合一、"工、农、商、学、兵"五位一体的社会基层组织，农业生产关系发生了变化。按着人民公社"一大二公"的要求，人民公社对生产资料有无偿调用权，生活上实行供给制，生产上以"大兵团作战"方式进行。同年 11 月，地表冻层已有半米深，领导人员组织群众，深翻土地约 1 米，由于不讲科学种田，造成农业严重减产。1961 年 6 月，中共中央《关于讨论和试行农村人民公社工作条例修正草案》和《关于坚决纠正平调错误、彻底退赔的规定》发布后，开始纠正"一平二调"的"共产风"错误，进行清账、退赔。1962 年，贯彻执行中共中央关于《农村人民公社工作条例（草案)》和《关于改变农村人民公社基本核算单位问题的指示》，正式确立了人民公社、生产大队、生产队的 3 级所有以队（即生产队）为基础的核算方式，使组织生产和分配单位统一起来。同时，恢复社员自留地，允许社员搞家庭副业，坚持"按劳分配，多劳多得"的原则，根据技术高低和劳动质量好坏，进行民主评工记分。劳力分级，因人派活，分值秋后结算。实行农村生产管理后，调动了农民生产的积极性，农业生产不断发展。

1968 年，在"农业学大寨"运动中，提出"以粮为纲"的方针，把家庭副业和多种经营视为资本主义。推行"大寨工分"，出现"大帮哄""卯子工""干多干少一个样"的歪风。1971 年，重新贯彻中共中央"农业六十条"，开始纠正工分计酬和口粮分配中的平均主义做法，但未能从根本上摆脱"过分集中"和"吃大锅饭"的弊端，农村社员普遍收入不高，总产不稳。

1981 年，依西肯、开库康、十八站 3 个人民公社（所属 17 个生产队）划归塔河县管辖，仍实行"三级所有、队为基础"的基本核算单位，在 5 个方面对农村进行管理。一是计划管理。农作物种植实行指令性计划，县下达到公

社，公社分解到各生产队，除特大自然灾害可调整外，必须完成所下达的计划任务。二是生产管理。以各队为生产单位，贯彻"以粮为纲"的方针，积极发展经济作物，在发展农业的同时，发展林业、牧业、副业、渔业，做到"五业并举"。三是劳动管理。合理调配劳动力，贯彻劳动纪律，掌握劳动计酬，实行按生产部门、工种制定劳动定额，按完成时间数量、定额计酬。四是财务管理。对各生产队财务的监督与检查。五是收益分配管理。掌握国家、集体和社员个人利益兼顾，贯彻按劳取酬原则。

1984年，撤销政社合一的人民公社，建立乡级人民政府。

6. 家庭联产承包责任制

1978年，党的十一届三中全会后，农村开始实行经济体制改革。1981年，塔河县委、县政府认真贯彻中共中央《关于进一步加强和完善农业生产责任制的几个问题的通知》精神，在全县农村开始推行联产承包责任制，发展农业，放宽政策界限，采取林农联营的方式，保证农业生产的稳步发展。

1983年，全面实行联产承包责任制，十八站、开库康、依西肯3个乡的各村按人口分配口粮田，把土地承包给农民，村委会按承包土地提留"两金一费"（公积金、公益金和管理费）。农机具作价卖给农民，部分农民合股经营机械。生产中实行有机户为无机户代耕的形式，原生产队的物资设备，牛、马及其他生产资料大部分作价卖给农民。在联产承包后，鼓励支持农民外出搞专业性生产经营和专业性承包，允许经商和从事其他服务行业，允许农民按同工同酬的原则换工、招收零工、帮工和雇工。

开库康村 1987 年第一轮土地承包将所有的土地收回进行分割，每人 2.3 亩土地，余下的由村里管理。1998 年第二轮土地承包将剩余的土地进行分割，每人 2 亩地以上，土地定位 30 年不变。

（三）土地租佃情况

开库康村资源丰富，户平均土地在 30 亩以上。随着国家对农业生产的政策扶持，村民对土地种植积极性越来越高，虽有一部分青壮年劳动力外出打工，但土地都进行了流转，没有荒废的现象。村民赵树森全家 4 口人常年在外打工，把承包田全部转包给本村王兰德耕种，以每亩 30 元转包。

开库康村地处黑龙江沿岸，地面平整度不一，地块零散，只能用中小型机械作业。由于无霜期短、洪涝等自然灾害频繁，农民只能广种薄收。

（四）建设征地情况

开库康村近些年基本没有征地情况。只在 1999 年，国家因开库康村土地在黑龙江水大涨时江水倒灌，农田被淹面积较大，决定在该村修筑一条防洪大坝。大坝全长 9.8 公里，占用耕地面积约 300 亩。当时没有给村里补偿费，属无偿使用。除此没有其他征地情况。

（五）农业生产基础设施建设

1. 用柴油发电灌溉农田

农田灌溉对于农业生产起着至关重要的作用，农业增产增收离不开合理而有效的灌溉。2008 年春季，开库康村

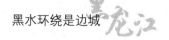

一直干旱、大风、无雨，塔河县水务局为该村配备了灌溉设备。开库康村村民为在夏季天旱时能及时浇地保证农作物丰产丰收，决定贮备柴油进行大田作物人工喷灌。

开库康村根据《黑龙江省村级范围内集体公益事业筹资"以奖代补"管理暂行办法》规定，结合该村实际情况，经村委会、支委会研究和村民代表大会会讨论通过，开库康村2008年"一事一议"筹资项目为农田灌溉发电，需灌溉农田面积为4000亩，旱季每3~5天灌溉1次，全年约需平均灌溉2次，每次灌溉4小时，每亩每小时用柴油0.5公斤，柴油每公斤按8元计算，2008年4000亩灌溉用柴油所用资金为12.8万元，开库康村总人口1231人，筹资人口1231人，筹资标准为105元/人。抽水灌溉农田形成制度后，有效解决了抗春旱的问题。

2. 道路建设

开库康村基础设施建设薄弱，村屯道路均是土路，有的村屯甚至无成型道路，这些道路夏季旱天暴土长扬，雨天泥泞不堪，冬季高低不平，造成许多生活和生产的不便。为了让农民掌握更多的致富信息，生产的农副产品更好地走向市场，从而增加农民收入，振兴开库康乡经济，修建道路迫在眉睫。

在2008年建设新农村时期，开库康村以坚持整体建设，一次成型；道路建设符合省级标准；促进农业增收、农民增收；坚持社会公益、生态效益和经济效益相结合和坚持国家扶持和自力更生相结合为原则，在开库康村村内修建了四级白色路面2公里。四级白色路面每公里投资80万元，2公里共投资160万元，资金来源主要为上级拨款。

2008年开库康村2公里四级白色路面修建完成的同时，

又对村内 3 条 1.2 公里的主要街道进行了硬化。由于交通条件改善，农户的生产成本有所降低，引入了更多的客商到开库康乡收购农副产品，增加农民收入，改善农民的生产生活条件，体现了党和政府代表最广大人民根本利益的宗旨，极大地推动了塔河地方经济和强边固防，对农副产品和林木产品等物资外运，以及对当地梅花鹿的养殖和销售等都起到了积极作用。

3. 农机设备更新

在机械现代化的社会里，建设现代农业是新农村建设的重要内容，也是开库康乡农业发展的方向和目标。为了加快开库康乡农机设备的更新，用现代物质条件装备农业，用现代科学技术改造农业，用现代发展理念指导农业，开库康乡于 2008 年在开库康村进行农机设备更新项目。该项目是贯彻落实十五届六中全会关于加强社会主义新农村建设的精神，以塔河县国民经济和社会发展"十一五"计划纲要为依据，并结合开库康实际情况和今后一个时期开库康乡全面快速发展的需要编制，是全乡经济和社会发展的计划之一。

该项目以坚持生态效益、经济效益和社会效益相结合；坚持经济发展，促农增收；坚持发展现代农业以及推进和提高综合生产能力为原则。该项目建设地点为开库康乡开库康村，现已在 2008 年一年内完成。该项目新建库房 6000 平方米，新购大型联合收割机 1 台（见图 3-2），重耙 1 台。项目总投资为 100 万元，其中库房建设 72 万元，购置设备 28 万元。图 3-3 和图 3-4 为开库康乡的农机具。

该项目促进了开库康乡现代耕作技术的推广，大大提高了农机化水平，便于先进技术的推广应用，实现土地连片开发，提高土壤肥力，提高生产效率，促进了农村经济又快又好地发展。

图 3-2　大型机械（2012 年 6 月　作者摄）

图 3-3　农机具 1（2012 年 6 月　作者摄）

图 3 - 4 农机具 2（2012 年 6 月 作者摄）

4. 其他

（1）防洪防涝方面。为防治黑龙江水上涨倒灌农田，1999 年塔河县水务局在开库康村修建全长 9.8 公里的护田防洪大坝。

（2）引水灌溉方面。塔河县投资在开库康村打了 10 眼机电井，出现旱灾时能及时浇灌。设备成套，给农业生产带来保证。

（3）农业教育科研及技术推广方面。塔河县农委及有关单位每年春季都有 2~3 次来乡村讲授农业教育科研技术，推广农业技术及种植业、养殖业方面的先进经验，同时还带来了种植业、养殖业方面的各种书籍，给农民带来了致富信息。

二 种植业

(一) 种植业概况

开库康村地处寒温带,属第六积温带,种植业主要作物是小麦、大豆和马铃薯。开库康村种植的大豆品种是黑河 49 号,生育期 88 天,平均单产 160 公斤,该品种具有耐寒抗旱、抗逆性强的特点,非常适于做救灾种子。2008 年,全村种植小麦 2900 亩,大豆 4600 亩,马铃薯 1300 亩,经济作物大豆的种植面积有较大幅度的增长。然而,由于无霜期只有 85~105 天,大豆亩产只有 200 斤左右,虽然价格高,但用工量大,易受晚霜和早霜危害,只能做到 5 年 3 收,效益不好;而小麦在丰年亩产能达 350 斤,但由于小麦收购价低,每斤在 0.65 元左右,效益也不好。开库康村大豆种植情况如表 3-1 所示。

表 3-1　开库康村大豆种植情况

单位:元

年　份	籽　种	化　肥	售　价	机耕机种	纯收入
2004	18	15	240	40	167
2006	18	20	300	45	217
2008	23	25	400	50	302
2010	28	30	500	55	387

注:以上数据均以 1 亩为单位。

开库康村针对农业生产中出现的问题,为使农业增效增收,农民早日脱离贫困,积极推行种植业结构调整。2008 年,开库康村建设马铃薯种植基地,使每垧地纯收入达到 8040 元,以每户 10 亩地计算,可收入 5360 元以上,是种植大豆效益的近 3 倍。2009 年试种寒带高产经济作物倭瓜，已获得初步成功。开库康村小麦和马铃薯种植情况如表 3 - 2 和表 3 - 3 所示。

表 3 - 2 开库康村小麦种植情况

单位：元

年 份	籽 种	化 肥	售 价	机耕机种	纯收入
2004	32	18	210	35	125
2006	32	20	260	40	168
2008	52	20	320	40	208
2010	52	25	350	45	228

注：以上数据均以 1 亩为单位。

表 3 - 3 开库康村马铃薯种植情况

单位：元

年 份	籽 种	化 肥	售 价	机耕机种	纯收入
2004	60	10	600	80	450
2006	60	12	680	90	518
2008	80	15	830	95	630
2010	100	15	900	100	685

注：以上数据均以 1 亩为单位。

（二）种植业的结构调整

1. 马铃薯种植基地建设

（1）马铃薯基地建设项目的启动。开库康村处于纬度较高的寒温带地区，积温少，热量不足，主要种植大面积的大豆和小麦，种植品种相对单一。2008 年，开库康村为调整种植结构，提高经济效益，新建了开库康乡开库康村马铃薯种植基地。

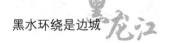

　　开库康乡马铃薯种植基地建设项目的编制是以塔河县国民经济和社会发展"十一五"计划纲要为依据，并结合该乡的自然资源优势和新农村建设发展规划，将发展马铃薯种植、增加农民收入作为开库康乡社会和经济发展的重要方面，纳入社会发展计划之中。在基地建设前的调查阶段，发现基地建设的主要困难在于籽种的引进。经过考察和论证，早大白马铃薯品种适合该村种植，且经济效益较高，但籽种市场价格较高，因此该基地建设内容主要是给予籽种一定的补贴，以此促进基地的发展与建设。该基地建设于开库康乡开库康村，建设形成1000亩种植基地。项目总投资42.4万元，其中上级帮助解决28万元，农户自筹4.4万元（见表3-4）。

表3-4　马铃薯基地建设的项目总投资情况

项　　目	资金额
籽　　种	1000亩×90公斤/亩×1.6元/公斤=14.4万元
化肥等	每垧地需二铵2袋300元，马铃薯专用肥2袋200元，K肥80元，割栽子400元，翻耙地300元，收获费用400元，农药120元，垧需费用1800元，1000亩需费用12万元
农机投入	农机具1台套（包括625拖拉机、旋耕机、翻耙、双犁收获机等）×16万元/套=16万元
合　　计	42.4万元

　　以每垧可产马铃薯6万斤，每斤售价0.2元计算，每垧可收入1.2万元，减去成本，每垧纯收入8040元，以每户10亩地计算，可收入5360元以上，是种植大豆效益的近3倍，1000亩地全村可增收近53.6万元，经济效益十分可观。

（2）马铃薯基地建设过程。①2007 年，项目前期基础工作。由开库康村协调理顺相关土地、劳力，并完成生产合同签订。同时，管理好马铃薯良种繁育基地，确保质量和产量，为 2008 年的生产打好基础。②2008 年 3 月，申请上级拨款资金，为农户统一提供种薯、化肥等；5 月初，完成此项工作，并签订销售合同，形成订单农业；5 月下旬，进行播种；6~9 月，加强田间管理；9 月末，适时收获；10 月底，基本完成马铃薯的销售。2008 年，马铃薯种植共计 4000 亩，马铃薯基地正式投入生产。

（3）马铃薯基地建设的组织管理及相关保障措施。①组织管理。对项目严格实行项目法人责任制，由乡村两级共同实施；资金使用报账制。②资金管理及使用办法。上级资金主要用于基地的种薯补贴、购置配套农机具。为切实使用好项目资金，建立资金使用专户，规范资金使用报账制，切实搞好项目资金管理，健全完善项目资金审计制度，严格把关，堵塞漏洞。③生产运作机制。采取基地＋农户总体模式，组织专门队伍，蹲点负责基地的马铃薯生产。在生产过程中，技术人员统一提供操作规程，提供产前、产中、产后的一系列服务。

2. 种植倭瓜

由于开库康村气候条件的不利因素，积温低，无霜期短，大田作物不占任何优势，开库康村于 2009 年 3 月召开第八届村民代表会议，主题之一为调整种植结构，商讨试种高寒经济作物倭瓜（见图 3-5）。会议结果为村民与客商签订倭瓜种植收购合同，客商为村民购买种子。合同中有如下规定。①倭瓜每个 4 斤以上的每斤 0.30 元，每个 2~4

斤的每斤 0.18 元，晚期未成熟的瓜按半价收购。②客商的瓜在运输前，必须交给农户保证金，农户承诺以自己的倭瓜为保证金。③客商保证先拉先收农户的瓜，农户保证瓜不冻、不烂、无碰伤（谁家有此情况，不予收购）；农户自己装袋装车，包装袋由客商负责。④收购方法：现金收购。⑤农户必须按客商的种植方法进行种植（按说明书），不准高价外销。客商负责供应种子，种子款在收购后从货款中扣除，客商保证种子出苗率在 80% 以上，如达不到，客商包赔。

图 3-5 倭瓜（开库康村党支部提供）

　　2009 年试种之初，每亩定值 800~900 株，每株结瓜 2 个，每个在 2.5 公斤左右，亩产 3500~5000 公斤。每斤 0.30 元，每亩收入在 2100~3000 元，大大超过原来每亩 300 元的收入。2010 年将进一步扩大倭瓜种植面积。

三 畜牧业

(一) 发展过程及现状

在生产队时期，开库康生产大队里有专门的饲养场和饲养员，主要饲养牛、马、猪，饲养品种以为农业服务为主导。过去生产力比较低，主要靠畜力进行农业生产。包产到户后，牛马分配给各农户。随着机械化的加入，牛马在80年代后走出了田地；同时，粮食产量的提高，使猪、鸡、鸭、鹅的养殖量也逐年增高，占总收入的比例有所增加。开库康村在畜牧业及养殖业上没有发展成规模，过去全村300多户中从事畜牧业生产的只有几十户，养的是牛、马、羊，而大户养牛也只有30头左右，小户只有几头，但也不是专业户。近几年，开库康村畜牧业发展较快，以绒山羊为例说明（见图3－6）。2002年县乡村为了响应上级尽快发展畜牧业而进行多方招商引资。该次引进了200多只绒山羊，到2012年则发展为450多只。每年产羊绒200多斤，出售绒山羊60多只，年产值达10万元。

开库康村现在的养殖业以养殖鹿、猪、鸡、鸭和鹅为主。过去每家每户养殖的都不多，猪每户有几头，鸡鸭鹅10~30只，只供家庭生活所用。该村现有养殖园区1个，占地面积3万平方米，养殖大户10户，养殖协会2个，农民入会53人，经纪人5人。2005年鹿、牛、猪饲养量分别达到631头、2005头和1500头，养殖收入实现35万元，人均2300元。2010年畜牧业产值1070万元，主导产业占60%，其中种植业产值210万元，畜牧业产值860万元。截至2012年底，全村养马130匹，牛72只，羊834只，猪

图 3 - 6　绒山羊养殖场（2012 年 1 月　作者摄）

310 头，鹿 324 只，家禽 5800 只。

　　2008 年，开库康乡的产业发展正处于关键时期，坚持以生产发展为工作重点，千方百计地拓宽增收渠道，努力实现农民增收目标。为此，在依托优势和考察论证的基础上，开库康村建设了养殖小区一处，以养殖示范区带动全乡畜牧业快速发展，加强开库康乡畜牧业标准化、规模化和规范化养殖，是建设养殖小区的最终目的。要使畜牧业不断发展，就要打破以往的散放散养的小家庭方式，建立有一定规模、加强管理、标准规范的养殖小区。生猪养殖区建猪舍 2 处，每处建筑面积为 100 平方米；森林鸡养殖区建鸡舍（包括鸡雏舍和成鸡舍）2 处，每处建筑面积为 70 平方米。养殖小区院落规划 4000 平方米，预计投入 35 万元，其中猪舍预计投入 20 万元，鸡舍预计投入 15 万元，全部为上级拨款。养殖小区建成后，加快了开库康乡农业结构调整步伐，推进了畜牧业标准化、规模化和规范化养殖，带动了农户发展生产的积极性，推动了新农村建设的快速发展。

（二）梅花鹿特色养殖业

1. 发展过程

随着林业资源的减少和天保工程的实行，发展特色养殖业已成为开库康乡结构调整和农民增收的主要方向。2002年3月，开库康村3户农户在自愿的基础上，贷款20万元购进31只梅花鹿发展梅花鹿养殖业，并在当年取得了较好的经济效益，开启了开库康村梅花鹿养殖业的先河。2003年，塔河县政府出台了扶持梅花鹿养殖业的相关文件和优惠政策，从2003年至2005年连续3年给予开库康村梅花鹿养殖户贷款贴息的优惠。2003年开库康村养殖户贷款161.14万元，贴息11.98万元；2004年贷款165.6万元，贴息14.07万元；2005年贷款157.88万元，贴息17.02万元。在政策扶持、效益带动下，开库康村梅花鹿养殖业迅速发展起来，截至2012年，开库康村梅花鹿饲养量已达623头，成为塔河县重要的梅花鹿养殖基地之一。

2. 发展问题

然而，从2004年底至2005年初起，梅花鹿养殖市场突变，价格持续低迷，养殖户损失惨重，形成多养多赔、少养少赔、不养不赔的局面，已严重影响了养殖户的养殖积极性和此项产业的进一步发展。其原因有以下几点。

（1）受买方市场的影响，价格持续走低。2003年每500克鹿茸市场售价为700～800元，目前市场售价为300元左右；2003年仔鹿平均售价为3000～5000元，目前仅为1000元左右，而且没有销路。许多养殖户靠出售鹿产品已

不能维持正常的经营，梅花鹿养殖业陷入举步维艰的境地。

（2）远离销售市场，信息不畅。影响鹿产品销售价格的市场主要在南方几个省市，最近的较大的市场在吉林省。由于地缘因素的影响，养殖户不能及时准确地捕捉市场价格变动信息，产品不能在价格较高时及时出售，造成损失。

（3）贷款压力。养殖业是个生长周期较长的产业，特别是梅花鹿养殖业，需3～5年才能收回成本，实现真正的盈利。梅花鹿养殖业是养殖户贷款发展起来的，每年面临着巨大的还贷压力。为此，许多养殖户为还本息，只能忍痛低价出售了梅花鹿及其产品，造成养殖户的损失。

（4）养殖户之间的竞争。由于养殖户卖低不卖高的心理，部分养殖户为减少损失，在出售产品时也存在竞相压价的现象。

（5）养殖和管理技术相对落后。梅花鹿养殖业在该区是新兴产业，正处于学习、探索、总结、积累阶段，由于养殖和管理技术缺乏，造成部分养殖户的梅花鹿出现死亡现象，鹿产品品质不高，售价较低。

（6）生产成本高。开库康村无国电，自备发电且发电时间短，许多鹿产品不能及时进行保鲜和深加工，产品只能送到塔河或自行发电保鲜、加工，造成生产成本的提高。部分养殖户由于条件限制，产品不能及时送去保鲜，也造成了不必要的损失。

四 存在的问题

开库康村由于地域偏僻、交通不便和信息不灵等因素，严重影响了农业的发展；另外，种植业结构调整难，农产品销售困难；更重要的是，2009年前开库康村没有国电，谈不上加工业，更谈不上产业化。开库康村农业经济发展目前主要存在以下方面的问题。

（1）农村建设资金投入缺口大。农村农业建设是一项长期艰巨、系统复杂的工程，开库康村做了大量艰苦努力的工作，但由于该村基础条件太薄弱，农民的经济基础太差，加之农民综合素质不高，外力牵引不强，工作仍举步维艰，导致该村农业建设进度缓慢。

（2）增强主导产业基地建设项目支持。开库康村由于农民思想认识上的偏差及技术、资金上的限制，致使开库康乡主导产业基地建设做大做强进度慢。

（3）农业基础设施薄弱，仍然靠天吃饭，农业发展后劲不足，大型机械和现代技术在农业上的应用没有得到普及。农民收入增长缓慢，增收渠道不宽，增收困难的局面仍未改变。

（4）农村社会发展依然滞后，投入增长机制尚未建立，制约农村发展的体制性因素依然存在，具体表现为农民文化水平低、科技水平低、劳动水平低、农民采用科技的效率低，阻碍了农业科技成果转化。

（5）道路硬化里程较少，还不能满足农民生产生活的需要；新型能源的推广受农民的经济及观念的限制，在推广上难度较大；在商服网点建设上由于受地处偏远交通不便、无国电、农民消费习惯等因素的影响，除经营面积在40平方米以上外，其他标准暂时无法达到；在农民住房建设方面，由于该村建制早，农民住房绝大多数为木刻楞房子，受经济条件限制，农民无力建设砖瓦结构住房，全村住房砖瓦化率较低。

第二节 旅游业

一 发展旅游业的条件

　　旅游业是新兴产业，一次投入多年受益，且可带动其他各业发展，一业兴百业旺。开库康村发展旅游业的地理条件非常优越，其地处大兴安岭地区，坐落于黑龙江畔，自然景观独特，森林植被茂密（见图3－7），河流清澈纯净，野生动植物珍稀。独有的兴安落叶松、美丽的樟子松、亭亭玉立的白桦、苍劲的柏树遍布山野；珍贵的马鹿、驼鹿、黑熊、野猪、猞猁、狍子、榛鸡等珍禽异兽栖息林间。水中有久负盛名的"三花五罗十八鳞"，而野生的黑木耳、蘑菇、猴头、蓝莓果、红豆越橘（雅格达）、山丁子，以及药用植物掌参、百合、益母、木灵芝等更是享誉中外。物华天宝的开库康村，真可以说是"锦鳞在水，香蕈在林，珍禽在天，奇兽在山"。开库康村的空气质量良好，非常适合户外郊游。空气清新润肺腑，登山越岭健身强。风平浪静的黑龙江水清澈透亮，水下有丰富的鱼种，可供游人品尝；幽美的两岸风光绚丽诱人；与此同时，登山、漂流也是游人喜爱选择的旅游项目。另外，开库康村与俄罗斯隔江相望，两岸人文景观奇特，拥有发展界江旅游的得天独厚的自然条件。

　　如今开库康村真正的价值与魅力，正为世人所熟知、所向往。2005年，我国著名的地理权威杂志《中国国家地理》在"中国最美的地方评选"特刊中，对中国最美的景观分布进行了研究，认为中国最美的景观主要集中在两个

图 3 - 7 丰富的森林资源（2012 年 6 月 作者摄）

棱线上，其中第二条棱线就是从大兴安岭塔河县开库康乡
至广西的东兴市画的直线，在这条线左右，是中国一条重
要的美景分布带。可见，开库康村的美丽风采已为世人所
欣赏、所重视。

二 旅游资源

乘船在开库康江段漂流，你会明显地感到黑龙江在这
一段的曲折与险峻。这一江段江道曲折，拐弯较多，而且
江面很宽，有四五百米，汛期时江面甚至可达 3000 米宽，
可谓水面宽阔，水势浩荡，大有长江之气概。

在此段漂流，你会体会到黑龙江的"险"，沿途会遇到
3 处险滩。一处是位于开库康上游的上地营子险滩，江水流
经此处，河道突然变得较浅，而江水水流依然湍急，所以，
来往的船舶行驶时特别小心。好在险滩处的两岸有航标作
指引，可以使游船顺利地通过。两岸的航标也有区别，中

方航标的标牌是红色的，而俄罗斯一方则是白色的。过了这一险滩，另有一处险滩在等待着你，这就是开库康险滩，此处险滩两岸有陡峭的山崖，更增加了险峻的感觉。船行于此，你会感到陡峭的山崖与船是这样的近，近到会使你产生高高的山崖向游船撞过来的错觉。这时，你既会被两岸秀美的景色吸引，又会被险滩的险峻震慑。船向下继续行驶，第三处险滩——王八湾险滩就会出现在游人的眼前。

船行在王八湾险滩，几乎是在一个圆弧上航行，有时，航行的船离俄罗斯的江岸很近，不过此时你也不用担心是否超越了国界，因为，中俄之间的边界是以黑龙江主航道为界，而它的主航道未必是界江的中央。

在开库康江段乘船漂流，不仅可以体会界江的"险"，还可以领略界江的"奇"。界江流经这一江段，两岸多是岩石裸露、高矮不一的山崖，经过长年累月的风化，再加上界江水流的冲击，这些山崖形成了千姿百态的造型。奇峰怪石引起游人的无限遐想：有像手指大小的佛指山，有像龟背大小的龟背石，有像麻将的麻将石，有酷似犴（犴即驼鹿）鼻子的犴鼻石。除此之外，还有许多叫不出名字的怪石。在开库康乡江段588航标处，就有一处四季滴水的怪石。当然，由于季节的不同、游人观测角度的不同，奇峰怪石在每个人的眼里也具有不同的形象，但你只要展开联想的翅膀，并且怀有一颗善于发现美、乐于追求美的心，你就会欣赏到界江两岸奇峰怪石的美。

界江在开库康江段更以"秀"而著名。沿江漂流，游人感受最深的是两岸峰峦叠翠、绿草如茵。船行于江中，有两岸的青山绿树映衬，仿佛是行驶在绿色的海洋中，而两岸开满小花且软厚无边的草甸以及静谧的森林，呈现给游人以仙境般的美感，使人觉得既是真实的，又是虚幻的，宛若梦境，如在天堂。

2005 年在《中国国家地理》杂志组织的"中国最美的景观"评选中，大兴安岭北部兴安落叶林被评为中国最美的十大森林之一。因此，进行森林游，是开库康乡旅游的一个不可缺少的活动。

历史上，开库康乡就是大兴安岭著名的渔乡，到这里旅游，你可以亲自坐上捕鱼的机动船，去参观打鱼，体会一下捕鱼的乐趣。而在盛夏和初秋，你还可以和跑山的人们一道，去大山里寻宝，采撷集大山之精华的各种山珍，你会从中获得一种从没有过的欣喜。

第三节 劳务输出

一 劳务输出政策

黑龙江省是边疆大省，劳动力资源丰富，对于劳务输出工作也一直非常重视。黑龙江省根据自身的突出特点和省情民情，于 2003 年制定了《黑龙江省贫困地区劳务输出扶贫计划实施方案》，其中规定：

（一）实施办法

1. 建立可输出劳务人员资源库

收集可输出劳务人员资源信息。各县（市）扶贫办要确定专人对重点村贫困户劳动力资源状况进行调查，识别可输出劳务人员，并填报《黑龙江省贫困地区劳务输出扶贫计划可输出劳务人员登记表》。

建立可输出劳务人员资源库。省、县要以"黑龙江农村扶贫信息网"为载体，建立可输出劳务人员资源库。各县（市）扶贫办要将《黑龙江省贫困地区劳务输出扶贫计划可输出劳务人员登记表》输入扶贫信息网，实行动态管理。在黑龙江农村扶贫信息网的"社会帮扶"栏目里设立了"劳动力转移"子栏目，并设立可输出劳务人员资源库和用人单位资源库。

2. 建立用人单位资源库

收集用人单位劳务需求信息。各市（地）扶贫办和省扶贫赈灾基金会要通过新闻媒体、信函、走访、互联网、电话了解等形式，广泛收集用人单位劳务需求信息。

建立用人单位资源库。按企业类别、用工岗位、所在区域、工资福利待遇等不同建立用人单位资源库。

取得企业授权。对列入资源库的用人单位，由省扶贫赈灾基金会取得企业招募劳动力的授权委托，并建立长期合作关系。

3. 建立劳务输出对接机制

用人单位审核确认可输出劳务人员。省扶贫赈灾基金会依据用人单位用工意向和要求，在资源库中检索可输出劳务人员名单，供用人单位审核挑选。

可输出劳务人员自愿选择用人单位。省扶贫赈灾基金会将用人单位确认的名单发送至各县（市）扶贫办，并征询可输出劳务人员本人同意后，将意见反馈给省扶贫赈灾基金会。

可输出劳务人员的送达和接收。省扶贫赈灾基金会依据双方共同确认的名单，派专人将输出的劳务人员送至用人单位，并与用人单位办理接收手续。

（二）保障措施

1. 组织培训

组织工作人员培训。把负责劳务输出工作的各级扶贫办工作人员的培训工作，纳入省扶贫开发培训计划。

劳务输出人员培训。①培训方式。依据用人单位要求，在选送可输出劳务人员之前，以县（市）为单位，依托当地职业技校，组织进行短期培训，并纳入县（市）扶贫开发培训计划，也可以由省扶贫赈灾基金会举办速成培训班。

②培训内容。培训内容包括所从事工作的技术知识，当地的生活习惯、风土人情方面的知识，相关的法律知识，紧急情况处理方法等。

③培训要求。通过培训提高可输出劳务人员的专项技能水平、法律意识、安全生产意识、自我维权意识、文明意识、团结互助意识和履行义务的意识等。

2. 权益保障

成立维权组织。以接收企业为单位，在输出劳务人员中建立自治组织，选举 1 名负责人；对接收输出劳务人员较多的省份，可设立办事机构。

集中派遣的可输出劳务人员，由省扶贫赈灾基金会与输出劳务人员签订劳动合同，约束和规范输出劳务人员的行为；同时由省扶贫赈灾基金会与用人单位签订劳务派遣合同，保护输出劳务人员的利益，规范用人单位的行为；再由用人单位与输出劳务人员签订劳务协议，明确双方的权利和义务。出现纠纷时，由省扶贫赈灾基金会与用人单

位协调解决，确保双方合法权益。

其他方式输出的劳务人员，由用人单位和输出劳务人员直接签订劳动合同，依法维护双方的合法权益。出现纠纷时，依靠当地劳动部门或司法机构依法解决，省扶贫赈灾基金会为劳务输出人员无偿提供法律援助。

"黑龙江省贫困地区劳务输出扶贫计划"聘请黑龙江三水律师事务所为法律顾问，提供全程法律服务。

（三）经费安排和管理

1. 经费来源与使用范围

经费来源主要包括社会募集、政府资助，以及在自愿的基础上，动员输出劳务人员附捐工资额的 4% 及上述 3 项资金存款收益。

经费主要用于管理人员工资、购置设备、调研、宣传、培训及差旅费等。

2. 财务管理规则

在黑龙江省扶贫赈灾基金会的账户下专设"劳务输出扶贫基金"科目进行单独核算。

在运行中，参照基金会《财务制度》及《费用支出规则》执行。

每年年初做好财务预算，定期进行评价、考核，控制费用支出。

搞好财务监督。每年年末编写财务报表，向黑龙江省贫困地区劳务输出扶贫计划工作委员会报告并通过媒体予以公布；基金会内部不定期进行自查与分析。

聘请黑龙江省龙科会计师事务所作为财务监审单位。

（四）组织领导

1. 组织体系和职责

成立黑龙江省贫困地区劳务输出扶贫计划工作委员会。工作委员会下设办公室，办公室设在省扶贫赈灾基金会。其职责是：制定并执行年度工作计划；收集整理用工单位需求信息及劳动力信息；做好本计划的市场开发、后续管理等工作；筹集项目资金；指导各县（市）办事机构开展工作；与外省新闻媒体建立良好关系，通过宣传，提升"龙江劳务"品牌在当地的知名度和公信度；协调处理实施中的重大纠纷、事故和事件。

各县（市）扶贫办派一名工作人员负责此项工作。各县（市）扶贫办的职责是：贯彻执行年度工作计划；贯彻执行各项规章制度和管理办法；建立可输出劳务人员资源库；按省贫困地区劳务输出扶贫计划工作委员会的要求，召集和运送劳务人员。

参与该计划的各新闻单位指派一名同志负责此项工作。职责是：开辟"贫困地区劳务输出扶贫计划信息"专栏，按黑龙江省贫困地区劳务输出扶贫计划工作委员会办公室提供的资料，每两天发布一次劳务供求信息；宣传报道输出劳务人员的感人事迹和先进典型；发挥舆论监督优势，维护输出劳务人员的合法权益，对损害农民工合法权益的行为予以曝光。

2. 实施情况跟踪和总结

建立反馈制度。省扶贫赈灾基金会通过输出劳务人员的定期反馈，全面掌握其工作情况，便于有针对性地实施管理。

每年年底由省扶贫办、省委宣传部对计划执行情况进行一次总结。

对参与项目工作的新闻工作者、扶贫办的工作人员进行评选和表彰，授予"光彩使者"称号。

对通过劳务输出实现脱贫的人员进行评选和表彰，授予"龙江劳务标兵"称号。

二 劳务产业发展的条件及现状

1. 劳务产业发展的条件

开库康村的劳务输出之路经历了一个较长的培养时期，由于长期以来受传统思想的束缚，部分群众观念落后，小农意识较浓，固守土地的思想比较严重，安于现状，不思进取，缺乏进取创新意识，满足于温饱即安、小富则满。面对这种现实情况，塔河县、开库康乡、开库康村都做了大量的教育和引导工作。

（1）塔河县促进劳务产业发展的措施

塔河县充分发挥农村劳动力富余的优势，切实增加农民收入，不断加大农村劳动力转移培训力度，使农村劳动力转移工作逐步走向有序规范的管理轨道。该县结合具体工作，成立了劳动力转移办公室，把职业技术学校作为"阳光工程"培训基地，抽调专人负责技能培训等具体日常工作。通过网络将用工信息向各乡村发布，及时与省外用工单位建立对接关系。根据市场的需求，目前已经进行了计算机、建筑、家政保健、装潢剪裁、保安、餐饮服务、市场营销等几个专业的培训，共培训农村劳动力 1500 人，提高了农民工的整体素质。农民由县城逐步走进城市务工，还有许多农民进入北京、大连等城市务工。

（2）开库康乡促进劳务发展的措施

开库康乡充分抓住了塔河县加大农村劳动力转移培训力度这一时机，着力推进农村劳动力素质培训、农村富余劳动力转移就业建设，全乡农村劳动力转移工作呈现"力度大、氛围浓、措施实、领域广、效果好"的可喜局面。

开库康乡从乡情出发，转变观念，把发展劳务经济作为农业和农村经济发展的重要产业来抓。为了进一步转变农民的思想观念，教育农民树立"固守家园一线天，走出家门天地宽"的思想，让农民充分认识到发展农村劳务经济是增加农民收入的需要，是调整农村产业结构的需要，是培养农村具有先进理念的致富带头人的需要。通过思想教育，提高了农村广大干部群众的认识，在全乡形成了人人想转移、人人帮转移、人人为转移服务的良好氛围。

2008年，开库康乡按照有关部门的部署，坚持把劳动力转移作为增加农民收入的重要措施，作为实施利民行动、建设社会主义新农村的重点，列入全乡大事大项。具体措施主要包括以下三个方面。一是加快职业技能培训体系建设。与县职业技术学校和县劳动力转移办公室加强联系，结合国家"阳光工程"，加强职业技能培训。加强与省内外用工单位联系对接，开展订单和定向培训，提高培训针对性和实效性。二是加快农村劳务信息网络建设。只有建立高效的劳务信息网络，才能及时了解劳务供求信息，实现农村劳动力有序转移。要与上述部门加强沟通力度，及时发布劳务信息，加大宣传报道力度，搞好引导与服务，引导农民走出家门外出务工增收。三是加快项目建设。通过

上项目，农民不出家门就能增加非农工资性收入。

2. 劳务产业的现状

截至 2011 年底，开库康村目前有常住人口 1234 人，其中 0～14 岁的儿童有 81 人，占人口总数的 6.6%，15～20 岁的青少年人口有 137 人，占人口总数的 11%；65 岁以上的老年人口有 78 人，占人口总数的 6.3%；20～65 岁人口有 938 人，其中青壮年劳动力 430 人，占人口总数的 35%，劳动力资源十分丰富。

以 2007 年为例，开库康村共输出劳务 215 人次，共创造效益 278 万元，人均年收入 12930 元，人均月收入 1078 元。2008 年共输出劳务 250 人次（见表 3－5），共创造效益 360 万元，人均年收入 14400 元，人均月收入 1200 元（见表 3－6）。

表 3－5　2008 年开库康村劳务输出人员统计

单位：人

年龄 性别 文化程度	16～19 岁		20～29 岁		30～39 岁		40～49 岁		总计
	男	女	男	女	男	女	男	女	
高中	12	11	18	9	3	1			54
初中	45	32	21	15	16	13	3	2	147
小学	3	2	17	14	2	5	2	1	46
文盲					1		2		3
总计	60	45	56	38	22	19	7	3	250

表 3－6　开库康村 2007 年、2008 年劳务输出收益

年度	人次	总效益（万元）	人均年收入（元）	人均月收入（元）
2007	215	278	12930	1078
2008	250	360	14400	1200

目前，开库康村劳务输出目的地主要有北京、上海、大连、秦皇岛、杭州、深圳、哈尔滨、加格达奇等地以及山东、陕西的部分地方。输出劳务人员中男性 145 人，占总人数的 58%；女性 105 人，占总人数的 42%。具有高中学历者 54 人，占总人数的 22%；初中学历者 147 人，占总人数的 58.8%；小学学历 46 人，占总人数的 18%；文盲 3 人，占总人数的 1.2%。

三　劳务输出的类型和特征

（一）劳务输出的类型

开库康村村民劳务输出主要有两种类型，即政府组织输出和非政府组织输出。

政府行为，即塔河县和开库康乡在本地积极创造就业机会的基础上，积极开拓省内外市场。经过实地考察后，在北京、大连、青岛、上海等地建立了劳务输出基地，与那里的企业进行对接，定期提供就业信息；建立了各地劳动保障和社会事务所，开设用工信息栏，全方位提供就业信息；同时还免费开办电焊、计算机等技术培训班，拓宽了富余劳动力就业途径，增强了他们的就业信心。

非政府性输出分为村里经济能人带队的有组织、有规模的输出和零散的个人性输出两种。经济能人往往外出务工较早，并长期稳定在一家工厂，由于工作表现突出得到老板赏识与信任，愿意接收他介绍来的新人。于是每年借过年回家的机会，经济能人都会介绍村里人一同前去，开始一个、两个，后来逐渐发展为有组织、有规模的定向

输出。

零散的个人性输出在开库康村全部是投亲靠友，开库康村是一个移民村庄，大部分村民在外省外县都有亲属，这些亲属经常会为村民提供一些用工就业信息。再就是朋友之间互相引荐的情况也多有出现。

（二）劳务输出的特征

1. 流动周期长

开库康村的劳务输出的突出特征便是流动周期逐渐加长，特别是青年劳动力流动周期长，有的农村青年已完全摆脱了农业生产而长期在外从事流动就业，流动时间在 5 年以上的占外出务工人员总数的 9% 左右，举家外出的亦大有人在。

2. 流动区域相对集中

开库康村外出务工人员遍及全国各地，近至邻县，远至俄罗斯。但是，流动区域相对集中在黑吉辽、京津沪、长江三角洲等地区，其他地区不到 20%。

3. 兼业性强

开库康村劳动力转移具有明显的兼业性特点。随着二、三产业的发展和农业生产力的提高，大部分农民保留着土地的承包权，在农忙时种地，农闲时外出务工经商，属亦工亦农性转移。一般而言，农村家庭劳动力较多、从事劳务收入较高的，在外工作时间就较长，反之则较短。

4. 劳动层次低、劳动强度大

从事纯体力劳动仍是开库康村富余劳动力转移的一个主要途径。由于该村绝大部分劳动力的素质偏低，技能单一，而就业市场对劳动力的需求正向高素质、高技能人才快速转变，外出就业的空间逐渐缩减，外出的农村劳动力往往是工作难找、钱难赚，大部分只能从事劳动技能低、劳动强度大、危险性高的行业，从事此类行业的劳动力占外出劳力的85%以上。

四 劳务产业对当地经济、社会发展的影响

1. 对当地经济的影响

开库康村的劳务输出增加了农民的收入，成为村庄经济发展的重要组成部分。开库康村地处大兴安岭内陆，由于气候的影响，农业生产受到严重制约，要在当前的技术和生产条件下寻求突破，提高生活品质存在着极大的困难。再加上林业资源的逐步减少，以及国家对生态保护的重视，特别是"天保工程"实施后，农民的增产增收面临较大的困难，在这种条件下，劳务输出成为当地促进经济发展的一个重要途径。

劳务输出改变了开库康村人的经济观念。一些外出打工者增长了见识、开阔了眼界，他们把自己学到和看到的东西掌握并运用起来，回到村里逐步完成了由单纯的打工者向农业开发大户、个体私营企业主的转变。农民外出务工"既挣了票子，又换了脑子"，为家乡带回物质财富的同时还带回了信息、技术、先进经营管理理念等非物质财富，特别是部分返乡者利用外出务工学到的技术返乡创业，带动了当地农民脱贫致富，活跃了地方经济，成为农村致富路上的"领头雁"和县域经济发展的"生力军"。当地的养牛大户刘国军、养羊大户王振便是其中的突出代表。

劳务输出改变了当地的产业结构。过去开库康村是一

101

个单纯以农业为主，养殖业、采摘业和渔业为辅的村子，村民世世代代经营着第一和第二产业。随着一些外出务工者的回归，第三产业开始出现并得到了一定的发展，例如开库康村现有的旅饭店、油料加工店等纷纷出现，并雇用了一些当地的劳动力，解决了部分农民的务工问题。

2. 劳务输出对当地社会的影响

劳务输出对开库康村的一个重要影响就是带来很多新思想和新事物。过去开库康村对于民主选举兴趣不高，村民普遍认为选不选一个样，选谁不选谁一个样，一般都是父亲干完儿子继承的模式。随着务工人员的回归，这一情况得到了明显的改善，一些务工人员回村后主动参与村干部的竞选，他们在竞选演说中提出的新思想令村民们耳目一新，村民也普遍认为这样的村干部一定能带领大家干点实事，干点大事。这样的一个过程，大大促进了村民选举制度的民主进程。

一些外出务工的村民回家以后，他们的穿衣打扮、言谈举止、应用物品都对当地人的固有观念产生了冲击。以前村民看到浓妆艳抹的女孩子都会说，看这孩子出去几天打扮得像个妖精似的。现在化妆已经成了村里女孩子们的必修课，老年人也见怪不怪了。现在，手机、网络、聊天等一些新鲜事物在开库康村已经为大家所熟知并接受。

劳务输出也给当地社会造成了一些消极影响，其中最主要的就是造成了当地劳动力锐减。当地年轻力壮的青年绝大多数都外出打工，这对当地的农业生产造成了一定程度的冲击。家里的农活都由妇女和老人承担，妇女们既要忙里又要忙外，既要干农活又要照顾孩子，这给她们带来了沉重的负担。劳务输出也给当地人的婚姻带来了一定影响，外出务工者在外接受了新思想，看到了新事物，使他们对村里的生活方式和生活条件都产生了排斥情绪，夫妻双方长期的两地分居和意识观念的背离造成了婚姻沟通上的巨大障碍，这在一定程度上使一些夫妻的关系名存实亡。

劳务输出对当地的教育和人口产生了很大的冲击。当地人看到外出务工者不仅赚取了钱财，而且生活层次得到了提升，便产生了一种"上学无用、打工活命"的思想，有很多孩子上完初中便辍学打工去了。打工者经过多年的在外打拼，适应了外面的生活，他们往往会选择将家人接出开库康村，走上职业打工的道路，因为他们已经无法适应交通不便、没有国电的生活了。

五 劳务产业存在的问题

开库康村劳务输出发展迅速，但是面临的问题也较为突出。一是劳动力结构不合理。2011 年开库康村劳动力中男性多于女性，男性占 58%，女性占 42%。二是农村劳动力低龄化。在农村劳动力中，16～19 岁的劳动力占 42%，20～29 岁的劳动力占 38%，30～39 岁的劳动力占 16%，40～49 岁的劳动力占 4%，劳动力呈现低龄化的特点。三是农村劳动力文化素质低。在农村劳动力中，不识字的占 2%，小学文化的占 18%，初中文化的占 59%，高中文化的占 22%。农村劳动力平均受教育的年限为 7 年，相当于初中二年级的文化程度。四是农村劳动力缺乏专业培训，缺乏非农业的劳动技能。在开库康村务工者中，仅有 6% 的劳动力接受过专业培训。

由于外出务工者绝大多数为初中或高中毕业，因此无法从事一些高技术含量的工作，绝大多数打工者都在劳动

密集型产业中从事建筑、物流等体力型劳动。农村务工者在就业机会方面受到更多限制，大多数农民工就业的主要载体是私营及外商投资等非国有中小企业，利润最大化是其最高经营目标。这些用工单位大多不与农民工签订用工合同和为农民工办理劳动保险，为随意解雇农民工和侵占农民工权益提供了方便。由于企业生产或服务的订单不足与季节性波动是频繁发生的经营现象，农民工就业不稳定也随之发生。这些用工单位大多不同程度地存在采取低工资、延长劳动时间不增加工资、工伤后不合理赔偿、拖欠农民工工资等侵害农民工权益的现象，歧视甚至虐待农民工的现象也时有发生。

受世界金融危机冲击，我国沿海经济发达地区和一些大中城市的劳动密集型企业产品出口减少，就业岗位压缩。一些企业为了应对危机，开始朝着增加技术含量、开发新产品的道路前进，对劳动力整体素质要求越来越高，对外来劳动力的需求量却逐渐减少。

第四章　社会发展

第一节　人口

一　人口结构

（一）男女比例

截至 2011 年年底，开库康村共有居民 206 户，其中常住户 195 户，常住人口共 1234 人，其中男性 684 人，占总人口的 55%，女性 550 人，占总人口的 45%。

（二）年龄结构

目前国际通用人口年龄类型标准将人口年龄结构分为三类：年轻型、成年型、老年型。0～14 岁人口占人口总数的 40% 以上，65 岁以上人口占人口总数的 4% 以下，年龄中位数在 20 岁以下，老少比在 15% 以下的人口年龄结构为年轻型。0～14 岁人口占 30%～40%，65 岁以上人口占 4%～7%，年龄中位数在 20～30 岁，老少比在 15%～30% 的人口年龄结构为成年型。0～14 岁人口占 30% 以下，65

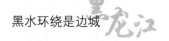

岁以上人口占 7% 以上，年龄中位数在 30 岁以上，老少比在 30% 以上的人口年龄结构为老年型。在开库康村人口中，0 ~ 14 岁的儿童有 79 人，占人口总数的 6.4%，15 ~ 20 岁的青少年人口有 136 人，占人口总数的 11%；65 岁以上的老年人口有 78 人，占人口总数的 6.3%。由以上数据可以看出，目前开库康村的人口年龄结构大致介于年轻型与成年型之间。

二 人口素质

（一）身体素质

据观察，开库康村成年人口中男性平均身高在 1.75 米左右，女性平均身高在 1.62 米左右。由于地处大兴安岭，紫外线照射强烈，气候干燥，水质较硬等自然因素，以及长期从事农业生产劳动等后天因素，当地人皮肤较黑，看起来普遍较实际年龄偏大，但身体状况基本良好，大都比较壮实，多数少年儿童亦是如此。

（二）文化素质

根据调查资料，截至 2011 年底，开库康村 16 岁以上人口共 1224 人，其中文盲 72 人，约占此类人口的5.9%；小学文化程度 385 人，约占此类人口的 31.5%；初中文化程度 612 人，约占此类人口的 50%；具有高中学历的村民有 123 人，占此类人口的 10.0%；剩余职业技术学校 15 人，占 1.2%，大专 17 人，占 1.4%（见表4 - 1）。村里有小学适龄儿童（7 ~ 12 岁）48 人，初中适龄青少年（13 ~ 16 岁）17 人。小学、初中九年义务教育入学率均为 100%（见表 4 - 2），幼儿园适龄儿童入园率 100%（见表 4 - 3）。以上数据表明：开库康村16 岁以上人口的文化素质相对较高，九年义务教育适龄人口入学率已达 100%，该村村民的整体文化素质逐步提高，这从一个侧面反映出村民经济生活水平和对教育重视程度的不断提高。

表 4 - 1　开库康村 16 岁以上人口受教育情况

单位：人

受教育程度 年龄	大专	高中	职业技校	初中	小学	文盲	总计
16～19 岁		38	9	83			130
20～29 岁	17	59	6	84	13		179
30～39 岁		16		245	60		321
40～49 岁		6		152	165		323
50～59 岁		3		40	135		178
60～69 岁				8		28	36
70 岁及以上		1			12	44	57
总计	17	123	15	612	385	72	1224

注：开库康村 16 岁以上人口共 1224 人。

表 4 - 2　开库康村 7～16 岁青少年受教育情况

年　龄	受教育程度	男	女	总　　计
7～12 岁	小学	26	22	48
13～16 岁	初中	9	8	17

注：截至 2011 年底，开库康村 7～16 岁青少年共 65 人，入学率为 100%。

表 4 - 3　开库康村 7 岁以下儿童受教育情况

年　龄	受教育程度	男	女	总　　计
0～3 岁	—	8	7	15

年 龄	受教育程度	男	女	总 计
4~7岁	幼儿园	12	9	21

注：截至 2011 年底，开库康村 7 岁以下儿童共 36 人，其中 4~7 岁儿童 21 人，入园率为 100%。

三 残疾人情况

开库康村共有 13 名残疾人，有残疾证的 6 人。其中先天肢体残疾 4 人，后天肢体残疾 6 人，精神残疾 3 人。

沈存林，男，56 岁，先天性肢体残疾，完全没有自理能力，但智力基本正常，能干些轻活。日常生活全靠 80 多岁的老母亲照顾，这些年仅靠父亲留下来的烘炉技术来维持生活，补贴家用，至今无妻，家庭负担较重。与此类似者共有 4 人。

曲振军，男，47 岁，属三级残疾。以前由于家庭贫困，生活水平低，患上了股骨头坏死，由于当时医疗条件比较差，没有得到很好的治疗，加之程度比较严重，致使行走非常困难，须靠专人护理。家里共 3 人，年收入甚少，全靠平时经营的几亩地，后被评为低保户。与此类似者有 6 人。

孙志明，男，48 岁，属于精神残疾，从小至十几岁与正常人一样，自从受到精神挫折后，患上了精神疾病，由于医疗条件差，未能治愈，后来病情日益严重，至今都要靠父母护理。由于不能自理，其现被村里评为低保户。

四 村民人寿及老年人情况

男性村民平均寿命在 75 岁左右，女性村民平均寿命在

73 岁左右。目前，村里 65 岁以上的老人共有 79 人，其中男性 39 人，女性 40 人。年龄最长的是现年 85 岁的沈宗玉老人，目前身体还算可以，但行走困难，只能靠双拐，无心理疾病，在饮食上每天还能吃一个多馒头。老人和自己的儿子、儿媳生活在一起，平时生活基本能够自理。只要身体允许，老人还能上街买东西。

第二节　社会分层

分层，即按照一定的标准将人们区分为高低不同的等级序列。"分层"原为地质学家分析地质结构时使用的名词，是指地质构造的不同层面。社会学家发现社会存在着不平等，人与人之间、集团与集团之间，也像地层构造那样分成高低有序的若干等级层次，因而借用地质学上的概念来分析社会结构，形成了"社会分层"这一社会学范畴。

社会分层，就是根据获得社会需求物品的方式，决定人们在社会中的群体等级或类属的一种持久模式，它是社会群体之间的层化现象。社会分层的发展及其采取的形式与社会的经济生产方式有关。在现代社会中，职业是影响社会分层的最重要因素，职业的分化必将带来社会阶层结构的变化。

改革开放以来，特别是近几年，随着当地社会经济的发展，产业结构调整力度的不断加大，开库康村村民的职业现状也发生了很大变化。经过调查，以职业构成和生产资料的占有状况为标准，可将开库康村社会职业阶层分为以下几类。

一　劳动者阶层

该阶层是指承包集体所有的耕地，以农（林、牧、渔）业为唯一或主要的职业，并以农（林、牧、渔）业为唯一收入来源或主要收入来源的农民。由于这个阶层几乎不拥有组织资源，所拥有的文化资源和经济资源往往也很低，所以在整个社会阶层结构中的地位比较低。本来，按照现代社会阶层结构的要求，这个阶层的规模理应进一步分化并大规模缩小，但在目前，这种分化和缩小受到与经济社会发展水平不相适应的制度（如户籍制度等）和政策的阻滞。在开库康村，这是一个单纯从事农业劳动，并以农业收入为经济来源的村民群体。

二　个体工商劳动者阶层

在开库康村，这一阶层是一个生产资料归劳动者个人所有，以个体劳动者和个人经营为基础，劳动成果归劳动者个人占有或支配的群体。他们一般是村里的经济强人，从事个体经营时间较长，具有一定的技能和经营头脑，拥有初中或高中文化程度。

三　城市农民工阶层

这是一个随着近年来劳务产业发展而出现并不断壮大的阶层。传统的产业工人一般都长期生活在城市，具有城市户口和相对稳定的工作，而进城就业的农民工没有城市户口，尽管在城市就业和生活，但其社会身份仍旧是农民，在农村还保留着承包土地。他们虽然已经主要从事非农业劳动，但大多还要在农忙季节返乡从事农业生产。他们属于亦工亦农者阶层，其工作完全由劳务市场需求调节。他们与所供职的企业或雇主之间没有长期的固定契约关系，两者之间的雇佣关系往往随着一项工程或业务的完成而终结。这种关系一旦终结，他们就需要重新寻找工作。在开库康村，他们的职业具有临时性、季节性、流动性等特点。他们是一个介于产业工人与传统农民之间的双向交叉的社会群体，经常在城市和乡村之间流动、颠簸。他们中的绝大多数尚处在一种双向流动过程中，能在城里找到工作就往城市流动，找不到工作就往家乡流动。他们常年在全国各大中城市游荡，苦苦寻求着各种就业机会。由于户口在农村，因此他们的许多权利和义务都与户籍所在的农村发生联系。农村是他们的输出地，往往又是他们的归宿地。找不到工作或者患了疾病，他们便重新回到农村从事农业生产劳动。尽管不在农村谋生，但他们的根还在农村，他们的家庭、心理寄托与感情牵挂都系于农村，自我感觉上也还是一个农民。农业虽不再是他们的主要职业，但还要兼而从之，以此作为自己和其他家庭成员的最后生活保障。尽管他们已身在城市，从事着非农业劳动，但还带着农业、农村、农民的脐带。

四　村干部阶层

"火车开得快，全靠车头带。"一个村能否管理得好，发展得快慢全靠村干部。村干部是村里的领导者、带路人，肩负着带领群众发家致富、建设文明新村的历史重任。农村的社会结构发生了显著变化，农村社会阶层传统的农业劳动者已分化，各个社会阶层的利益各不相同，矛盾也相对复杂。开库康村村干部不仅要整合各种利益，还要协调各种关系、处理各种矛盾。《中华人民共和国村民委员会组织法》的颁布实行，意味着村干部与村民的关系发生了变化，由传统的命令 - 服从关系，变为服务、引导、履行义务的关系。身份不变，担子更重，责任更大。村干部既是村级自治组织的负责人，又是非财政供养、身份仍是农民的村干部，但许多工作都要村干部去组织落实。与过去集权相比较，现在的村干部更加难当，担子更重、责任更大。

首先，他们要严格依法办事，公道正派。国有国法，家有家规，做事不能乱来，既要做好工作，又要保证自己不犯错误、不违纪、不违法。一是要依法决策。决定问题，要遵循少数服从多数的原则，涉及村民利益的事项，如本村享受误工补贴的人数及补贴标准，村集体经济所得收益的使用，村办学校、村建道路等村公益事业的经费筹集方案，村集体经济项目的立项、承包方案及村公益事业的建设承包方案，村民的承包经营方案，宅基地的使用方案，等等，必须提请村民会议讨论决定，方可办理。二是要依法管理。必须要搞好村务公开，认真落实村务公开制度。及时公布国家计划生育政策的落实情况，救灾救济款物的发放情况，水电费的收缴以及涉及本村村民利益、村民普遍关心的其他事项，其中涉及财务的事项至少每6个月公布一次，自觉接受村民的监督，并保证公布内容的真实性，接受村民的查询。三是要诚信正派。村干部要做到无私心，为人正直，切实维护群众的利益，对待家人、族人、亲人一个样，说到做到，取信于民。

其次，要讲大局，维护班子团结和社会稳定。团结和稳定是各村的首要问题，它是能否搞好村的工作、能否加快村经济发展、能否搞好村的建设、能否奔康致富的关键和根本。班子不团结，社会不稳定，全村意见难统一，必然导致什么事都办不了。

最后，要有事业心和责任感，当好"三员"。一是当好宣传员。新当选的村干部绝大多数都是当地各方面的能人，其工作上与上级组织接触多，离政策"近"，政治素养、政策水平、见识胆略相对较高。这就要求村干部既要自觉主动地向一般群众宣传党纪国法、产业政策、市场行情和各类农科知识，又要利用长期与群众在一起生活，同呼吸共命运，掌握情况多的优势，倾听群众呼声，归集群众意愿，积极做好宣传，同时向上级组织反映情况，帮助上级组织因地制宜地做好决策工作。二是当好带队员。作为村里的领路人，要有服务村民的意识，戴上"望远镜"，立足村情，着眼长远，制定该地经济社会发展规划，排出阶段性实施目标，组织全村群众一个战役一个战役地打胜。切忌患上"多动症"，东抓一把西抓一把；切忌患上"近视病"，哪里黑了哪里歇；切忌患上"红眼病"，百姓富了不服气，百姓穷了看不起；切忌患上"健忘症"，只埋头自己致富，忘了带领群众发家致富，见到利益朝前跑，听到问题躲着走。三是当好蹚路员。在农村市场经济尚不发育，农民种养潜在风险较大的今天，农业生产怎样对接市场？种啥养啥？怎样种养？作为村经济发展的带头人，要有敢为人先的意识和敢于冒险的精神，带头示范推广，真正把教训留给自己，把经验传给群众。

第三节　家庭

一　家族

家族是以家庭为基础的，指同一个男性祖先的子孙，虽然已经分居、异财、各自组成了许多个体家庭，但是还世世代代相聚在一起（比如共住一个村落之中），按照一定的规范，以血缘关系为纽带而形成的一种特殊的社会组织形式。在开库康村，共有 206 户人家。其中同姓氏为 43 户，而姓沈的就有 15 户，占全村户数的 7.3%，是全村户数最多的姓氏。家族中最长者是沈少勋，据当地人讲，他今年72 岁，家中有 3 子 1 女，因当时在山东生活困难，于 1956年移民搬迁到开库康村。后来，其他沈氏家族也逐步搬迁到此地。

当地人一直都有分家的传统。所谓"分家"，顾名思义，即把一个家分开，分成若干个小家。一个完整的家解体，几个新的家庭成立、诞生。分家，主要是分财产。财产中，主要分固定资产和资金，即父母的积蓄和父母的私产。俗话说："树大分权，子大分家。"由此可见，在以前漫长的时代里，分家是常见的现象。几个儿子各自成家后，父母的生活依附情况一般有三种。一种情况是"食伙头"，即父母轮流到几个儿子家中吃饭，享受他们的赡养。如果父母皆健在，他们是一起还是分开去"食伙头"，由他们自己选择。另一种情况是父母寄附在某个儿子家中生活。父母可一起寄附同一个儿子，也可以分开各去寄附一个儿子，这也由父母选择。还有一种情况是父母独立生活，由各儿子定期、定量供给生活费用。费用的多少没有具体标准，一般依儿子们的经济实力而定，起码要保证父母的温饱。也有三种情况结合起来，成为混合型方式的。分家后，祖父、祖母尚在的，其赡养依附情况与父母大致相同。如果分家时，尚有女儿未嫁，那么一般由她们自选寄附一个兄弟生活。她们没有"食伙头"的权利。但一般情况下，分家后，老人和幼子生活在一起，并主要由其承担赡养老人的义务，其他儿子则纷纷另立门户。

二 家庭

（一）家庭结构

人们常把家庭称为社会的细胞。家庭是构成社会的基本单位，是由夫妻关系与子女关系结成的最小的社会生产和生活的共同体。家庭的结构是不断演化的，现在一般为核心家庭和主干家庭。核心家庭，是由父母与未婚子女两代人组成的家庭；主干家庭，是由祖父母（或外祖父母）、父母及第三代组成的家庭；联合家庭，是由父母与多对已婚子女组成的家庭，或者已婚同辈联合组成的家庭等。在开库康村，家庭结构类型相对简单，206户村民的家庭结构主要可分为以下四类。

核心家庭 核心家庭是指由一对夫妇和子女两代人所组成的家庭，通常不和别的亲属住在一起。

扩展家庭 扩展家庭包括了三代及三代以上的成员。

主干家庭 主干家庭是指父母和一对已婚子女生活在一起的家庭模式，通常包括祖父母、父母和未婚子女等直系亲属三代人。主干家庭中仅留继承人中的1个，其余则分门别居，但老家仍是他们联络的中心。这种家庭多与封建宗法制度下的长子继承权密切相关。中国社会学家潘光旦在《中国之家庭问题》一书中称主干家庭为"折中制家庭"，认为它"有大家庭之根干，而无其枝叶"，是处于大家庭和小家庭间的折中形式。主干家庭能在一定程度上培养代际的同情心，联络代际的感情，也能在赡老、抚幼和

管理家务上提供一些便利。主干家庭的缺点是家庭中有两对夫妻、两个中心，因而由谁执掌家庭权力问题难以解决。婆媳冲突就是一例。主干家庭是由扩展家庭向核心家庭过渡的模式，有一定的生命力。

联合家庭 联合家庭是指由父母和两对以上已婚子女组成的家庭，或至少两对同代夫妇及其未婚子女组成的家庭。

（二）家庭规模与居住模式

家庭规模，指家庭拥有的人口数量。一个家庭拥有的人口数量越多，家庭的规模越大，反之越小。截至 2011 年年底，开库康村常住村民户均人口为 5.7 人。开库康村常住人口家庭规模现状如表 4 - 4 所示。

表 4 - 4 开库康村常住人口家庭规模现状

家庭规模（人）	1	2	3	4	5	6	7	8	9	10
户数（户）	5	19	47	115	10	6	2	2	0	0
比例（%）	2.4	9.2	22.8	55.8	4.9	2.9	1.0	1.0	0	

与家庭结构类型相应，开库康村的家庭居住模式也比较简单，分三世同堂、两代共居两种。

（三）家庭关系

家庭关系是指基于婚姻、血缘或法律拟制而形成的一定范围的亲属之间的权利和义务关系。家庭关系以主体为标准可以分为夫妻关系、亲子关系和其他家庭成员之间的关系。《中华人民共和国婚姻法》规定夫妻在家庭中地位平等，其主要内容是：夫妻对于共同生活中的共同事务，如住所、生活方式等拥有平等的决策权，夫妻拥有平等的姓名权、人身自由权，共同承担计划生育的义务，夫妻对共同财产拥有平等的所有权、管理权、用益处分权，对子女拥有平等的监护权，在象征性语言上夫妻也没有等级秩序。开库康村的夫妻关系采用夫妻一体主义。夫妻一体主义也称夫妻同体主义，是指男女结婚后，夫妻合为一体，夫妻的人格相互吸收。但实质上是采用夫权主义，妻子的人格为丈夫的人格所吸收，妻子的活动由丈夫代表，仍然存在夫妻不平等的残余。父母子女关系，也称亲子关系，是指父母和子女之间的权利、义务关系。依据《中华人民共和国婚姻法》的规定，开库康村父母和子女的关系大致可以分为婚生父母子女和继父母继子女两类。在自然经济社会中，家庭成员是一种劳动的分工组合，即所谓"男耕女织""男主外、女主内"。而在现代社会中，开库康村组成的每一个家庭，在满足人的正常生活需要的同时，共同承担为家族和社会养育后代的责任与义务。

第四节 婚姻与亲属关系

一 婚姻

（一）缔结方式与婚姻圈

1. 父母之命，媒妁之言

通过父母或媒人介绍而结为伴侣的夫妻，他们的择偶、爱情、婚姻不能不受到其中文化和伦理的规范。在农业社

会中，大家庭是社会生产和社会生活的基本单位，个人的私人生活要基于大家庭考虑，选择什么样的婚姻是要符合大家庭的伦理道德观念的。个人的情感因素往往会被忽略，情感和婚姻往往是分裂的。

2. 介绍型婚姻

介绍型婚姻也是媒妁之言，但是得到了个人的肯定。这种方式的婚姻，不管在媒人介绍之前，双方是否认识，在婚前都是给予了双方一个彼此了解的机会。媒人的作用主要就是充当了中间人，但是最后是否能缔结婚姻，父母也会听从子女的意愿。个人的自主权有所增加，但是这一自主权是有范围限定的。

3. 自主

通过自由恋爱而结成伴侣的夫妻，他们的爱情与婚姻给予了私人生活更多的空间，个人在私人生活中的私事可以成为自己意愿的行为和表现。谋生方式多元化，社会文化多元化，个人的想法更加得到尊重，相对来说，个人的选择也会因此更有自由度。

（二）娶媳妇

近几年，随着农村经济的发展，物价快速上涨，农村待嫁姑娘的身价也在节节攀升。在开库康村，一般娶一个媳妇到家，男方家累计要花费 5 万元至 6 万元，甚至更多。一些父母为完成自己的义务和责任，不惜借款、贷款、抬款，把儿媳妇娶到家，结婚的高额支出使一些家庭花光了多年的积蓄。该村村民一是靠拿出多年积累的老本娶儿媳妇。一个农民如果仅靠种几垧地，在目前的物价水平下，去掉日常开销、种地施肥等生产性投入，每年也攒不下太多的钱，一般娶一个儿媳妇基本也就花光了多年积攒的老本。当然，这是指在有一个儿子的情况下，有多个儿子的家庭必然要负债娶儿媳妇的。二是正如上面所提到的靠借款、贷款、抬款娶儿媳妇。父母看到儿子大了，到了该结婚的年龄，不论家庭贫困与否，都要张罗给儿子娶媳妇。娶不到媳妇，不仅儿子不满意，抱怨父母没有能耐，做父母的本身也觉得对不住孩子，没有尽到自己应尽的责任和义务。在这双重的压力下，一些父母被迫求亲靠友借款、贷款甚至高息抬款娶儿媳妇。

（三）嫁女儿

该村女孩子出嫁，彩礼是有一个群众大体公认标准的，一般都在4000~10000元不等，根据家庭条件不同多少有差异，大多数是4000元。无论哪家孩子娶媳妇，一般都在这一标准框架下确定彩礼金额。女孩子出嫁彩礼超出公认标准的，人们普遍认为这个女孩子出色、身价高，男方家经济条件好。屯看屯，户看户，大家就这样相互比较着、攀比着，谁都希望自己女儿出嫁的彩礼比别人家高一点。在一些父母看来，女儿身价高了，父母脸上也有光，在村子里一走备感荣耀。一些女方父母不喜欢也不愿意把孩子嫁到特别贫困的家庭，怕孩子以后遭罪受穷。在农村，越贫困的家庭，孩子娶媳妇就越困难，光棍就越多。

（四）婚后感情生活

如果婚后夫妻双方生活不和谐，就容易出现家庭暴力，而家庭暴力存在的原因有：2000多年来的重男轻女封建思

想在作怪；婆婆等其他家庭成员的介入，使家庭摩擦不断、战火连绵；夫妻为钱的问题矛盾丛生，关系恶化；夫妻双方性格都过于好强，过于情绪化，过于自我。要知道每个人都是不完美的，由于彼此成长的环境、经历不同，夫妻双方在人生观、价值观、兴趣、爱好，甚至日常小事上都会有差异，形成两性矛盾、冲突。

存在家庭暴力的家庭，危害是非常大的。首先，孩子会深深遭受身心创伤，其一生的健康和幸福都会受到影响，孩子会性格内向、胆小，在家觉得没有安全感。其次，夫妻双方身心疲惫，从此心灰意冷，有的在多次遭受家庭暴力后，容易走向极端（杀人、放火或自杀），给家庭和社会带来了极大危害。家庭是一个有机整体，所以当一个细胞面临危机时，应动员整个社会机体的资源和免疫系统来帮助这个细胞走向康复，从而保证家庭成员生活与生命的质量。这不仅是人们追求人生健康的法则，也是保障社会和谐发展的科学法则，没有什么比与亲人和和睦睦，和爱人一起慢慢变老更浪漫、更动人。开库康村村民婚后感情基本和谐。

目前，开库康村离婚与再婚现象极少，两性婚后关系比较和睦。

二　亲属

（一）亲属称谓

亲属指因婚姻、血缘或收养而产生的社会关系。其含义从以下两个方面来分析，首先，亲属是人与人之间的社会关系，有固定的身份和称谓。其次，亲属产生的三种情况：一是由婚姻而产生；二是由血缘关系而产生；三是由收养而产生。以上三种情况是产生亲属的根据。

1. 直系长辈

在开库康村，对曾祖父一般称"太爷"，曾祖母称"太奶"。对祖父一般称"爷爷"，祖母称"奶奶"。对祖父的兄弟，一般按排行大小称几爷，如"大爷、二爷、三爷……"，最小的则称为"老爷"。对祖父的姐妹同样按排行称几"姑奶"，最小的仍称为"老姑奶"。

对父亲一般都叫"爸"，对母亲称"妈"。对父亲的兄弟按照排行大小一般称几大爷或几叔，最大的称"大爷"，最小的称"老叔"，对父亲兄弟的妻子称几"娘或婶"。对父亲的姐妹按排行大小称为几姑，最小的称"老姑"，父亲姐妹的丈夫称几"姑父"。对和父亲同辈的其他男性称"叔"，对和父亲同辈的其他女性称"阿姨"。儿媳对公婆当面称"爸""妈"，对外人则称"公公""婆婆"。对和祖父同辈的其他男性称"爷"，对和祖父同辈的其他女性称"奶"。

2. 旁系长辈

开库康村人对祖母的兄弟，通常称呼"舅爷"，祖母的姐妹则直接称"姨奶"。对曾外祖父称"太姥爷"，曾外祖母称"太姥"。对外祖父一般称"姥爷"，外祖母称"姥姥"。和外祖父同辈的其他男性则统称"姥爷"，和外祖母同辈的其他女性则统称"姥姥"。

对母亲的兄弟按排行先后称几舅，最小的称"老舅"，对母亲兄弟的妻子称"舅妈"。对母亲的姐妹按排行先后顺序称几姨，母亲姐妹的丈夫称"姨父"。女婿对岳父称"爸"，对岳母称"妈"。

3. 同辈

夫妻间根据说话对象不同，妻子称丈夫为"孩子他爸"，年轻人一般则喜欢去姓叫名，丈夫称妻子为"媳妇儿"或"孩子他妈"或去姓叫名。

妻子对丈夫的哥哥，当面称"哥"，对外人则称"大伯子"，对丈夫的弟弟，当面称"弟"或直呼其名，对外人则称"小叔子"。对丈夫的姐姐，当面称"姐姐"，对外人则称"大姑子"，对丈夫的妹妹，当面称"妹"或直呼其名，对外人则称"小姑子"。

丈夫对妻子的哥，当面称"哥"，对外人则称"大舅子"，对妻子的弟弟，当面称"弟"或直呼其名，对外人则称"小舅子"。对妻子的姐姐，当面称"姐姐"，对外人则称"大姨子"，对妻子的妹妹，当面称"妹"或直呼其名，对外人则称"小姨子"。

4. 晚辈

村里人对自己孩子多直呼其小名，对外人则称儿子、女儿。对媳妇常去姓直呼其名，对外人则称"某某家媳妇"或几"儿媳妇"。对女婿或去姓直呼其名，或叫"姑爷"，对外人亦称几"姑爷"。称丈夫兄弟的孩子为"侄子""侄女"，称丈夫姐妹的孩子为"外甥""外甥女"。称妻子兄弟的孩子也为"侄子""侄女"，称妻子姐妹的孩子也为"外甥""外甥女"。

（二）亲属关系

我国法律所调整的亲属关系包括夫妻、父母、子女、兄弟姊妹、祖父母和外祖父母、孙子女和外孙子女、儿媳和公婆、女婿和岳父母，以及其他三代以内的旁系血亲，如伯、叔、姑、舅、姨、侄子女、甥子女、堂兄弟姊妹、表兄弟姊妹等。亲属不等于家庭成员，有亲属关系的人可能分属于多个不同的家庭，家庭成员并不绝对有亲属关系。

在开库康村，根据亲属关系发生的原因，可以将亲属分为配偶、血亲和姻亲三类。血亲包括自然血亲和拟制血亲，前者是指出于同一祖先具有血缘联系的亲属，后者是指彼此本无该种血亲应当具有的血缘关系，但法律因其符合一定的条件，而确认其与该种血亲具有同等权利和义务的亲属，如继父母与受其抚养教育的继子女之间就是拟制血亲。姻亲是指除配偶外以婚姻关系为中介而产生的亲属，包括血亲的配偶、配偶的血亲、配偶的血亲的配偶。姻亲之间只有在法律特别规定的情况下才具有权利义务关系。

血亲还可以分为直系血亲和旁系血亲，前者是指生育自己的和自己生育的上下各代亲属，后者是指彼此间具有间接的血缘联系，除直系血亲以外的亲属。直系亲分为直系血亲和直系姻亲。

直系血亲是指彼此之间有直接血缘联系的亲属，包括己身所从出和从己身所出的两部分血亲。己身所从出的血亲，即是生育己身的各代血亲，如父母、祖父母、外祖父母等；从己身所出的血亲，即是己身生育的后代，如子女、孙子女、外孙子女等。值得注意的是，直系血亲除自然直系血亲外，还包括法律拟制的直系血亲，如有抚养关系的继父母与继子女等都是直系血亲。

第五节　社会礼仪

由于礼仪是社会、道德、习俗、宗教等方面人们行为

的规范，所以它是人们文明程度和道德修养的一种外在表现形式。礼仪也是人类文明的结晶，是现代文明的重要组成部分。它体现的宗旨是尊重，既是对人也是对己的尊重，这种尊重总是同人们的生活方式有机地、自然地、和谐地和毫不勉强地融合在一起，成为人们日常生活、工作中的行为规范。这种行为规范包含着个人的文明素养，也体现出人们的品行修养。

一 婚俗

中国不同的农村地区有不同的婚俗，不管是北方还是南方，婚礼就是图个喜庆、吉祥，各式的婚俗带来别样的喜庆。开库康村是一个以汉族为主体的移民村庄，因此，婚礼习俗也多受汉族传统婚礼习俗的影响。

（一）汉族传统婚礼

汉族的传统婚礼是按照"父母之命，媒妁之言"进行的，定聘嫁娶沿袭古"六礼"程序，即议婚、订婚、请庚、通辰、纳吉、迎亲。

议婚：这是婚姻的第一步。议婚，往往由男女双方父母托媒，为子女物色配偶。媒人认为男女双方门当户对、年龄相当、相貌般配，即从中说合，往来牵线搭桥。双方家长在了解对方根底后，请人推算生辰八字，有无克忌，认为合适时，便答应择吉订婚。

订婚：即确定婚姻关系，是民间非法律性质的夫妻关系的一步。由男方遣媒人递交求亲帖，女方应允后，才算订婚。

请庚：男方按双方议定吉日备妥礼品，由年长者或其他至亲随媒人携带礼品至女家，请到女方生辰八字。

通辰：择定纳聘吉日和迎娶的日子后，由男家恭具束帖，遣媒人送往女家，女家应允后，届时纳聘迎娶。

纳吉：由男家尽其所能筹备被褥、衣物、金银首饰、猪羊"四色礼"送往女家，即为纳吉。

迎亲：男方到女家将女方娶回男家成婚，作为女方，这是出嫁过门的一个必要程式。确定迎娶吉日后，男女双方各具喜帖（请帖）告知亲朋好友何时成婚、宴设何处，亲朋届时赴宴上礼。这种习俗沿传数千年，直至今日仍沿旧俗。迎亲仪式是颇为浩大的。男女双方请人杀猪宰羊，置办酒席，装饰花堂洞房，张灯结彩，贴婚联。新郎未动身迎亲前，由女方弟妹或侄男女送陪嫁嫁妆到男家，俗称"押彩"。男家由账房先生或婚事总管诵念"交单"，姑嫂等女眷则按"交单"开列顺序逐包验彩。按阴阳先生预定时分，迎亲队伍鸣炮起程。到女家门口，燃放花炮。落轿后由女方家长或执事人迎至客厅（一般不在本院）。稍事休息后，入大席，坐首位，旁有媒人、伴郎和女家主事人相陪。席间，女方伴娘和奉盘人会给新郎席上做一些手脚以逗乐。宴罢，即等待新娘梳洗打扮后，随新郎乘轿回男家成婚。新娘梳洗打扮后先叩拜祖先，再吃离别饭，怀揣针线，由新郎入闺房引新娘上轿。新娘上轿后，鸣炮三响，起轿至男家。到了男家门，轿子在鼓乐声中落于红地毯前，新郎递给新娘红绸一条，男女各持一头，前有阴阳先生引导并抛撒五谷，后有伴娘相扶，跨过马鞍（意为平平安安）、火盆（意取红红火火），进入男家大院，举行结婚大礼。

婚礼：也叫"拜天地"，是在男家专设的花堂里进行，所以又叫"拜花堂"。这是婚嫁"六礼"之后必不可少的延

续程序，除此，还有"合卺""回门"等。

婚礼花堂上有天地牌位，男方父母堂侧站立，一对新人按一拜天地、二拜高堂、夫妻对拜仪式进行。仪式一般由当地有威望的人或本家尊长主持。主婚人要念新人的生辰八字、姓名，并当众宣布男女双方即日成婚，夫妻合约，婚礼即告结束。新娘由新郎引入洞房，并上炕踩四角，一般左三圈，右三圈，口中念叨一些驱邪祝福的话，然后下炕，两人共喝由全人送来的"合婚酒"，也叫"合欢酒""交杯酒"。此后，伴娘们进入洞房，帮助新娘卸去婚装，祝福几句吉利话，便回女方娘家，向女方父母回禀一些事情，就算完成任务。新娘送走伴娘后，上炕坐于烟囱角里，等待"合卺"。

合卺：夫妻合卺前，还有一项活动内容——闹洞房，俗称"教新媳妇"，闹房人五花八门，有"新婚三日无老小"之说。被闹对象自然是新郎新娘。闹房没什么固定程序，却往往把新郎新娘折腾得疲惫不堪，大多数闹房适可而止，无非是让新人撕开怕羞面皮，但也有一些不文明举动。闹房结束后，即行合卺，整个迎娶过程到此结束。这时，在洞房门外窗下仍然有三三两两年轻人在听房，这也是男家人缘好坏的一种标志。若无人听房，男家父母还要准备好饭好菜请人听房，听房人将新婚夫妇洞房里的一些举止言行，作为次日逗乐的笑料话题。新婚第二天早上，新郎新娘拜见父母、兄嫂，叫作"行家礼"。

回门：新婚第二天，新郎陪新娘回娘家，叫"走当日"，即认亲。由女婿认女家的亲族人等，理顺老小亲戚关系，天黑前再返回家中。三日后，由女家晚辈到男家接回姑娘，在娘家再住几天，叫"出日子"，而后新郎再到丈人家接回新娘。至此，新婚礼仪全部结束。

（二）　开库康村新婚礼

新中国成立后，废除父母包办，实行恋爱自由，婚姻自主。男女结合，要经过相亲（见面）谈话和书信往来等过程。男女情投意合，要请介绍人向父母挑明，并全盘联系婚前事宜。也有父母为儿女选准对象，通过介绍人说合，然后进行见面谈话、通信、恋爱，双方完全同意后，选择日子吃定亲饭并拍订婚照。订婚以后，即成儿女亲家，逢年过节相互往来。举办婚礼前，男方要向女方送齐议定的衣物彩礼，双方执村（居）民委员会或单位证明，到民政部门领取结婚证书，然后选择吉日正式举行婚礼。在五六十年代，婚礼仪式一切从简，逐步移风易俗，有集体婚礼、旅行婚礼。迎亲时废除乘轿，改骑马、骑自行车或徒步，废除拜天地，改行结婚仪式。1978 年后，随着改革开放，生活富裕，旧的习俗，如索要聘礼、豪华陪嫁、大摆宴席等有所回潮。

开库康村是个多民族聚居村庄，除了汉族以外，还有俄罗斯族、满族、朝鲜族、蒙古族、鄂伦春族等少数民族。一些文化相互融合，形成了该村独特的文化现象。开库康村的婚俗也相互融合，形成了自己的特色。

先说定亲。在开库康村，定亲一定要有媒人。就算李家的小伙看上了张家的姑娘，两人你有情来我有意，两家的大人也没啥意见，但也要象征性地请本村一位德高望重的长辈来给做个媒人，这就叫明媒正娶。这种媒人最好当，只是在两家之间就一些面子上不好说的话，给传传话儿，无非是一些彩礼钱的事情。

　　谈谈彩礼。彩礼分头茬礼和二茬礼，就是分两次把达成协议的彩礼钱拿给女方。这也不是随便就拿过去，也要有个仪式，叫过礼。在开库康村，过礼通常要准备现金4000～10000元不等、三金（金戒指、金耳环、金项链）和一些衣物。过礼时，两个年轻人和双方的父母，还有三姨二姑妈等和媒人相会在男方家里，女孩要给在座的各位敬烟，相互引荐，认识一下。

　　过完礼之后，准新娘就会用这笔钱给自己置办嫁妆。这以后呢，就到了定婚期的时候。婚期一般不会拖得太久，因为，只要不结婚，逢年过节，男方家里都要把姑娘接来过节，这过节也不白过，男方家里的父母是要给没过门的准儿媳一笔钱，时间长了，也是一笔不小的开支。所以，一般人家都是定下来以后，一两个月、三五个月不等，就张罗迎娶了。在迎娶之前，还有第二茬礼要过。这次就把差的余额一次性付清，这一次就不必非要有个仪式了，一般由媒人把钱给姑娘带过去就可以了。也有的叫"干折干卷"，也就是讲好了多少彩礼钱，一次性付齐，没有第二次了。

　　要是有的人家有大龄的男女青年，眼看着一年比一年年龄大了，可是婚事就是解决不了，不是高不成就是低不就。这样，就要在大年三十晚上零点放鞭炮的时候，要那个年轻人搬一下"荤油坛子"。东北人家都吃"荤油"，就是猪大油，这就寓意"大婚动了"，表示这青年人来年婚事会有结果了。

　　订婚以后，一般在年底秋收过后，就要准备迎娶。在开库康村，有农历冬腊月娶媳妇的习俗，这主要有以下原因：冬天，卖了余粮和农产品后，是农民一年中最有钱的时候；一些人家有娶个媳妇过大年的传统思想，图个喜庆吉利。

　　开库康村娶媳妇也有自己杀猪的。自己杀猪经济实惠，除了办酒席用之外，也好剩下过年吃。一般人家娶媳妇都是置办3天。第一天，先租下办婚礼的场地。开库康村有专门办婚礼的场所，原为老乡政府的房子，后卖给现开库康村党支部书记徐耀忠。经过改造打通，建成了一个大厅，桌椅、碗筷、厨房等设备一应俱全，使用一次租金300～500元不等。红白喜事场给村民带来了很多方便，解决了过去搭喜棚，砌灶台，各家各户借餐具、桌椅的麻烦。再有就是杀猪，做一些婚礼前的准备工作。这一天没有外来的客人，都是家里的直系近亲属，东北叫"坐堂客（qiě）"，什么叔叔、姑姑、姨姨、舅舅、表哥、表姐等。这些人来，不光是做客，主要也是来帮忙的，在东北就叫"落（lào）忙"，负责搬桌椅、洗刷餐具等好些个活儿。这一天，也不正式"放席"，厨师只做6个菜或8个菜，简单一点，因为都是家里人吃。第二天，就有外来的客人了，这就要正式"放席"了，这一天就要有"落头忙"的，也就是在"落忙"的里面，他是"头儿"，领班儿的，类似于今天的司仪，也叫"支客人"。这个角色可是很重要的，婚礼办得顺畅不顺畅，那全要看他的指挥能力了。因为东家此时会忙得晕头转向，而"落头忙"就是东家的全权代表。"落头忙"极富经验，通常都是多年来大家认可的人物，大都由村主任来担任，家家办事都要请他来主持。这一天，还要设礼账，把接到的礼金一一记录，以后好记着来往，现在礼金为50～200元不等，以100元居多。第三天，这天是正日子，就在这天迎娶新娘。在过去，都是女方送亲。送亲队伍天蒙蒙亮就出发，要赶在天亮之前到婆家。送亲的人数应该是单数，回来时是双数。姑娘自己上轿，就叫作"上轿"；要由娘家哥哥抱着上轿，叫作"抱轿"，没有亲哥哥的姑娘，就由表哥代劳。送亲由家族中一位有威望的老人带队，那时，姑娘的父母是不可以送亲的。结婚典礼时，要有一位老人代表女方，在酒席前说一些客气话，无非是姑娘还小、不懂事，要男方多多包涵；对姑娘说，要勤俭持家、孝敬公婆等。女方家族中也要安排一个小男孩"压轿"，到婆家后，小男孩会得到一笔压轿钱。到了婆家，新娘不能马上下轿，要在车门下面垫上一个高粱口袋，新娘要踩着高粱口袋下轿，预示着将来的生活会越来越好。过去，还有迈马鞍子、过炭火盆的，新娘的怀里要兜着用红布条绑在一起的斧子和两棵大葱，寓意有福和过日子充足充裕。新娘还要蒙上红盖头，一些同龄的小伙伴就用拌上五彩纸屑的五谷粮，往新娘身上抛撒。有的调皮的孩子就使劲地打新娘，这时，那姑娘的伙伴、年轻的伴娘就要掩护新娘，"且战且退"，往洞房里走。这时，眼疾手快的新郎就要一把扯下新娘的红盖头，搭在洞房的房门上。新娘是不可以戴着进洞房的，据说那样不吉利。新郎这天也有特别的装束，那就是披红。所谓的"披红"，就是一些近亲，如新郎的三姨二姑妈给新郎披红布，一般都是用红被面代替。这也有讲究，披得越多就越好，人气越旺。

进了洞房后，新娘和新郎要抢着坐在炕上铺的新被上面，谁坐的面积大，将来谁最有福气，这叫作抢福，一般新郎都是象征性地坐一下。然后就是新娘洗脸梳头。洗脸要用满满的一盆水，盆里要放上一些硬币。娘家来的一位小姑娘，要给挂幔帐。这事，婆家是要给劳务费红包的。接下来，就是坐席。席间，新郎和新娘给来宾敬酒，新郎引荐新娘认识一些亲戚。"支客人"要全程陪着，答复"娘家客"一些问题。此时，"娘家客"有着绝对至高无上的地位，婆家生怕哪点招待不周，被人家挑理。吃完饭后，总算"三拜九叩"忙完这一段了。娘家人要走时，还要给娘家拿上四双碗筷和一块肉，这叫作"离娘肉"。终于打发娘家人走了，公公婆婆此时长出一口气，总算把媳妇娶到家了，脸上还是喜气盈盈地充满笑意。晚上还是一样的闹洞房，就是一些姑娘和小伙戏弄新娘新郎，比如让新郎新娘谈恋爱经过、用细绳拴苹果让新娘新郎吃、滚床等花样辈出。晚上，婆家还要给新娘做一碗宽宽的面条，叫作宽心面，意思是新媳妇不要想念娘家，心里宽宽的不上火。有的人家还在头天晚上请一位漂亮的、惹人喜爱的小男孩睡在新人的炕上，叫作"压炕"，希望新人将来也生个胖小子。

然后就是 3 天后回门。当年的正月十五元宵节，新娘还不能在婆家过，要到一些直系亲属家去"躲灯"，迷信传说那 3 天，新媳妇不能看见婆家的灯，否则，"方公公"，就是对公公不吉利。

二　丧葬习俗

（一）传统土葬

土葬的程序一般有入殓、报丧、凭吊、发表、路祭、入坟、复基、烧七。

1. 入殓

老人在弥留期间，儿女须守候在床前。老人停止呼吸后，儿女随即放声大哭，此后为死者剃头、沐浴、穿寿衣（老衣），并在口中放一钱币，属币（口含钱）。将死者尸体

头朝门，脚朝窗，撕开窗户纸，晾尸。然后找人请阴阳先生。阴阳先生来后，确定放棺方位，用门板抬尸装棺（不封盖），名为"入殓"。

2. 报丧

入殓后，由一人陪伴长子到亲戚家报丧。因身着重孝，不能入他人家门，便由陪伴人进门请主人出来，孝子告知噩耗及发丧时间，名曰"报丧"。亲友闻噩，携祭品前往凭吊。主家须为侄男子弟做孝布、孝裤，俗名"破幕捻"。

3. 封口

祭奠前两天设灵堂，贴挽联，摆供桌，燃长明灯。供桌上放出嫁女儿献的猪头、馒头，供桌两旁置童男童女、金斗银斗等祭品。一般在死者亡故的第三天给棺材封口。封口前儿女再次为亡亲沐浴手脸，往棺内放置死者生前惯用物品和嗜好之物，如在死者手中和身旁放"麸蛋子"（"麸"与"福"同音）。完毕后，木工操持盖棺封口，儿女们随着钉棺斧起斧落，口中念道："××，××，你别害怕，这是给你立楼盖厦。"

4. 凭吊

入殓以后，孝子下穿白布裤子，外套白布大衫，女眷及晚辈穿小衫子。出殡之前，儿女均在灵堂内坐草守灵。这一天要进行早、中、晚三次祭礼，由民间吹鼓乐队伴奏，亲戚厚友依次祭奠，行三跪九拜大礼，尤其是晚祭较隆重。

5. 发丧

翌日清晨出殡，孝男孝女再次在灵前按先远亲、晚辈，次女眷，后亲子的顺序祭奠。起杆前，由长子摔瓦盆或瓷碗，曰"绝世"，意亡者从此不再食人间烟火，绝世而去。声落盆碎，抬杆人齐喝一声，起杆出丧。送葬时，鼓乐在前，孝长孙手挚引魂幡前行，孝次孙抱灵牌或遗像在后，其余孝男随后，孝媳孝女哭嚎棺后。此时，丧葬人家院内所剩年长者打扫庭院，并将死者生前被褥点火焚烧，同时大门外置一水盆，上放铡刀一日，谓之"杀邪"。

6. 路祭

起灵之后，发引路纸的人在前，送葬男女大放悲声向前进发，凡至十字路口人多处要停灵路祭。吹鼓手尽兴表演后，再起棺前行，这是出丧中的第二次高潮。出丧路上，沿途凡经家户门前，户主都要点火送柩，并撒白灰，以避邪气入门。

7. 入坟

入坟是出丧中的一道程序，路祭走出村口，吹鼓手及女眷返回，部分男性至亲好友随同送葬人员加快脚步，直至坟地。

灵柩到坟地，由懂行老手在棺木上打活结吊绳，缓缓沉棺入坑，俗称"入土"。入土后，由阴阳先生在穴内放入镇物，点燃长明灯。而后帮忙送殡的人，人停锨不停，以最快速度掩埋坟坑，垒起坟包，悄悄退出坟地，一路归来。归来后，孝子在门外跪迎，众人饭罢，领取祭灵馒头即返回自家，孝男长子亦在门外跪谢。

8. 七祭

俗称"烧七"。人从死亡之日起，每7天为一七，逢7祭一次，共祭7次，以头七、三七、七七为主。其间若逢七之日与农历的初七、初八、十七日、十八日、二十七日、二十八日重合，即名曰"犯七""犯八"，"犯七"要在七单前，到坟地路上插黄旗；"犯八"则插"八斗"。至此日丧事告一段落。但也有百日祭，过百日以后，还有来年的周年祭，整个出丧活动才算结束，儿女除绋。

出过殡的人家，第一年春节不贴春联，第二年贴黄色春联，第三年恢复正常，贴红色春联。

9. 丧葬禁忌

（1）忌病人晚饭后断气。一般认为死在早饭前最好，即所谓"留三顿"。在晚饭后死，认为死者已把饭吃光了才死去，有可能使子孙沦为叫花子。

（2）忌写灵字。因为"灵"字繁体字有三个"口"，恐死去一口不足，又要死去两口，以凑三口，而"口"是古人用来计算人口的单位。一般写到"灵"字的繁体字时，都写成"灵"，以期消除"三个口"的坏兆头。

（3）忌在由孝男给死者穿寿衣时使用偶数，恐双丧。同时忌九件衣，因"九"与"狗"同音。

（4）忌入殓时，与死者相同属相冲克者在场观看。

（5）忌入殓时啼哭，或将眼泪滴在死尸上，或人影照入棺材内。恐啼哭使死者不忍离去，恐眼泪滴在尸体上，死者留恋而不走，且不得超生；恐人影入棺，盖棺时将灵魂关在里边。

（6）忌出葬日选重丧日或冲克日。

（二）火葬

开库康村的火葬是从 2008 年开始的，2008 年塔河县开始实行殡葬改革，人死后统一到塔河县殡仪馆实行火化，火化后的骨灰可以留在殡仪馆寄存，每年清明祭日等时间接受祭拜。但开库康村村民大多将骨灰带回村里，在自家坟地内安葬。由于开库康村距离塔河县较远，再加上殡葬费用较高，因此村民对于火葬都较有意见。

三　人生礼仪

人生的历程，从生命现象的角度看，就是一个生老病死的历程。作为社会礼仪重要组成部分的人生礼仪，贯穿生命的始终。从整个人生看，人生礼仪应当是从出生开始的。任何一个民族或地区，都有自己的人生礼仪，塔河县开库康村地区当然也不例外，而且更丰富多彩，独具特色。

开库康村最重要的人生礼仪就是过满月和百天。生育中的第一个先兆是"得喜"，"得喜"是乡间妇女怀孕的别称。有些青年女子怀孕之后，往往羞于启齿，常常用"有了"来代替。那些结婚不久，刚刚怀孕的女子则羞于告人，甚至对自己的丈夫也是用"有了"来简单地表示自己已怀有身孕。丈夫听后，自然喜出望外。怀孕后的妇女有各种反应，在医学上叫妊娠反应，在民间叫法则不同。村里人有的称之为"害口"，还有的叫作"害喜"。得喜的消息家中大小知道后，无论怀孕妇女的父母，还是公婆、丈夫以及其他人自然欢喜异常，得喜后，有人要四处说喜。说喜，也就等于报喜。得喜的消息传出后，家中人会对孕妇采取保护措施。在孕妇"害喜"期间，加强营养，强调孕妇要休息，不生气、少生气，使孕妇身心保持良好的状态。孕妇不得看娶亲、盖房上梁，不得看送殡，否则就要冲人家的福气，对己不利。总之，"得喜"的同时，让孕妇深居简出，谨慎生活，这是得喜后的"忧"，直到腹中胎儿出生后，这些谨小慎微的规矩才算告一段落。"得喜"后，家中人往往要在预测胎儿是男是女上下功夫，这是"重男轻女"思想的具体反映。以当地农村的习惯，如果孕妇喜欢吃"酸"，就被认为可能要生男孩；如果孕妇喜欢吃辣的食物，就被认为可能是生女孩，即"酸儿辣女"之说。妇女生小孩，俗称"坐月子"。生育之室，名曰"暗房"，一般人避讳进入，怕沾染晦气。产妇禁忌到别人家串门，认为产妇串门，会给他人带去血光之灾，叫作"血喷门"。至产妇满月后，禁忌方可解除。忌在娘家生孩子，否则破了娘家的风水。现在妇女生育都在医院中进行，所以产房的禁忌自然而然就消亡了。生下男孩称"大喜"，生了女孩称"小喜"，婴儿的父亲要给岳父母报喜，并接岳母伺候月子。妇女产后，只准喝小米粥、吃鸡蛋，十天半月不吃干饭，30天满月后，食量渐渐恢复。整月不吃肉，吃肉"存食"。月子期间不允许吃生、冷、硬及酸、辣等带刺激性的食品，产妇若吃了生冷食品，肠胃会不适，重者影响婴儿哺乳。据老人们说，硬、酸食品会导致产妇牙齿不坚固，有的还认为吃了酸性食品，产妇日后脸上会有雀斑。不吃咸菜，怕得哮喘。"产前可食凉，产后不可凉，产后若食凉，凉坏小儿娘。"这就是旧时对产妇饮食忌讳的最真实写照。

生头胎儿女，兴"做满月"。届时，邀请亲朋，大摆宴席，受邀之人常携带为小孩做的衣物，以示庆贺。一般人家仅亲友小聚，改善膳食。赴宴者要赠送小孩衣物、长命锁之类，不同亲属赠送的礼物也不相同，"姑姑的鞋，姨姨的袜，舅母做个花脑壳"，"姑姑的袄，姨姨的裤，姥姥的花嘟噜（斗篷）"。一时买不上合适礼品者，以钱代物。筵别，问候大人，看望小孩，说说笑笑，十分热闹。所谓"过百天"，是婴儿满100天时举行的筵宴。一般人家生小孩过满月，"百天"不设筵。凡举办"百天"筵的，大都是一连生了几胎女孩又生下男孩的，得了"大喜"，家里人视为掌上明珠，叫作"缺"，又怕养不大才过"百岁"。过

"百岁"，要从 100 家索取各种布料 100 块，做一套婴儿服装，叫作"百家衣"，说小孩穿上能长命百岁。很多长辈喜欢在这一天给孩子挂长命锁，长命锁的样式多种多样，质地不同。一般人家的长命锁由镀银、铜、铝制成，长命锁上有"长命百岁""长命富贵"等字样。旧时，人们把长命锁作为镇邪物，意思是孩子小需要保护，把长命锁当护身符使用，长命锁有迷信色彩，但表达的是美好祝愿。做满月与过"百岁"的习俗在开库康村一直延续至今。

四　节日礼俗

（一）节　日

辛亥革命后，公历通行，元旦、妇女节、劳动节、儿童节、国庆节等皆从公历，开库康村节日活动与全国大致相同。春节、清明、端阳节、中秋节等仍从农历，习俗与东北地区汉族习俗相差不多。

1. 春节

正月初一至初五为春节，俗称过年。从上年腊月初，家家就忙着办年货。俗话说，"过了五豆，糊里糊涂"，"过了腊八，见啥买啥"。腊月三十日（小月为腊月二十九日），家家贴春联、挂红灯、放鞭炮，全家老幼吃团圆饭，谓之"全年"。老幼衣着一新，论辈次给长辈磕头拜年，长辈给晚辈发压岁钱。早餐吃水饺，水饺馅中包一枚钱币，吃着了预示当年财源旺。从初二开始到亲戚家拜年，先岳父（丈人），后舅家、姑姨。礼物多为点心、水果、烟、酒，俗称"四色礼"。俗云："初一不出门，初二拜丈人，初三初四访老邻。"

2. 人日

正月初七谓"人日",民间称"人七",因"七"与"齐"谐音,又称"人齐"日,村里人走村串户,一直到正月十五。

3. 元宵节

正月十五为元宵节,又称花灯节。午餐丰盛,晚上必吃元宵,户户点红蜡、挂红灯,通宵达旦。这一天,出嫁姑娘被接回娘家团聚,称之"躲灯"。

4. 中和节

二月初二为中和节,又称"龙抬头"。白天用草木灰在房屋周围撒放,在院落撒画人、农具等形状,征兆人丁兴旺、房屋安全、五谷丰登、虫害绝迹。有条件的家里要吃猪头肉,小孩子还要理发,预示着龙抬头。

5. 清明节

清明前一日,与寒食节合并举行。此日,本族五服以内的男性到坟茔扫墓。扫墓毕吃饭,俗称"吃节桌"。清明节前几天,各家各户祭祖,修补坟茔,在坟茔上悬挂白纸绺,放鞭炮,谓之"清明吊"。

6. 端阳节

五月五日端阳节,又称"端午节"。《本草纲目》云:"今佐五月五日,以粽为节物相馈送,或言为祭屈原,做此投江,以饲蛟龙也。"小孩戴香包,并把用五色线搓成的绳儿套在手腕上,五色绳象征"五龙",以降"妖邪"。五色绳在端午节后第一场雨时必须剪断扔掉,否则不吉利。这天,外婆要给外孙子送新肚兜。

7. 中元节

七月十五为中元节。《道经》以正月望日为上元,七月十五为中元，十月十五为下元。此晚，在场边、十字路口，以草木灰围圈化纸祭祖，并专设一圈，为赈济孤魂野鬼。佛教传说："目连之母坠入饿鬼道中，食物入口，即化烈火。目连求救于佛，佛为他说盂兰盆经，教他在七月十五日做盂兰盆为救其母。"后人将中元节视为鬼节，有施饿鬼的迷信活动。

8. 中秋节

八月十五为中秋节。唐代诗人韦庄有"八月中秋月正圆，送君吟上木兰船"之句，可见唐代已有中秋赏月之习。相传元末时，泰州张士诚趁中秋夜，把写有"杀鞑子，灭元朝"的纸条藏于圆馍中串联起义。此后，便有了八月十五吃月饼的习俗，亲朋互赠月饼。午饭丰盛，晚吃月饼、鲜果，并于庭院设香案，陈月饼、瓜果敬月神。

9. 腊八

腊为祭品，周代岁终祭神曰腊。现俗村里人于此日以豆类、杂粮、蔬菜、肉等八种食材合煮粥食之，期望果实累累。传说此日为释迦牟尼佛日，故称"腊八粥"为"佛粥"。陆游诗云："节物犹关老病身，乡傩佛粥一年新。"

10. 小年

开库康村把腊月二十三日称"过小年"，传为灶王爷点人口日，又一说是灶王爷走娘家日。这天，家家献贡送"灶君"，"上天言好事，下界降吉祥"，祈求灶神"二十三日携吉去，初一五更带福来"。"灶君老本姓张，一碗凉水三支香，今年日子过得苦，明年再请你吃糖。""请你老上天见玉帝，好话多说，瞎话甭提，回来五谷杂粮多带。"

（二）典型节日礼俗

1. 拜年

一元复始，万象更新，中国人的第一件事就是拜年。东北农家的拜年最能体现当地风俗特点。除夕天交午夜之际，人们忙活的是两件事，男人准备放鞭炮接神，女人烧水煮饺子。零点一过，放完鞭炮，一家人都郑重其事地集中到屋里，便开始拜年了。先把家中辈分最高的老人请到炕上坐好，其余的人按辈分依次行礼拜年；然后次一辈的人再接受晚辈拜年；最后是辈分最小的平辈人中年幼的给年长的拜年。即使是尚不会走路的幼儿，也要由大人抱着象征性地拜一拜，图个喜庆吉利。家中人的拜年话很简单，只是说爷、奶、爸等"过年好"（一般都在称谓前加一个"我"字），但仪式很正规，晚辈都要给长辈磕头，后来改成鞠躬了，也要先垂手站在受礼者面前再行礼，不能随随便便、"没正形"。受礼的长辈也要"回赏"几句吉祥话，如"一顺百顺""事事如意"之类，以表示对儿孙们的祝福。此外，就是必须赏给拜年者"压岁钱"或称"压腰钱"，所以拜年之后，辈分越小的压岁钱越多。

家庭内的拜年结束后，年轻人和半大孩子们穿着整齐漂亮的新衣裳，结伴到左邻右舍、前后院和本村至近亲友长辈家拜年。这种连夜拜年的范围都不大，大多数人家是在初一天亮后才去。

初一早饭后，除了年长的老人在家里坐等受拜外，人们都要装扮一新，到本村或邻村亲友家拜年。十几二十多岁的年轻人都是男女分开，成群结队地出东家、进西家，高高兴兴、闹闹嚷嚷，行完礼就走。年纪稍长的则要在受拜之家小坐片刻，唠上几句再走。人们在路上相遇，晚辈也要向尊长拜年问候，并要站在路边请长辈先过去再走。至于年高辈长的老人们，虽不用出门拜年，但在初三以后也要出门走一走，彼此之间相互问候。

在城镇，家庭中的拜年与农村差不多，但出门拜年则要复杂一些。除了亲属之外，"上班做事"的人还要到上司和同事家拜年，读书人要到老师家拜年。正月初的几天，是他们以前和以后公关社交的延续和开端。按照习俗，拜年一般都是在上午，因为过年的几天家家户户基本都是下午和晚上阖家聚宴或款待亲友。过了初五去拜年称"拜晚年"，对于顶头上司或平时往来密切的亲友，这样不太礼貌。所以人们常常是坐着车从城东头跑到城西头，争取把该拜的都拜到，忙得不亦乐乎。商人们则有些不同。过去的买卖店铺从除夕到初四几乎都关张过年，初五以后才陆续开板营业，所以在新年开始的这一天，彼此见面时互道"恭喜发财"，再寒暄几句，就是拜年了，而不必再互相登门致贺。

另有一行靠拜年挣几个钱的江湖人，就是乞丐，俗称"要饭花子"。但过年这几天，他们并不像平常的打扮和言辞，而是尽量收拾得干净整洁，手里打着竹板（俗称"呱哒板子"），嘴里念着吉祥话儿编成的"喜歌"，或到村屯街巷，或到商家店铺门前拜年。因为这时的人们都注重过年的喜庆气氛，谁也不愿意得罪他们而听到不顺心的话，所以基本上都是给些钱打发走了事。这些"要饭花子"也是有组织有规矩的，每一秋到某一区域，对已去拜过的人家不再打扰第二回，这也算是他们的"职业道德"。

拜年的礼式因各地习惯和双方身份而有所不同。民国

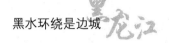

以前，晚辈拜长辈基本上都是跪地磕头，而平辈的成年人或朋友、同事之间，则是抱拳当胸，对方也同样还礼。满族男人行一臂一脚前伸弯腰致意的"请安"礼，平辈则可对行，长辈以双手掌心向上躬身"接礼"，女子行双手交于腹前的"蹲安"或者"抹鬓"礼。至于现在常见的鞠躬，多是城市洋学堂的学生见老师时才行的礼。有一些城市人的拜年根本就不见面。因需拜的人比较多，为节省时间和减少打扰，对于与自己关系一般但又有一定地位的人，拜年时只把一张写有"某某恭贺新禧"之类字样的拜年帖子送到受拜者家门房，人并不进去，也算是既不失礼又简便的方式。

2. 杀年猪

猪是东北农村饲养最普遍的家畜。考古学家们发现，至少在两三千年前，生活在黑龙江、松花江流域的原始部族，就已有了很发达的养猪业。猪的适应性强、长肉快、繁殖多，所以农村一直把养猪作为家庭经济的重要组成部分。大多数人家都在院门之侧垒砌猪圈养猪，少者可供自给，多则可出卖换钱，"圈里养着几口大肥猪"被视为家道殷实的标志之一，"肥猪满圈"也是普通农家的美好愿望。

养猪虽然很普通，但一般人家一年到头难得吃几回猪肉，原因是家里养的猪起码要长过一百二三十斤才能出圈（杀或卖），平时杀猪家里人一时半会吃不完，一般都是卖了换钱花。只有在五月节（端午节）和八月节（中秋节）才舍得花钱到集市上买几斤肉解解馋，所以过去东北人把"猪肉炖粉条子管够吃"视为很难得的"口福"。

唯独过年（春节）是个例外，进了腊月，大部分人家都要杀猪，为过年包饺子、做菜准备肉料，民间谓之"杀年猪"。东北童谣中有"小孩小孩你别哭，进了腊月就杀猪；小孩小孩你别馋，过了腊月就是年"，这从一定程度上反映了人们盼望杀年猪吃肉的心情。

杀猪在东北农家算是一件大事，因为一般人家每年也就有一两次，几乎相当于过节。每个村屯里都有擅长杀猪的人，由他们"掌刀"，不仅干得干净麻利，而且不"糟践"（浪费）有用的东西，把猪的肉和头蹄下水（内脏）、血、骨头等各部分收拾得井井有条，分门别类，各尽其用，拿民间的话说是"能多杀出来五斤肉"。当然，请这些杀猪的"把式"也要给一定的报酬，通常是把头蹄下水中的一部分赠送其为酬资，杀猪者也并不推辞，因为这是约定俗成的惯例。在杀猪的这天，主家都要请至近亲友前来聚宴，既为联络感情，也是表示庆贺。东北至今还有专门经营杀猪菜的饭馆，在某些方面就是沿用民间的这种风俗。

杀年猪是为过年做准备，所以大部分肉是按血脖、里脊、硬肋、后鞧等部分分解成块，和灌制的血肠、粉肠等一起，放进大缸里冷冻贮藏备用。由于民间有正月初一到初五不能动刀剪的习俗，一般在除夕前就把这几天要用的肉料按用途切好剁好，放在缸内的盆里、碗里，用时拿出来"缓"（解冻融化）一下就可以加工了。东北冬季寒冷，年猪肉从腊月存放到二月初也不会变质。精打细算的人家就会把这些肉按"计划"使用，因此，在民间视为"过年"的整个正月里，人们家里都"不断肉吃"。

第五章　村民生活

第一节　基本生活状况

一　居住

1. 木刻楞房

从大兴安岭开发初期到 20 世纪 70 年代中期，居民住宅以木刻楞、板夹泥等土木结构简易房舍居多，只有少部分砖瓦结构房屋。民宅一般是三屋一厨或二屋一厨。80 年代后，新建居民住宅多是砖瓦结构的平房和部分二层简易楼房。集体供暖供水的住宅楼房也逐年增加，以三层、四层、五层居多，主要集中在塔河镇、十八站林业局。平房住宅的特点是，厨房内有手压式水井，室内有火墙或土暖气和落叶松木地板，房盖多为油毡纸，少部分为铁皮和瓦。居民烧材主要是木桦（大块的劈柴材）和煤炭，山上居民以烧木桦为主，塔河镇居民以烧煤为主。

开库康村的住房是具有典型俄罗斯族风情的民居，木刻楞房具有冬暖夏凉、结实耐用等优点。其主要是用木头和手斧刻出来的，有"楞"有角，非常规范和整齐，所以被人们称为木刻楞房。修建木刻楞房的第一步是打地基，地基都是石头的，而且要灌上水泥，比较结实。第二步是垒原木，选用规格基本相同的原木，刨平两面，按一定尺码钻眼，插入木钉，层层垒加，垛成木墙。拐角处，原木的头直接伸出墙外，纵横二木相交处，稍加斧削，使其紧紧咬嗑在一起。横木至门窗口时，原木与原木之间用"木蛤蚂"相连接，使其稳固。在山墙中间位置，内外各立一木柱，紧紧夹住木墙，使其牢固。木墙的内外均抹以泥，以御风寒。如果作为仓房，则不必涂泥。第三步是吊柁，上面铺上木板，板上和上草泥，然后再盖上锯末或马粪。第四步是建房盖，先榫好"人"字形木架，横榫小径木，然后铺上雨淋板。房盖用薄板或用草，一块压一块。木瓦，也称"房木桦子"，多选用松树，因为它有油质，抗腐蚀。每段锯成约一尺半长，用劈刀或铡刀顺木丝劈成片，宽窄不一。木瓦较轻，为防风吹，压以横木或石块。现在房盖多是采用油毡纸。第五步是砌火墙，也叫间壁墙，用砖砌成并形成夹层空间，与厨房火炉相通，炉烟必经火墙上下循环，最后由烟囱排出。火墙能产生很高的温度，使两侧居室十分暖和。而烟囱也是木烟囱，多用林中枯死的大树，木心腐烂而成空桶者，锯取又粗又直的一段，约三米，用火燎尽树心朽木，灌涂泥巴，立于檐外。

木刻楞房的特色有五点。一是可以就地取材。当地树木漫山遍野，是最易得到的建房材料。二是加工粗放，省时省力。三是木屋保暖。这种原木加泥巴的墙壁有近一尺的厚度，又因木屋较矮，所以利于保暖，还有火炕散热，足以抵御北国的严寒。四是耐用。因建屋的木材多为松木，耐用、耐潮、耐腐蚀，可经百年风雪而不朽。建屋几十年

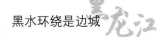

后，如果墙壁倾斜，可重新翻盖，房木、房瓦可再用。五是造价低廉。木头在山里是最廉价的建材，甚至不用花钱，村民可自己上山寻倒木。

关于木刻楞房的来历，当地人说可能是俄罗斯人带来的。中国的俄罗斯族人最早是18世纪初从俄国迁来的。18世纪后期，由于不堪忍受沙皇俄国的残酷统治，一些俄罗斯人迁来我国，尤其是在19世纪末20世纪初，苏联十月革命爆发，白俄罗斯贵族们迫于压力，只好带着家眷们匆匆逃往各地，而其中一部分便跨过黑龙江，逃往了开库康村，从此，在中国边境经历了近百年来的政治波折，渐渐安定下来。其实木刻楞房是我国北方满族的创造，《三朝北盟会编》记述女真人的居住习俗时就称："依山谷而居，联木为栅，屋高数尺。无瓦，覆以木板或以桦皮或以草绸缪之，墙垣篱壁率皆以木，门皆东向。环屋为土床，炽火其下，与寝食起居其上，谓之炕，以取其暖。"

2. 危房改造工程

开库康村的木刻楞建筑年代都比较长，95%以上的住房都是四五十年前兴建的，就连最后兴建的住房距现在也有15年之久了。房屋大多是土木结构，布局不合理，无统一规划，排列不整齐且大多已破损不堪，冬季不保暖，不仅农民居住不舒适，而且也影响整个乡镇建设规划的美观。根据开库康村住房的实际情况，开库康村在被确定为省级新农村试点乡村外，启动了危房改造工程，由于国家实施了"天保工程"，所以工程改造计划建造砖瓦结构房屋。危房改造建筑面积根据家庭人口情况确定：1~2人户不低于40平方米，3人以上户控制在60~80平方米。危房改造所需经费，采取政府补助与个人自筹、社会扶助和亲邻互帮相结合的办法解决。由于开库康乡地处偏远，建筑材料都需要从外地购进，成本相对较大，因此每户建房补贴 1 万元，其余为农户自筹，补助经费采取分期拨付的办法下拨，第一期拨付 50%，在危房改造开工时下拨；第二期拨付 50%，在危改任务完成 90% 以上时下拨。危改任务完成不到 90% 以上的，不予下拨第二期经费，由此造成不按时完成危房改造任务的，要追究相关责任人的责任。

对于危房改造工程，村民并不买账，农民自己算了一笔账，一间房子按 60 平方米计算，每平方米造价 700 元，总共需要花费 42000 元，而政府只给补贴 10000 元，其余 32000 元都要农户自己承担，这笔费用对于一般老百姓绝对不是一个小数目。另外，对于住惯了冬暖夏凉的木刻楞房的村民来说，他们对砖瓦房很不适应。由于农户的种种顾虑，开库康村的危房改造工程截至目前还没有推行下去。

二　生活设施

（一）水

1. 水缸和水井

水缸和水井是村民家中主要的储水设施与用水来源。大水缸是每家灶房必备的家当，而且一般都摆在灶台旁最醒目的位置。开库康村的每个农户都在自家院内打了一口深水井，在没有自来水之前用来供应生活用水等。

2. 自来水

开库康村的自来水建设从 2001 年就开始了，当时由于资金和财力有限，只在村民称之为山上的乡政府附近安装了街上自来水。2002 年以来，塔河县水务局多次对开库康村的自来水项目进行扩展，总体步骤是先山上，再山下。截至 2009 年，已经有大约 80% 的村民吃上了自来水。图 5-1 为村民家中的自来水龙头和接水的水缸。为了维护广大自来水用户的公共利益，保证自来水能正常运转，经调查研究和村民代表同意，制定了用水管理办法。通过此管理办法，我们可以对开库康村的自来水情况有个大致的了解。

图 5-1　村民使用的自来水及水缸（2012 年 6 月　作者摄）

（1）各自来水用户所使用的自来水只能用于生活用水，禁止进行浇地、浇菜秧、建筑等非生活用水的行为，如发现有非生活性用水或私接水管的，将视为盗水的行为，乡水利站或自来水承包人将没收其盗水工具，每发现一次，给予 200 元处罚。盗水两次以上的，拆除供水设施，停止供水。

（2）各自来水用户要按时接水，水满后及时关闭阀门，防止跑、冒、滴、漏。同时，要管好自家的自来水，禁止未安装自来水户使用，否则，每发现一次，处以 50 元罚款。

（3）各自来水用户要爱护给水设施，禁止私自对给水设施进行改造、改建或破坏，如发现对给水设施进行改造、改建或破坏的现象，自来水用户将按损坏价值赔偿，并按赔偿额处以 1~5 倍罚款，严重的将按相关法规依法追究法律责任。

（4）各自来水用户要按时缴纳水费，不准拖欠，水费标准为每月 18 元，拖欠 3 个月的要缴纳滞纳金 50 元。

（5）自来水承包人要按时供水，供水时间为每晚 19~21 时，保证 2 个小时的供水时间。如自来水承包人未达到供水时间，自来水用户每发现一次，自来水承包人要向乡水利站缴纳罚款 200 元，用于发电、补足供水时间和维修损坏给水设施。

（6）各自来水用户要严格遵守各项用水制度，互相教育、互相监督、自我管理，如发现盗水现象、破坏设施现象可向乡水利站举报，乡水利站或自来水承包人将给举报人奖励，并给予保密。

（二）电

用电问题一直是开库康人的一块心病，开库康村由于地处偏僻，无法连接国家电网，村内用电只能靠柴油发电。开库康乡的发电厂始建于 1987 年，由塔河县给予经费支持，开库康乡具体承建，作为乡镇企业由开库康乡政府统一管理。由于管理和经营不善，发电厂连年亏损，后经政府协商，将发电厂承包出去。现在发电厂被开库康村村民白春明承包，由他雇人看护。白春明原为开库康村中心校的教师，由于裁撤初中而被迫下岗，现在塔河县工作。其妻原来在开库康信用社上班，信用社倒闭后也在塔河县另谋职业。

因柴油发电和电费昂贵（每度电 1.5 元）、电厂严重亏损的问题，每年白春明收电费 7 万多元，塔河县财政补贴 10 万元。这严重影响了当地的经济发展，一些农产品的初加工难以实现，用电时间（夏季 19 至 22 时，冬季 15 至 22 时）只能用于照明，根本无动力电，电器类仅限于电视机、洗衣机、影碟机等一些小型家用电器。全村用电线路始建于 1987 年，现有电线杆 240 根，其中，已有 27 根出现断裂，122 根根部腐烂，靠钢心线拉着未倒。主线路电线过松，且由于电线杆断裂或腐烂无法紧线，风雨天两线容易接连，易发生连电现象，只能停电。房顶线无隔缘层，直接穿过防寒层入户，入户线杂乱不一，有电话线甚至铁线，即使是风雨线也老化严重或表皮脱落，风雨天时常出现连电或打火现象，一旦发生电跑火，有可能出现火烧连营的情况。

（三）取暖

开库康村取暖时间是每年 11 月至次年 5 月 1 日，该村80% 以上的房子为古老的木刻楞房屋，它们沿袭了俄罗斯风情，屋内有火墙、火炕，部分家里安装了暖气。百年来，开库康村一直用木材燃烧取暖。根据大兴安岭署办 97 号文件《关于在全区范围内推行"以煤代木"工程的通知》精神，进一步贯彻落实"以煤代木"工程，利用煤炭资源代替林木资源作为取暖燃料，从源头上减少生活用柴对林木资源的消耗，实现用地下煤炭资源保护地上森林资源的目标，逐步改变群众传统的用火习惯和观念，从而达到优化生态环境，保护森林资源，促进森林资源的合理利用和持续健康发展的目的。塔河县（局）自 2007 年起，在全县（局）推行"以煤代木"工程。开库康村的"以煤代木"工程从 2007 年开始实行，按照有关规定，每户村民以 140元/吨的价格可以领煤 2 吨；低保户可以免费领煤 3.5 吨。政府还无偿为农户进行炉灶改造，免费为农户发放炉箅子。居民每户可留 2.5 立方米的桦子作引火柴，多余的部分由烧柴收购站进行收购，统一管理。

（四）生产、生活设施及项目规划

（1）自来水安装项目。开库康村正全面实施农村饮水安全工程，重点解决农民饮水安全问题。新建饮水工程水质全部达到国家标准，加强供排水设施建设，提高自来水普及率，拟新建饮水工程一处，使开库康村普及自来水。

（2）排水设施建设。建设一批完善的排水设施，改变农村污水四溢状况，拟新建开库康村石头边沟 34 公里。同时，引导农民在边沟两旁栽植树木花草，实现绿化美化成带，建设优美乡村。

（3）电网建设项目。该村无国电，生产和生活用电只是自备发电，成本高、时间短，制约经济进一步发展和农民生活条件进一步改善，需新建电网彻底改变不利局面。拟新建自瓦拉干镇至开库康村共计 115 公里电网。

（4）农机设备更新项目。农业机械化水平的高低在一定程度上反映了一个地方对农业的重视程度和农业现代化发展水平。该村农业机械化水平较高，但部分大型农机具年久失修，零件缺失，已不能发挥应有作用，开库康村需购置大型农机设备 2 套，新建库房 6000 平方米。

（5）节水灌溉项目。在开库康村建设比较完善的水资源供给保障体系，形成水资源合理开发、优化配置、高效利用、全面节约、有效保护的总体布局，节水灌溉辐射面积达 5000 亩，购设备 25 套。

（6）公共厕所建设项目。为加强村容村貌和环境整治，改善脏、乱、差现状，需建设一批公共厕所，以利于对粪便进行集中处理。开库康村拟新建公共厕所 3 处，占地 90 平方米。

（7）垃圾处理项目。为加强村容村貌和环境整治，做到厕所干净、庭院整洁，改善脏、乱、差现状，实现农村美化、净化，拟在开库康村新建垃圾处理场 1 处，购置设备 1 套。

（8）药材基地建设项目。加快该村中草药的种植，既是结构调整的需要，也是农民致富的一个门路。为此，该村拟建立 1 个药材基地，面积达 5000 亩。

（9）口岸码头建设项目。为适应旅游业发展的需要，加快开库康村对外开放步伐，促进经济结构的多元化，拟在开库康村建设口岸码头 1 处，占地 5 公顷。

三 饮食

塔河县居民主食以大米、白面为主，玉米面、玉米、小米次之；大豆、绿豆等杂粮均加工成豆腐、豆芽食用；食油以豆油、猪油为主；蔬菜以白菜、马铃薯、红萝卜、青萝卜、南瓜、角瓜、黄瓜、甘蓝、辣椒、茄子、番茄、豆角、葱、蒜、芹菜、韭菜、香菜、菠菜等为主。当地居民喜食猪、牛、羊和野生动物肉；喜食鸡蛋、鸭蛋、鹅蛋次之；喜食鸡肉；喜食淡水鱼，尤以冷水淡水鱼最受欢迎。

塔河县居民一年四季均一日三餐，早晨一般人家食粥、馒头和各种腌渍的小菜；中午、晚上炖菜，主食是馒头或大米饭。春季喜欢吃青菜蘸大酱；夏季爱吃凉拌菜，喝啤酒；秋季喜食鸡、蛋、鱼类；冬季则喜欢吃酸菜、猪肉炖粉条、羊肉火锅。当地人还喜食野菜，有蒲公英、蕨菜、黄花菜和蘑菇、黑木耳等食用菌类。每逢周末和节假日，当地居民通常会改善伙食，有客来时会以酒待客，酒以中档白酒和啤酒为主。

菜品以正宗东北菜为主，东北菜源于鲁菜，以酱菜、腌菜等为特色，符合北方人的饮食习惯要求，口味重，偏咸口。为了让更多人接受，东北菜也做了一些改良，比如口味比以前偏淡，有的菜适当加糖改甜口。像改良后的东北大拉皮、小鸡炖蘑菇、地三鲜、土豆炖肉、酱大骨头等都能让大家接受，还有用东北粮食做出的饼类、粥类、点心等也颇能让人接受。东北菜馆的菌类和菇类菜，一般用的都是东北深山采的天然品种，绿色健康、营养丰富，而且用肉炖出来后口味浓重，引人食欲。

东北菜以炖、酱、烤为主要特点，形糙色重味浓。粗线条的东北菜，不拘泥于细节，颇像粗线条的东北人，令人胃口大开。酱脊骨、酱猪蹄、酱鸡爪等酱菜，若佐以醇厚的高粱烧酒，便有几分豪气从胃中升腾，充满了塞外的味道。

东北菜是一种真正的"市民菜""百姓菜"。所以一家子自己吃的话，东北菜是很好、很实惠的选择。

四 服饰

(一) 发型

大兴安岭开发初期，塔河县的男人冬季留长发，大鬓角，夏季剃光头或平头，也有留分头、背头的；女人四季均留短发，或单双长辫。70 年代末期，发型变化较大，部分男人由分头、背头到大鬓角长发；女人小分头，披肩发以及各式剪、烫、染发开始大量出现。

（二）服装鞋帽

20 世纪五六十年代，塔河境内人烟稀少，冬春季气候寒冷，御寒衣服不分男女均穿棉袄、棉裤加外罩和皮大衣，头戴皮帽，脚穿棉胶鞋套毡袜或大头鞋。夏秋季穿便服、中山装以及各式夹衣，颜色一般以蓝、黑为主。在"文化大革命"中，草绿军装盛行，仿制的军帽、军装、军用鞋、腰带、背包占领柜台、市场。"文化大革命"后期盛行灰色服装，以"的卡"面料为主，服装款式也很单调。中共十一届三中全会以来，随着人民生活水平的不断提高，西装、港式服装以及筒裤、牛仔裤、体形裤、羊毛衫、皮夹克衫、长短毛呢大衣、各式女裙、女服流行，质地由棉布、化纤发展到丝绸、呢绒、毛料和一些进口面料。御寒冬装一般内穿毛衣、羊毛衫，套西服、中山装、便装，外穿呢子大衣或皮夹克等。1990 年，随着黑河口岸的开通，本地流行苏式大衣，配以蓝狐、银狐领，纯毛面料颇多。男帽由狗皮、兔皮帽发展到羊剪绒、水獭、旱獭帽等。鞋由胶鞋、大头鞋、布鞋、翻毛皮鞋发展到各式男女全牛皮鞋、雪地鞋、运动鞋、旅游鞋。进入 90 年代，各种名牌鞋开始流行，主要有女式的查理王、达芙妮，男式有老人头、三 a 等，各种鞋的样式逐年更新。从 80 年代初开始流行女式高跟鞋延续至今，男青年中流行男式半高跟鞋；90 年代初，半高跟鞋不再流行，又流行平跟鞋。

（三）饰品

"文化大革命"期间，男女老少均佩戴毛主席像章。80年代以前，女人主要佩戴发夹、发卡，多数为年轻人，也有少数老年人佩戴簪子，头饰品种比较少。80年代以后，头饰的样式和品种逐渐增多，主要有发夹、发卡、头花、发球、发套、发带等，各种年龄的人们根据自己的爱好，选择不同的样式、颜色佩戴。佩戴胸饰的主要是女人，有胸针、胸花，配戴者不普遍。金银首饰只有少数人佩戴。1984年以后，金银首饰开始流行，金戒指、金耳环、金项链逐步成为中青年男女不可缺少的首饰。

第二节　经济生活

一　收入

（一）货币收入类型

1. 农业收入

全村经济以种植业和畜牧业为主。种植业主要以种植小麦、大豆、马铃薯为主。畜牧业以鹿、牛、猪和家禽饲养为主，畜牧业产值占全村总产值的60%，已成为主导产业。以2008年为例，小麦售价为1.6元/斤，每亩产值为320元，每亩成本为112元，每亩收益为208元。大豆售价为3.1元/斤，每亩产值为400元，每亩成本为98元，每亩收益为302元。马铃薯为0.40元/斤，每亩产值为830元，每亩成本为200元，每亩收益为630元。2008年，一头大牛的售价在 3000 ~ 5000 元，山羊为 200 ~ 600 元，绵羊为 500 ~ 1000 元，具体则在交易过程中根据肥瘦按肉估价。目前，畜牧养殖的收入在农业收入中所占比重较大。

2. 工资性收入

劳务经济成为农民增收的又一主要途径，劳务产业的最大特点就是旱涝保收。目前，除畜牧业外，打工收入是村民收入的主要来源，数额依不同的行业、工种等有所差别。以 2009 年为例，餐馆服务员每月收入在 1000 元左右，工地木工、瓦工每月收入在 3000 元左右，力工每月收入在 1500 元左右，电子厂每月收入在 1500 元左右，打零工每天挣 50 元左右。此外，此类工资性收入还包括退休与未退休小学教师的工资、村干部的工资等。

3. 补贴性收入

2003 年，村民开始享受国家农资补贴，包括柴油机械补贴。村里燃煤每吨县财政局给补贴人民币 50 元。此外，还有针对特殊人群，如低保户、纯女户等的各类政策性补贴。2003 年开库康村实行"一免两补"后，村民在 2009 年享受的补贴数字：粮食生产直补每亩为 9.43 元，农资综合补贴每亩为 42.59 元，磷酸二铵每袋补贴 3.5 元，尿素每袋补贴 10 元，良种补贴为玉米、大豆、小麦每亩各 10 元。

4. 个体经营收入

截至 2011 年底，开库康村总计有个体工商户近 20 家，其中杂货店 7 家，小吃部饭店 2 家，摩托车修理店 1 家，化肥销售点 1 家，发廊 2 家，粮食加工点 2 家，电焊铺 3 家，裁缝铺 1 家。从以上统计情况来看，村民从事的个体经营种类包括餐饮、农资、日用百货、农产品加工等。经营餐馆年纯收入在 3 万元左右，农资销售年纯收入在 2 万元左右，日用百货年纯收入在 3 万元左右。

5. 其他收入

其他收入主要有山货采集、界江捕鱼得到的收入。其中，山货采集包括采摘野生蓝莓，全村年收入在 20 万元左右，个别村民一家一年收入 10000 多元，也有一家一年收入 400～500 元不等；全村的捕鱼年收入则在 30 万元左右，平均一家都在 1000～3000 元；全村采药、金莲花、芍药根年收入在 8 万元左右，采蘑菇年收入在 6 万元左右。

（二）家庭收入状况

以上仅从货币型收入的角度对村民的经济状况进行了考量，但村民的生活水平往往是以其所在的整个家庭的经济状况为基础的。对于家庭而言，除货币外，实物性收入也是其经济收入的重要组成部分。

目前，根据整个家庭的收入水平不同，可将开库康村 206 户粗略划分为高收入、中等收入和低收入家庭 3 个层次。

1. 高收入家庭

高收入家庭多以从事个体经营者较为突出，在村中共有 7 户从事个体经营，其中 5 户经营餐饮及日常百货，2 户务农兼养殖。具体来看，1 户经营餐饮饭馆（农家乐餐馆），夫妻共同经营；1 户经营面粉加工；3 户经营日常百货、农用物资销售；2 户养殖牛羊。

2. 中等收入家庭

中等收入家庭共计 149 户，占村总户数 72.3%，这些村户过去也很贫困，基本上靠种地为生。农村改革开放后，由于国家放开了粮食政策，农民生产的粮食有了流通，居民增加了收入。一部分村民通过打短工、捕鱼、采山货等

一些辅助性收入进一步提高了其生活水平，但经济生活的抗风险能力还很脆弱，很容易因为大病大灾、子女上学、儿子娶亲等大事而致贫。

3. 低收入家庭

低收入家庭共计 50 户，占总户数 24.3%，他们的生活刚达到温饱水平，十分贫困。这些村户基本以农业收入为生，仅靠每人 4 亩多田地生活，产量低、收入少。以村民李连贵为例，今年 45 岁，夫妻二人皆为小学毕业，文化水平低，有两个女儿在高中就读，一年上学费用达一万元之多。一家 4 口人仅有一台破旧小四轮拖拉机，作为其农业生产机械，此外别无其他农机具。虽经营 10 多亩土地，但收入十分有限，闲暇时节，夫妻以打短工来维持家庭生活及儿女上学费用。记得 1996 年李连贵在山场伐树，因安全问题造成重伤，几年来不能干活，给家庭造成很大负担与债务，现在虽病情好转，但也不能干重活。家住两间木刻楞房，屋内无像样家具，仅有一台黑白电视机，此外别无其他家用电器。家里还供养两位 70 多岁的老人，身体不好，不能干活。由于贫困，村里给予李连贵家低保户照顾。类似以上情况的村户还有很多。

二 支出

（一）教育支出

改革开放以来，我国经济体制和运行机制均发生了重大转变，由国家承担和维持公众福利和人力投资的费用逐步地转向个人或家庭，由此在教育上造成了家庭教育经费支出的快速增长，使半数多的家庭难以承受教育带来的经济压力。而与传统社会中以物易物的实物交换不同，现代学校教育必须通过货币交换才能够实现。如今，村民们比以往任何时候都重视子女的教育，他们已经深深体会到知识的重要性，上学是让后代改变命运的最好途径，因此教育支出成为开库康村村民的一项重大支出。自从《国务院关于进一步加强农村教育工作的决定》中出台了"两免一补"政策后，村民子弟上小学和初中几乎不用承担任何费用，但如果考上高中，则各种费用加起来一年得 3000 ~ 4000 元，如果考上大学，则每年最少有 20000 ~ 30000 元的花费。

（二）医疗支出

现在，村民每年只要缴纳 20 元的参加新型合作医疗资金，就可以享受到日常的医疗保险。新型农村合作医疗具有以下几大特点：一是突出大病统筹为主，重点解决农民"因病致贫、因病返贫"的问题；二是政府给予资助，发挥资金利益导向作用，激发农民参与的积极性；三是将过去以乡村为统筹单位改为以县为统筹单位，增加抗风险和监管能力。现今医疗支出对于每个家庭来说都是不可避免的。但是农村医疗保险政策也只能从一定程度上缓解农民的医疗负担，而农村家庭普遍缺乏货币收入的能力，一旦家庭成员遇上重大疾病时，村民根本无法承担巨额的医疗费用，这也成为农村贫困家庭致贫和返贫的主要原因之一。

（三）现代性消费支出

近些年，随着当地社会经济的发展，各种现代要素走进村民们的生活。现代媒体影响着村里的男女老少，现代

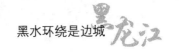

性的消费开始渗入村民家庭的日常生活中。家庭中电灯、通信、交通工具等基本的现代化设施,以及商品化的饮用水、燃料等,已经成为村民的必需性消费。其他各类现代性消费,也成为村民尤其是年轻人新的追求目标,改造房屋、购置家庭电器、更换手机、着装等扩展性消费逐渐增加。加之路灯亮化工程项目实施,拟在开库康村投资 24 万元,建设 12 公里路灯,故此成为开库康村的一大笔现代性消费支出。

(四) 礼仪性交换支出

礼仪性交换简单来说就是人情往来的开销。村民历来重视友情、亲情及其社会关系的维系。村里日常人情往来的开销并不算大,但若遇上自家或者关系很近的亲戚朋友婚丧嫁娶类的重大事务时,开销就会成为家庭负担。现在,村里一般都是以货币作为礼物进行礼仪性交换,家里特别困难的在不得已的情况下仍以货币作为礼物,因此,一般家里的礼仪性交换消费在家庭总支出中也占有不小比例。特别是中等偏下或低收入的家庭,如遇自家的婚丧嫁娶,很容易负债致贫。

三 具体经济状况

据调查资料统计,开库康村 206 户村民家庭大宗物品的拥有情况如下。

(1) 电器类。开库康村村民有彩色电视机的 204 户,有黑白电视机的 1 户,没有电视机的 1 户,有 VCD 的 156 户,有组合音响的 68 户,有洗衣机的 158 户,有冰柜的 8 户,有电冰箱的 1 户。

（2）交通工具类。开库康村村民有摩托车的 155 户，由于采集山货的缘故，村民多数都需要快捷的交通工具。有自行车的 102 户，有四轮拖拉机的 186 户，有小型农用车的 5 户。

（3）通信工具类。开库康村村民有固定电话的 162 户，有移动电话 307 部。对于大部分村民来说，手机的用途仅限于接打电话，有些村民会收不会发短信；在少数既能收又会发短信的人中，绝大多数是年轻人。通信工具一般都用于与家人、亲戚朋友联系，特别是手机的使用大大方便了外地打工者与家人之间的联络。

第三节　文化娱乐

一　村民语言

（一）方言

方言是一个社会内某一地区的人们所使用的语言，其语音、词汇、语法有着自身的特点。开库康村村民使用的方言属于北方方言中原官话的关中片。关中片的主要特点是没有入声字，复元音单元音化。

1. 东北方言发音和普通话对照

懊糟：ao－zao 发愁。

扒拉：拨弄。

扒瞎：说谎。

冰嘎（一些地方叫冰猴）：冰面上玩的陀螺，和南方的陀螺不同，冰嘎多用金属制成。

白唬：bai-hu 能说（通常指能瞎说）。

冰流子：冰柱。

不远匣：指不太远（一般指空间上的距离）。

敞亮：形容一个人不藏心眼儿，大方直爽。

打出溜滑（或打滑呲溜）：先在非冰面上助跑一段，然后在冰面上滑过。

叨菜：夹菜。

嗯呢：是。

嘎拉哈：ga-la ha 一种用动物关节做的儿童玩具（有失传的危险哟）。

磕碜：ke-chen，难看，丢人。

坑吃瘪肚：形容说话吞吞吐吐，一般是由于紧张或受辖制时无法准确表达自己的意思。

老疙瘩：兄弟姐妹里最小的那位。

埋汰：脏。

卖呆儿：看热闹；发呆。

尿性（东部方言）：有骨气，真汉子。

七吃咔嚓：麻利，干净利落。

妥了：行了，好了。

屋脊六兽：形容一个人像古代建筑屋脊房檐儿上雕刻的兽一样，立着一动不动，人就像它一样闲的没事，不知道干什么好。

五迷三道：迷迷糊糊。

稀罕：喜欢。

咋整：怎么办。

贼：非常，很。

2. 歇后语

老虎打哈欠——神气十足

吃雪团打哈哈——满口冷笑

山神爷串门——虎到家了

山神爷照镜子——二虎

黑瞎子打立正——一手遮天

黑瞎子吃山梨——满不在乎（摘胡）

黑瞎子掉山涧——一熊到底

黑瞎子劈苞米——劈一穗，丢一穗

野猪龇牙——凶相外露

野鸡扎雪堆——顾头不顾尾

香獐子的肚脐——钱眼

大皮不叫大皮——真刁（貂）

马蜂的尾巴——真（针）毒

开河的蛤蟆——没油水

一条腿的棒槌——没了人样（"棒槌"即人参）

数丫上捡棒槌——天才（财）

核桃皮熬汤——全是坏水（核桃皮医名"青龙衣"，剧毒）

红松出山——到哪都是栋梁

柞树的果核——真像人（橡仁）

水曲柳的性格——身正不怕名歪

黄菠萝板打的箱子——越使心越黑

3. 谚语

晚虹晴，早虹雨。

山上起毛，下雨要暴。

马鞍山带帽，雨就要来到。

后山半拉绿，开犁好种地。

雾至高山不下雨，雾窜沟塘不晴天。

连日不开晴，漫天阴糟糟，野兽满山蹿，水顺棍眼冒，附近山要啸。

红松看平头，白松看起楼。

焦梢树龄大，底下多半空。

望山跑死马。

迷山查看树皮，北粗南面细。

白天看高山，晚上定星斗。

见岗不上走，见沟顺水流。

风口漂雪地，不能打小宿。

易看对面岗，难瞅上下坡。

远看一趟山，近瞅百道岭。迎头不打猎，顺腔不打熊。

虎卧石砬上，鹿趴岗鼻中，猪居松树根，狍子找窝风，黑瞎蹲仓洞。

4. 行话（林业术语）

五花山：秋天的山色层林尽染，灿烂悦目，称"五花山"。

放山：进山找棒槌（人参）。

铺棍：开始找棒槌。

铺锯：开始伐木作业。

套子：运木材的牛马爬犁。

赶大羊：流送木材。

骑水马："赶羊"者立于木头上。

拦圈子：用铁绳横拦河面截住木材。

164

二 日常娱乐

(一) 大秧歌

在关东大地上，最受老百姓喜爱的民间歌舞就是东北大秧歌。每年正月，无论城镇还是村屯，都有秧歌队欢快活泼的唢呐声、锣鼓声在喜气洋洋的节日气氛中回荡。

史书记载，早在康熙年间，东北就已经有了上元日（正月十五）办秧歌的习俗。表演的男子扮成参军、妇女等角色，边舞边歌、通宵达旦。到了清末民国年间，扭大秧歌已经是遍布东北各地的春节娱乐活动。办秧歌的发起组织者或是商家富户，或是行政机构，或是民间组织，负责聚集本地擅长此道者，并置办服装道具、聘请鼓乐班子、组织排练、筹划演出安排等，具体事项通常是由一位演技好、威望高、办事能力强的"秧歌头"负责张罗。

正月初一家家户户都忙着拜年，一般从初二开始"跑秧歌"，演出形式以拜年贺喜为主。在城镇，秧歌队要到当地官署和商家铺户以拜年名义演出，在农村则是坐着大车到附近的村屯，在村公所或富家大户宅院中演出，也有登门拜年之意。这种演出，受拜者要预备烟茶款待，并在秧歌队临走时给"秧歌头"赏钱，有的还要管饭。所以秧歌队拜年事先已选好对象，起码是要给得起赏钱的才去，否则人吃马喂各种费用就难以开销了。当然，演出时当地男女老少都可以白看热闹。过去农村过年，一是图喜兴，二是讲面子。假如哪个村没来秧歌队拜年，村里的人都会不开心。因此，如果本村不办秧歌，各家就按贫富摊钱，派人去外村"接秧歌"，以为村里增添过年的喜庆气氛。

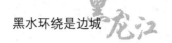

　　东北大秧歌的风格以火爆热情、欢快奔放著称。民间称秧歌扭得好叫"扭得浪"，即不但舞姿要优美，而且腰胯摆的幅度要大，节奏感要强，表情要有感染力，总之不能平淡而要夸张，才符合关东豪爽热情的民风。此外，秧歌的走阵（行进表演队形）也要活泼新鲜，除通常的圆场外，还可以走出"二龙吐须""太极八卦"等许多花样，时快时慢，边走边变，加上演员服装的鲜艳色彩，看得人眼花缭乱。

　　秧歌里的精彩部分是高跷，俗称"踩高脚子"。跷棍长二至三尺，表演中也是走秧歌步和阵形，以扭得快、扭得欢为好。秧歌中所扮的人物，既有披红挂绿的大姑娘、小媳妇儿，也有抽长烟袋的丑婆子、戴纱帽翅的县官、呆头呆脑的"傻柱子"，以及"跑驴""旱船"等加带其他道具的表演，个个朴实憨厚、滑稽可爱。另一类角色则是民间熟知的小说戏曲人物，如《西游记》中的四师徒、过海的八仙以及年画上常见的公子丫鬟、渔樵耕读等。旧时扭秧歌的都是男性，所以女性角色多是男扮女装，演起来更加大胆泼辣、逗趣可笑。

　　看秧歌最过瘾的是遇上"打对台"，即一个场子来了两支秧歌队。因为过年时的秧歌大都要给赏钱，所以按照不成文的规矩，一个演出场地只能留一支秧歌队。如果两支秧歌队同时到，或是后到的秧歌队不愿退让，那就只能以演技分高低。扭得好，能吸引观众的留下，技不如人的自动退出。每逢这时，两支秧歌队都得拿出看家的本事，格外卖力，较着劲儿地扭，观众们则大饱眼福。在这种比赛中，吹唢呐的乐手（俗称"喇叭匠"）起着至关重要的作用。由于秧歌是随着唢呐声和锣鼓点儿走，从一定意义上说，只有吹不出来的，没有扭不出来的，因此唢呐相当于秧歌队的灵魂。优秀的喇叭匠不仅会的曲调多，演奏技巧高，而且还练就许多绝活，技艺高超者能在吹奏的同时，两个鼻孔里各插一只燃着的香烟，头顶和两臂各放一只盛水的碗，走着吹、转着吹、登上桌子吹，喇叭不断、香烟不灭、水碗不洒。这类绝活平时用不着，遇到想多讨赏钱或打对台的时候才亮出来，出奇制胜。所以，办秧歌的都尽量请当地名气大的喇叭匠。有的时候正在演出，来了另一支秧歌队，离老远一听喇叭吹得好，或者打听到喇叭匠是有名的高手，便会甘拜下风，自动"蔫退"。

过年开扭的秧歌到正月十五、十六两天达到高潮。这时走村串屯的拜年已经结束，街上的商家店铺也开始了新一年的营业。元宵佳节之日，秧歌队纷纷集中到当地最繁华热闹的市镇街道，进行游行式的演出，有的还特意举办与赏花灯气氛融为一体的"灯官秧歌"。街市上精彩表演此伏彼起，热闹非凡。酷爱扭秧歌的演员们也都在满街观众的喝彩声中尽展才华，过足了秧歌瘾。因为闹过这两天之后，他们就要卸去彩装，回到田地和作坊里，成为普普通通的劳动者了。

(二) 二人转

东北二人转亦称"蹦蹦"，是东北地区喜闻乐见、具有浓郁地方色彩的民间艺术，至今已有 300 多年的发展历史，长期以来深受东北群众尤其是广大农民的喜爱。它的唱本语言通俗易懂，幽默风趣，充满生活气息。最初的二人转是由白天扭秧歌的艺人在晚间演唱的东北民歌小调（俗称

"小秧歌"），后来，随着关内居民的增多，加上长期以来各地文化的交流，大大丰富了二人转的内涵。在原来的东北秧歌、东北民歌的基础上，又吸收了莲花落、东北大鼓、太平鼓、霸王鞭、河北梆子、驴皮影以及民间笑话等多种艺术形式逐渐演变而成，因此表演形式与唱腔非常丰富。在民间流传着"宁舍一顿饭，不舍二人转"的说法，可见，二人转在群众中的影响之深。可以说，二人转最能体现东北劳动人民对艺术美的追求。

1. 二人转的历史

二人转起源并流行于东三省，至今已有 300 多年的历史，但由于清末的社会动荡以及战争的缘故，文献记载大多不全，长期以来仅是在民间的流传，具体无从考证。

有记载，清道光二年（1822 年），吉林省怀德县八家子老爷庙（普济寺）的庙会上就曾演出过蹦蹦戏。早期的二人转没有女演员，女子角色全部由男扮女装。

随着流行地域的不同，二人转在发展中曾经形成东路、西路、南路、北路 4 个流派。其中，东路以吉林市为中心，表演擅舞彩棒，有武打成分；西路以辽宁黑山县为中心，讲究板头和演唱；南路以辽宁营口为中心，表演歌舞并重；北路以黑龙江北大荒为中心，追求唱腔的优美动人。故此，历史上曾有二人转"南靠浪（舞），北靠唱，西讲板头，东要棒"的民谚。后来各路表演取长补短，互相融合，表演的侧重不再像以前那样明确。

中华人民共和国成立后，"二人转"的叫法才得以流传。四平、辽源、吉林、长春、铁岭等大中城市，以及西丰、榆树、梨树、德惠、双辽、扶余、镇赉等县，相继成立地方戏队（演出二人转）。1955 年，女演员开始逐渐增多，二人转的演出基本结束了男扮女装的历史。自此，男女开始分腔，演唱讲求科学发声方法。60年代，二人转的剧种建设取得了长足的进展。表演者加强了编导工作，开拓了二人转的新剧目，丰富了音乐伴奏，改进了服饰，充实了舞蹈美术，演员手持道具的种类有了发展变化。在内容上对古典剧目取其精华、去其糟粕，坚持剔除"低级、庸俗、丑恶的表演"，发展"健康、幽默、风趣的优良传统"。音乐唱腔要克服"单调、贫乏的倾向"，在表演上要求做到"唱得好听，舞得优美，逗得风趣，扮得逼真，绝活精湛"，五功综合，雅俗共赏。

改革开放以后，二人转曲牌又不断出新，伴奏乐器增加了扬琴、琵琶等，并兼用鼓、锣、钹；演员手持道具又增加了花伞、纱巾、长绸，服饰根据塑造人物的需要也得到相应的改进；舞台演出运用灯光色彩的变幻，烘托戏剧情境，综合艺术质量不断提高。此间涌出了大量精彩曲目，如《马前泼水》《回杯记》《包公断后》《包公赔情》《西厢·听琴》《双比武》《冯奎卖妻》《水漫蓝桥》等。这些作品深受广大人民群众的喜爱，久演不衰。

在21世纪，辽宁省铁岭市民间艺术团的二人转演员赵本山，立志要将二人转这个在东北有广泛群众基础的地方戏发扬光大，使其再现辉煌。2001年，由赵本山发起组办的"赵本山杯"二人转大奖赛，为二人转在新世纪的发展注入了新的活力。赵本山也在那次大奖赛中收了5位优秀的二人转演员为徒，他们分别是翟波、王小宝、王小利、张小飞、唐鉴军，他们都出演了赵本山自导自演的18集农村题材轻喜剧《刘老根》。随着这部电视剧的热播，在全国掀起了"东北二人转热"，剧里二人转演员的精彩表演，也使

全国人民对二人转这门民间艺术有了一个初步的了解。相信有这些优秀的二人转演员的努力创新、创作，会出现更多优秀的作品，将二人转推向全国，使更多的人喜欢二人转。

2. 二人转的特色

二人转的演出形式有"唱大车店""唱秧歌会""唱茶社""唱屯场"等多种，其中最常见的演出方式是"唱屯场"。每年秋后三大时节、挂锄、冬闲，都有"唱屯场"，通常按以下顺序表演。

"打通"：指秧歌锣鼓的头鼓、二鼓、三鼓来招引观众。

"三场舞"：丑角上场喊"要想卖，头朝外，船家打浆划过来"，以此引旦角上场，两人共舞"三场舞"。

"喊诗头"："三场舞"后，旦角下场，丑角"起霸"接"喊诗头"。"诗头"类似戏曲的"自报家门"或"定场诗"，多数"诗头"与正剧无关，只是为了静场。

"说口"：旦角上场，与丑角"说口"。"说口"可分为零口、定口和套口。"零口"是演员见景生情，逢场作戏，现编现说的口语；"定口"是与剧情紧密相关的念白，包括交代情节、人物对话；"套口"多为与剧情无关联的民间故事及笑话。

"唱小帽"：这是正文前唱的民间小调。

"唱正文"：演员用唱、说、做、舞等各种手段来演示剧情。

3. 二人转的手段

二人转的表演手段大致可分为三种。一种是二人化装成一丑一旦的对唱形式，边说边唱，边唱边舞，这是名副其实的"二人转"；一种是一人且唱且舞，称为单出头；一种是演员以各种角色出现在舞台上唱戏，这种形式称"拉场戏"。

对于演员的表现手法，有"四功一绝"之说。"四功"即唱、说、做、舞，"一绝"指用手绢、扇子、大板子、手玉子等道具的特技动作。四功"唱"为首，讲究味、字、句、板、调、劲；"说"指说口，以插科打诨为主；"做"讲究以虚代实；而"舞"主要指"三场舞"。二人转的"一绝"，以手绢花和扇花较为常见，这部分与东北大秧歌相似；持大板子和手玉子的舞者倒是别具一格。右手持大板子的舞者，左手通常持甩子，能舞出"风摆柳""仙人摘豆""金龙盘玉柱""黑虎出山""金鼠归洞""缠头裹脑"等高难度动作。有的舞者双手持手玉子，这是小竹板，握在手中，每手两块，有"双臂旁平伸打扭""胸前打扭""轮腔打扭"及"碎抖花"等多种打法。

4. 二人转的唱腔

二人转的音乐唱腔极为丰富，素有"九腔十八调，七十二嗨嗨"之称。其结构为曲牌连缀体，积累的曲牌有300多支，比较常见的有56支，其中包括胡胡腔、喇叭牌子、红柳子、抱板、三节板、文嗨嗨、武嗨嗨、大鼓调、大救驾、小翻车、哭糜子、大悲调、五字锦、压巴生、靠山调等。

二人转的传统曲目很多，计有300多个。关于曲目，艺人有"四梁四柱"之说。"四梁"指的是大四套曲目，有《钢鉴》、《清律》、《浔阳楼》和《铁冠图》。"四柱"指的是小四套曲目，有《西厢》、《兰桥》、《阴魂阵》和《李翠莲盘道》。这也是二人转艺人的拿手曲目。此外，还有《双锁山》和《华容道》等。近几十年来，又有大批的新创作

曲目，如《丰收桥》《接姑娘》《柳春桃》等，均深受人们欢迎。

二人转唱词以七言和十言为主，兼有长短句式，表演讲究唱、说、做、舞四功的综合运用。其中唱功讲究"字儿、句儿、味儿、板儿、腔儿、劲儿"，高亢火爆，亲切动听；说功分"说口"、"成口"（亦称套口）和"零口"，丑逗旦捧，多用韵白，也有说白和数板，语言风趣幽默，招人讨笑；做功（亦称扮功）讲究以身段和动作辅助演唱，强调手、眼、身、法、步等功法的综合运用；舞功以跳东北大秧歌舞为主，也吸收有其他民间舞蹈和武打的成分，并有耍扇子、耍手绢、打手玉子、打大竹板等杂技性的绝活穿插其间，舞台效果十分热闹火爆。

国家非常重视非物质文化遗产的保护，2006年5月20日，该曲艺经国务院批准列入第一批国家级非物质文化遗产名录。

第六章 各项事业

第一节 村民教育

一 开库康乡的学校

（一）概况

塔河县开库康乡中心校坐落于开库康村，是塔河县域建校最早的一所学校。该校是以政府（县乡政府）拨款为主，以村屯集体筹资为辅创办的 6 年制学校。全校现有 6 个年级教学班，均为小学班，学生 38 人，教职工 27 人，其中行政人员 1 人，工人 1 人已退休，专任教师 25 人。2007 年初中裁撤后，教师 1 人借调到塔河县教育局、5 人借调到十八站学校、1 人借调到塔河县职业高中、1 人借调到塔河县花园小学，关系都在开库康中心校。专任教师中有大专以上学历 24 人，中专（中师）1 人，学历合格率为 100%；其中有中学高级职称 3 人，中级职称 11 人，初级职称 11 人。教师中有党员 11 人，师生中有共青团员 10 人。

开库康中心校占地面积 14000 平方米，校舍面积 2850

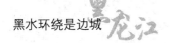

平方米，除教室、办公室外，还设有物理、化学、生物等自然学科实验室、体育室、团队活动室（兼作会议室）、电教室。学校建立了卫星接收站，可以随时收听收看中央教育台的节目，班班配备投影仪，电化教学已初具规模。学校图书阅览室不仅有藏书 3500 多册，还订购了大量的报纸、杂志，基本上满足了教师教育教学的需要，也为学生们提供了良好的学习条件。学校还打了 1 眼 100 米的深水井，建了 50 平方米的水房，购置了 2 个大型保温水箱，解决了师生的饮水问题。

学校重视校园建设，有铁栅栏围墙，美观、坚固的校门，环绕校园四周的绿树，平整的操场，在校园内有序排列着体育器材和比较规范的升降国旗设施。学校还设有师生宿舍、食堂，初中裁撤后，幼儿园已经停办，2007 年开库康乡学校被评定为县级合格学校。

（二）历史

开库康乡学校始建于 1940 年，当时由黑河省派李占青为校长兼教师，组建了开库康国民小学校，开设国语、日语、算术、体育 4 门功课。在校生 10 余人，学生年龄参差不齐，小的有 12 岁左右，大的 20 岁左右，且都是男生。1 间木制苏式教室，教师办公、学生上课都在这里，1 名教师教 4 科，办学条件极差。1945 年 8 月 15 日，人民政权接管改造了这所学校，使开库康乡学校成为新中国人民的 1 所小学。1949 年又在开库康乡境内的马伦成立小学，由姜学成任校长兼教师。1956 年 7 月，开库康乡学校变为中心校，马伦学校从此成为分校。1969 年，又在向阳村、上地营子村各办 3 处小学，此后，开库康中心校一直管辖 3 个村级小学。截至 2007 年，除中心校属政府办学外，其他 3 个下伸点小学均属村办小学，并实行复式教学。

开库康乡学校重视管理工作。1995 年建立了教职工代表大会制度，结束了校长一长制的管理模式，实行校长负责、党支部监督、教代会民主参与的三位一体的管理模式，加强了学校的民主管理意识。学校还建立和完善了《考勤制度》《班主任工作管理制度》《教务处常规教学检查制度》《教学备品管理制度》《中层干部考核制度》《教师政治、业务百分考核制度》《实施素质教育管理细则》《教师培训及提高措施》《学生日常行为规范监督制度》《电教员、实验员管理制度》等规章制度，学校管理有章可循。

建校初期，教师奇缺，根本谈不上学历合格，后来逐步增加了一些教师，真正师范院校毕业者甚少。由于"文化大革命"的影响，本来稳定的教师队伍开始发生波动，师资整体水平下降。党的十一届三中全会后，不断有大中专毕业生分配入校，师资水平不断提高。尽管如此，学校为适应教育发展的需要，仍积极鼓励教师参加各种函授学习班，大力开展"五项基本功"和"六项基本技能"训练，有目的、有组织地开展教研活动，在教师中开展"互听互讲"活动，每周都要组织教师收看中央教育台的《名师讲坛》等节目，全面提高教师素质。学校的这些举措激发了教师们的求知热情，使教师队伍整体素质不断提高。

在对学生实施德育过程中，坚持爱国主义为主线，少先队为主阵地，课堂教学为主渠道，《行为规范》为主要内容，强化学生的养成教育。对操行评语进行改革，一改过去那种套话连篇、语言古板、生硬的写法。改革后的评语使学生从中受到激励、鼓舞和启迪，使学生家长通过评语

进一步了解学生，更好地配合学校教育学生。

长期以来，开库康乡学校坚持国防教育课和法律常识课教育。学校请当地驻军官兵到校给师生讲解军事国防知识，请派出所民警宣讲法律和社会治安综合治理知识。每学期开学，用两周对学生进行军事训练。这些活动使学生懂得居安思危、防微杜渐的道理，具有了保卫国家、知法懂法的意识，也培养了学生克服困难、战胜困难的意志和品质，使他们不断茁壮成长。

1995年3月，开库康中心校成立了家长学校。学校定期开展活动，由校长、副校长担任教师，向学生家长传授教育理论知识，讲授儿童心理学，宣讲《义务教育法》《未成年人保护法》等法律知识。

开库康乡学校自80年代以来，大力开展教研活动，以教改促进教学，以教育科研指导教学。在数学教学中运用青浦经验搞"变式题组"，语文教学中搞"快速作文"训练，带动了其他学科的教改。1999年，学校确定"教育面向全体学生，面向每个学生的每个侧面，发展学生的个性特长"的思路。在这种思想引导下，学校先后开展了"异步课教学实验""异步教案评比""异步作业设计"等教研活动，取得了良好的效果。

开库康乡学校一直把勤工俭学当作大事来抓，并取得了很大的成绩。1977~1988年这11年间，勤工俭学总收入为28.8万元。这些收入多用于维修校舍，购置职工住房，添置教学设备（录放像机、彩色电视机），更新了1台东风牌汽车。1989年，开库康乡学校被评为黑龙江省"勤工俭学先进集体"。学校立校时间较长、底蕴丰厚、人才辈出，是学生成长的摇篮、教师耕耘的沃野。学校拥有一支团结、实干、高素质的具有开拓精神的教师队伍，也涌现过全国优秀班主任、全国优秀体育教师、全国优秀教育工作者等先进个人和集体。教师们凭着开放的教育思想、领先的科研，以良好的素质、进取的态度、奉献的精神和踏实的作风培养了一批又一批优秀的学生。学校以"开发潜能、发展个性"为育人理念，从整体改革实验到差异教育的研究，从二级循环活动的尝试到创新教育的思考以及网络环境下教学模式的探索，捕捉着现代教育最敏感的话题，走在教育改革的前沿。学校一贯坚持"品牌、质量、服务"的意识，在全面推进素质教育的进程中，以一流的教育质量树立了自身的品牌形象，赢得了社会的赞誉，是老百姓心目中最好的学校之一。

（三）相关教育政策

1. 阳光工程

2000 年 4 月，大兴安岭地区行署专员王忠林经过调研后制定下发了《关于对中小学生住宿特困生补助的意见》，将农村家庭年人均收入低于 800 元的住宿学生纳为补助对象。文件规定：免收中小学生住宿特困生的学杂费和住宿费，每人每月补助 150 元伙食费。2001 年 8 月，又出台了《关于对全区初中、小学住宿学生进行补助的通知》，规定全区初中、小学的住宿生每人每月补助 50 元。2002 年 3 月，大兴安岭行署又出台了救助贫困学生、体现党和政府的关怀和温暖的《大兴安岭地区"阳光工程"实施方案》，对贫困生的认定范围和标准、管理与监督等都做出了详细而明确的规定，并用约束和激励机制促进救助特困学生工作。这一政策的出台，确保了包括塔河县在内的大兴安岭

地区救助贫困学生活动走向规范化、制度化。在阳光工程中，塔河县认真实施阳光救助项目。按文件规定，该县住宿特困生每生每月补助150元，其他住宿生每生每月补助50元；高中特困生每生每学年补助1000元，职业高中每生每学年补助1500元，初中特困生每生每学年补助320元，小学特困生每生每学年补助240元。同时，小学和初中的部分学科使用循环教材，据不完全统计共节省书款近30万元。

2. "一费制"和"两免一补"政策

"一费制"是指在严格核定杂费、教科书和作业本费标准基础上，每学期开学后，学校只向学生收取一次费用。根据国家、省文件要求，"一费制"主要内容为杂费、课本费（学生用教科书费与作业本费）。杂费中包括信息技术教育费、冬季取暖费。学生在校期间的借读费、住宿费以及必要的服务性代收费项目另行规定。根据《黑龙江省全部免征农业税改革试点工作方案》的相关规定，从2004年秋季开学起，黑龙江省全面推行义务教育阶段"一费制"，严禁任何部门、单位或个人以任何理由截留、挤占、挪用、平调农村中小学校杂费收入。收费标准为：农村小学生每生每年170元，中学生300元；县城小学生为245元，中学生为315元。

"两免一补"政策是指近年来我国政府对农村义务教育阶段贫困家庭学生就学实施的一项资助政策，主要内容是对农村义务教育阶段贫困家庭学生"免杂费、免书本费、逐步补助寄宿生生活费"。这项政策从2001年开始实施，其中中央财政负责提供免费教科书，地方财政负责免杂费和补助寄宿生生活费。塔河县从2004年开始落实了该政策。

（四）村民教育观念

根据本次问卷调查显示，村民非常重视和支持子女的教育问题。他们普遍认为，再也不能让孩子和自己一样过这种"面朝黄土背朝天、汗珠子掉在地上摔八瓣"的生活，而要想走出山村，读书是唯一的捷径，读书有成的孩子怎么也比在外面打工强。所以村里大部分适龄儿童会完成9年义务教育，如果有失学现象也是因为学生厌学。我们调查的村民年龄多在30～50岁，他们文化程度较低，但在调查过程中，每当问到孩子的学习状况，他们都希望孩子好好学习，能考上大学。同时，99%的人选择让子女在完成9年义务教育后继续升学，不管学费多高，也要想办法。在高中毕业后让孩子升学还是就业问题中，只有一名没有选择继续深造。这反映了村民教育意识的提高，对教育关注程度的提升。

（五）教育存在的问题

1. 教育资源严重浪费

开库康中心校曾经有过相当辉煌的历史，其是塔河县建校最早的一所学校，在开发大兴安岭时期，附近的兴安镇、阿穆尔等周边地区的学生都要到开库康乡来上学。在2007年初中裁撤之前，开库康乡学校已经形成了相当大的规模，无论是占地规模、建筑面积、基础设施都有了长足的发展，卫星可以接收到中央教育台的远程教育，在远程教育中可以收看全国名师教育讲座辅导、农村农民专项培训，当时的在校学生有300多人。对于一个农村的学校来说，能达到这样的规模和设备，是多么的不容易。随着初中的裁撤，学生流失严重，现在在校生只有 38 人，而教职工就有 27 人，造成了资源和人才的严重浪费。

2. 学生流失摧毁村庄的未来

开库康中心校初中部取消后，所有小学毕业的学生必须到塔河县读初中，对于一个十三四岁的孩子，突然间离开家里一个人过寄宿的生活，无论如何都很难适应。缺少了家庭教育的孩子很多都出现了亲子隔阂，更有甚者挥霍钱财，浪荡学坏。为了避免孩子出现种种的不适应和问题，便出现了很多的社会现象。

现象一，小学毕业举家搬迁。孩子小学毕业后，家长便带着孩子举家搬迁到塔河县等有初中的地方，或者干脆从小把孩子送到亲戚朋友家里上学，连小学也在外面读了。

现象二，带着孩子打工。一些存在着村民长期在外打工的村庄，不可避免地会出现留守儿童的问题，而这一点在开库康村并不存在。由于在家里无法上学，打工的父母宁可让孩子跟着自己到打工地上学，也不愿意让他们独自一人去读初中。这无疑增加了孩子的教育成本，给父母家庭带来了沉重的负担。

现象三，村庄人口结构变化。孩子求学的不断出走，导致了开库康村孩子和年轻父母人数的急剧减少，现在已经出现了村庄里几乎没有孩子的怪现象。在采访开库康中心校校长李瑞坤时，他不无忧虑地说："现在我们只有六个班级，一个年级一个班，每个班五六个人，明年的一年级已经没有孩子了，这样下去再过五六年，开库康将成为一个没有学校和学生的地方，再过几十年开库康将逐渐消亡。"

第二节　农业科技

一　科技培训

（一）百万农民培训工程

根据《中共中央、国务院关于促进农民增加收入若干政策的意见》（中发〔2004〕1号）和《国务院办公厅转发农业部等部门2003～2010年全国农民工培训规划的通知》（国办发〔2003〕79号）精神，黑龙江省开始实施百万农民培训工程。

项目培训的目标是2004～2005年全省培训农民工100万人，每年培训50万人。经过技能培训的农民工，90%要获得培训合格证书，50%要获得职业资格证书，每个接受技能培训的农民工能够掌握1～2项非农职业就业本领。培训的内容主要包括：农民工基本权益保护、农村劳动力转移相关政策、法律法规、安全生产常识、城市生活常识、应职应聘等方面的基础知识培训；餐饮、保安、建筑、制造、家政服务、服装以及为东北老工业基地改造所需的各类工种的培训；对俄罗斯、韩国境外劳务输出所需技能、农产品加工技能、发展畜牧业等优势主导产业所需的技能培训。

（二）新型农民科技培训项目

塔河县农民科技培训项目从2004年8月开始实施。塔河县根据林区高寒实际，培训项目主要包括高产土豆旱大

白种植技术；啤酒大麦种植技术；黑河49号大豆救灾种子种植；大棚蔬菜种植；黄芪、枸杞子、北五味子等北药种植；冷水养鱼；獭兔、绒山羊、克朗猪、奶牛、梅花鹿、绒山羊养殖及问题处理；黑木耳和蘑菇养殖技巧等。图6-1为塔河县农业技术培训班开课情形。

图6-1　农业技术培训班（开库康村党支部提供）

针对外出务工人员，塔河县培训工作重点从以下几个方面进行：务工准备（学习政策法律常识、处理好土地承包问题、进城务工应具备的条件、选择自己适合的工种）；职业培训（阳光工程培训、职业技能培训、职业资格证书制度、特种作业人员）；务工求职（了解招工信息、进城务工的方式、执业机构介绍、识破传销等诈骗）；劳动合同（签订劳动合同的重要性和原则、无效劳动合同、违反劳动合同处理）；劳动报酬（工作时间、报酬计算、解决克扣或者拖欠工资的方法）；劳动安全；劳动争议；生活常识。

（三）开库康乡"农民培训计划"实施情况

根据黑龙江省和大兴安岭地区以及塔河县的总体部署，开库康乡根据自身的实际情况开展了农民培训计划的落实工作。

1. 成立了领导机构

培训计划成立了由乡党委书记、乡长任组长，乡党委副书记、副乡长任副组长，相关职能部门为成员的项目领导小组，下设的办公室负责具体事务。

2. 确定了培训对象及目标

培训对象为城镇新增劳动力、农村富余劳动力、有就业能力的低保户、失地农民中有就业能力的 16～40 岁农民，计划培训 1500 人。2008 年培训 200 人，以后每年分批进行，直至计划完成。采取职业技能培训和引导性培训相结合的方式，使参训人员掌握达到就业要求的基本技能，以转移到非农领域就业，转移就业率在 90% 以上。

3. 指定了培训机构

培训机构为塔河县职业技术学校。

4. 遴选好了培训内容

以市场需求为导向，开展订单培训。开设工艺加工、服装、财会、旅游、建筑、电工、电子、车工、钳工、焊工等专业。培训单位选用或开发适合农民短期技能培训和就业特点的教材。培训拟分 16 期，每期 2～3 个班，每人参加培训时间一般为 10 个培训日。

5. 公示了培训对象招收、遴选、审核方式

学员以自主报名为主。乡党委、政府通过各种渠道

宣传实施"农民培训计划"项目的目的、培训计划、招生条件、专业设置、就业方向等信息，广泛动员农民自主报名。

（四）成立农村专业技术协会

1. 加强组织领导，保障协会发展

2004～2006年，开库康乡的经济有了较快发展，但也出现了粮贱伤农、价格混乱、无序竞争、产业化水平较低等问题。面对这一现状，他们一方面调整生产结构，加强政府宏观调控；另一方面，积极探索新的生产经营模式，通过考察和借鉴外地经验，他们发现，协会上联市场，下联农户，中间传播先进和科学技术和管理模式，是经济发展和农民增收的有效载体。基于上述认识，他们秉持"只要对农民有利的事，就要胆子大一些，步子快一些，意识超前一点"的原则，把培育和发展农村经济协会列入工作日程。一是加强领导。协会成立了领导小组，落实了工作机构。2004年，该乡鹿经济发展协会和牛经济发展协会先后成立，成为全县第一家成立专业协会的乡镇。二是制定发展规划。协会制定了近期和远期发展目标。为了加强舆论宣传，营造发展氛围，他们从宣传入手，采取各种手段使大多数农户实现从"要我做"到"我要做"的转变。一是宣传发动。他们通过印发宣传资料，利用广播、电视等媒体，向农民宣传专业协会的重要性和必要性，使农民的观念得到了更新和飞跃。二是效益对比。让农民了解协会成立前后会员效益的变化，使农民有一个感性的认识。三是走出去。他们每年都选派一些协会会员和部分农民去外地参观考察，让他们看到外地协会发展的状况，坚定了他

们参加协会和支持协会发展的信心。通过宣传发动、算账对比、选树典型,农民参加协会的热情得到调动,全乡由最初参加 2 个协会的 20 余户,增加到目前 50 多户。

2. 加强自身建设,科学规范运作

一是建章立制。协会在乡党委政府的帮助下,按照"服务群众"的思想,以及"民办、民管、民受益"的原则,从生产经营、民主监督、技术培训、自我发展等方面制定了章程,明确了会员的权利与义务,建立健全了民主选举会长、监事会和日常管理的机制。二是培养协会能人。他们注意把那些群众拥护、有一定技术特长、热心为群众办事的人吸引到协会中来,保证了协会的健康发展。三是进行标准化生产,增强产品竞争力。大力推进标准化生产,积极建设养殖小区,提高产品品质。四是推广新技术、新品种,促进成果转化。几年来,全乡共引进优良种公鹿 20 余头,优质西门塔尔和夏洛来牛 200 头;同时聘请县农委、畜牧总站及科委的人员传授科学养殖、防疫新技术。与科委合作试验鹿产品加工技术,加工后的鹿茸价格是加工前的 2 倍。五是帮助农民开拓市场,拓展销售渠道。协会成立后,充分利用协会会员信息灵、销售渠道广的优势,在外地建立销售网点,找订单,使产品以最短时间、最低成本进入流通领域,有效避免了市场波动给农户带来的经营风险。六是行业自律,诚实守信。充分选用协会的自律和自我管理的功能,对会员进行教育管理,统一协调会员的经营行为,组织开展诚实守信活动,努力提高会员的公益意识,特别强调每个会员要在销售中不以次充好,欺诈服务对象等要求,以此打造开库康品牌。

（五）开库康乡农村专业技术协会科普惠农兴村工作情况

开库康乡农村专业技术协会科普惠农兴村工作情况如表6－1所示。

表6－1　开库康乡农村专业技术协会科普工作情况

项　　目		2004 年	2005 年	2006 年
工作人员	专家顾问（人）	1	1	1
	协会技术骨干（人）	6	12	16
基础条件	科普培训室（平方米）	72	72	72
	科普宣传栏（个）	2	2	2
	科普宣传栏可展示面积（平方米）	8	8	8
	科普图书（种）	21	24	36
	科普图书（册）	600	650	700
	电脑（台）			1
	投影仪（台）			
科普设施、活动支出（元）		20000	42000	45000
创建科普示范基地（个）		4	4	4
培育科技示范户（户）		5	5	8
开展技术培训	培训次数（次）	4	5	7
	受训人数（人次）	241	354	470
开展科普讲座	讲座次数（次）	2	2	2
	听讲人次（人次）	184	179	186
更新宣传栏内容	更新次数（次）	12	12	12
	受益人次（人次）	640	710	740
发放图书资料	发放种类（种）	4	2	3
	发放册数（册）	238	264	300

续表

项　目		2004 年	2005 年	2006 年
参与组织大型科普活动	全国科技周（次）	1	1	1
	全国科普日（次）	1	1	1
	科普之春（夏、秋、冬）、科普大集、科技下乡等（次）	4	4	4
3 年内承担的县级以上科技项目		次：500 名称： 药材种植 早大白马铃薯种植 鹿产品加工 沼气池、猪舍循环利用经济		
获得县级以上科普工作奖励		省级科技协会先进单位 地级十八届科普之冬先进单位		

二　新农村信息化服务站

2008 年，开库康村被确定为新农村建设省级试点村，开库康乡将开库康乡新农村信息服务站设在了开库康村。2008 年 7 月，塔河县纪检委向开库康村捐助电脑一台，同期入网。

新农村信息服务站的主要任务是把良种繁育、防疫治疗、饲草和饲料、舍饲和放牧、检疫和监测作为重点服务内容，建立防疫体系，强化作物病虫害与禽流感、五号病、鸡瘟等的防治，保证畜牧业健康发展；加强农业科研推广体系的建设，提高种养殖户的科学种养殖意识和水平，全面提高畜牧业运行质量和效益，健全农业技术培训网络，着力提高农业劳动者素质。

面对扩大对外开放和发展市场经济的新形势，信息不灵已成为制约经济社会发展的一个主要"瓶颈"。为此，开库康乡在开库康村建设了覆盖全村的广播电视网络，使广播覆盖率达到100%，有线电视网家庭接通率在90%以上。

开库康村的新农村信息化建设由于没有专业的技术人员，对于电脑网络等新鲜事物，村干部等兼职信息员并不十分熟悉。另外，开库康村没有国家电网进村，因此电脑的使用受到很大的限制。电脑长期闲置，未能正常使用，故村民信息化服务未能正常开展。

第三节　医疗卫生

一　医疗卫生设施

（一）村民就医医院情况

开库康村村民生大病的时候，可以就医的医院有塔河县人民医院、塔河县中医院、塔河县妇幼保健院和开库康乡中心卫生院，这4所医院都是开库康村新型农村合作医疗的定点医院。根据2006年黑龙江省卫生厅制定颁发的《黑龙江省关于设立新型农村合作医疗定点医疗机构的指导意见》，这4所医院都实行了"两公开"制度，即常用药品价格、诊疗项目及价格、报销范围及补偿比例公开；住院期间医药费公开。同时，4所医院还实施了垫付制，即由定点医疗机构对参合农民的住院费用实施初步审核，按照补偿方案直接支付农民应得的补偿费用，县（市、区）合作医疗管理办公室定期对定点医疗机构补偿的情况进行统一审核和报销。

1. 塔河县人民医院

塔河县人民医院（塔河林业总医院）坐落在原始森林秀美的大兴安岭北坡，是大兴安岭北坡最大的一所集临床医疗、科研、教学、预防保健于一体的二级乙等医院，始建于1965年。总医院现有职工410人，其中医护人员325人，有中、高级技术职称143人，下设9个分院（所），3个社区，共有床位300张。总医院占地面积21110平方米，固定资产2000余万元，设有内、外、妇、儿、眼、口腔、急诊、中医、疼痛、感染、麻醉、手术、皮肤美容13个临床科室和CT、检验、放射线、物理诊断、药剂、理疗、妇幼保健、微机中心等14个辅助科室。现有螺旋亚秒CT、彩超、数字化X射线摄影系统（DR）、全自动生化分析仪、心电、动态心电图、脑电、多普勒超声诊断仪、电子胃镜等大、中型先进设备，能综合治疗各种常见病、多发病，并可开展脾、胃、肾、胆切（摘）除术；肝修补、肠吻合、开颅探查、颅脑钻孔抽吸、甲状腺瘤、宫颈癌、卵巢癌子宫肌瘤切除术；各类骨折内外固定及老年性白内障囊内外摘除等多方面手术。

近年来，医院以科技兴院，注重人才培养和科技投入，先后与北京协和医院、中国医大、上海中山医院及哈医大一、二院等建立了协作关系，培养了大批优秀专业技术人才，逐步形成"院有优势、科有特色、人具专长"的良好局面。

2. 塔河县中医院

塔河县中医院始建于1999年6月，2004年8月与塔河铁路医院重组，目前是大兴安岭地区唯一一家非营利性中

西医结合型的综合性中医院，是铁路和地方医疗保险定点单位、齐齐哈尔中医院的技术协作医院、大兴安岭中医学会所在地、地区职业学院实习基地。其担负着大兴安岭地区中医临床、中药、鄂药的科研和教学任务，承担着从西林吉到林海近万名铁路职工、家属和塔河县境内及周边县、区、局近20万名居民的医疗保健任务。

（1）固定资产、科室及床位设置。医院占地面积约15000平方米（其中北药研究所及社区服务站5000平方米），房屋建筑面积6373平方米（其中北药研究所1693平方米、劲涛卫生所487平方米）。现有固定资产903.6万元（含北药研究所196.9万元），其中万元以上设备资产333万元，拥有500ma－X光机、B超、全自动血球分析仪、半自动生化分析仪、电子纤维胃镜、纤维结肠镜、心脏工作站等设备50余台件。医院设置内科、外科、妇产科、急诊科、中医科、保健科、口腔科、眼科、麻醉科、检验科、X光室、B超室、心电室、药械科、劲涛卫生所、新建门诊部以及医务科、护理部、财务室、总务室、党办、院办、工会。重点专科有中医专家、中医皮肤、针灸理疗、康复、肛肠、高血压、糖尿病、疼痛、骨伤门诊。医院设置床位50张，其中内科21张，外科16张，妇产科4张，急诊科4张，中医科5张，目前床位平均使用率为86%。

（2）人员构成。医院党政班子5人，书记、院长（正科级）各1人，副院长（副科级）2人，医务科主任（股级）1人。共有在职职工141人（原中医院64人，原铁路医院77人），退休职工12人（原中医院）。其中，在职职工中有卫生技术人员102人，行管工勤人员39人。卫生技术人员中有医生45人，护士40人，医技17人（其中中医药专业技术人员 7 人）；具有高级职称 6 人，中级职称 42 人，初级职称 54 人；本科学历 12 人，大专学历 42 人，中专学历 46 人。

（3）医疗情况。2005 年至 2008 年上半年门诊量分别为 20280 人次、22958 人次、23159 人次、13383 人次；住院人数分别为 393 人次、460 人次、538 人次、246 人次；手术例数分别为 47 例、94 例、114 例、59 例。

（4）收支情况。2005 年收入为 454.5 万元（上级拨款 260.1 万元、业务收入 194.4 万元），支出为 480.7 万元（人员工资及附加 259.8 万元、业务支出 220.9 万元）。

2006 年收入为 465.7 万元（上级拨款 308 万元、业务收入 157.7 万元），支出为 489.4 万元（人员工资及附加 298.4 万元、业务支出 191 万元）。

2007 年收入为 619.5 万元（上级拨款 414.6 万元、业务收入 204.9 万元），支出为 609.8 万元（人员工资及附加 384.3 万元、业务支出 225.5 万元）。

2008 年上半年收入为 224.8 万元（上级拨款 123.4 万元、业务收入 101.4 万元），支出为 230 万元（人员工资及附加 123.7 万元、业务支出 106.3 万元）。

3. 塔河县妇幼保健院

设有办公室、妇保科室、儿保科室、统计室等股室，在编 7 人，其中主治医师 4 人、医师 3 人。股级单位（现隶属于县人民医院），工作职责是：依法提供婚前保健、孕产期保健和婴幼儿保健服务；负责母婴保健医学技术鉴定委员会的日常工作；协助卫生行政部门做好母婴保健专项技术服务机构和人员的资料审查；建立妇女儿童数据库，承担本地区妇幼卫生信息的收集、统计、分析、质量控制、

汇总上报及反馈工作；开展孕产妇、婴儿及 5 岁以下儿童死亡检测，建立死亡评审制度，并定期进行质量控制。掌握本地区孕产妇、婴儿及 5 岁以下儿童死亡率和主要死因变化趋势，制定干预措施并组织实施；开展出生缺陷监测，掌握本地区出生缺陷发生率及主要缺陷的分布。开展提高出生人口素质的流行病学的调查和科学研究，制定干预措施并组织实施；围绕生殖健康，开展妇女保健、儿童保健、计划生育技术指导、婚前保健和妇女儿童常见病防治工作。针对本地区影响妇女儿童健康的主要因素，开展科研、培训、健康教育和生殖健康服务；指导和参与社区卫生服务和初级卫生保健工作。负责对从事妇幼卫生服务的基层医疗机构进行业务指导，协助开展妇幼保健技术、新项目，帮助解决疑难问题；负责妇幼卫生队伍的业务培训。接受上级妇幼保健机构和医疗保健机构妇幼卫生专业技术人员的进修及实习；根据妇幼保健任务的需要，认真开展临床业务工作，使临床为保健服务；围绕妇女儿童各阶段生理、心理特点，并开展多种形式的妇幼卫生健康，促进健康教育活动。

4. 开库康乡卫生院

（1）主要职责。承担塔河县开库康乡的常见病、多发病临床诊治任务；在县卫生行政部门领导下，承担十八站乡意外灾害事故的现场急救和卫生应急工作；开展辖区内预防接种，做好疫情报告、妇幼保健工作；承担开库康乡的新型农村合作医疗工作；开展对慢性非传染性疾病（高血压、心脑血管疾病、恶性肿瘤、糖尿病）的医学统计和临床干预工作；承担本乡村医的进修培训任务，开展卫生健康知识普及，参与初级卫生保健工作；教育职工树立

"以病人为中心"的服务思想和良好的医德，改进医疗作风和工作作风，改善服务态度，开展优质服务，促进医院精神文明建设；完成上级卫生行政部门交办的各项任务；承担县（局）交办的其他各项任务。

（2）加强妇幼保健工作。2005 年，黑龙江省下达了关于《降低孕产妇死亡率和消除新生儿破伤风》的工作任务，通过到县培训和认真阅读领会文件后，卫生院制定了相应的工作措施：先在医院内部组织学习，然后对村卫生员和相关人员 7 人进行培训，并进行了培训后考核，使他们充分认识到"降消"的重要性和如何达到"降消"，同时在村民中宣传做好产前检查和住院分娩的好处及国家对贫困及孕产妇的救助，其间共发"降消"健康教育传单 350 份，健康手册 30 份，使那些因贫困而不愿住院分娩的孕产妇充分认识到了住院分娩的重要性和好处。经过该院全体职工的共同努力，这项工作达到了预期效果。

（3）进一步完善传染病防治工作。2005 年春季后禽流感疫情及 2009 年甲型 H1NI 流感在我国多个地区出现，该院亦加强了对预防工作的重视，除派一名主治医师到县里进修学习外，还加强了院内学习，组织全院职工学习 2006 年 8 月 28 日公布的新《传染病法》、传染病的首诊负责制、甲型 H1N1 和禽流感及其他多种传染病相关预防和消毒措施。同时，建立健全传染病防治的组织机构和相关措施，开通 24 小时咨询热线，建立了完善的上报制度和工作制度。

（4）做好初级卫生保健工作。经过几年和多方面的共同努力，初级卫生保健工作已有很大进步，现今部分村民已能吃上安全饮用水，乡村内环境清洁卫生，计划免疫工作落到实处，偏远的马伦、向阳村虽然只有几个孩子，而

且该院又无交通工具，但是，他们还是克服了种种困难，今年年初制订计划每月下点（马伦、向阳）1 次，使适龄儿童的计划免疫无漏种现象。妇幼保健工作开展顺利，2009年 4 月，该院对乡里 3 名村卫生员进行妇幼保健知识的培训和考核，同时对全乡妇女进行妇女健康科普知识的宣传和问卷，共答卷 400 份，发放妇女保健手册 394 本。

（5）基本工作情况。由于该院加强了自身整改和管理，2009 年患者量较 2008 年有所上升。截至年末，门诊诊疗人数 3940 人次、住院人数 316 人次，其中：治愈率 89%，好转率 11%，未愈率 0%，死亡率 0%，门诊较去年增加了1116 人，住院量增加了 156 人次。

5. 开库康村卫生室

乡卫生院和计划生育服务站已完成维修和改造，增添了设备，由于卫生院所在地在开库康村（见图 6-2），因此，开库康村没单设卫生所。

图 6-2 开库康乡卫生院（2012 年 6 月 作者摄）

（二）村民就医情况

开库康村村民最怕的一件事就是生病，村民现在是"小病扛、大病拖"。对于一些头疼脑热的小病，村民们普遍采取的方式就是拖两天，实在不行就到卫生所直接买点药吃就算了，很少有到卫生院接受化验检查治疗的，除非高烧不退、卧床不起时才会在家人的带领下到卫生院看病。对于一些肩背疼痛、胃炎等慢性病，如果不住院，新农合报销的门诊费用微乎其微；如果住院，由慢性病引发的相关费用又急剧增加，所以对待慢性病就是到卫生院买点药长期维持而已，如一些老太太多年头疼，她们一头疼就吃止痛片，长年累月吃止痛片，导致他们现在没病不吃止疼片就全身不舒服。对于一些急性阑尾炎、急性胃炎等突发性疾病，村民才会选择到医院住院就诊。这些对待疾病的态度是村民普遍存在的想法，"没事谁去那地方"是村民的共同想法。

二　开库康村村民医疗卫生保健情况

（一）2008年开库康农村初级卫生保健工作计划

农村初级卫生保健是农村居民应该人人享有的，与经济发展相适应的基本卫生保健服务。为提高全乡农村居民的健康水平，保护农村生产力，发展农村经济，维护农村社会稳定，结合开库康村实际，开库康乡制订了初级卫生保健工作计划。

1. 主要任务

（1）落实疾病预防控制措施，重点控制传染病、地方

病、寄生虫、职业病和其他病，加强精神卫生工作，防止各种意外伤害，巩固提高计划免疫接种率，提高现代结核病控制策略的人口覆盖率。做好老年保健工作。

（2）提高乡村卫生机构常见病、多发病的诊疗水平，规范医疗服务行为，为农村居民提供安全有效的基本医疗服务。

（3）加强对孕产妇和儿童的保健管理，提高农村孕产妇住院分娩率，稳定降低孕产妇死亡率和婴儿死亡率，提高妇女儿童健康水平。

（4）大力开展爱国卫生运动，加大农村改水、改厕力度，提高农村自来水及卫生厕所普及率。结合创建省级卫生乡镇、卫生活动，改善农村居民劳动和生活环境。

（5）积极开展健康教育，推进"全国亿万农民健康促进行动"，提高农村居民基本卫生知识知晓率和中小学健康意识和自我保健力，促进人群健康相关行为的形成。

（6）依法加大对农村公共卫生、药品和健康相关产品的监督力度，努力抓好食品卫生、公共场所卫生和职业卫生。

（7）切实利用中医资源，加强乡卫生院中医科建设，发挥中医药的特点与优势，不断提高农村中医药服务水平。

（8）建立和完善以大病统筹为主的新型农村合作医疗制度和农村贫困家庭医疗救助制度，积极实行多种形式的农民医疗保障制度，努力解决农民因病致贫、返贫的问题。

2. 保障措施

（1）加强领导，建立组织

乡政府将农村初级卫生保健工作纳入当地国民经济和

社会发展规划，并全面组织实施，把改善农村基本卫生条件，建立新型农村合作医疗制度，提高农民健康水平，减少本地因病致贫和返贫人数等目标作为领导干部政绩考核重要内容。

为加强对全乡农村初级卫生保健工作的领导，成立开库康乡农村初级卫生保健委员会，由乡长杨伟才担任主任，副乡长蒋希臣任副主任。

（2）建立初级卫生保健工作督导制度

政府要向人大、政协汇报并接受其对初级卫生保健工作的监督和建议，同时充分发挥社会团体、新闻媒介、社会舆论和农村居民在初级卫生保健实施中的监督作用。

（3）提高农民文化水平，普及卫生保健知识

中小学生入学率达到99%；扫除青壮年文盲；普及卫生知识，改善和克服不良的卫生习惯及生活方式，劝阻吸烟，养成良好的生活习惯；不饮酒，积极开展体育运动，使卫生保健成为广大居民的自觉行动。

（4）搞好绿化、美化、净化环境工作

大力开展爱国卫生运动，春季开展一次文明教育和植树活动；开展春秋两季爱国卫生运动，并和常年保洁工作结合起来；农村必须把粪堆移到村外风向处；垃圾定时清运，逐步达到无害化处理；改善饮水条件，使全乡人民都能吃上安全卫生水。

随着开库康乡卫生院服务职能的根本性转变和开库康农村初级卫生保健工作计划的实施，作为各项医疗制度改革试点之一的开库康村无疑是最大的受益者，人们的医疗卫生和预防保健状况发生了很大的变化。

（二）关于高危孕产妇各项制度

高危孕产妇筛查制度

所有的孕妇应在当地村卫生室（所）或乡级以上医疗保健机构建卡（册），建卡（册）时特别强调要询问既往难产史，生育史，内、外、妇科病史。医疗保健机构在产前检查时必须做心、肝、肾、血液等内科病史的采集和检查，同时要认真做规范的产前检查和记录，早期发现妊娠并发症和合并症。产前检查要按照《高危孕产妇评分标准》进行高危筛查，评分在 10～30 分者到县级以上机构分娩。

高危孕产妇首诊制度

医疗保健机构对高危孕产妇要实行首诊负责制，发现高危孕产妇要建档管理，专人负责，早期干预，及时转诊，避免诊治延误。

高危孕产妇逐级报告制度

村级发现高危孕产妇及时报告乡（镇）卫生院；乡（镇）卫生院负责管理全乡（镇）高危孕产妇，及时将评分在 10 分以上者报县妇幼保健院，对高危孕妇进行动态管理；县级医疗机构定期报告给县妇幼保健院进行动态管理。

高危孕产妇追踪随访制度

县级妇幼保健机构负责将筛查出的高危孕产妇及时反馈到孕产妇所在的乡（镇）卫生院，乡级妇幼保健人员定期下村跟踪随访高危孕产妇。

高危孕产妇护送转诊制度

负责转运的医务人员和接诊人员应有在转运途中初步急救的能力，转诊时要使用《高危孕产妇转诊及反馈通知单》。乡（镇）卫生院一旦识别出高危孕产妇后应及时上转。上级急救中心要及时向下级单位反馈转诊病人的诊断、治疗、处理、结果等信息，评价转诊是否及时和延误，并指导和纠正不正确的处理方法，不断提高转诊的效率。

（三）新农村爱国卫生运动

近年来，特别是新农村建设以来，开库康村把创建爱国卫生村作为加强精神文明建设、推动社会主义新农村建设的一项重要内容抓在手上，落实在行动上，取得了实实在在的效果。目前，全村主要街道硬化率达100%，巷道硬化率达到90%，道路两侧全部绿化，墙杖整齐，边沟通畅，杂物摆放整齐，初步实现了人畜分离，加强了公共卫生管理，自来水入户率达到100%，全村未发生食品卫生事件。

1. 组织领导规划先行

开展爱国卫生运动既是新农村建设的要求，也是该村现在和今后时期发展的要求。为此，开库康村成立了村爱国卫生领导小组，村支书、村委会主任任组长负全责，副主任任副组长具体负责，形成组长、副组长、保洁员三级网络，形成一级对一级负责的局面。同时，他们把爱国卫生工作纳入村委会议事日程、定期研究部署爱国卫生运动，及时解决在爱国卫生工作中出现的问题，为使爱国卫生运动长期开展，他们又出台了《村建设规划》《村环境卫生标

准》，完善了《村规民约》等规划、制度，使爱国卫生运动从日常突击变成经常化、规范化、制度化。

2. 宣传教育，营造氛围

任何一项工作没有群众的参与是不可能成功的，因此，在开展爱国卫生活动中，他们采取宣传、教育、提质等手段，引导群众积极参与到爱国卫生运动中，活动取得实实在在的效果。

（1）多形式宣传。采取广播、电视、发放传单、张贴标语、文艺演出等形式，积极宣传卫生科学和自我保健意识。

（2）创新活动载体。他们以"亿万农民健康教育促进行动"为载体，把健康教育纳入全村的经济社会发展规划之中，吸引广大群众参加到爱国卫生运动中来，切实让全体村民知道健康教育，自觉接受健康教育。

（3）充分发挥阵地作用。他们充分利用公民学校这一阵地，组织村民学习健康知识，为他们讲科学生活方式，鼓励村民养成良好的卫生习惯。

这些有效措施，使爱国卫生运动深入人心、家喻户晓。

3. 突出重点，措施得力

开库康村建置较早，没有统一的规划，且房屋多为木质结构，排水不发达，为切实解决村容面貌落后问题，他们把环境卫生和村容村貌管理作为重点突出抓好。一是定人定责，确定了专门的保洁员负责环境清理工作。每天必须出动2台四轮车对垃圾箱进行清理，保持垃圾箱无杂物，并定点存放、掩埋。同时，要求农户门前三包，即门前无杂物垃圾，无乱堆乱放，无乱泼污水，同时要求畜禽圈养。二是道路维修。在乡政府和其他相关单位的支持下，组织村民维修主街和巷道，共整修 3000 延长米，整修边沟 5000 延长米，修大小涵洞 40 个，小桥 25 个，保证了排水通畅，新增板杖子 2000 延长米，墙面粉刷 1000 平方米，拆除违章建筑 5 处。三是绿化美化。在全村开展绿化美化活动，全村主街已全部绿化，同时鼓励百姓在房前屋后栽花种草。几年来，全村绿化美化面积始终保持在 30000 平方米左右，全村百姓生活在绿树红花中。

4. 项目牵动，改善环境

由于该村基础差、底子薄，许多改变村容村貌的基础设施无法建设。为此，开库康村村干部积极与乡政府沟通，向上争取基础设施建设，从根本上改变全村的面貌。一是通乡公路建设项目。全长 67.7 公里的白色路面现已开工建设，将改变该村的交通状况和"晴天一身灰、雨天一身泥"现象。二是自来水建设项目。在上级部门的支持下，全村百姓目前已全部用上自来水，入户率 100%，保证了百姓饮水健康，防止了疾病的发生。三是有线光缆改造项目。投资 8 万元的有线光缆项目已完工，加强了该村与外界的沟通，开阔了村民的眼界，也使他们潜移默化地接受了科学、健康的生活方式，良好的卫生习惯正在逐步形成。四是小城镇改造项目。此项目经上级有关部门批准已经批复，此项目的实施将有效地提高该村的砖瓦化率，使规划更加合理，树立了边境村的新形象。

5. 加强监管，确保安全

监管是保证制度、政策落实的一种有效手段，为此，在工作中，他们以食品卫生、公共场所卫生、防害防病为主要监管内容，保证人们身心健康。一是加强食品卫生监管。一方面大力宣传《中华人民共和国食品卫生法》，另一

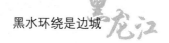

方面与县食品、卫生等部门对辖区内的餐饮、零售等服务单位的卫生许可证、卫生制度、卫生设施进行检查、监督，从源头上把住病从口入关，通过上下齐抓共管，该村3年无一例食物中毒事件发生。二是对公共场所卫生进行监督。认真检查商店、旅店、文化娱乐等公共场所的经营环境是否符合《公共卫生管理条例》要求，是否符合行业卫生标准要求，不符合要求的，限期整改，整改符合要求后，才可正常营业。三是防害防病监管。认真贯彻落实《黑龙江省预防控制鼠害和卫生虫害管理规定》，定期开展大面积灭鼠活动，做到统一灭鼠、科学灭鼠，同时开展治理蚊、蝇和灭蟑螂活动，近3年来，该村未发生与病媒生物有关的疫情。

开库康村的爱国卫生运动的这些成效是在乡党委、政府的大力支持与协调和全体村民的共同参与下，结合自身的实际情况取得的，与其他卫生先进村有一定的差距。今后，该村要完善各项卫生管理制度，建立卫生管理长效机制，使爱国卫生运动在村中常抓不懈。

三　新型农村合作医疗

新型农村合作医疗制度是我国农村卫生工作的基本制度之一，是我国政府解决"三农"问题、建立社会主义新农村以及建立和谐社会的一项重大举措。新型农村合作医疗制度是指由政府组织、引导、支持，农民自愿参加，个人、政府、国家多方筹资，以大病统筹为主的农民医疗互助共济制度，为我国广大农村居民提供了基本医疗卫生保健服务的医疗保障制度。从2003年下半年开始，黑龙江省在呼兰区、林口县、林甸县、宝清县和海伦市等5个县市进行了新型农村合作医疗试点，塔河县的新型农村合作医疗也于2006年正式启动。塔河县的基本原则是"以收定支、保障适度、略有节余"；以住院补偿为主、兼顾受益面；保持相对稳定，不断完善；充分体现互助共济，以大病统筹为主。开库康村2006～2009年合作医疗筹资情况如表6-2所示。

表6-2 开库康村2006～2009年合作医疗筹资情况统计

单位：元

年份	国家筹资	黑龙江省筹资	塔河县筹资	农民个人筹资	总额
2006	20	17	3	10	50
2007	20	17	3	10	50
2008	40	34	6	20	100
2009	40	34	6	20	100

新型农村合作医疗工作是一项社会系统工程，也是政府推出的一项"民心工程"。图6-3为塔河县新型农村合作医疗证。该县制定了《塔河县新型农村合作医疗工作试行方案》和《塔河县新型农村合作医疗制度管理办法》，县及3乡都成立了新型农村合作医疗管理委员会，建立了各项工作制度，保证了工作的正常运转。另外，还建立了稳定的筹资机制，财政拨款做到按时、足额拨付到位。在基金管理上，采取县卫生局合管办审核，县财政局支付，做到了钱账分离，封闭运行。成立了县新型农村合作医疗监督委员会，聘请了社会义务监督员对农民报销及资金运作、管理进行监督，定期监督基金使用情况，实行公示制度，县合管办对每季报销的医疗费定期向村民张榜公布，接受农民监督。实施"219595"工程，开展对

3 乡卫生院院长、传染病主检医师及村医培训，实施县医院、中医院对口支援乡级医疗机构的长效机制。实行药品集中招标采购，降低了药品价格，严格控制合作医疗目录外用药，明确限定医生使用目录外药品实行告知制度，保证了村民就医的知情权，着实减轻了开库康村农民医药费用负担。

塔河县新型农村合作医疗

医疗证

黑龙江省新型农村合作医疗管理办公室制

图 6－3　农村合作医疗证（2012 年 6 月　摄）

（二）2008 年新农合基金分配及补偿

2008 年新农合基金分配及补偿办法

（自 2008 年 7 月 1 日开始执行）

1. 家庭门诊账户补偿标准

2008 年农民交纳的 20 元参合基金，其中 15 元用于家庭门诊账户，5 元用于大病统筹。

2. 住院报销补偿标准

就医的医疗机构	起报点（元）	报销比例（%）	封顶线（元）
县内三乡卫生院	0	60	13000
县人民医院、县中医院、县妇幼保健院	100	45	13000
省内、外县级以上公立医疗机构	200	40	13000

注：起报点是指住院费用达到报销补偿的起点，只有住院费用达到或超过这个数额才能申请办理报销补偿。对参合患者全额医疗费用（除《黑龙江省药物目录》外用药）进行补偿，对超出《黑龙江省药物目录》所产生的费用，县内可报销其产生费用的25%，省内县级以上公立医疗机构可报销其产生费用的20%，省外县级或以上公立医疗机构可报销其产生费用的15%，但报销总费用不能超过封顶线。

3. 10 种慢性病种大额门诊费用的报销补偿标准

慢性病种	累计起报点（元）	报销比例（%）	封顶线（元）
肝硬化失代偿期、癌症（放化疗）、慢性肾功能衰竭（尿毒症）、高血压、系统红斑狼疮、组织器官移植后门诊抗排异治疗、心脏病并心功能Ⅲ级以上、严重脑血管疾病（半身不遂、下肢瘫痪）、肾病综合征、糖尿病	1000	25	8000

注：门诊慢病补偿必须是参合患者家庭账户全部用完后，才能给予补偿。慢性病由二级以上医院确诊，并由塔河县新农合慢病专家组认定后，在县合管办登记确认，必须在县内定点医疗机构购买药品，用药品种和数量要和医嘱（用药说明）相符合，超范围不予核销。

4. 单病种定额补偿

单位：元

科别	病　　种	补偿金额
妇科	子宫肌瘤（手术）	1500
	卵巢囊肿（手术）	1000
	宫外孕　（手术）	1000

科别	病　　种	补偿金额
产科	正常产	400
	剖宫产	800
外科	单纯性阑尾炎（手术）	700
	单纯疝气　（手术）	600

5. 对利用中医药治疗的患者，报销比例提高5个百分点

6. 参加其他保险补偿

对自愿参加其他商业保险的参合农民，不影响其享受新农合补偿。参加新农合的农民不能参加城镇职工、居民医疗保险，否则不予报销。对有相关法律、法规规定由第三方负责医药费的伤病问题，新农合基金不予报销。报销收据有矛盾时，可使用带有商业保险机构办公和财务两个印章的复印件（病历等其他证件需要原件）予以报销。

四　存在的问题

1. 报销手续繁杂

塔河县新农合报销程序为，在县内就医的，农民携带合作医疗证、身份证（或户口簿）到县内定点医疗机构，就医点实行定点医疗机构垫付制，出院当日，由医疗机构即时核销医疗费用；在县外就医的，出具合作医疗证、身份证（或户口簿）、转院证明、住院证明、住院收据、病例复印件（加盖住院处公章）、用药清单，由乡政府卫生助理初审后，到县新型农村合作医疗办公室处理。

2. 特重大疾病患者对家庭影响巨大

从总体上看，在实行新农合的同时，针对特重大疾病，

塔河县虽然出台了《农村特困户和特重大疾病医疗救助办法》，使因病致贫、因病返贫现象在一定程度上得到了缓解，但依然普遍存在。患大病一般只能选择县级以上的非定点医疗机构就医，治疗费用高，但报销比例低，县外报销比例只有15%，这与现在疾病动辄上万的数额相比，确实有些杯水车薪。30000元以下又无法获得特重大疾病的救助，致使家庭返贫、致贫现象非常普遍。

3. 外地就医就诊难

对于一些重大疾病患者，到外地著名医院就诊简直是难上加难，首先得在开库康乡卫生院看病；卫生院治不了的，由卫生院开具转院证明，到塔河县医院、塔河中医院等定点医院就诊；如果还医治不了的，再由以上医院开具转院证明，才能来到哈尔滨的大医院看病。如果转院手续费心费力，对于长期在大山里生活的农民来说，光这个程序给他们带来的痛苦就比身体上的痛苦多10倍。家里人既要担心病人的病情恶化，又要在漫长手续办理中耗费金钱。

附　录

附录 1　开库康村第八届村民
委员会选举情况

一　成立村民选举委员会

按照《黑龙江省村民委员会选举办法》并结合该村实际情况，开库康村将从 2008 年 9 月 20 日至 11 月 5 日举行第八届村民委员会选举，历时 45 天。选举日期预选定为 2008 年 10 月 10 日。

开库康村选举委员会由村民小组组长通过入户无记名投票方式产生。村民委员会选举工作在村党支部领导下，由村民选举委员会负责组织实施。开库康村第八届村民选举委员会由 7 人组成，村党支部书记徐跃忠通过法定程序担任选举委员会主任，主持选举委员会工作。此外，乡政府民政部门帮助指导工作。村民选举委员会成员不能被确定为村委会候选人，缺额按照推选人得票多少递补。

村民委员会履行下列职责：（一）宣传有关法律法规和选举的目的、意义；（二）制定具体换届选举实施方案；

（三）公布选举日期；（四）审查选民资格，登记并公布选民名单；（五）依法组织产生候选人，公布候选人名单；（六）推举公布总监票人、监票人和唱票人、计票人；（七）组织投票选举，公布选举结果；（八）上报有关选举换届情况；（九）办理换届选举中的其他事宜。

二　选民登记

选民登记按照《黑龙江省村民委员会选举办法》的有关规定进行。开库康村选民登记从 2008 年 9 月 23 日开始，到 9 月 25 日结束，9 月 26 日公布选民登记名单。村民如对名单有异议，请于 10 月 10 日前向村民选举委员会提出，由村选举委员会做出解释和答复；10 月 10 日后如有异议，村民委员会则不予受理。

选民资格：（一）年龄条件：必须年满 18 周岁，1990年 10 月 10 日前出生（以本村选举日期为准），村民生日以身份证为准，未有身份证以户口本为准；（二）属地条件：必须有本村户口或符合法定本村村民条件，如《黑龙江省村民委员会选举办法》第 9 条规定，"年满 18 周岁的村民应当在户籍所在地的村民委员会进行登记，在非户籍所在地连续居住一年以上的，经户籍所在地村民委员会出具选民资格证明和在户籍所在地登记的证明，可以在非户籍所在地登记"；（三）政治条件：未被法律剥夺政治权利的公民才有选举权和被选举权。判断公民是否被依法剥夺政治权利，以司法机关的法律判决文书为准。此外，精神病患者由于不具备行为能力和正常的精神状态，在其犯病期间停止行使选举权利。

三　候选人提名

村民委员会候选人必须符合《黑龙江省村民委员会选举办法》中的有关规定。村民委员会委员候选人条件如下：

1. 具有本村选民资格；

2. 遵纪守法；

3. 廉洁、公道、热心为民服务；

4. 有知识、有能力、懂经营、善管理；

5. 身体健康，能正常履行工作职能；

6. 文化程度应在初中以上，有事业心和群众基础。

根据塔河县和开库康乡党委、政府的有关要求，开库康村第八届村民委员会设主任 1 人、委员 2 人。候选人于2008 年 9 月 30 日（选举前 10 天）以"两推"形式（即支部推荐和群众推荐，其中群众推荐必须 10 人以上联名）产生。在本次推荐过程中，主任候选人就有 4 名，都是 10 人以上联名的群众推荐，只有 1 名是开库康村党支部推荐。因为主任候选人差额过多，10 月 10 日进行试预选。在选举过程中，有 2 名候选人（王立学和张洪伟）超过半数被选中。这样，在 10 月 20 日进行正式选举。

四　村委会候选人简历

王立学，男，初中文化，现年 54 岁。1986 年春从黑龙江省海伦县迁入开库康村，专长瓦工。

张洪伟，男，初中文化。现年 37 岁。1992 年到南方上海等地学习修理电器。1995 年到吉林省松原市经商，2004年回开库康村务农。

五　换届选举大会

正式选举时，必须召开选举大会。开库康村第八届村民委员会选举大会于 2008 年 10 月 20 日正式召开。会场内设有投票站 1 个，发票处 3 个，秘密写票处 3 个，代笔处 3 个，投票箱 1 个，依法享有投票权的村民超过半数（包括委托投票人数）。大会由村支部书记、选举委员会主任徐跃忠主持。设总监票人 1 人，监票人 2 人，唱票人 1 人，计票人 1 人，代笔人 3 人，发票人 6 人（3 组，包括验证人员），均由选举委员会提出建议名单，村民举手表决通过。正式候选人不得担任上述职务。上午 8 点～下午 4 点进行投票，外出打工或因其他原因在 10 月 20 日选举不能亲自回来投票的选民，可以委托他人进行投票。委托他人投票应办理委托书，但他人委托最多不能超过 1 人。外出务工人员的信函（信函内附身份证复印件、务工单位证明、本人委托书及签名手印）必须以邮局投递为准，邮至开库康村第八届选举委员会收。收到信函后，由选举委员会全体成员当众打开进行登记。投票中止后，封存票箱，进行唱票、计票，并当场公布投票结果，宣布当选人名单。由于选民对这次选举的候选人有不同看法，选民也有很多另选其他非候选人，因此候选人选票都没有超过半数，导致再次选举。按照《黑龙江省村民委员会选举办法》规定，另行选举以得票多者当选，但得票数不得少于参加投票村民的 1/3。

开库康村共有选民 614 人，参加选举大会的有 401 人，选票共印制 430 张，发出选票 401 张，收回 400 张。主任票：张洪伟 197 张，王立学 165 张，刘国军 18，无效票 19 张，弃权票 1 张。经选举委员会宣布，按《黑龙江省村民

选举办法》规定：以得票多者当选，得票不得少于参加投票村民的1/3。张洪伟同志当选为开库康村第八届村民委员会主任，吕清学、王秀霞当选为村委会委员。

附录2　2009年度开库康村工作大事记

（一）行政工作大事记

1月　进行新型合作医疗动员宣传，增强了农民参保意识。收取农民参保费，参保农民比例达到99%。

2月　村"两委"班子成员及小组长清理街道积雪3次。

3月　召开村民代表大会，商量调整种植结构和种植寒带高产品种作物及经济作物倭瓜、小麦、大麦，商讨引进客商。

4月　从九三农垦局调拨小麦、大麦良种24吨。

5月　倭瓜客商向种植户发放籽种、农膜，并指导培训农户种植技术。

6月　村"两委"班子成员带领主要劳动力和2台推土机、5台小型拖拉机整修农田道18.9公里。

7月　对放牧围栏进行维修，避免大牲畜破坏农作物。

8月　全村申报土地改造整理项目，现已得到国土资源局的审批，预计2010年开始实施工程。

（二）党组织工作大事记

1月　对本村党员划分责任区，宣传"十到位"活动。

3月　对全村无职务党员进行设岗定责。

5 月　确定"一帮一"帮扶对象。

7 月　庆七一党的生日,重温入党誓言。

(三) 团、妇女工作大事记

3 月　召集主持三八妇女节智力竞赛。

5 月　塔河县农业委员会来人,向开库康村妇女宣讲大豆垄沟栽培技术。

7 月　县畜牧局给开库康村妇女讲解养猪技术。

8 月　塔河县主管计生工作的副县长来开库康乡检查指导工作,并宣传计划生育法规和优生优育知识。

附录3　2009 年种植业调整规划

2009 年,开库康村为继续调整种植业生产结构,拟定建设开库康乡啤酒大麦推广种植项目和大豆救灾种子基地建设项目。现将 2009 年开库康村种植业调整规划介绍如下。

一　啤酒大麦推广种植项目

(一) 项目建设的意义和必要性

开库康乡地处寒温带,能够大面积种植的作物就是小麦、大豆。由于无霜期只有 85～105 天,大豆亩产只有 200 斤左右,虽然价格高,但用工量大且易受晚霜和早霜危害,只能做到 5 年 3 收,效益不好;而小麦在丰年亩产能达 350 斤,但由于小麦收购价低,每斤在 0.65 元左右,效益也不好。而 2008 年,开库康乡从哈啤集团引进啤酒大麦品种,在相同地块、同等栽培条件下试种了 75 亩,在遭受严重旱

灾的情况下，单产比小麦高 24 斤，亩收益比小麦多 117.9
元，经济效益十分可观。

种植大麦有下列优点。一是利于灭草。大麦生育期短，
前期生长迅速，可以抑制各种杂草的前期生长发育，对矮
株和发芽晚的杂草有明显的防治效果。二是大麦具有用工
少的特点，同时用种量比小麦少，成本比小麦低。三是减
轻麦收压力。大麦生育期短，只有 71 天，如 5 月初播种，7
月下旬即可收获，此时正处在农闲时节，大豆中耕管理结
束，小麦还未成熟，正值秋雨前，可保证大麦适时收获。
四是大麦抗逆性强，抗寒、出苗快、生长快、单产高，在
同等栽培条件下，收益是小麦的 2 倍。

（二）项目建设的可行性

大兴安岭林区是我国四大无污染的区域之一。

（1）无工业污染。开库康乡境内无重工业工厂和化学
工厂等。

（2）无大气污染。开库康乡域内人口稀少，森林茂密，
没有污染或污染极低，种植区内无污染，空气环境符合大
气环境质量标准 GB3095-82 的二级标准。

（3）土壤未受污染。据历史考证，该县区的土地从未
受过火山爆发等污染，土壤环境质量符合 GB5618-1995 二
级标准。

（4）水源未受污染。黑龙江上游流域均是工业不发达
地区，人口稀少，森林茂密，江水和地下水均无污染，农
田灌溉水质符合 GB1508-92 标准。

（5）农田基础设施完备。开库康乡现有耕地 11650 亩，
有发源于白卡鲁山的盘古河，境内流长 70 公里，加上开库

康乡现有抗旱机井 21 眼，基本能满足抗旱喷灌的要求。同时开库康乡有农田排水沟 27 条，能达到涝能排。

（6）啤酒大麦具备安全、卫生、环保、无公害、无污染等基本条件，符合当今人们膳食结构的调整和实际需求，其市场竞争力强，经济效益高，因而本项目是可行的。

（三）项目建设时间、规模、内容、设计方案

（1）项目建设时间：2009 年 3～11 月。

（2）项目建设的规模：5000 亩。

（3）项目建设地点：开库康乡开库康村和马伦村。

（4）项目设计方案：因开库康地处寒温带，属第六积温带，年有效积温 1700℃～1900℃。在作物生长期病虫害危害轻、作物品质好、退化轻，无论是作籽种或出售商品，都有广阔前景。因此我们选择旱能灌、涝能排的地块，采取农业技术服务站 ＋ 农户的经营方式进行，即由农业技术服务站负责引进良种，并提供生产技术指导和销售，农户负责经营，形成良性循环的种植经营方式。

（四）项目进展的初步安排

（1）2009 年 3 月，所需籽种、化肥、农药等物资准备到位。

（2）4 月末到 5 月初，主要进行选地、整地、增施有机肥、选种、药剂拌种等工作。

（3）5 月上半旬，适时播种、镇压，达到保墒促全苗。

（4）6～7 月，抓好田间管理，包括追肥、除草、灌水以及防治病虫害。

（5）7 月末，达到成熟收获。

（五）项目市场预测

1. 本项目的竞争优势

在黑龙江省的前几个积温带，种植大豆和经济作物产量相对要高，同种植大麦相比，投入少、收入高，所以农户种植大豆的积极性不高。而开库康乡属第六积温带，种植大豆只能选择早熟品种，产量低、品质差、收益不高。而种植大麦用工少、栽培简单、产量高、收益大，加上无公害、无污染、环保等条件，符合人们绿色、健康的要求，具有强大的市场竞争力。

2. 发展前景

如今，随着人们生活水平的不断提高，对啤酒的需求量逐年上升，而健康与长寿成为人们的最大追求，人们的饮食向安全、卫生、环保、无公害、无污染方面发展。加上土地资源的日益减少，高积温地区种大麦收益不高，使作为制造啤酒主原料的大麦供不应求，而且供求差逐年加大。而对于无霜期短的开库康来说，大麦是优势作物，发展大麦生产得天独厚，前景广阔。乡政府将积极同啤酒厂家协商，签订销售合同，采取订单农业，切实抓好全乡大麦生产。

（六）销售渠道

为保证啤酒大麦推广种植项目的顺利开展，乡政府经多方考察，切实抓好啤酒大麦销售工作。一是同哈尔滨麦芽总公司协商，签订销售协议，只要项目开展就签订正式购销合同；二是同海拉尔大麦种植基地联系，将生产的大麦并入海拉尔大麦种植基地搭车销售。做到两条腿走路，确保该乡大麦既丰产又达到丰收，解除种植户的后顾之忧。

（七）效益分析

1. 经济效益

（1）种植面积：5000 亩

（2）项目投资：126 万元

（3）效益计算：

5000 亩 × 370 斤/亩 × 1.2 元/斤 = 222 万元

同小麦相比：

小麦：5000 亩 × 370 斤/亩 × 0.65 元/斤 = 113.75 万元

由此可以看出，在同等地力条件下，种植大麦比小麦多收益 108.25 万元。

2. 社会效益

通过大面积推广种植大麦，可带动全县种植业的发展，有效调节种植比例和结构，加大开库康乡的绿色区域知名度，打造纯绿色品牌，促进全乡经济的发展。

（八）项目资金概算

1. 每种植 1 亩大麦费用：202 元

（1）籽种：72 元/亩

（2）化肥：60 元/亩

（3）生产费用：70 元/亩（播种、收获、管理等）

种植 5000 亩大麦需资金：5000 亩 × 202 元/亩 = 101 万元

2. 购买农用机械：25 万元

大胶轮拖拉机：1 台 × 15 万元/台 = 15 万元

大胶轮拖车：1 台 × 3 万元/台 = 3 万元

农机配套犁、耙等：7 万元

合计需投资 126 万元。

（九）资金来源

此项目资金需上级拨款 2/3，即 84 万元，剩余 42 万元由乡自筹解决。

（十）项目组织管理

1. 项目决策、实施机构

为加强对项目的实施与管理，开库康乡政府成立了啤酒大麦推广种植项目领导小组，由乡长任组长，下设项目管理办公室，专门负责项目组织实施工作。由专人负责资金申请与管理、项目建设及人员培训等工作，责任到人。

2. 财务管理

严格按照财务管理制度实行资金报账制，定期公示资金使用情况，专款专用。对项目建设资金使用情况定期进行审计和监督。

3. 项目管理

项目管理责任到人，领导小组组长当第一负责人，项目实施实行目标管理，机构人员责任层层落实，严格考核，实行奖惩，确保项目顺利运行和发挥效益。

4. 人员培训

人员培训是项目实施中的重要环节，在项目实施前，首先对管理和技术人员骨干进行培训，然后对种植户进行集中培训，并在项目执行过程中由技术人员亲临生产一线指导，帮助解决生产中出现的问题和困难，保证项目实施的技术水平。

二　大豆救灾种子

（一）项目建设的意义和必要性

开库康乡地处寒温带，气候冷凉、纬度高，无霜期只有 85～105 天，属第六积温带。在开库康乡种植的大豆品种黑河 49 号，生育期 88 天，平均单产 160 公斤，具有耐寒抗旱、抗逆性强的特点，非常适于作救灾种子。加上开库康乡高纬度、气候冷凉、昼夜温差大、地块与地块天然屏障好，最适于作为种子繁育基地，繁育出的籽种纯度高、退化轻，抗逆性强。黑河 49 号又非常适于在开库康乡种植，如黑龙江省中部、南部和辽宁、吉林两省大豆产区因旱涝灾害无法及时播种，或受晚霜、病虫害等原因需要改种时，在开库康乡大豆基地生产的黑河 49 号大豆即可以为抗灾种子发挥作用。

开库康乡种植大豆有其必要性，一是大豆茬是良好的肥茬，存留于土壤中的根瘤固定了大量的氮，可有效增加下茬作物的产量；二是大豆要经过 2～3 次中耕管理，前茬杂草少，土壤暄，可有效消灭杂草；三是开展基地建设，可提高大豆价格，合理增加农民收入，促进新农村建设的顺利开展。

（二）项目建设的可行性

大兴安岭林区是我国四大无污染的区域之一，加上气候冷凉，昼夜温差大，地块天然屏障好，是最适宜作为种子基地的地区。

（1）无工业污染。开库康乡境内无重工业工厂和化学工厂等。

（2）无大气污染。开库康乡域内人口稀少，森林茂密，没有污染或污染极低，种植区内无污染，空气环境符合大气环境质量标准 GB3095 - 82 的二级标准。

（3）土壤未受污染。据历史考证，该县区的土地从未受过火山爆发等污染，土壤环境质量符合 GB5618 - 1995 二级标准。

（4）水源未受过污染。黑龙江上游流域均是工业不发达地区，人口稀少，森林茂密，江水和地下水均无污染，农田灌溉水质符合 GB1508 - 92 标准。

（5）农田基础设施完备。开库康乡现有耕地 11650 亩，有发源于白卡鲁山的盘古河，境内流长 70 公里，加上开库康乡现有抗旱机井 21 眼，基本能满足抗旱喷灌的要求。同时开库康乡有农田排水沟 27 条，能达到涝能排。

（6）农业技术队伍实力雄厚。开库康乡现有农业技术人员 4 名，其中农艺师 1 名，助理农艺师 1 名，技术员 2 名，能满足救灾种子基地技术要求。

（三）项目建设时间、规模、内容、设计方案

（1）项目建设时间：2009 年 3 ～ 12 月。

（2）项目建设的规模：5000 亩。

（3）项目建设地点：开库康乡开库康村和马伦村。

（4）项目设计方案：①选择土质好、旱能灌涝能排、远离其他品种和野生大豆的地块以及有丰富的种植经验、愿意使用新技术的农户进行种植。②采取农业技术服务站＋农户的经营方式进行。由农业技术服务站负责引进良种，并提供生产技术指导和销售，农户负责经营，可保证

种子的纯度和品质。

（四）项目进展的初步安排

1. 2009 年 3 月前所需籽种、化肥、农药等物资准备到位。

2. 4 月末到 5 月初，主要进行选地、整地、增施有机肥、选种、药剂拌种等工作。

3. 5 月中下旬，适时播种、镇压，达到苗齐苗壮。

4. 6~8 月，播后打蒙药、追肥、灌水，进行 2~3 遍铲趟。

5. 9 月中旬收获。

（五）项目市场预测

1. 本项目的竞争优势

由于近年大豆价格逐年上扬，黑龙江省中南部和外省大豆产区种植面积逐年加大，但每年总因晚霜、冰雹侵害而毁种，因而无霜期短的早熟救灾种子年年缺货。而开库康乡积温正适于种植救灾大豆种子，再加上无公害、无污染、绿色环保的种植条件和北种南引，可增强籽种抗逆性，有效提高产量，为此，在开库康乡建立救灾大豆种子基地具有强大的市场竞争力。

2. 发展前景

随着全球工业化进程的加速，全球气候变暖，环境污染日益加重，而导致全球自然灾害频发，东北大豆主产区每年都急需大量救灾大豆种子，可由于救灾大豆种无霜期短、产量相对较低，大豆高产区均不愿意种植。但该品种正适于在开库康乡栽培，是大豆当家品种，为

此，乡政府将积极同黑河农科所联系，引进良种黑河49号原种，发展救灾大豆种子基地建设，为南部大豆产区提供优良的救灾种子，增加全乡农民收入，加快全乡新农村建设步伐。

（六）效益分析

1. 经济效益

（1）种植面积：5000 亩

（2）项目投资：95 万元

（3）效益计算：

5000 亩×2 元/斤×320 斤/亩＝320 万元

2. 社会效益

通过救灾大豆种子基地建设，可增加外界对开库康乡的了解，促进旅游业发展，有效调节种植结构，安置农村富余劳动力，切实增加农民收入。

（七）项目资金概算

每种植 1 亩大豆费用：190 元。

（1）籽种：25 元/亩

（2）化肥：75 元/亩

（3）生产费用：90 元/亩（整地、播种、中耕管理、收获）

5000 亩大豆需资金：500 亩×190 元/亩＝95 万元

（八）资金来源

此项目资金需上级拨款解决，需投资 95 万元。

（九）项目组织管理

1. 项目决策、实施机构

为加强对项目的实施与管理，开库康乡政府成立了救灾大豆种子基地建设领导小组，由乡长任组长，下设项目管理办公室，专门负责项目组织实施工作。由专人负责资金申请与管理、项目建设及人员培训等工作，责任到人。

2. 财务管理

严格按照财务管理制度实行资金报账制，定期公示资金使用情况，专款专用。项目建设资金使用情况定期进行审计和监督。

3. 项目管理

项目管理责任到人，领导小组组长当第一负责人，项目实施实行目标管理，机构人员责任层层落实，严格考核，实行奖惩，确保项目顺利运行和发挥效益。

4. 人员培训

人员培训是项目实施中的重要环节，在项目实施前，首先对管理和技术人员骨干进行培训，然后对种植户进行集中培训，并在项目执行过程中由技术人员亲临生产一线指导，帮助解决生产中出现的问题和困难，保证项目实施的技术水平。

图书在版编目（CIP）数据

黑水环绕是边城：黑龙江省塔河县开库康乡开库康村调查报告／段光达，谢德宝著. -- 北京：社会科学文献出版社，2018.6

（当代中国边疆·民族地区典型百村调查. 黑龙江卷. 第三辑）

ISBN 978 - 7 - 5201 - 1496 - 7

Ⅰ.①黑…　Ⅱ.①段…　②谢…　Ⅲ.①农村调查 - 调查报告 - 塔河县　Ⅳ.①D668

中国版本图书馆 CIP 数据核字（2017）第 240104 号

当代中国边疆·民族地区典型百村调查：黑龙江卷（第三辑）

黑水环绕是边城

——黑龙江省塔河县开库康乡开库康村调查报告

著　者／段光达　谢德宝

出 版 人／谢寿光
项目统筹／宋月华　范　迎
责任编辑／范　迎　马甜甜

出　　版／社会科学文献出版社·人文分社（010）59367215
　　　　　　地址：北京市北三环中路甲29号院华龙大厦　邮编：100029
　　　　　　网址：www.ssap.com.cn
发　　行／市场营销中心（010）59367081　59367018
印　　装／三河市龙林印务有限公司

规　　格／开本：889mm×1194mm　1/32
　　　　　　印张：7.5　字数：167千字
版　　次／2018年6月第1版　2018年6月第1次印刷
书　　号／ISBN 978 - 7 - 5201 - 1496 - 7
定　　价／149.00元（共3册）

本书如有印装质量问题，请与读者服务中心（010 - 59367028）联系

▲▲ 版权所有 翻印必究